My Life: Personal Memoirs of Ramiz Alia

我的一生

拉米兹·阿利雅回忆录

[阿尔巴尼亚] 拉米兹·阿利雅 著
何丙华 等译

南京出版传媒集团
南京出版社

图书在版编目（CIP）数据

我的一生：拉米兹·阿利雅回忆录 /（阿尔巴）拉米兹·阿利雅著；何丙华等译. —南京：南京出版社，2016.11

ISBN 978-7-5533-1503-4

Ⅰ. ①我… Ⅱ. ①拉… ②何… Ⅲ. ①拉米兹·阿利雅—回忆录 Ⅳ. ①K835.417=6

中国版本图书馆CIP数据核字（2016）第210446号

书　　名：我的一生——拉米兹·阿利雅回忆录
作　　者：［阿尔巴尼亚］拉米兹·阿利雅
译　　者：何丙华　马立辉　肖冬京　任德生　段　伟
　　　　　王偲骁　李曼舒　靳　乔　马　赛
审　　译：何丙华
出版发行：南京出版传媒集团
　　　　　南 京 出 版 社
　　　　　社址：南京市太平门街53号　　邮编：210016
　　　　　网址：http://www.njcbs.cn　　电子信箱：njcbs1988@163.com
　　　　　淘宝网店：http://njpress.taobao.com　　天猫网店：http://njcbcmjtts.tmall.com
　　　　　联系电话：025-83283893、83283864（营销）　025-83112257（编务）

出 版 人：朱同芳
出 品 人：卢海鸣
责任编辑：谢　微
装帧设计：王　俊
责任印制：杨福彬

排　　版：南京新华丰制版有限公司
印　　刷：江苏凤凰通达印刷有限公司
开　　本：787毫米×1092毫米　1/16
印　　张：25.25
字　　数：509千字
版　　次：2016年11月第1版
印　　次：2016年11月第1次印刷
书　　号：ISBN 978-7-5533-1503-4
定　　价：68.00元

淘宝网店　天猫网店

拉米兹·阿利雅

位于阿尔巴尼亚南部的布特林特古城遗址被列为世界文化遗产

2013年5月5日，在中国驻阿尔巴尼亚大使馆的努力下，中国国际广播电台阿尔巴尼亚语调频台在阿正式开播。这是国际台在欧洲巴尔干地区的第一家整频率调频落地项目。图为架设在地拉那达伊特山顶的广播天线

“巴尔干明珠”——奥赫里德湖

“煊赫古城”——布特林特

“鸟类天堂”——斯库台湖

“民族独立之地”——发罗拉

“古罗马遗迹”——阿波洛尼亚

“御敌古堡”——克鲁亚

“千窗之城”——贝拉特

“石头之城”——吉诺卡斯特

“北方重镇”——斯库台

“海上花坛”——都拉斯

导 读

拉米兹·阿利雅，1925年10月18日出生于阿尔巴尼亚北部城市斯库台市，2011年10月7日卒于地拉那，享年86岁。

阿利雅一生经历了阿尔巴尼亚历史上的多个重要时期：童年时是索古国王统治下的君主时代，上中小学时经历了意大利占领时期，而他的青年时期则是在争取摆脱意大利与德国法西斯占领的解放战争中度过的。1944年底，阿尔巴尼亚获得解放，由此进入了社会主义发展时期。在此期间，阿利雅曾先后担任团中央总书记、文化教育部部长、中宣部部长、人民议会主席团主席。1985年4月，恩维尔·霍查去世后，阿利雅当选为阿劳动党中央委员会第一书记兼武装力量总司令和国防委员会主席。20世纪80年代末，东欧发生剧变，阿尔巴尼亚开始进入资本主义发展时期。1991年4月底，阿利雅当选为阿尔巴尼亚共和国首任总统。

作为阿尔巴尼亚近现代史的见证人，阿利雅在回忆录中不仅描述了其亲身经历的解放战争的凄风苦雨，也讲述了阿尔巴尼亚与前南斯拉夫、苏联和中国等友邦国家外交关系的冷暖变迁。国防部部长巴卢库为什么被枪毙？卡博真是被毒杀的吗？二号人物谢胡自杀事件的真相如何？阿利雅的这本回忆录将为我们拨开这一系列事件的层层迷雾。

需要说明的是，译者仅以“信”“达”之标准将阿利雅的这本回忆录翻译成中文，供有关人士参阅。对于回忆录中阿利雅观点的对错、有关事件描述的真实性等，译者不做任何评价。

目 录

Preface

一、前　言

许多朋友和同志鼓动我写一本回忆录。他们对我说，最好是由你本人讲述自己和身边的事，这比别人写要好，否则不知会有多少事实被歪曲呢！经过多次的犹豫，尽管信心不足，我最终还是决定着手写这本回忆录。

我写这本书并未利用已有的文献。原因有二：一是因为我没有自己的私人档案，我的所有文献都藏在国家档案馆；二是我认为没有必要查阅文献，因为这是一本回忆录而并非一本纯粹的历史书。再说，不仅是我自己，读者也会信服于我的记忆能力。我相信，比起在某个特定时期或特定环境下写出的文献中所表述的回忆来说，通过人的简单印象组成的记忆，即每个人以自己的方式回忆自己的生活，是更贴近其本人真实情况的。对那些我记忆中最突出的，也就是那些确实发生过的、对人的生活起着重要作用的事件，我有时也会做出必要的戏剧性描述。记忆往往比档案更有价值，而且我在书中所写的事情是真实的。我也相信，这些事与相关的文献也是吻合的。对某些特殊的事件，我也利用了我发表过的作品中的内容，尤其是《我，拉米兹·阿利雅为历史作证》和《希望与受骗》两本书，以及为一些特别事件所做的稀有的笔记。

这本书，是我生活的一部分，但这不是说它不包含我所经历的政治生活。我的生活几乎是完全“陷入”政治之中的。我甚至不知道我的青年时期抑或是成年时期的哪个阶段与政治无关，先是献身于反法西斯、解放祖国的斗争当中，之后是投身于为我们国家、为自由和独立的阿尔巴尼亚的美好未来的建设之中。这就是我们这一代人的经历，同时也是我个人的经历。

20世纪80年代末至90年代初，社会主义作为政治制度在全世界范围内遭到沉重打击。在欧洲的社会主义国家，以集体经济为基础的社会制度被推翻，取而代之的是资本主义制度的自由市场经济。被整个东欧以及更广泛地区作为模式所认可的社会主义制度，正是在其发源地开始出现毁灭信号的。这一现象令人吃惊。我之所以称其为现象，因为事实上这一制度倒台的根本原因并非来自其内部的瓦解，而主要是来自西方资本主义体制的侵袭对其产生的巨大压力。事实上，来自社会主义阵营的头头苏联莫斯科的“戈尔巴乔夫现象”带来的信息是，社会主义世界最终要屈服于西方世界的游戏规则（按照当时媒体更能接受的语言的说法，是“联合”）。就这样，东欧颠覆了。同时，在苏联、南斯拉夫和捷克斯洛伐克，不仅社会制度被颠覆，多民族的国家本身也被解体，成立了诸多独立的民族国家。

阿尔巴尼亚也没能躲过这场风暴。二次世界大战带来的以中央计划经济和财产公有制为倚靠的社会制度，变成了以自由经济和财产私有化为倚靠的另一种制度，人民民主的社会主义一元化制度被自由民主的资本主义制度所取代。

在发生如此重大事件的时候，如在整个东欧和苏联出现的颠覆，对过去的历史做出各种诠释都是不可避免的。事件、人物，所有事都以与过去制度完全相反的标准被重新评价。在阿尔巴尼亚也是如此。在没有以任何事实和现实生活为根据进行分析的情况下，否认过去制度的所有价值，目的就是要将社会主义的过去说成是专制、极权，是阿尔巴尼亚人民和国家的一大恶魔。

看到事情被扭直作曲，理智的人是不会接受和沉默的。我国历史上最为英勇的民族解放战争被肆意说成是自相残杀，这场战争不朽的领导者和指挥者们被称为罪犯。当今那些不怀好意的民主人士们甚至走得更远，叫嚣什么近50年来阿尔巴尼亚不仅没有前进，反而“倒退了”，退到了还不如索古王朝的水平！

我亲历了所有那些被暗中诋毁或由于无知所进行的恶意攻击的事件。我参加了民族解放战争。在国家解放后，我担任过重要的领导职务，而且在最后的几年间还担任了党和国家的主要领导职务。作为历史事件的见证人和主要角色，作为一个有责任心的人，我有责任对以往的功过说出我的话。

邪恶的逻辑和虚无主义造成了一种状况，即现在不能讨论任何阿尔巴尼亚过去的成就，甚至对阿尔巴尼亚不惜代价成功阻止了各种敌人的无数次攻击，坚决捍卫了她的自由与独立这一基本事实都要“忘记”并保持缄默。对我们在过去的制度中建立了多领域的工业体系，包括建设了现在仍在为全国供应电能的诸多水电站，对阿尔巴尼亚人民普遍提高了教育水平，对由于我们在公共健康领域的进步和人民经济文化总体水平的提高，我国人民的平均寿命也达到了其他国家的水准，等等，这些都不能提及。

我认为，不仅要反对歪曲我国50年历史真相的企图，而且还应将其作为我们历史科学领域的一项重要任务，因为这关系到国家的现在与未来。过去的历史无论怎样，或荣或辱，或成或败，终究是民族历史的一部分，否认过去就意味着否认你的人民的历史。

诚然，社会主义的阿尔巴尼亚并不完美。在社会主义建设进程中有过错误、缺陷和弱点，这些问题的出现有其主观原因和客观原因。在这本回忆录中，我将具体谈及这些问题，尽可能地解答诸如发展条件、党的领导在各个时期的目标、客观困难以及我们的错误和缺点等问题。

毫无疑问，一部分缺陷来自于我们作为样板的制度本身。社会主义作为一种社会制度，是在那些相对贫穷的国家发展起来的。在这个经济和社会发展的舞台上，开始是20世纪20年代的俄罗斯，之后是二战结束后的东欧各国先后走上了社会主义道路。阿尔巴尼亚是在它们之后才走上这条道路的。众所周知，当时我国的资本主义生产关系还没有完全建立，在农村甚至还保留着封建主义的残余。

出于尽快摆脱我们所继承的落后状况之愿望和抵抗资本主义包围的压力之需要，导致了我们在一些领域加快发展速度和社会改革，尤其是在国有化和全面社会化以及增加国防投资等方面。恕不赘述危害个人利益的分配平均主义的发展倾向。当然，作为后果，在服从总体利益的名义下，人民的生活水平和个人利益在一定程度上受到了影响和侵害。与此同时，还打着阶级斗争的幌子，以各种方式为不正当和不合理的行为、为限制人身自由和闭关锁国的行为，更有甚者，为那些专政机关，特别是国家安全部门跨越法定权限等行为大开绿灯。种种这些行为的结果是，连无辜的人也无端受害，甚至“株连九族”，伤害到他们的亲属。

我们这一代是以理想的社会自由和平等的名义投身于新阿尔巴尼亚的建设中的，包括恩维尔·霍查在内的所有国家或党的领导人都没有为了自己和自己家族的富有而工作，而是致力于全社会的变革与劳动大众的利益。他们始终支持劳动者，支持在国家发展进程中以忘我劳动取得公认成就的我国全体人民。

回顾过去，我们无疑有理由为两件事情进行自我批评并请求人民的原谅：

第一件是，由于种种原因，其中包括我们所犯错误的原因，我们未能使国家取得更多的发展，也就是说，未能在阿尔巴尼亚更好地实现经济、社会和文化转型，以使我国人民生活得更好。

第二件是，由于开展残酷的阶级斗争，或是相关机构及党和国家的其他组织践踏法律，造成了某些特殊的人受到不公正的待遇。

导致“柏林墙”倒塌的重大事件已经过去将近20年。这20年是从过去的社会体制即社会主义体制，向新的体制即资本主义体制的过渡时期。但这个过渡期过长了，并伴随着相当多的困难。自1990年至今，阿尔巴尼亚正经历着经济和社会的恶化，并被卷入了深刻的政治危机。

阿尔巴尼亚正在建设的资本主义与索古时期的相似，是一种原始的、野蛮的、“掠夺性的”资本主义。在国内盛行腐败、金融投机、有组织犯罪以及各种各样的偷渡，包括贩卖儿童和组织妇女到欧洲的大街上去卖淫。阿尔巴尼亚变成了一个没有产出的国家，一个往往由犯罪团伙，而不是由国家及其机构制定法律的国家。

我国走不出过渡期恶性循环和不被欧洲所接受的首要原因是，现今的当权者们考虑他们自己及其集团的利益多于考虑国家的利益。我国人民的不幸在于，向市场经济转型过程中的领导者们是一些不负责任的政客。他们口中喊着民主，但不知什么是民主；他们不了解阿尔巴尼亚的历史、文化和经济发展过程；他们并不爱国，而是为阿尔巴尼亚和阿尔巴尼亚人民制造种种痛苦和创伤。

应该相信，国家目前经历的困难终将被克服，因为阿尔巴尼亚从来不乏有识之士和正直的人，从来不乏火热的爱国者和热爱美好未来的远见卓识之人。我相信我们国家绝不会成为一只欧洲的黑羊。是这种乐观主义在滋养着我的生命。我并不后悔曾与那些为在大地上建设理想社会而“向天开战”的力量共同生活和工作过，尽管我们偶然遭遇了失败！

My Youth and School Years

一　我的青年和学生时代

关于我的自传，我只有一次，在《铁窗日记》一书中涉及了一些。有人问道："为什么讲得这么简短？"这可能是缘于过去党和国家领导人一般不透露个人生活细节，写的主要是官方活动。为了弥补这一"空缺"，我的这本书就从自传开始。我料想，如果不是后来60年里我是我们国家历史上最关键时刻所发生的主要事件的见证者和参与者，读者对我的自传也就不会有任何兴趣了。

像所有我们这一代人一样，我经历了三种社会制度。童年时期是索古国王统治下的君主制度，即封建资本主义社会。中小学时期，我经历了法西斯占领阿尔巴尼亚。青年时期，我是在争取国家摆脱意大利与德国法西斯的解放战争中度过的。祖国从外国占领下解放后，我则同全国人民一道为建设走社会主义发展道路的新阿尔巴尼亚而奋斗。这一部分是我一生中最长的阶段。而最后这20年我所处的社会称谓不一，有时叫作多元民主，有时叫作创新社会，又有时称作自由市场经济，但总体来说，是资本主义社会，尽管它还是原始的，且丝毫不人性的。

我一生中有理性的时期都同社会活动的政治密不可分。16岁时，共产主义青年团甫一成立（1941年11月），我就是其中的一员。自那时起，我就为反法西斯解放战争而战，成为为建设新阿尔巴尼亚而战的社会积极分子。国家解放后，我也都是从政，先是担任阿尔巴尼亚青年反法西斯联盟的领导（后称阿尔巴尼亚劳动青年联盟），直至20世纪50年代中期；后又任教育文化部部长；及至宣布实行多党制，我则成了阿尔巴尼亚劳动党的高级领导。近年来，我从社会主义制度和第一届多元议会中选出的共和国总统一职上卸任。因此，在长达五六十年的时间里我都在从政。这既是我的职业，也是我的一生。

斯库台，我的故乡

我于1925年10月18日出生于斯库台市。可不晓得为什么，国外媒体乃至国内媒体都把我的祖籍说成是科索沃，尤其是在20世纪80年代。这样说是不准确的。我家世世代代都是斯库台人，无论是父亲还是母亲，祖上都生于斯、长于斯。

我对我的家谱从来都没有产生过兴趣。我觉得一个人知道自己的祖籍就足够了。我们家族里，先辈中没有人对家谱感兴趣，我便也步了他们的后尘。虽然如此，既然我们的家族同奥索・库克斯家族有关，所以我还是竭力更多地了解了这其中的联系，毕竟我在这个家里出生。

我祖父名叫阿里・加菲吉亚，但更多的时候人们叫他阿罗・加菲吉亚。由此而来的便是我的姓，称作阿利伊亚，直至我们来到地拉那之后，才变成了阿利雅。祖父同奥索・库克斯是密友，在那个年代，他们共同领导着一个叫作“斯库台兄弟会”的组织，这是个保护阿尔巴尼亚族群不受黑山人欺负的组织。奥索・库克斯在我们国家的历史上，以民间艺术的形式，被口口相传为一个骁勇善战的传奇式人物、一个伟大的爱国者。1862年5月，黑山军队被浩地和谷乐达的山民打得惨败。一个月以后的1862年的夏天，斯库台湖以北，象征着阿尔巴尼亚边界的弗拉尼那岛城堡遭到了攻击。就是在这里，青年俊杰奥索・库克斯第一次与阿尔巴尼亚勇士一道，包括奥索在内的24个小伙子奋不顾身地投入到保卫弗拉尼那城堡免遭侵略者之手的战斗中。然而阿尔巴尼亚战士在黑山大军的重重包围之下，相继倒下。最后只剩下三个人，其中也有奥索・库克斯。这几个小伙子决定攻入城堡，阻止升起占领者的旗帜。于是奥索・库克斯和同伴们一起点爆了弗拉尼那城堡中的火药桶，将这个固若金汤的城堡化为灰烬，这几个阿尔巴尼亚的卫士也与敌人同归于尽。奥索·库克斯及同伴们的英雄壮举随着世人皆知的民歌世代传唱，成为永恒。

奥索牺牲后，我祖父家就迁居到奥索·库克斯的故居。我父亲达伊比与奥索的儿子们也成了世交，同他们全家一起生活在这个宅子里。如前所述，我就是出生在这里。

我对这所房子记忆犹新，特别是从院子走上平台的石阶。正如路易吉·古拉库奇家的房子一样，奥索·库克斯家的宅子无论从建筑风格上还是外形上都很有特点。现在这所房子成了斯库台市的博物馆。

1931年，父亲在斯库台市的托发纳街购置了一所房子，在那里我们家一直住到迁居地拉那。这是一所典型的斯库台风格的住宅，底层为牲口棚，上面有一个宽敞的露台，有一个厨房、两个大房间。在我家离开斯库台时，父母将它卖掉了，可惜所得的钱并不够在地拉那再置另一所房子。

我没有见过祖父，也没见过外祖父，只见过外祖母，我们这些孙儿都非常喜欢姥姥。她于1946年过世。我母亲名叫赛碧叶，她父亲，也就是我的外祖父是一位斯库台老人，名叫塞勒·采卡，居住在斯库台市的都达街。他去世后，宅子由我母亲的大哥里扎·采卡继承。舅舅在索古时期任职于斯库台法院，当书记员。现在舅舅家的大院子成了斯库台体育场的一部分。

母亲和父亲家的其他兄弟姐妹都是平头百姓，艰难度日，其中我记得很清楚哈奇·萨迪克·阿利雅叔叔“是从过政的”。据说1911年在戴得·乔·卢里和路易吉·古拉库奇领导下进行的大山起义中，叔叔就参与其中，还被土耳其人逮捕过。土耳其人为了杀鸡儆猴，还在城市中心广场鞭笞叔叔和其他一些爱国人士。叔叔于1931年去世。

我父亲从没有涉足过政治。由于我家日子过得捉襟见肘，父亲被迫背井离乡，不停地到处寻找工作，直到1933年我们家离开斯库台。父亲没有什么文化，便在申津和都拉斯海关当门房。尽管生活困苦，但他生性活泼，像所有斯库台人一样，富于幽默感。他在描述熟人或家人时，总能把我们这些孩子逗得前仰后合。他从不指名道姓地称呼人家，而是管“张三”叫“侯三”，“李四”叫“鱼干”，“王五”又叫“姆利克”，如此这般。他的这个“能耐”后来被我大哥莱沙迪继承了。

父亲很早就去世了，那是在1934年的11月。于是家庭的重担就落在了母亲身上。我的母亲是个勤劳、机敏的妇女，还极富智慧。凡认识她的人，无不对她表示推崇、爱戴和尊敬。母亲不仅操持家务，还学会了缝纫台布、床罩，拿去给我一个经商的表兄去卖，并以此补贴家用。她不识字，但对知识很有悟性。我还记得1945年4月我从南斯拉夫回到地拉那，当时任第五旅政委，在家住了五个月左右。城里除了学校外，还开设了一些扫盲班，当听说我母亲也报名上了扫盲班时，我真是高兴之极，要知道，那时她已经50岁了！

后来因为另外一件事情，母亲的善良给我留下了深刻印象。那是在我与妻子塞米拉米斯婚后的第一年，在复活节的午饭桌上我见到了红鸡蛋和甜点。我还以为是塞米拉米斯娘家人送来的，可其实是母亲做的。我问她，她“理由充分”地解释道：“开斋节时你喜欢吃甜点。塞米拉米斯是天主教徒，所以我想她也喜欢在庆祝复活节时有红鸡蛋和点心。”母亲自己信教，也懂得尊重其他宗教习惯！

我们所有孩子都十分喜欢和敬重母亲。如果哪个孩子犯了错误，她从来不会“动一个指头”，而只是用沉默、告诫来“打”孩子，至多也就是提高嗓门而已。我的孩子、莱沙迪的孩子和姐妹的孩子都同我们一样爱戴母亲。1964年，当我妹妹菲莱库以及她的两个孩子在一起空难中罹难离开人世时，母亲悲痛欲绝，甚至改变了自己的生活方式。

菲莱库遭遇的那场空难是一个影响巨大的事件，痛苦的记忆挥之不去。一架从中华人民共和国返航的客机在蒙古和苏联上空坠毁，机上人员无一幸免。乘客中就有我的妹妹菲莱库和她的两个孩子，还有我国著名诗人德拉果・西里奇。

母亲于1983年7月辞世，享年85岁。

我们家除了父母外，还有父亲第一次婚姻的一个儿子（父亲结过两次婚）和六个一奶同胞的孩子——两儿四女，都出生于斯库台。父亲带过来的哥哥叫雷杰普，年龄较大，比我们这些一奶同胞的老大还要大上15岁。他沉默寡言，但很勤劳。他一直在斯库台和地拉那做学徒，与我们生活在一起，直到1940年结婚去了斯库台。在岳丈的资助下，雷杰普开了一家小商店，开始经商。1985年雷杰普去世，留下两男三女，他们又都各自成了家。

在我们这一支兄弟姐妹中，莱沙迪是老大，比我大六岁。我很感激莱沙迪，因为在父亲去世后，他就弃学开始工作以养家糊口，我因此得以继续上学。莱沙迪于2002年过世，身后留有两个女儿。他大部分时间在国家档案馆工作，工作勤奋，不辞劳苦，受到众人的尊敬。我都不记得他有过哪怕一天的缺勤，因为他非常自觉和诚实。他受国家档案局的重托，在中国完成了修复培拉特手抄本紫色《马修福音书》古本，一本为公元6世纪的，另一本为公元9世纪的。他圆满地完成任务，当之无愧。他还根据要求仔细地保护这些古籍。

古籍是要保存在干燥、清凉、阴暗的房间里的。要遮蔽阳光、自然光，使用时要避免长时间强光照明。触摸古籍时要戴上棉质手套，古籍要平放，避免强烈震动，还要不时地检查并翻动页码，存放古籍的室内禁止使用霓虹灯或化学试剂以免损坏有机玻璃。

我的四个姐妹中，有三个已故。比我长四岁的于丽雅两年前去世，长我两岁的米妮莉亚1932年就过世了。而菲莱库，我已经讲过了，死于1964年，时年34岁。相比其他姐妹，我更喜欢菲莱库，她总是笑口常开，彬彬有礼，待人和善。

所有兄弟姐妹中还在世的只有乔塞莉娅，她小我两岁。于丽雅和乔塞莉娅两个姐妹都各自成家。于丽雅有两个儿子一个女儿，女儿在两年前去世；乔塞莉娅有三个儿子。

这就是我成长的家庭。

久居地拉那

1933年，父亲在地拉那农改局找到了工作，这份工作为他提供了较好的生活条件，于是他决定将全家迁来首都。1933年5月初，我们全家随着一辆小卡车，连人带物来到了地拉那。我记得那次旅行是因为这是我平生第一次坐汽车，也是第一次到首都。那时我也就刚七岁多点，走了整整一天，从早到晚，公路路况很糟，路窄坑多，当然汽车也破旧，比手推车快不了多少。进入地拉那时，我印象最深的是都拉斯路和国家银行那座建筑。走到中心广场时，吸引我目光的是钟楼。

我们就这样永远地离开了斯库台。对故乡，我始终怀有特殊的眷恋。小时候，在全家来到地拉那以后，每逢夏季，我都回到斯库台，在表亲家度过。我特别喜欢舅舅里扎・采卡家，因为他家有一个种满果树的大院子，有樱桃、李子、无花果、杏、桃，还有葡萄等。舅舅对这些果树非常上心。在他家我还有小伙伴，除了舅舅的三个比我小的孩子外，还有姨家的一个，与我同岁。我们在一起过得可开心了。

就是今天，一想起那个年代的暑假，我的思念之情都难以言表。玩耍的日子过得飞快，我们玩各种游戏，打球，或者在午后的时光去市中心漂亮的公园闲逛，去看"英式钟"。当然我们还可以尽情地在舅舅的大园子里挑选、摘取果子吃。晚上的时光也毫不逊色。我舅舅是个有名的斯库台民歌爱好者，歌唱得非常不错。我记得隔三岔五他那些同样喜欢唱歌的两三个好友就来到舅舅家，一个拉小提琴，另一个弹单弦琴，大家一起唱歌。由于家里的露台是敞开的，就像所有斯库台的老宅子一样，所以歌声能回响在整个街道上。

解放前，我最后一次去斯库台过暑假是1941年，而解放后我去斯库台多是因为工作。20世纪70至80年代，我习惯每周六偕妻儿去斯库台过周日。故乡的美好吸引着我，斯库台人闻名全国的风趣幽默吸引着我。时任斯库台地区的领导，如P.穆拉、E.哈利里、B.巴卢查、J.蒂尼、S.布沙迪等人都与我一起过过周日。除了在市里，我们还到当地知名的景点去，如波格、塞斯、湖边、希洛克、维利波亚等等。

实行多元民主这些年以来，如果不算1991年7月只在那里逗留过几小时的一次，我就再没有回过故乡。那几小时的去访是同1991年4月2日发生的示威游行有关，在那次的不幸事件中，有四个斯库台小伙子丧生。此事我在后面还会讲到。

2003年5月，我同朋友一起去乌尔沁的路上也在斯库台市里停留了一下。虽然这是一个春光无限的日子，但我还是不愿意提起此时这个已被人毁坏、无人搭理的城市，似乎连太阳都黯然失色了。这是因为在我脑海里留下的从来都是关于这座古老美丽城市的深刻印象。此后，我又去过斯库台几次，情况也都类似。尽管如此，这些不好的感觉丝毫也不能磨灭我与斯库台这个城市在心灵上的联系。我内心深处对它的喜爱和尊崇永不动摇，它是爱国主义和知识的摇篮，是文化和艺术的摇篮。我一如既往地喜欢这座满是鲜花的城市，这座建筑风格独特、房子建有石阶和被高墙围绕的城市。我尤其喜欢斯库台这里的人，他们是如此勤劳、能干、文明、忠诚、乐观并富有创造力，善良又宽容。

我于1933年最终变成了地拉那市民。我们家在巴米路（如今的杰马尔·斯塔法路）租了一所房子，两个房间，另有一个厨房在院子里。我习惯了在斯库台家里有一个满是果树的大院子，可在地拉那，我们家院子很小，一棵果树都没有。只是在毗邻我家的房主院子里有一棵桑树和一棵从不结果的葡萄藤。

在地拉那除了父亲，雷杰普也找到了一份学徒的工作。我们其他人还继续上学。在斯库台我只上了小学二年级的两个学期。即便如此，来到地拉那以后，我也没有马上进学校完成二年级的最后一个学期。直至1933年秋新学年开始时，我在红色学校三年级注册了，这所学校至今仍在杰·斯塔法路。

如前所述，我父亲于1934年11月去世，死于胃癌。父亲的过世自然使我们的家境更加窘迫。于是熟人就张罗着让还未年满16岁的哥哥莱沙迪去顶替父亲的职位。很快莱沙迪就从一个简单的邮递员工作进入到打字员的行当，过了一段时间又成了当时行政部门的档案接待员。哥哥为工作而辍学，做出了牺牲，才使我得以有机会继续学业。

母亲也用缝纫和在院子里养牛的所得补贴家用。我对这头牛记忆深刻是因为我也经常因为它而招惹“麻烦”，直到我离家当了游击队员。情况是这样的：为了挣点收入，我们不得已卖掉一部分牛奶，所以就由我每天上学时把牛奶送到一个富人家，放学时再把空罐子带回来。但有无数回，我忘了捎回罐子。因此还得返回去取，否则第二天就没有家什可装牛奶了！

我家日子过得并不宽裕，但因为勤劳，才得以用辛苦和汗水挣口饭吃。母亲始终是家里的顶梁柱，如我前面讲过的，尽管她没什么文化，但天性聪颖，很有悟性，对我们有着直接全面的影响。除了家庭影响外，我还从生活中学到了许多东西，善良、正直、不辞劳作。我非常感激我的父母，尤其是母亲教会了我很多。

虽然地拉那有别于斯库台，可对我来说，融进这个大的新城市并不困难。我很快就同我家附近的同龄小伙伴混熟了。就是在邻居家，我碰到了一桩令人吃惊的事情。我听说在一个邻居家里有个女牢，我还见到了这个“私设”的牢房。房主人是个类似巡警的人，他家的地下室就关押着两三个因刑事罪而被捕的妇女。那时候的制度似乎是把关押犯人的“任务”下放给了巡捕，可能是因为没地方安置这些犯人吧。我至今还记得在巡捕家被“看管”的那几个可怜的女人，有时巡捕也让她们给自己干活。

新学年伊始，我的交友圈子扩大了。除了邻居外，我又结识了不少年龄相仿的伙伴。我上面已经提到，1933年秋，我开始在红色学校上小学三年级，并在那里读完了四年级和五年级（当时小学是五年制）。1936年9月，我被录取进了地拉那中学读一年级。

我一直怀念我小学时期的所有老师。直到今天，我对他们都怀有深深的敬意和感激。小学老师在一个人的成长过程中起着至关重要的作用，他们在未成年人的心里“播种”，不仅播撒下知识的种子，而且还教育人们要正直、勤劳、关爱身边的人并尊重他人，要毫不动摇地热爱祖国和自己的民族历史。

人的一生中会有一些永难忘怀的事情，即使到了耄耋之年仍记忆犹新。在我的记忆里就有这么一桩事，那就是小学一年级的老师。我常想起他，是因为他教会我书写和阅读、数数和地理，让我知道了对自己、对社会都有益的精神准则。

我是在斯库台托哈那街学校上的小学一年级。我的班主任老师名叫哈什姆·科普利库，二年级也是他带我们班。他身材中等，微胖。在我们学生眼中，他显得严厉，布置大量作业，还在纪律上要求严格，但同时他又非常负责任。

有一件事已深深地刻在我的脑海中，每忆及此，我对这个老师以及小学所有老师的尊重和敬意都会倍增。一想起过去的年代以及解放初期时的斯库台，大家都会知道，每逢晚秋和冬季都是雨水集中的季节，斯库台湖、德林河与吉力河里的水就会漫出堤坝淹没城里的部分街道。现在由于在德林河上修建了水电站，河流得到了控制，这种现象少见多了。

1932年至1933年冬，斯库台湖和德林河洪水泛滥，淹没了托哈那街上我们的学校和住家的房子。水很深，有些地方深达一米，我们学生当然无法上学。我正在家中眺望窗外，只见汪洋一片，成了泽国。突然一艘小船和船上的一个男子及两个小孩闯入了我的视线，我一眼便认出那是我的老师和两个同学。他们来到我家门前，停下船，叫我上去。母亲与老师交谈后，帮我上了船与同学会合。老师摇着双桨将我们送到学校。到了学校，我才知道班上的大部分同学都已经到了，而且都是老师挨家挨户把大家一个一个接来的。这就是我们的好老师，在这种恶劣的天气里，他没有在家围着火炉取暖，却出于责任心，出于爱心，接学生来校上课。自然，这更增加了我们对老师的无限爱戴和尊敬。

在地拉那红校，我们老师不仅以爱国主义精神闻名，而且专业造诣很深。米尔托·索蒂尔·古拉就是其中的一位，他还是名闻遐迩的作家。祖国独立后他流亡海外，后来才回国。他教我们读书那年，出版了《流亡之痛》一书。由于我同他的孩子很熟，他也赠了我一本，我如饥似渴地阅读了此书。解放以后，我还几次见到了我的老师古拉，那时他还兼做俄语翻译，他在流放俄罗斯期间学会了俄语。

我非常喜欢和尊敬的另一位小学老师是约尔古·帕诺，他是红校的校长，也是我五年级时的老师。他五十开外，微微发胖，个头不高，对学生呵护有加，十分和蔼，从不见他发脾气，总是和风细雨地好言相劝，因此赢得了我们这些学生的心。战争时期，他及他全家都投入了反法西斯战争，他女儿乌兰妮·帕诺还成了烈士。帕诺老师本人在退休后去世了，受到了众人的敬仰。

在地拉那中学读书

1936年秋天，我被地拉那中学录取，读一年级。那时要上中学，必须在9月1日前年满11岁并缴纳学费15个金法郎。为了凑足学费，母亲到亲戚家四处借钱。另外一个麻烦是我要到10月18日才满11岁。这可如何是好？千方百计想上学的强烈愿望迫使我在民政局发的证件上“作假”。我小心地涂掉了10月（那是用墨水写的），填上了“8月”。我当然成功地蒙混过关，没有露出破绽。

地拉那中学位于国家银行对面，是一所带有大院子的老建筑，边上是一个带厕所的小院。课间休息时，这个小院里挤满了来抽烟的高年级同学。学校所有年级都在主楼里，从一年级到八年级。那时候，在四年级结束时要进行结业考试，取得证书后才能继续读下去，直到八年级毕业考试。1942至1943学年，学校搬到了大街上妇产医院对面的楼里，即现在的国立大学自然科学系。成立大学后，中学又搬到了都拉斯路路口。如今这所学校以反法西斯战争英雄杰马尔·斯塔法（也曾是这个学校的校友）的名字命名。

应该说明的是，地拉那中学始建于1926年，是阿尔巴尼亚最好的中学之一，也是地拉那当时的三所中学之一。全校各年级学生加起来不超过350人，全部为男生。另外两所学校，一个是“圣母”女校（师范学校），另一个是技术学校（又称福尔斯学校），是培养中等技术员的。

地拉那中学的高质量教学来源于训练有素的授课教师，其中大部分都成了日后成立的地拉那大学教师队伍中的骨干力量。这些人中有米奈拉·卡拉亚尼、万杰尔·吉康迪、维达特·科科纳、农达·布尔卡、索蒂尔·安杰利、恰兹姆·图尔迪乌，另外还有许多。

那时候，学校里不是所有科目都有教材。很多课程学习时都要做笔记，然后据此来学习。教师讲课时，更多地讲一些主要概念，以便我们学生能更全地记下所讲的内容。我记得我们手里有的出版教科书是阿尔巴尼亚语语法、文学读本、几何及外语教材（法语）。另外还有一本只供一年级用的古代史。

数学是我最喜欢的科目之一，所以当万杰尔·吉康迪老师讲课时，我总是十分认真地做笔记。每次他一走进教室，说声“请做笔记”，然后便开始用清晰的语言有条理地讲课。1955年，我担任教育文化部部长时，在部里遇到了任巡视员的吉康迪教授，因为我还记得他在中学教数学时讲课条理清晰，有一天我建议他编写一本数学教科书，他对我表示了感谢，又以人所共知的谦逊态度说现在还有其他更有能力的老师可以编写数学教材……

我清楚地记得上中学的第一天，因为作为中学生的我第一天就发生了一起“事故”。第一节课是贾布利勒·梅克西老师的历史课，他是一个很有造诣的教师。他走进教室，按规定点完名后开始说明这一年我们在历史课上所要学的内容。我的座位在靠墙的第三排，我认真地听讲，但没有抬眼看着老师，而是低着头，手里旋转着铅笔。梅克西老师把这视为不专心听讲，于是终止了讲课，没听任何解释，便对我说：“坐那儿的，你到学校是来玩的吗？出去，以后我的课你不用再来了！”

于是我默默地走出了教室，当我自己一个人在学校院子里，想到历史课一节还没上完，到了秋天就该不及格时，我忍不住哭了。正当我泪流满面十分悲伤时，一个可能是高年级的学生走过来问我怎么了，我解释了原委，他笑道：“别担心，梅克西老师就是这样，以前也有过一次。今后上历史课时，你照样去，就当什么事情也没发生过，梅克西老师不会说你的，他根本就不记得有这么回事了。”

我略微松了口气，但想着事情绝不会如此简单。担心是没有了，两天后，听说梅克西老师调离了我们学校，去女子师范学校当校长了，可是这件事使我从此上课特别专心。

在中学里，一年级开的外语课是意大利语，从三年级开始可以选修法语或德语。三年级还要分科，那时候叫现实科与古典科。现实科的主要科目是自然科学，尤其是数学，而古典科即人文科与古代外语如古希腊语和拉丁语。我选择的是现实科，而外语（除了意大利语外），我选学了法语。不晓得由于学校的何种改革，我还得修拉丁语，从中学一年级一直读到毕业。

读书时代是青少年时期最美好的时代。在学校里我们可以学习各种科学的基础知识，了解周围的世界，学习本国人民的历史和争取自由与独立的历史。在这里，我们学会了为了达到既定目标而应有的坚韧，锻炼了意志，培养了遵守纪律的精神，也学会了遵守规则以完成各项任务。在学校我们还培养了同学间的深厚情谊，使我至今回忆起来内心依然充满甜美。

我曾有许多要好的同学，如马努什・阿里马尼、泽奇・阿果利、斯力・科多拉、穆哈迈尔・斯巴修、纳伊姆・弗拉舍利、维丹・卢阿拉辛、斯堪德尔・居哈萨尼、斯堪德尔・白热奈、费奇利・巴沙等等。后来我与这些人还成了战友，他们都是共产主义青年团组织的成员。我们不仅在学校混在一起，校外也一样。我们一起散步，一起去市里的图书馆，还一起参加体育活动。上学的那些年，几乎每天我都和同班同学或其他同学去沙勒瓦莱，因为那里有地拉那市的体育场，离我们学校很近，甚至我们老师嘎乔・郭果和阿德姆・卡拉皮茨就在那里给我们上体育课。下午时分，我们去沙勒瓦莱打排球、篮球或踢足球。有时候我们喜欢去市里的小山上，即现在的大学所在地，或者再往上走，去当时被叫作圣普罗考普的山坡。

体育是我一向喜欢的活动。从年轻到年过半百，不同时间段，我从事不同的项目：开始是足球和篮球、排球，后来打羽毛球和乒乓球。虽然算不上是一级运动员，但打得也还不错。我打羽毛球和乒乓球一直坚持到1990年。在我的运动生涯中，甚至还参加过“乒乓球国际赛”呢！那是在1962年，我随阿尔巴尼亚劳动党的一个正式代表团去中国。在北京期间，中国人安排我们代表团参观一个体育设施。当他们得知我也打乒乓球时，便促使正在进行训练的中国的世界冠军跟我“比一盘”，当然这是一场“玩笑式的游戏”。比赛时，尽管世界冠军一会儿闭上一只眼睛，一会儿又两只全闭上，我也只不过才赢了五分！

20世纪30年代的地拉那还是小城市。现在各部委的那些楼是1932年建的，在那时候就已经是城市最南端的建筑了。各部委间的街心花园（现在为青年公园）当时是一个倾倒垃圾的巨大的坑，而现在的“新地拉那”那个地方则是一片乱地，有拉纳河和其他一些小河沟穿流其间，偶见一两所孤零零的房屋。拉纳河上有座供行人与手推车用的木桥，汽车不能通行。

法西斯占领阿尔巴尼亚以后，城市的这部分发生了根本性变化，意大利人建造了达依特饭店，修建了如今成为“民族烈士”的大道，还盖起了由如今的大学、艺术学院和“杰马尔·斯塔法”体育场组成的一组建筑群。意大利人同样还盖起了一些住宅，主要供当时的政府高官和意大利军官居住，现在被称为“拉纳住宅区”和“空军小区”。解放后，新地拉那地区有了很大的发展，眼下成了首都居住最密集的地方。

王朝时期

关于索古政权时期的经济文化发展状况已经有不少人描述过，总的来说各方面都是落后的，即使是我们年轻人也不难体会到这一点，我们从家里的情况就可以明白。很多时候国家不能给职员、教师和公务员支付工资。“国家没钱”，这是每当父亲和哥哥解释为何不能按月拿回工资时，我在家常听到的一句话。靠这份工资养家糊口的职员和教师们只能被迫将衣物拿去卖给商人，当然要降价不少。对农民来说，生活就更苦了，因为从地里打下的粮食和农畜产品往往卖不出去，或者得用很低廉的价格出售。

社会主义时期的历史文献和历史书把索古政权描写得一片黑暗，说这个政权是反人民、反民族的，“维系了封建关系的残余”，“是从对人民大众的掠夺中建立起来的政权”，以“违背国家利益的政策为法西斯占领阿尔巴尼亚鸣锣开道”。教科书还写道，索古制约了国家的经济文化发展，使国家陷入落后与无知的境况。这些评价无疑都是很明确的。据我个人的看法，在很多方面也是符合实际的。

目前，有一种错误思潮成了一种倾向，即认为凡是共产党时期说的都是错误的，是意识形态化了的。把索古及其政权形容得很闪亮，更有甚者，说什么索古时期的阿尔巴尼亚比社会主义时期的还好。这些无稽之谈，不值一驳。

事实上，索古时期的阿国很贫困。农业很落后，从事人口最多；生产工具很原始，没有拖拉机，没有任何机械设备，没有化肥和良种，主要的劳动工具就是犁。没有什么工业也是经济落后的表现，交通运输也很有限，文化教育水平低下，全国人口的90%是文盲就足以说明问题。

索古时期有没有什么积极面呢？社会主义时期的官方宣传没说一句好话，只说坏话。客观地说，应该承认，尽管经济文化落后，但索古时期还是建立起了国家机构，组建了军队和警察。这个政权得以对全境领土实行国家管辖。另一方面，也进行了某些改良，如取消了自土耳其占领时就传承下来的女佣黑巾和男佣红巾的习俗。

应该说，这个政权是不受广大人民群众欢迎的。大多数人，尤其是知识分子不支持它，甚至通过暴力行动来表达这种不满。这里只需回忆一下20世纪30年代发生过的两次反索古起义就足够了：一次发生在1935年的费里，另一次发生在1937年吉诺卡斯特的德尔维纳、埃特姆·托托。特别是费里起义，波及面很广，对政权构成了威胁，因此当局的镇压也很残酷。事件的结局是建立起了野蛮的恐怖制度，大批人士被捕，在宪兵队里受尽了折磨。

反索古运动进一步激发了人们对索古政权的不满情绪，尤其是学校中的年轻人，已经开始阅读国外报刊，更用一种批评的眼光注视着国家局势的发展。我们学校高年级的同学就此进行过激烈的辩论。辩论观点相互碰撞，既有支持共产主义思想的，也有德国法西斯希特勒的拥护者。教师们也经常表达自己的观点，不过表现得十分谨慎。总体而言，索古政权在青年学生中没有市场，而被看作是镇压人民的封建落后的政府。

那些年，在国际上，西班牙战争开始了。当时的知识分子和青年人都十分关心战事的进展。战事发生在西班牙，却在整个欧洲乃至更广的范围内引发了关注与同情。这是一场反法西斯的战争。继意大利和德国之后，法西斯正竭力地向西班牙扩张，以便其能顺利地向欧洲其他国家如法国等地挺进。于是全世界反法西斯战士站起来反对这种威胁，来自欧洲的、美国的、南美等国的志愿者纷纷前往西班牙抵抗法西斯。阿尔巴尼亚也有几十位志愿者加入到这个行列，其中一些人还为这一事业献出了生命。

我也被卷进了这股浪潮，在中学的头几年我就与西班牙战士“为伍”了。那段时间，我经常同乔·沃克什会面。他是个科索沃小伙子，好像与我从小学四年级就开始是同学了。他哥哥阿斯姆·沃克什是赴西班牙参加国际纵队反对法西斯佛朗哥将军的阿尔巴尼亚志愿者。我同学给我讲述西班牙战争、讲法西斯分子屠杀百姓、讲从世界各国去的志愿者的故事。他还向我谈到了苏联，说这是一个“人们过着幸福生活”的国家，而且毫无保留地支持西班牙反法西斯主义者。这些话都是我同学从他哥哥那儿听来的，而他在地拉那的哥哥又是从广播和报纸上得来的消息。我对同学谈到的一切都充满了好奇，只是有些东西还不太明白，吸引我的更多的是那些“国际主义战士”（他如此称呼那些人）为争取胜利而战斗、打败法西斯的事情。出于和同学的友情，我自然站在了他哥哥这个西班牙战士和“国际主义战士”的一边。

在中学里，碰巧我还同另一个“国际主义战士”关系也不错（指的是斯堪德尔·居哈萨尼），他与另一个赴西班牙参战的阿尔巴尼亚志愿者（说的是胡路西·斯巴修）的家人有联系。因此西班牙战事及其发展成了我们谈话的重要内容。逐渐地，我对红色志愿者的好感，以及对黑色法西斯分子的憎恨便与日俱增。为反法西斯而牺牲的战士阿斯姆·沃克什和其他一些领导人的英名，如伊巴露丽、道利亚蒂日益为人所知。我无论如何也想不到，若干年后我能同这些杰出的反法西斯运动领导人有近距离接触，甚至与他们交谈，这些却实实在在地发生在20年后。

1960年1月，作为阿尔巴尼亚劳动党的代表，我在罗马参加意大利共产党代表大会。大会上做报告的正是我心目中“国际主义英雄”的道利亚蒂。此时我对他的认识已有所增加，对这个反法西斯战士和意大利共产党领导人的尊敬自然也提升了。因此当我有机会在党代会期间会晤道利亚蒂和西班牙战争时的另一位老战士隆高时，我特别高兴，也非常激动。在那里，我还见到了后来在道利亚蒂去世后当选为意大利共产党领导人的贝林格。道利亚蒂我早在1947年就认识了，因为他同我一样，是意大利青年组织的领导人。他还连续多年当选为世界青年组织的主席。

1960年11月，在莫斯科举行的81国共产党和工人党代表大会上，我也见到了西班牙战争中的另一个“国际主义战士”，时任西班牙共产党领导人的“激情者”——伊巴露丽，她一直沿用这个匿名。但在那次会议上，我们的思想立场是完全相反的。伊巴露丽毫无保留地支持赫鲁晓夫，并严厉批评由恩维尔·霍查所表述的阿尔巴尼亚劳动党的立场。我感到很遗憾，没想到一个老战士、一个反法西斯的“传奇人物”会持这样的立场。

西班牙战争和来自各国的战士所进行的抵抗运动，也激发了世界各地的人民站起来反对希特勒和墨索里尼。法西斯分子正“磨刀霍霍”地反对人民的自由与独立。欧洲各地反法西斯的士气日益高涨，先进思想（尤其是共产主义思想）开始渗透到我们这些年轻人特别是青年学生队伍中，并被强化成爱国主义精神。

法西斯占领阿尔巴尼亚

1939年4月7日，阿尔巴尼亚受到意大利法西斯的进攻和占领，成了欧洲国家中最早成为墨索里尼军队野蛮攻击的牺牲者之一。不久，纳粹法西斯轴心国发动了第二次世界大战，使各国人民陷入了血雨腥风之中。

法西斯对阿尔巴尼亚的占领因索古王朝执行的无轴心政策而变得相对轻松。政府通过政治、经济及军事协议及割让政策将国家变成了半殖民地。国家主权在很多方面被意大利限制了。另一方面，国内的力量既无组织亦无能力抗击外来占领。当时没有任何政党或组织能制定保卫祖国的反战措施，而由那些视意大利为盟国和支撑的人组成的“第五纵队”却从事着破坏活动。

尽管如此，全体阿尔巴尼亚人民，特别是青年学生对国家陷入灾难深恶痛绝。4月初，在地拉那、斯库台、科尔察、发罗拉等地爆发了示威活动，青年和市民要求索古政府动员起来抵抗意大利法西斯对阿尔巴尼亚的威胁。这些事件人所共知，我就不再赘述了。结果是国家被出卖了。对占领者的最初抵抗活动是偶发的、无组织的和有限的，主要是在意大利法西斯军队登陆的地方如都拉斯、申津、萨兰达、发罗拉等地，主要由一些爱国将士，像穆尧·乌尔奇纳库或者巴兹·查纳等人进行的活动，因此很快就被镇压下去了。而索古国王自己则在占领军登陆的那一刻起便弃国而逃。

随着国家被占领，我们学校如同其他所有学校一样，都变成了抵抗法西斯运动的中心。老师们给了我们很大鼓舞。我记得农达·布尔卡和万杰尔·吉康迪自法西斯占领当天起，每每走进课堂，既不讲新课，也不提问上一堂课的内容，而是讲述国家的

不幸。他们以及其他老师，像瓦西里·安东尼、维达特·科科纳、索蒂尔·安杰利等都将国家被占领称作祖国和人民的悲剧，但表示相信这种状况不会持续很久。

他们说："意大利侵占阿尔巴尼亚，下场会同其他侵略者一样。阿尔巴尼亚人民不会长期忍受法西斯的奴役，一定会起来反抗，阿尔巴尼亚最终还会得到自由。"

爱国主义精神是鼓舞我们老师的不竭的源泉和希望。而积极的、有组织的武装反抗则是在后来第二次世界大战开始后，苏联遭到德国纳粹法西斯的侵略后才开始的。法西斯统治在阿建立后，尽管做了大量的蛊惑人心的宣传，称之为"是两国自愿的统一"，阿尔巴尼亚人民还是很快尝到了其后果：彻底失去了民族的自由与独立。著名的爱国者和反法西斯战士都被拘捕或流放到意大利的岛上去了，其中也有我们的老师维·吉康迪、农·布尔卡等人，到处弥漫着一种恐怖与不安的气氛。

人们对占领者的仇恨与日俱增，然而抵抗在一段时间内仍是自发的。那时还没有任何一支有组织的反法西斯力量能承担起反对侵略者的领导责任。活跃在科尔察、斯库台、地拉那等城市的共产主义小组也更多地在内部进行争斗，看谁更具有真正的共产主义特征或者谁被共产国际承认并带有其"印记"！

虽然如此，被占领后，这些共产主义小组还是都加紧了各自在工人和青年学生中的活动。他们的人到处宣传反对占领者，称国家的解放有赖于苏联。他们把苏联的生活理想化，把苏联的社会描绘成人民幸福、平等的生活，没有穷人，等等。自从苏联参战后，共产主义小组对这个共产党国家的好感更是达到了无以复加的地步，主要是认为只有俄罗斯才能打败法西斯。

直到1941年年中，我们把推翻法西斯的希望一直都寄托在正与德国和意大利法西斯作战的英国军队身上，虽然当时法西斯尚占有优势和胜利。整个欧洲，包括法国、比利时、荷兰、丹麦和北面的挪威，整个东欧，除了苏联，整个中东欧包括南斯拉夫、阿尔巴尼亚和希腊，都被德意法西斯军队占领着。但就是在这种情况下，对法西斯的仇恨仍是刻骨铭心，对同盟军必胜的信念依旧坚不可摧。

1941年6月21日，希特勒进攻苏联后，人们更是绝对相信可以取得战胜法西斯的胜利了。这时便诞生了以"英-苏-美"为首的反法西斯人民大同盟。而在被占领国，反法西斯人民的抵抗运动也进行得风起云涌，如火如荼。

反法西斯抵抗运动初始

众所周知的事实是，在我国，共产主义者、最初的共产主义小组成员、后来建党的代表，都是反法西斯抵抗运动组织的主要积极分子和学生。共产党发出了火热的号召，其党员做出了表率，在与法西斯的斗争中倒在了地拉那、斯库台和科尔察的街头，像杰马尔·斯塔法、沃尧·古什、佩尔拉特·莱杰普、米斯托·马迈、科奇·巴柯等人，他们的牺牲使人们对侵略者更加义愤填膺，更多的人，尤其是青年人纷纷加入到战斗的行列中。

那个年代，我们的所有注意力和精力都在一项基本任务上，那就是从阿尔巴尼亚的土地上赶走外国侵略者，为自由、独立的阿尔巴尼亚而战，为人民的阿尔巴尼亚而战。我们满怀激情地议论着，充满热情地憧憬着，勾勒着自由阿尔巴尼亚的明天。可那个时候，我们大多数人想象不出未来的社会是个什么样子。尽管如此，也挡不住我们的热情，我们深信一个更美好的未来就在我国人民面前。

在学校期间，自然没少谈论共产主义理想。可对我们青年学生来说，更触手可及的首先是祖国的解放斗争。社会主义尚是个抽象的、无法具体化的东西。我们将这个理想更多地看作是具有浪漫色彩的，这同高尔基《母亲》一书中的巴维尔留给我们不可磨灭的印象有关。这本书在我们中学校园里被秘密传阅。另外，我们盲目相信苏联红军"肯定"能战胜德国法西斯，我们对此深信不疑。

我还记得1941年7月某天所发生的事件。我正与同班同学马努什·阿里马尼散步，碰上了恩杜·巴鲁查老师，这是个上了年纪的男子，寡言少语，对学生很亲切。他喜欢德意志文化，是个亲德派。他在课上曾多次用这种亲德的口气说话，这一点我们都很清楚。明知道他的这种倾向，我们还是说："老师，现在他们又开始打苏联了，这下希特勒可要遭殃了。苏联肯定会成纳粹军的坟墓的。"

"不会的，小伙子们，"老师平心静气地回答，"你们错了。苏联的确很伟大，但它更像一个泥腿大象。”

我是第一次听到这样的表述，可后来就不断地听到了。当然，无论马努什，还是我都没有被说服。对我们来说，苏联红军的胜利是无可争辩的！

可我们也无法驳倒老师的说法，只好结束了我们的对话，说道：“那好，咱们走着瞧，看谁能赢！”

从理论上说，我们对社会主义的理解还是很肤浅的。我们所听到的归结起来便是资本主义是个老板剥削、压迫工人的社会，不推翻有产者就没有社会平等与公正。但随着意大利人对国家的占领，关于社会主义的“哲学”就退居第二位了。

总的来说，不仅在抵抗法西斯运动之初，在民族解放战争的整个过程中，占据主导地位的思想仍是反法西斯，是民族解放。我不记得在战争期间有过对共产主义的宣传。主要口号是解放祖国，建立民主自由的阿尔巴尼亚，也提到耕者有其田，但这种改革不是针对民主社会而言的。我们当然也谈论苏联、红军和他们进行的反德国纳粹的伟大的卫国战争。

我们是在祖国解放后，甚至是在1948年召开了党的“一大”后，才开始了解马克思主义的。那时候开始公开谈论社会主义与无阶级社会。那时候共产党合法化了，在那次代表大会上改名为阿尔巴尼亚劳动党。此前，党一直藏身于民族解放阵线的名字后面，后来又改名为“民主阵线”。

共产主义青年团

我们共产主义青年团的成员极力扩大赞同反法西斯民族解放战争的队伍。除了散发党的传单外，每个人都千方百计地吸收更多的革命同情者，我们称之为反法西斯战争支持者，但还不是共产主义青年团团员。说到那个年代，我记得的不仅有一起踢足球的年轻人，而且还有我住的那条街上的面包房和商店里的学徒工，我们凑在一起也谈论与反法西斯战争有关的事情。

与国家命运休戚相关的重大事件使我们这些学生之间的社会联系愈见密切，与日俱增。当然根据不同情况，同一些人的友情会更紧密。比如说，同有些人是发小；同另外的人是老乡；还有的人，像我，是喜欢体育的；还有些人是一起做功课的，等等。随着时间的推移，特别是当反法西斯运动兴起燎原之时，政治因素便介入到我们的关系中了。1942年1月，我们中学里成立了共产主义青年团。同一年年底，国民阵线青年团也出现了。需要说明的是，在这两种政治派别间并无“争斗”，而是相反，我们相互间就各种问题进行交流，如谈文化、谈读书，也谈世界上发生的战争。

我最要好的伙伴是马努什·阿里马尼。他是斯库台人，父母双亡，是个孤儿，住在他舅舅家，舅舅是索古军队中的军官。我同他从中学一年级就在一个班，一直到七年级时两人一起“上了山”。马努什常到我家来，几乎成了我家的一员，我母亲知道他是孤儿，所以待他极为热情。

马努什是个很乖很用功的学生，学习成绩很好。在上学期间的各个年级，我俩都是同桌，放学以后也形影不离，一起散步，一起去图书馆，一起看电影等。只是在体育项目上，他不那么积极，但为了不失去伙伴，他还是与我们在一起，不过更多是充当观众而已。

关于马努什的英雄壮举，已经有人写得很多了，我就主要说些我们之间要好的、真挚的情谊，说说他那举世无双的勇敢吧！

1941年秋的时候，有一天我碰到了我的“共产国际”的同志，我们曾经一起谈论过西班牙内战，到那时已经两年未见了。他好像去了科索沃，那几天刚回来。我们又谈起“政治”，可这次主题是法西斯占领阿尔巴尼亚。这位同志现在比我可进步多了，他已经同共产主义小组有联系了。这些小组在意大利占领阿国后便开始公开活动了。我们两个第二次见面时，我的这个科索沃同志就给了我马克西姆·高尔基的《母亲》这本书。这在当时还是禁书，大家私下偷偷地传阅。这本书对很多年轻人的社会主义思想的形成起到了关键作用。《母亲》一书牢牢地吸引着我，我用一天一夜的时间一口气读完了这本书。

第二天上学时，我在课本中装上了《母亲》。我当然要带给马努什看。我们在座位上刚一坐定，老师一开始讲课，我就把书拿了出来。他一只手接过书，悄悄地将另一只手塞进自己的教科书中，从里面也掏出一本小说《母亲》。这是怎么回事？原来马努什也碰到了一个“共产党”同志，给了这本书要他读。马努什带来学校是准备给我的。看，我俩有多默契！

这件事本身没什么好大惊小怪的，问题是无论是我还是马努什，都被叮嘱只能自己读这本书，不能传给他人。那时候嘴严保守机密可是一个毋庸置疑的铁律，可在我们两人之间这条铁律全当作没有。我们两人间的铁定关系一直延续到一起加入共产主义青年团。在基层组织里，按规定，书记当选后一般任期4至5个月。继普·康迪当了两个月这一职务后，在一段时间里，书记职务一直由我或者马努什担任，直到1943年初我们分手以致永别。

我在贝拉特，马努什在斯库台

我与马努什在一起的最后日子是1943年的4月11日。在两节课的间隙，一个同学告诉我俩纳科·斯皮鲁想见我们，并给了我们要去的地址。以前我们在一次共产主义青年团的会议上见过纳科·斯皮鲁，知道他在杰马尔·斯塔法牺牲后被选为阿尔巴尼亚共产主义青年团中央政治书记。我们极力猜想他找我们做什么，可是徒劳。于是我们逃了课到那里去了，找到了纳科。他先是极简短地询问了学校的情况，然后就直奔主题。

“团中央决定让你们两人离开地拉那。”他对着我说，“你去贝拉特，”然后又对马努什说，“而你去斯库台。你们两人都参加区团委。”

我和马努什谁都没吭声。后来我开口问纳科何时动身，他回答道：“明天。我们已经采取了措施。你们两人都各有一个团中央的同志陪同到所要去的城市，把你们介绍给那里的同志后，他们就会离开。”

同纳科告别后，我们立即回到学校和同学们告别。两个人又商量如何向家人说，最后决定不向家人和盘托出实情。我们决定利用过去曾发生过的一件事来打马虎眼：1942年夏天，我和马努什先后被法西斯警察抓捕过并被拘押了15至20天。

考虑到曾经发生过的这件事，我们决定告诉家人“听说法西斯又要抓我们了，所以为了避免再次落入敌人的魔掌，我们要离开家几天”。马努什当天午饭时就告诉了他舅舅，没有引起任何怀疑，因为斯库台还有他家亲戚，这也在情理之中。我要对母亲说去贝拉特，可在那里又没有亲戚，这就有点麻烦了。于是我们商量下午两人一起回家同我母亲谈。跟妈妈说了我要离开地拉那，母亲说我们想的有道理。“可是你去贝拉特住哪里呢？咱家没有认识的人啊。你为什么不也去斯库台，那有咱们的表兄呀，而且还有马努什啊！”她忧心忡忡地对我说道。

既然她在根本问题上没有反对，那说服她就不困难了，我们的理由是两个人最好不要待在一起，去贝拉特我还可以住在其他同学家里，于是母亲没再说什么。那天我们两人在城里的街上徜徉到很晚，努力想象着事情会如何发展，我们今后何时能够再见面。

自从1943年4月的那一天起，我们就再没见过面。马努什到地拉那出差过两次，都住在我家。最后一次是1944年3月，也就是在他被德国法西斯逮捕前两个月。他同我母亲长谈，告诉她法西斯在斯库台开始了疯狂的反扑，逮捕并杀害了很多同志，他的地下生活也日益艰难。

1944年5月，他又一次被捕，受尽了法西斯非人的折磨，最后英勇就义。马努什外表上不同于人们对英雄的想象，身材也不魁梧。他身材矮小，生性腼腆。我们之间只要一谈起法西斯对被捕同志施行的野蛮酷刑时，他就很不安。他认为自己承受不住敌人的严刑拷打。他经常对我说：“你只要听说我被捕了，就赶快跑，躲藏起来或跑得远远的，因为我可扛不住他们打我，说出的第一个名字就会是你。”

我当然一笑了之，然而马努什竟几次重复这一“嘱咐”。

1942年8月，我（不是马努什）被法西斯军警抓捕并被关押在地拉那库埃斯杜拉监狱20天。有人告密说我“散发共产党传单”。由于证据不足和年龄原因（那时我尚不满17岁），我被释放了。出来后，我见到的第一个同志自然是马努什。他就从拷打问起，我告诉他，他们没有打我。

“那你听说我被捕了，为什么不逃跑啊？”

“我相信你。”他回答。

两个月后轮到马努什了。按常规，法西斯分子每当节日来临前，估计会有反法西斯示威活动时，他们就搜捕积极活动分子，投进监狱直到节日结束。出狱后，当我们拥抱时，他问我得知他被捕后跑了没有，我告诉他我压根儿就没离开过家，因为我确信马努什在任何情况下都不会告密。

“别傻了，”他又来了，“以后照我说的做，这次算你命大，因为他们没打我。”

马努什不是胆小鬼，可也不是泰山压顶不弯腰的主儿，并非一条“龙”（记者们在描写英雄壮举时往往把他们描写成龙）。就像我说过的，他与其他男孩并无二致，只是具有强大的精神力量，是一种理想在支撑着他。这个理想给了他勇气和力量，使他成了宁死不屈的英雄好汉。

他是在斯库台被捕的。与其他人不同的是，他是被德国盖世太保抓去的。敌人企图通过他获取所有斯库台反法西斯解放运动积极分子和共产党人的名单，但是他们打错了算盘。马努什尽管非常害怕拷打，可也挺住了敌人对他进行的非人折磨。他坚贞不屈，直至生命的最后一刻。敌人把他打得遍体鳞伤，把他的手掌穿破，拔去指甲，将滚烫的鸡蛋置于他的腋窝下，将他吊起来好几天，可马努什还是什么都不说。他在一片纸上用自己的鲜血给同志们写道：“我绝不屈服，继续战斗。”这是他最后的遗嘱。倒是这些斯库台的盖世太保军官们（折磨人的魔鬼们）害怕了，他们用刺刀捅进了他的胸膛，穿破了心脏。这个地拉那中学七年级二班的19岁小伙子，匿名叫“大山”的共产党员马努什·阿里马尼毫不畏惧，终不投降。

我是在1944年6月得知马努什牺牲的消息的，那时德国人的“6月行动”刚刚结束，我所在的第七旅正从斯克拉巴里去什比拉古（属贝拉特地区）。一个去城里送情报的同志来到队伍上，告诉我马努什牺牲的消息。这简直是一个噩耗，我好几分钟都缓不过神来。我没有掉泪，战争已经使我们的眼泪都流干了。我悲痛万分，好几天都不知所措。只要碰到游击队员，我眼前出现的就是马努什亲切的笑脸。

其他同志

我再说说学生时期另外两个同学，泽奇和斯力，两个非常要好的同学。共青团一建团我们就一起加入了。泽奇·阿果利是个非常安静、彬彬有礼、意志坚定的积极分子。他们家是反法西斯解放战争的重要基地。许多党的主要领导同志都曾在他家藏身，如霍查、斯皮鲁、迪士尼查等。为此要我们“保护”泽奇，不能给他在法西斯军警那里惹眼的任务，所以泽奇一般不参加示威游行、散发传单，可是他本人有时不遵守这些规定。直到1943年秋，泽奇都在地拉那极其隐秘地工作着。当年9月，共青团中央派他去迪勃拉领导共青团工作，不仅要发动青年人参加反法西斯战争，而且他本人也加入了由哈奇·列希率领的游击队的战斗。1944年10月，我们在地拉那普里斯克召开的青年代表大会上见到了泽奇。大会为北方各区的青年团布置了工作。解放后，泽奇积极活跃在外交领域，作为共和国大使出使多国，现已退休，我们经常见面。这就是受人尊敬的、永远笑容可掬、机敏伶俐的可爱的泽奇。

而斯力·科多拉则性格迥异。他与泽奇一样，都是迪波拉人，只是脾气急躁，没有耐心，但确实是个异常坚定的勇猛战士。他不善言辞和宣传，只认枪，认武装斗争。在学校，有时他就带支手枪。当我们跟他说这样会给自己带来危险的时候，他却回答“现在是战争时期，只有武器才能使你免遭危险”。从一开始，还是1942年秋天的时候，他就多次要求去参加游击队。事实上，我们学校所有共青团员都申请要参加游击队，可这个事取决于共青团领导机关。轮到我和马努什是在1943年4月，我们被要求离开地拉那，可不是去参加游击队。我上面已经写过这件事情了，写了我们是如何对待这件事情的。从那一天起，我加入了阿尔巴尼亚共产党，开始了我作为共产主义战士的一生，而斯力的这一愿望是在1943年初就实现了的。他被派到后来表现出色的“利剑支队”，很快被委任为支队副队长。他以这个职务参加了闻名的波伊斯科战役，那是1943年7月袭击意大利军队车队的一次战役。在这场战斗中牺牲了10个勇士，其中有莱仕·乔拉库、普特莱迈·朱瓦尼和斯力·科多拉等人。

在还没有说到另外两个同学之前，我还不想就此“离开”学生时代，这两个人在其一生中都还是有着许多意外插曲的。我指的是阿斯特里特·莱卡和穆哈迈尔·斯巴修。1941年，法西斯分子关闭了科尔察中学后，阿斯特里特就来到了地拉那。我们很快就熟悉并成了好朋友。我们又一起进了共青团，一块参加反法西斯示威游行。而他弟弟阿吉米却参加了国民阵线。1943年春，我还没念完七年级就离开了地拉那，阿斯特里特也没读完那个学年。5月1日，法西斯关闭了学校，关闭了所有阿尔巴尼亚的中学，因为他们看到这些学校都成了反法西斯抵抗运动的中心。阿斯特里特后来参加了游击队，进入第二旅。到此时为止，我们都还是战友，可后来情况发生了变化。

祖国解放后，听说在地拉那爆发的举世闻名的1944年2月4日大行动中牺牲了104名反法西斯战士，还有几十人被捕。在第二旅解散后来到地拉那的阿斯特里特害怕了，他逃离了斗争，他甚至还签署了一个声明，宣布今后不再像游击队员那样战斗了。尽管如此，地拉那解放后，他还是重新加入了游击队。可是俗话说得好，“破镜难圆”啊！阿斯特里特不再是从前的他了，他始终缓不过劲儿来，自然，我们之间的关系也淡漠多了。

2002年11月，我们偶然在地拉那相遇。尽管这么多年没见过面（自1945年起），期间也发生了种种事情，当我看见他时，回忆起来的只是我们是地拉那中学的同学，其他一概“忘记”了。他告诉我，他在1990年事件后就离开了阿尔巴尼亚，旅居瑞士，做些对阿尔巴尼亚和科索沃有利的宣传工作。我好高兴！可没多久，我在一家瑞士发行的报纸上读到一篇关于阿斯特里特的文章，我简直不敢相信自己的眼睛，满纸谎言：将阿斯特里特夸赞成反法西斯战争的组织者、以匿名“阿拉勒克”给在阿尔巴尼亚的德国人及其指挥官带来末日、是“枭雄”和游击队的后勤供应者、霍查和斯皮鲁的战友等等，不一而足。阿斯特里特竟然这样吹嘘自己！我真遗憾，对他如此“粉饰”自己实在无法理解！

穆哈迈尔或多或少也是经过了许多曲折才度过了一生。我同他是发小，无论在红色小学还是后来的地拉那中学，我们都是同学。我们两人住得也很近，所以经常见面，一起学习，一起玩耍或者一起散步。我们还经常相互串门。他学习很好，但性格上有缺陷。他喜欢讽刺、挤对别人，总是很看不起人，因此与别人很难相处。

我们学校成立共青团时，我们两人一块儿入的团。我们还一起散发党的传单，参加反法西斯示威游行。后来，我根据党的指示离开了地拉那，他则继续在城里工作，甚至是地下工作，直到祖国解放。1944年8月，共青团代表大会在斯克拉巴里的海尔姆斯举行，尽管穆哈迈尔当选为反法西斯青年团书记处成员，但他并没有与会。在德国人发动攻击阿民族解放运动的情况下，阿尔巴尼亚北方的代表无法到斯克拉巴里与会。战后，他做青年工作时间不长，后被斯皮鲁委派担任国家计委的重要职责。20世纪50年代初，穆哈迈尔是阿尔巴尼亚驻经互会的代表，这是一个社会主义国家间的组织，总部设在莫斯科。回国后的一段时间里，他在地拉那担任国家行政机构的负责人。

1960年，与苏联关系破裂后，穆哈迈尔一度政治立场不稳。他同贝利绍娃一起反对同苏联交恶，为此被解职并流放到爱尔巴桑。可想而知，自那以后他就开始走下坡路，开始了受苦和受迫害。无疑，穆哈迈尔的错误被安全部门扩大化了，其结果便是对其态度愈加恶劣。实行多元化后，他回到了地拉那，但没有参加任何一个政党。不过他倾向民主党，积极参加老战士组织（一个专门为民族解放战争老战士成立的组织）的活动。我们没有再见过面。穆哈迈尔于2001年去世。

作为学生时代的结尾，我再简短说说被称为“暑期补习班”的情况。在这个班上，我完成了中学最后一年和毕业考试。考虑到由于参加战争和1943至1944学年学校被迫关闭，很多学生没能完成学业，教育部于1945年6月在地拉那开办了暑期补习班。在三个月的时间里，以课程压缩，但课时满满的方式，帮助所有学生按年级完成学业，以便他们有权继续深造。这一举动表明新政权对学校和文化给予了极大的重视，而这个新政权的基础则是年轻的一代用斗争和鲜血奠定的。

我和许多中学同学一起上了这个补习班。显然，根据第二学期所取得的分数（在离开学校或学校被关闭前），校方对我们七年级还是了解的。对于中学八年级和毕业课程，主要教授以下课程：数学、化学、物理、阿尔巴尼亚语和外语。这些课程都由训练有素的老师教课，如维·吉康迪、佛·莱彼什迪、姆·卡拉亚尼等等。应该说，尽管这些学员中有些人当过游击队员，可看见老师后的紧张与害怕同当学生时一样，当然尊敬也是同样的。

我记得在那个补习班，我上得很辛苦，因为我没有脱产（当时还担任阿尔巴尼亚反法西斯青年团书记处成员和负责军队的青年工作），这成了我得肺炎的原因。我没能听全老师的所有讲课，只得靠同学的笔记或者老师推荐的书目自学。即便这样，我还是与其他同学一样，顺利通过了毕业考试。就那样的条件而言，成绩还算令人满意。战争并没有成为障碍，我就这样十分欣喜地完成了中学学业。

反法西斯战争开始

总体而言，我们这些战争时期的年轻人关系是很密切的。这是由于我们都有着一个共同的目标，那就是祖国解放，当然我们也都面临着同一个危险，那就是法西斯占领者的追捕。

我还记得1941年10月28日在地拉那举行的第一场示威游行。这是各共产主义小组在统一到一个政党的前夕，组织的一次共同行动。此后的1941年11月8日便成立了共产党。

10月28日，是法西斯的主要节日——墨索里尼进军罗马的周年纪念。驻地拉那的法西斯高官计划在“民族”电影院（解放后改称“11月17日”电影院）举行一个欢庆仪式。为此，我们所有中学生都被安排去了电影院，可是法西斯的节日泡汤了。当法西斯官员上台准备庆祝节日时，我们学生便开始高唱爱国歌曲、高喊反法西斯口号。闻讯赶来现场的警察带走了一些学生并想极力维持秩序，但他们没能得逞。学生们与警察发生了冲突，最后他们冲出放映厅，向游击队大街进发，而留在台上的，只有法西斯的高官们。

第一次大游行就这样开始了。在街上，圣母女校的女生与我们会合了。大家一起顺着11月28日大街（钟楼大街）走向斯坎德培广场。一路上，示威者高唱爱国歌曲，呼喊着反对法西斯占领者的口号。《来吧，汇集到这里》这首著名歌曲召唤着市民、工人、小手工业者和商人关闭商店，加入到游行队伍中。

这场起源于学校男女青年的示威演变成了有数千人参加的大游行。当然另一个使这变成人潮的因素是法西斯当局和警察被突如其来的事件搞得束手无策，所以一开始就没有采取任何阻止抗议的行动。

游行的组织者是有备而来。为了激发众多参与者的爱国热情，走过斯坎德培广场和民族烈士大街后，队伍又直奔卡瓦亚路，那里有法西斯政府的新闻局。那些天，新闻局刚刚发行了一张带有意大利法西斯分子科尔迪拉诺肖像的明信片，这对阿尔巴尼亚人民是一种巨大的侮辱。大多数示威者都知道这张明信片的内容，因此在到达法西斯分子的机关门前时，人们更愤怒了。

这时候，法西斯警察和宪兵队已经做好了结束游行的准备。当人群刚从卡瓦亚路上转过来，准备进入斯坎德培广场时，宪兵和警察出现在队伍前面，并开始驱散人群。但这时热血已经沸腾，冲突便开始了。只见一个高个子男子走向宪兵队指挥官，一记猛拳将他打翻在地。他就是恩维尔·霍查。学校许多高年级的同学都认识他，因为他是教法语的老师。这一拳头大大地鼓舞了示威者，大家与意大利法西斯开始了搏斗。

一些人被打出了血，一部分人走了，还有一些人继续抗议着。当看到警察要逮捕两个正在流血的同学（伽利普·哈提布和菲合米·钟格林）时，人们更是群情激奋。在场的这些同学重又聚集在一起，抗议着，要求放人。年轻人来到总理府门前时（那时是一个部的大楼），骑在马上的宪兵和警察们冲过来，驱散了最后的示威人群。对当时的大多数年轻人来说，1941年10月28日的游行是第一次浴火锻炼。

后来又进行了其他游行。11月28日独立日这天或者4月7日法西斯占领阿尔巴尼亚的日子里，都会有反对外来侵略者的事件发生，而且不仅在地拉那，在斯库台、发罗拉或者科尔察以及阿尔巴尼亚的其他城市也都会有。这些示威活动激发着人们反对法西斯侵略者的抗议精神，也构成了反法西斯战争阵线的一部分，而国民阵线却是反对这种活动的。

众所周知，共产党成立后，接着就成立了以杰马尔·斯塔法为领导的阿尔巴尼亚共青团。1942年1月，在中学的每一个年级里都成立了共青团的基层组织并开展活动，所以那些愿意在这个反法西斯组织的队伍里战斗的青年都参加了活动。我以前和共产党人也有接触，所以我正式成为共青团员的时间是1942年1月。在我们班里加入共青团的年轻人有20个左右，其中有马努什·阿里马尼、泽奇·阿果利、斯力·科多拉、费奇利·巴沙、斯坎德尔·贝格亚和穆哈迈尔·斯巴修、阿斯特里特·莱卡、阿里·穆拉伊，这些人后来的命运各不相同。

当我们班成立共青团时，皮罗·康迪被推荐为组织书记，因为他比我们高一年级。两个月后，皮罗离开了，我被选为组织书记，顶了他的缺。每三个月换选一次组织书记，这事蛮不错的。继我之后，选出了马努什；马努什之后又是穆哈迈里，然后一路换下去。

1942年9月，在著名的佩扎会议召开之后，当年年底，国民阵线青年组织也出现了，在我们学校各年级也有其基层组织。应该说明的是，在我们都还是同学之时，我们两个不同政治派别的青年间并无“争斗”。正相反，我们一起探讨各种问题，如文化、书籍，当然还有席卷全球的战争。

我们班加入国民阵线的人并不多，也就六七个，比较突出的有赛伊特·戴迈里、杰马尔·阿里迈赫迈迪、拉马詹·图尔迪乌。我之所以提到这些同学，是因为这同一次反法西斯示威活动有关。为了动员更多的人参加示威游行，我们向年轻人讲述参加的必要性，我们也向学校里的国民阵线代表这么说。1943年的3月底或4月初，当时正在酝酿4月7日的示威活动。我刚才提到的那几个国民阵线的代表回复我们，称在没有得到他们上级组织允许的情况下，他们是不会参加的。在我们的坚持下，他们便建议我们去见一下国民阵线青年团领导哈利姆·贝格亚。

于是确定由阿里马尼和我去贝格亚的家见他，同去的还有他的兄弟——共青团员斯坎德尔·贝格亚，也是我们班同学。而国民阵线青年团方面，有我上面提到的那三个人。我不记得双方为了说服对方所说的话的细节了，只是清楚地记得哈利姆·贝格亚及其同行们反对参加示威活动，理由是“这对青年来说太危险了，法西斯分子会开枪的，还会把年轻人流放到意大利去。我们的任务是保护我们的年轻人，因为这是祖国的未来”。

我们曾听说在佩扎会议上，以米特哈特·弗拉舍里代表身份参会的哈利姆·贝格亚就说过“不应该把年轻人也拖进战争，因为这样会毁了祖国的未来”。如果这一说法成立的话，那应该由谁来打仗呢？上年纪的人？老年人？还是谁也不参战？在见面时，我们理所当然地驳斥了这样的悲观论点。可我们也没能够说服国民阵线青年作为组织参加示威活动。我说的是作为组织，因为有个别年轻的国民阵线团员，甚至就是我们班的同学还是与我们一起参加了示威活动。对我个人而言，这难道竟是我作为谈判者的第一次“使命”与“失败”！？

后来国民阵线的立场就愈发明显了，他们根本不是为了“保护青年”，而是想阻止人民起来反对法西斯。达尔马克–科尔茨拉（前者是意大利在阿占领军司令，后者为阿国民阵线负责人）议定书在不到两个月内就签署了。在这份文件上，国民阵线不仅表示不反对意大利人，而且也“不允许”游击队在国民阵线控制的地盘上进攻意大利军队。自那以后，我们就看见国民阵线的小分队如何在斯科拉帕尔、科尔察、库尔维尔什等地深山区为德国侦察队传话、扮演奸细的角色。就是说，与占领者同流合污并非是偶然的，而是国民阵线从一开始就确定的路线。在他们看来，自由会像馅饼一样从天上掉下来，由同盟军给我们送来，我们只需“张嘴接着”就行，而无须“自相残杀”！可他们没有想到这种立场却将阿尔巴尼亚置于支持法西斯集团这个二战的失败者一方，站在了由英、苏、美领导的世界反法西斯联盟，这个战争的胜利者的对立面了。对待法西斯主义所采取的这种消极政策，为阿尔巴尼亚民族、国家的自由与独立带来了灾难性的后果。

我们班国民阵线分子的命运又如何呢？我上面提到的那几个人，每个人都有自己的归宿。赛伊特·戴迈里战争期间在地拉那，是个国民阵线的积极分子。在1944年2月德国纳粹法西斯和扎菲尔·代瓦进行的屠杀中，同占领军一起逮捕驱赶反法西斯民族解放战争的活动分子。国家解放时，又同德国人一起跑了，并在国外一直从事反阿尔巴尼亚的活动。杰马尔·阿里迈赫迈迪于1944年参加了国民阵线青年团，成为重要头目，后在德国人的允许和帮助下去了科索沃进行针对反法西斯民族解放战争的活动。解放后，因反国家罪而被囚禁，可现在他又装扮成受迫害者，为其当年参加国民阵线部队、与德国人共同反对反法西斯运动而骄傲了。拉马詹·图尔迪乌在战争期间也参加了国民阵线，解放前夕离开阿尔巴尼亚去了美国。除了在侨民社交圈中活动外，他还接受了高等教育，从事科学工作了。

战争初期的年轻人对政治是狂热的。我们充满激情地跟踪战争中各派力量间所发生的所有事件。我们不仅背熟了纳粹分子同苏联红军作战的苏联城市的名称，而且还熟记了北非沙漠中的城市名字和苏联、英国或美国军队指挥官、元帅和将军的名字，甚至还知道德国指挥官的名字。收听伦敦电台或莫斯科电台是寻常之事。早晨大家见面后的第一句话便是“你听了……，伦敦有消息说……，红军打进了……皇家空军轰炸了……”等等。

当然我们自己的斗争还是谈话的主题。1942年初，我们组建了游击队。当听说1942年9月游击队解放了乔罗沃达或者游击队袭击了法西斯在科罗涅、库尔维尔什、迪波拉或者马尔塔纳什军营的时候，我们高兴得心花怒放。我们有一个同学与穆斯林老爹领导的小分队战士有联系，所以我们对佩扎游击队员的活动情况也很了解。

地下游击队的行动也极大地鼓舞了反法西斯战士的士气，他们所表现出来的勇敢大大增强了人们对取得战争胜利的信心。老百姓看见这些正在战斗的年轻人不再是“乳臭未干的毛头小伙子”，而是勇士——是战争使他们早早地成了男子汉，像佩扎小分队的游击队员卡约·卡拉菲力就是如此。他不仅因在穆斯林老爹队伍里表现出的勇敢而闻名，而且还因暗杀了法西斯的重要间谍和特务而家喻户晓。对一个法西斯警官上校、意大利重要间谍的暗杀在地拉那引起了轰动。尽管这位高官有全副武装的警卫陪同，他还是在光天化日之下，在主要大街上（今自然科学系所在地）被暗杀了。人们目睹了行刺者（人民英雄穆斯林姆·凯达）撂倒法西斯分子后，逃避警卫的追踪，若无其事地消失在大街的尽头，安全地融入了穷苦百姓之中。

在其他城市进行的地下游击队活动同样都是受到党的严控的，都要事先进行缜密研究，充分考虑在老百姓中的影响。应该说袭击行动和铲除罪大恶极的间谍总是受到群众的欢迎，大长了人民的志气，灭了法西斯及其追随者的威风。

然而战争毕竟是战争，战争也不仅仅只有胜利，也会有失败。就是在这样的情况下，同志们的牺牲也会变成进一步激发士气的力量源泉。在1943年4月的一次游行活动中，一个年轻男子被杀害了。怎么回事呢？游行是从战壕大街开始的，走了一段后，拐进了霍扎塔河新路，然后从新市场路出来了。从这里经过萨拉彻路又去了迪波拉路（如今的巴伊拉姆·楚利路）。为什么要走这条路线呢？原因有二：第一，法西斯分子对游行活动已有防备（众所周知4月7日将是个“斗争日”），他们采取措施不准示威者到市中心的部委广场上去，为此还部署了大量人力，封锁了通往那里的街道；其二，游行的组织者利用警察在市中心集结，将游行队伍引导到市里的其他街道，这样还可以吸引路过街道的居民加入到队伍中来，甚至老头、老太太们都打开家门欢呼反法西斯抗议游行。

当游行队伍走出迪波拉路，奔向市中心时，法西斯分子集中了所有人力来阻止队伍继续前行并驱赶人群，于是就开始了警察和示威者之间的冲突。法西斯分子甚至使用了装甲车，向人们开枪射击。我刚才提到的什·迪士尼查就是这样倒下的。不一会儿游行队伍自然也就散去了，可事情并未就此了结。

第二天游行组织者安排护送什·迪士尼查的遗体回归故里，他家住在费里。覆盖着国旗的灵柩被安放在一辆卡车上，由一队同志们护送着从医院驶向费里。沿途，路人不断地加入到护送的人群中。至英雄牺牲地，又有我们学校和其他学校的学生汇合进队伍里。在灵柩与人群路过战壕大街时，所有商人都关闭店门，也涌进了送葬队伍。在11月28日，大街上也发生了同样的情景。毫不夸张地说，那一天，整个地拉那都加入到送行队伍中，根据党的指示，送葬游行以和平的方式进行，不呼口号，也不唱歌。一眼望不到头的队伍伴随着灵柩一直走到都拉斯路的出口，即现如今的杰马尔·斯塔法中学那里。在一个高处，一个地下工作者发表了简短的致辞，缅怀烈士迪士尼查。他请大家默哀一分钟，然后告诉人们平静地散去。

我们都是有感情的年轻人，不会石头般无动于衷。所以，当得知在斯库台，P.雷杰普及其同事被杀害，在地拉那沃·古什、米·马迈、姆·杜利等人牺牲的消息时，大家都悲痛万分。那时，只要有同胞牺牲在阿尔巴尼亚的土地上，不管认识不认识，我们都会感到悲伤。而这样的消息又会促使我们更加顽强地战斗，我们坚信，正如那时我们常说的，“要奋斗就会有牺牲”。

1942年5月5日杰马尔·斯塔法牺牲时，我们所有人，尤其是与他相识的，都感到无比悲痛。他去世后的一天，在一节普通课课间休息时，一个小伙子登上通往老师休息室的台阶。有几个事先知道此事的同学招呼我们所有在院子里的人到台阶前集会，大家都来了。最先来到的这个同学曾是杰马尔的老朋友（他叫威力·代瓦，也是个战斗英雄），还是一个被警察通缉捉拿的地下工作者。他讲了大约五分钟关于杰马尔的生平，然后提议为悼念杰马尔默哀一分钟。人们照做了。没有一个老师或者班主任阻止这个小小的怀念杰马尔的“示威活动”。

我只见过杰马尔·斯塔法一次。那是在1942年1月底，我班同学泽·阿果利通知我同马努什和科多拉一起去一个人家参加地拉那共产主义青年会议。杰马尔·斯塔法和恩·斯皮鲁也来了。杰马尔在会上滔滔不绝地讲了一小时。那几天正逢列宁的生日，所以他就先回忆列宁的业绩及其哲学思想，之后又谈了国内外的政治局势和阿尔巴尼亚青年所面临的任务。他思路清晰，给我和同志们留下了深刻的印象。三个月后，他牺牲了。这对反法西斯战争，对阿尔巴尼亚青年和整个阿尔巴尼亚人民来说都是一个巨大的损失。解放运动受到了重创。但是，阿尔巴尼亚的人民和青年没有放下武器，相反对占领者更加仇恨，反对占领者的斗争更加高涨。

阿尔巴尼亚共产党成立

于1941年11月8日成立的阿尔巴尼亚共产党在反法西斯战争中起到了决定性作用。在我们国家比任何时候都需要一个领导力量，在所谓的“民族脊梁”事实上失去人们的信任、得不到人民的支持，在其他政治力量不能代表阿尔巴尼亚的利益，却以这种或那种形式服务于侵略者或者干脆采取消极态度之时，在这样的历史时刻，阿尔巴尼亚共产党登上了政治舞台。

1992年4月，当我撰写《我，拉米兹·阿利雅为历史作证》访谈录时，有人问我：“阿尔巴尼亚共产党成立的历史背景是什么？为何这么晚才成立？”

现在我再次谈及此话题，是因为一方面，共产党的活动与我国半个世纪的历史相伴，另一方面，即使在今天仍有很多不实之词，想要否定或抹黑共产党的历史与价值。

由于阿尔巴尼亚共产党是在阿尔巴尼亚被法西斯占领约两年半以后才成立的，所以采访我的人就把这个同1939年8月莫洛托夫与里宾特洛甫所签订的条约联系在一起了。据他们说，共产国际那时要求欧洲各国共产党不要组织抵抗德国纳粹法西斯的武装斗争？！我可从来没有听说过这样的事，所以这个问题对我来说即使不是一种挑衅，也是莫名其妙的！

大家知道，在欧洲各国都曾有过共产党。难道应该相信共产国际“推迟”成立阿尔巴尼亚共产党，是因为担心这会“玷污”共产国际，或者在阿尔巴尼亚成立一个共产党会损坏苏–德条约？阿尔巴尼亚共产党的成立竟然能对欧洲的政治平衡起到如此关键的作用？平心而论，这显然是无稽之谈。

就我迄今为止的阅历来看，从没有见过共产国际发过什么指示要阻止反法西斯抵抗运动。那个年代的事件发展也同样驳斥了这个论调。上面提到的那个条约是在1939年8月签署的，那时希特勒德国以武力实现了与奥地利的“统一”，并占领了捷克斯洛伐克，正准备大举向东推进。苏联已感觉到早晚有一天纳粹会进攻自己，因此就在德国人威胁捷克斯洛伐克之时，苏联政府就向伦敦和巴黎建议缔结三国同盟，保护眼看就要成为纳粹侵略牺牲品的捷克斯洛伐克。

两个西方大国拒绝了这个建议。他们不仅不反对希特勒，反而在1938年通过臭名昭著的《慕尼黑协定》，为希特勒占领捷克斯洛伐克，进而率军“东进”大开绿灯。在此情形下特别是纳粹分子宣布将要进攻波兰时，苏联理所当然地极力避免德国对其的威胁，这才有了两国外长莫洛托夫和里宾特洛甫签署的互不侵犯条约。

不久，德国法西斯于1939年9月进攻并占领了波兰。这时法国和英国才明白希特勒不仅威胁东方，而且西欧也在劫难逃。情况确实如此。在波兰沦陷后，整个欧洲也很快陷入意大利与德国法西斯的魔掌。与此同时，从波兰到挪威、法国、南斯拉夫、希腊以及更广范围都开始了人民抵抗运动。无论何处，各国共产党都站在了斗争的最前线。

所以，各国人民所开展的斗争使得共产国际下令阻止反法西斯抵抗运动的这一说法是站不住脚的。这更像是共产党的反对者找出的一个借口以“证明”他们的反法西斯战争不是为了本国利益，而是受苏联和共产国际的政治利益所驱使！

至于具体说到阿尔巴尼亚，为何共产党成立得如此之晚，问题很清楚：既不存在客观条件（缺少一个为争取自己权利而斗争的有经验的工人阶级，总体上没有政治文化），同时也没有主观条件，当时在阿尔巴尼亚已有的共产主义小组，如科尔察小组、斯库台小组和青年小组，不仅规模小，而且在国内也没有什么特别的影响力。正像我上面提到的，就是这些小组自己内部也还有很多由于客观问题和个人之间的争吵而产生的分歧。正是由于这些原因，而非猜测的共产国际的什么指示，妨碍并拖延了这些小组统一成为一个共产党。为了使统一各小组并创建一个共产党的想法变成事实，各小组成员进行了大量的会晤和会谈。

共产党成立前，阿尔巴尼亚各共产主义小组同共产国际没有任何联系。即使是在成立后，也是在1942年12月才从共产国际那里得到第一项指示。根据阿尔巴尼亚共产党历史教科书上的记载，那项指示中强调“有必要组织反对意大利和德国法西斯的民族解放战争，将人民团结到一个民族解放的阵线中，动员尽可能多的爱国人士和正直的民族主义分子参加斗争并对他们进行领导”，并要求“党的口号不要超出民族解放战争的范畴”。

经常有人说阿尔巴尼亚共产党是南斯拉夫人创建的。这是关于建党经常被提及的另一个问题。真是这样吗？

即便是当今，国内反对者还在如此说，把成立共产党说成是为了服务于南斯拉夫，而非阿尔巴尼亚的利益，这其实只是为了诋毁阿尔巴尼亚共产党人和他们进行的解放祖国的斗争。南斯拉夫人也附和着这种论调，即阿尔巴尼亚共产党是在南斯拉夫共产党的帮助下成立的，以此“证明”南斯拉夫在组织解放战争和建立新阿尔巴尼亚过程中所起到的关键作用。南斯拉夫人想以此要外界相信“阿尔巴尼亚人自己没有能力做好任何事情”，要外界承认南斯拉夫对阿尔巴尼亚拥有监管权。铁托及其同伙宣扬的是阿尔巴尼亚人不能管理好自己的国家。就是在解放初期，他们还企图将阿尔巴尼亚的领土并入南斯拉夫联邦，成为其第七个共和国。

就是在今天，当阿尔巴尼亚走上了多元化道路，像其他国家一样正积极融入欧洲一体化之时，仍不时听到上述论调，即阿尔巴尼亚不可能像欧洲那样进步，不可能建立秩序与安宁，不能达到欧盟规定的标准。除了阿现政权的弱点，阿尔巴尼亚人头上的那个“管理无能”的标签也总是挥之不去！科索沃的阿尔巴尼亚人也一样。

我们再回来说说南斯拉夫人在阿尔巴尼亚共产党成立过程中的作用。阿共产主义小组曾与南斯拉夫共产党人——特别是通过科索沃共产党人——有过接触。这些科索沃人在阿尔巴尼亚的一些中学读书，如法蒂尔·霍查、艾民·杜拉库、杰维戴特·多达等等。1941年秋天，当阿共产主义小组成员有了联合的必要时，南斯拉夫共产党人从中帮忙了，他们是米拉蒂尼·波波维奇和杜山·姆高沙。

米拉蒂尼当时被意大利人流放在贝秦。在阿尔巴尼亚共产主义小组成员组织的一次行动中，他被从流放地解救了出来。随后从科索沃过来的杜山与他会合，两人一起应阿尔巴尼亚共产党人的要求，在各共产主义小组之间做撮合工作，以实现他们的联合。根据这一事实，就不能得出结论说阿尔巴尼亚共产党是南斯拉夫共产党人建立的。不错，他们给予了帮助，但共产党还是阿尔巴尼亚人自己建立的。

客观地说，如果国内不存在客观条件使共产党的建立成为必须，则阿尔巴尼亚共产党的创立是不可能的。如果阿尔巴尼亚共产党人没有意愿，党就成立不了。那个时期，尤其是1939年外国人占领阿尔巴尼亚以后，工人阶级、农民阶级和社会其他阶层，无论从经济上还是社会层面均遭受着压迫，成立一个可以领导人民进行战斗的政治力量便成了时代的要求。当德国法西斯进攻苏联，当成立了伟大的英、苏、美反法西斯联盟，当被德意法西斯占领的欧洲各国人民开始进行武装抵抗之时，这就变得更为紧迫。

米拉蒂尼和杜山的作用是有益的，因为他们的协调促进了阿共产主义小组间的接近，但也仅仅如此而已。至于马克思的思想或是建立一个共产党的原则与准则那是人所共知的（不需要别人帮忙）。

关于选举恩维尔·霍查为党的领袖也有些歪曲说法。有人说，选他做领袖是米拉蒂尼起了决定性作用，因为还有其他同志比恩维尔·霍查更能干，如杰马尔·斯塔法就可以取代霍查的位置。

我本人既没有参加阿巴尼亚共产党成立大会，也没有参加总书记选举会议，另外我也不认识米拉蒂尼，所以说不上他在选举霍查一事上起了多少作用。我只于1944年3月在科尔察巴纳尔村见过米拉蒂尼一次。在那里，作为游击队员的我也是第一次见到霍查。从我所阅读的材料中得知，米拉蒂尼是个能力强、知识渊博的人。我也是那时候见到杜山的，也听他在游击队政治干部会议上讲过话。他同米拉蒂尼不同，没有显示出特别的智慧，倒是给人很厉害的印象。

曾经出版的阿尔巴尼亚劳动党的文件中介绍了恩维尔·霍查的当选情况。这些文件表明，在建党的第一次会议上，即1941年11月8日，包括霍查在内的任何人都没有被选举为党的总书记。霍查是在1943年国内召开的共产党代表大会上当选的。不论怎么说，我的看法是，那个时候在所有的领导干部中，霍查是最具备条件的，也就是说，是最胜任党的领导这个角色的。

近年来有报刊撰文问，那为什么没有选举其他人如塞逸夫拉·马莱绍瓦或者杰马尔·斯塔法做领导？我刚才说了，我本人既没有参加建党会也没有出席全国代表大会，所以我无法具体回答是如何选出党的领导机关这一问题的。我能说的只是马莱绍瓦一直在法国，很晚才回到阿尔巴尼亚，那是在1943年，也就是说在党成立了很长时间才回来的。另一方面，据我在解放后对他的了解，以我个人的看法，马莱绍瓦并不符合拉迈·科多拉（他的匿名）这个形象在我们那个时代年轻人心目中的“传奇”色彩。毋庸置疑，他作为诗人和作家有其无可争议的价值，但他缺少作为一个可以鼓舞人们信心的领导人的必要气质。

而杰马尔·斯塔法确实具备一个领导人所必需的一切素质。就像我刚说过的，我是在一次共产主义青年团的会议上第一次见到他的，他从各个方面——与青年打交道时的表现、对所谈问题的表达能力、幽默感和乐观主义精神等——都给我留下了不可磨灭的印象。在党刚一成立时，他就被选为共产主义青年团政治书记，这充分表明了对他作为阿尔巴尼亚共产党领导者无可争议作用的肯定。1942年5月，杰马尔被意大利法西斯杀害，也就是说，他是在1943年3月召开全国代表大会并选出党的总书记之前牺牲的。如果杰马尔还活着，还用我们去假设代表大会上可能发生的情况吗？

1990年，阿尔巴尼亚发生剧变后，有报刊根据上述猜测撰文称杰马尔的死可疑，更有甚者指责霍查“泄露了”杰马尔的基地，从而导致杰马尔被法西斯杀害。还有些人，竭尽造谣之能事，添油加醋地说沃尧·古什及其同事的死也与霍查“有关”。这些都是低劣的诽谤，是病态的臆想，目的是诋毁霍查以及所有共产党人和游击队员，攻击在霍查领导下大家为祖国解放和进步而进行的斗争和努力。这样说还是客气的。

现在搞清楚了，杰马尔的被害同共产党员贝奇尔·明召奇的意外被捕有关。在明召奇衣袋里发现了一张房契，法西斯警察知道明召奇是老共产党员，所以立即派人去搜查房契上的住址。碰巧杰马尔还有克·赛迈尔克、德丽达·科斯杜利以及另外两个女同志也在那里。杰马尔确认警察到来后，便命令同志们向医院方向撤离，他自己则突破法西斯警察的包围，欲往地拉那河方向撤退，可惜没有成功。他战斗到生命的最后一刻，牺牲了。

也许听听当时与杰马尔在同一所房子里的一个女同志讲的故事更好一些。2004年5月27日，菊斯蒂娜·萨塔——战争时期匿名为佛罗拉·帕娜利蒂，也是于迈尔·迪士尼查博士的夫人——在接受《巴尔干报》的采访中讲到，此前她与另外一个女同志一直居住的一个基地被发现了，那一天她正好路遇德丽达·科斯杜利，便向她讲了自己的情况并请求帮助解决居住问题。菊·萨塔写道：

“那就跟我来吧，”德丽达对我们说，“我们还有一处从没暴露过的房子，在麦德莱赛附近，杰马尔也在那儿。”

“你知道杰马尔是要去发罗拉的？”我吃惊地问。

“他明天去，”德丽达答道，“今天到我那儿去了……”

那一晚，我们就住在了那里。第二天一早，杰马尔要出发了，行前找点东西吃。那是9点钟的时候，德丽达在柜子里寻找着，但前一天晚饭没有剩下什么，于是贝奇尔·明召奇只好出去买点吃的。10点左右时，克·赛迈尔克和纳科·斯皮鲁来了。斯

皮鲁带了些材料交给杰马尔后就立即走了，而赛迈尔克则留了下来……

杰马尔笑着说："啊哈，贝奇尔怎么耽搁这么久？我都饿死了，看来我得饿着肚子上路了。"

话音刚落，我们几人中有一人下意识地掀开窗帘往外看。他一下惊叫了起来，我们大家也都站起了身。只见贝奇尔双手被绑着走在前面，身后跟着一队持枪太保……

杰马尔命令道："快准备。"他立刻穿上外套并拔出了手枪。

他问："舒利亚到哪里去了？"舒利亚不在。危急时刻，他一脚踹开了后门，蹿出了房子……我们要杰马尔跟舒利亚一样赶快走，可他不干，说要走大家一块走。

接下来，菊·萨塔描述了杰马尔极力想离开但未果的情况。姑娘们被捕了，往河边撤退的杰马尔也被法西斯乱枪打死。

当采访者提到"霍查被指责对杰马尔·斯塔法的死负有责任，德丽达·科斯杜利也是如此怀疑的"这个问题时，菊·萨塔是这样回答的："霍查是杀了不少人，可杰马尔不是他杀的。我实在不明白如今为什么德丽达对她从头至尾亲身经历的情况要做颠倒黑白的描述。"

在当事人做出这样的表述后，我觉得没必要再做任何其他评论了。

In the Guerrilla

二 在游击队里

在与纳科·斯皮鲁见面的第二天（1943年4月），我同代表共产主义青年团中央的索迪尔·马努什一起出发去了贝拉特。对我而言，离开地拉那意味着新生活的开始，即“职业”战士的生活，如果可以这么说的话。因为从这个时候起，我唯一的任务就是为反法西斯战争而工作。就我的年龄而言，我被赋予的任务是很沉重的。

到了贝拉特以后，我就完全“解除”了对学校和家庭的责任。我当然时刻思念着远在异地的母亲和兄弟姐妹，也经常怀念我那些同学，他们仍在日益艰苦的条件下继续战斗，因为此时，法西斯，特别是地拉那法西斯的反动气焰正日渐嚣张。我对处于烽火第一线的马努什和斯皮鲁的惦念尤为深切。马努什在斯库台，那里的反动派极为疯狂，而斯皮鲁则身在尖刀小分队，可我不可能与他们取得联系。在斯皮鲁和马努什先后于1943年7月和1944年6月牺牲后，我才得知他们的噩耗。

这是我第一次如此“远离”地拉那。此前，除了去斯库台过暑假外，我只去过两次都拉斯，仅此而已。因此，在去贝拉特的路上，我对所见到的一切都充满了好奇：卡瓦亚、卢什涅或者石桥。同车而行的，除了我和马努什（他又被称为迪尔卡）之外，还有一个民族解放运动的同情者。所以就那个困难时期来说，从各个角度看，我们都是平安无事的。

当我们到贝拉特的时候，两条漂亮的街道一下映入我的眼帘：矗立在奥苏姆河对岸，在杜罗波尼克山峰上的高利策街和另一个在贝拉特城堡脚下的芒噶莱姆街。层叠而建的房屋给这座城市增添了别样的靓丽。奥苏姆河上的一座百年古桥——高利策桥吸引了我的眼球，我们穿桥而过，去寻找要前往的基地。

我和迪尔卡刚一下车就直奔克里斯塔奇和玛格丽塔·图图拉尼的家，他们的家就在高利策街上。在地拉那时有人把这个地址给了迪尔卡。刚一敲门，一个不超过10岁的小男孩给我们开了门。他叫季米特里，是这家最小的儿子，后来我们成了极要好的朋友。在他之后，我们又见到了玛格丽塔，我做了自我介绍并把从地拉那带来的信件交给了她。信是写给区党委的。随后我又认识了玛格丽塔的母亲，一个身材瘦小，从一开始待我就很和善的妇女。接下来是奶奶，一个沉默寡言的老妇人；还有这个家里最小的女儿阿弗尔迪塔。稍晚些时候，这家的大女儿杰妮和克里斯塔奇也回来了，我们又一一做了介绍。无论是克里斯塔奇还是别的人好像同索迪尔都已相识很久了。

图图拉尼的家就这样成了我的家，成了接纳我作为其永远的儿子的家。克里斯蒂娜妈妈作为这个家的顶梁柱，睿智而又坚定，富有爱国情怀，视我如同己出。比我年长的杰妮和克里斯塔奇称我为弟弟，他们都中断了接受高等教育的机会，转而响应祖国的召唤。克里斯塔奇的奶奶在这个家里默不作声，在我到了图图拉尼家没几日，竟与我密不可分，连在神像前点蜡烛这样的事情都信任地交给我做。一天，玛格丽塔开玩笑地对老人说道：“哎，奶奶，你知道吗，你那么信任阿基姆，让他点蜡烛，可他是个穆斯林啊！”（自从我到贝拉特的第一天起以及以后的所有时间里，大家都叫我的化名阿基姆。）

老人仔细端详了我一会儿，说道：“那有什么，阿基姆是个好人穆斯林！”可敬的奶奶初衷不改，只要晚上我在家，老人都把点燃蜡烛的事情“信任”地交给我。

我和克里斯塔奇和玛格丽塔很快就亲近起来，这不仅是因为三个人都同样献身于一个共同的理想与神圣的目标，即民族解放战争，还因为我们相互间谈话时都有着相同的文化兴趣，也就是说我们很谈得来。克里斯塔奇长我五六岁，他中断了在意大利接受的高等教育，转而投身到反对法西斯占领者的斗争中。玛格丽塔大我一年，她也从地拉那女子师范中学辍学，那年是她的最后一学年。他们两人都是党中央委员。

我们经常一起讨论出现的问题，或与青年有关，或是党的整体工作，当然也关注国际形势和战况，我们是通过收听伦敦和莫斯科广播电台的阿语或意大利语、法语节目，来跟踪形势并做出各种评判。

我们抵达贝拉特两天后召开了由七个男女同志组成的共产主义青年团中央会议。政治书记是阿耶特·金道莱，他曾是一个大学生，也像克里斯塔奇一样终止了在意大利上的大学，来参加反法西斯民族解放战争。我很难融进他们的谈话，因为我不熟悉他们谈到的那些青年组织进行活动的街道或乡村的名称。当然他们也还会涉及许多贝拉特区青年和党组织的干部与积极分子的名字。那时候，贝拉特区除了斯科拉帕里外，还包括卢什涅和费里。我常听他们提及卡赫莱曼·于力以及其他一些贝拉特党的领导人的名字。他们所说的党中央和党的各项决定给我留下了深刻印象，因为我感觉好像破坏了地下工作的原则。在地拉那时，我们在这方面是很严格的。所以有一次我打断了阿耶特，说道："同志们，请注意我还不是党员呢，我只是个共青团员，要注意保密规定啊。"

他们大笑起来，这让我很诧异。于是索迪尔马上插话说："根据共青团中央的决定，你现在已经是党员了。"阿耶特补充道："你从地拉那带来并交给玛格丽塔的介绍信上告诉我们区党委，你已经是阿尔巴尼亚共产党党员了。"我不禁一愣，羞红了脸。

会议持续了好几个小时。开会的地点就是阿耶特的家。他的家人，母亲和妹妹给我们大家准备了吃的。无论是他母亲还是他妹妹都与反法西斯战争有着密切的联系，并积极参与其中。他母亲参加了妇女组织，恰尼娅进了青年组织，直到阿尔巴尼亚解放。

抵达贝拉特伊始，这个城市就给我留下了极好的印象。"千窗之城"令人惊叹，她的市民更使我佩服。在贝拉特，我结识了许多青年男女及众多的朋友。在青年团，我结识了阿耶特·金道莱和克里斯塔奇·卡波，他们后来都为反法西斯战争献身，成了烈士。阿耶特先是任区团委的领导，后来成立"穆·图图拉尼"青年旅时又被任命

为政委。1943年至1944年，当德国人进行冬季攻势时，他在一场伏击战中被给德国鬼子充当向导的国民分子俘获（活捉）。国民分子把他押往贝拉特国民阵线指挥部，又根据其头目的指令把他杀害了。克里斯塔奇·卡波是个教师，也是区青年团委员会的成员。6月的一天，他出城去自由区的路上被法西斯警察逮捕。与他在一起的还有两个从地拉那来的年轻同志——维尔丹·卢阿拉希和杰马尔·穆斯利乌，以及贝拉特市共青团成员杨尼·维卢绍。克里斯塔奇·卡波和其他三名同志几天后在台佩莱纳被杀害，以杀一儆百，因为那时候游击队刚刚在那里有过行动。

那时候贝拉特也与地拉那或其他地方一样，反法西斯运动已得到蓬勃发展。在党的领导下，青年团、妇女和民族解放阵线等群众组织都积极行动起来了。区党委有能干、有文化又坚定的干部。政治书记是卡赫莱曼·于力，在法国留学时就已经是老共产党员了。他是斯科拉帕里一个以爱国闻名的名门之后，其家人也毫无保留地投身到了民族解放战争之中。同卡赫莱曼·于力一起领导党的工作的还有负责宣传的克里斯塔奇·图图拉尼、负责组织工作的穆切莱姆·甫卡和负责妇女工作的玛丽加里塔。领导其他工作的同志还有塔亚尔·格莱普茨卡、伊利亚兹·赛维拉尼、朱吕夫塔尔·维莱什尼亚（这是在斯科拉帕里人民中享有英雄称号而备受爱戴的人）、卢安·恰非泽奇、克里·穆泽恰里、奥勒汗·弗拉舍里、阿尔基洛·莱卡、希尔米·泰莱格拉菲等。区党委特派员是基尼·马尔科，他在贝拉特可是个大名鼎鼎的人物，因为他在斯科拉帕里分队任政委时就与众多勇士和各界爱国人士有着千丝万缕的联系。基尼还兼任着党在地区的工作，关注区委员会的所有会议。

一个不争的事实是，斯科拉帕里游击分队在贝拉特市郊农村，有时甚至是在城市大门口所开展的反法西斯战斗行动极大地赢得了贝拉特市甚至更广范围老百姓的支持。分队的指挥官是麦斯坦·武雅尼库。和尊敬基尼一样，农民们也都十分尊崇麦斯坦·武雅尼库的勇敢。游击队斯科拉帕里分队是阿尔巴尼亚最早的一支分队，早在1942年9月就解放了斯科拉帕里的首府乔洛沃德，不仅如此，还清除了在斯科拉帕里和贝拉特市周边各乡的法西斯，只有库乔瓦还在意大利法西斯手中。斯科拉帕里分队反法西斯占领者的战斗行动大涨人民的士气，在全国名声大振。

我是在极为特殊的情况下与麦斯坦·武雅尼库相识的。那是1943年5月，我和党内技术部的一个年轻同志迈赫切麦阿一起去尼绍沃村的马奈·尼绍沃家。我们径直走进他家的大客厅里，当时已经有15至20人了。他们大多是游击队员，大家围坐在一个摆满各种肉和菜的桌子旁。坐在首席的是武雅尼库。尽管以前我没见过他，可也一眼就认出了他，因为早就有所耳闻了。武雅尼库与众不同，宽阔的脸庞，蓄着浓密的胡须，腰里还缠着子弹夹。

我与同来的同志坐到房间最后面，听着众人的谈话和频频举杯祝酒。直到此时，我还不大了解喝酒的各种礼节。在这里，我才知道喝酒也是有很多礼数的：主持人主持着整个仪式，举杯时要说祝酒词，由主持人确定顺序，并依照顺序逐个进行，依次类推。

我们坐了一会儿，武雅尼库用手指指向我问道："那个小伙子是谁啊？"

众人转头看向我，但几乎没人认识我，因为这是我第一次见到大家。那天早上刚认识我的马奈·尼绍沃说："他是从地拉那来的学生，是做青年团工作的。"

"欢迎你，学生同志，干杯！"武雅尼库的声音传进我的耳朵。他举起酒杯，礼数开始了。

"这第一杯，为游击队员和所有打法西斯鬼子的人干杯！"说着，他一下干了杯中酒。

我有点不知所措，这时努斯雷提同志过来帮我解了围。他在我之前已经"过关"了。他告诉我要站起来，认真听祝酒词，等主持人也就是武雅尼库祝完酒，经他同意并给我"让位"后，我也得重复武雅尼库的敬酒法。真来劲！我觉得说话还算简单，可是武雅尼库的祝酒词说起来没个完。他一杯接一杯地连喝了七杯。按照同志教我的，我也应该喝七杯！我的天啊！要知道此前我还从没有沾过酒，酒是啥滋味还不知道呢。这可怎么办好？这时努斯雷提同志又给了我最新意见："你要是不喝，可就在他们面前丢脸了。这对你一个'党的工作者'来说，可不好啊。"

难道这也有党的规矩？不过，不管怎样，我没有丢脸，我咬牙把七杯酒一一都喝了进去，喝的时候还尽可能不忘武雅尼库说过的每一条祝酒词。我过关了。根据主持人的命令，可以传到下一个人了……哎，幸亏我们坐在了最后。一喝完酒，我就和同事走出房间。我眼前的一切都旋转起来了。院子里有一股从托木尔山上流下来的泉水。我把脑袋反复伸进水里，最终才得以看清东西。我没丢脸，可我也再没有勇气回到房间里，不敢再喝酒了。

在斯科拉帕里分队里，大部分战士都是年轻人。不仅是这里，而且阿尔巴尼亚青年也是整个反法西斯战争的主力。青年人在反法西斯占领者的示威游行队伍中总是冲在最前面。他们参加了城市地下游击队，让那些为纳粹法西斯服务的叛徒和警察刽子手闻风丧胆。男女青年是最早加入游击队分队、旅和师级部队的人。这些作战部队不负国家的希望，为祖国赢回了一度失去的自由。1942年1月，共产主义青年团中央向青年发出号召，广大阿尔巴尼亚青年予以积极响应。号召说：

> ……我们的祖先在过去几百年里抛头颅洒热血，高擎着自由的火把，如今我国人民寄希望于我们这一代能使这火把永不熄灭地传承下去。我们决不能辜负这希望，我们就是这个年代我国人民的活力所在、希望所在。让我们以年轻人火一般的热情去完成对祖国对人民的神圣使命吧……

阿尔巴尼亚青年确实具有高涨的爱国主义热情。不论是法西斯分子还是形形色色的法西斯的走狗都极力想迷惑青年人，使他们远离为争取自由而进行的光荣的神圣的战斗。然而我们的青年并不上当，还是选择了正确的道路，那就是争取一个自由、独立和民主的阿尔巴尼亚。这些年轻人无论在政治上还是社会责任感上都表现出了成熟，同时也表现出了战斗中的勇敢。青年才俊们如杰马尔·斯塔法、米斯托·马迈等人，身先士卒，献身沙场，成为解放战争的先驱。

贝拉特青年也如同全国的青年人一样富有战斗精神。贝拉特青年组织（指的是最初的共产主义青年团）是按照街区组建的。在工人青年和城市学校（相当于现今的八年制学校）青年中也有组织起来的团组织。在农村，特别是斯科拉帕里农村也成立了团组织。后来在共产主义青年团周围逐渐建立起了反法西斯青年组织，且遍及斯科拉帕里的所有村镇。

我在贝拉特期间，除了同其他人进行自由接触外，还参加了绝大多数青年团组织的会议。我想强调的是，在作为青年组织领导者或者党的工作者的任何活动中，我都更喜欢与人直接接触而不是开会。我很明白，任何会议，都有意无意地会使参加者变得"正式"起来，其中大多数人都会照搬报纸上或其他文件中重复的既定口号或者客套话，以表现出对党指示不折不扣的信服。这种"作风"已经成了官僚社会很普遍的表现形式。然而当你远离模式化的套话，同青年人或成年人自由交谈时，当你很自然地倾听他们的心声和问题时，情况就是另一个样子。我当然也参加过很多会议，听过许多套话口号，正如我自己也说过类似的话一样。可是就个人喜好而言，我更喜欢自由会面和没有官话的交谈。

从1943年4月中到6月底的这段时间里，我在贝拉特一直处于半地下状态。在遵守保密规定的前提下，我在城里到处活动，会晤青年，参加他们的各种会议。贝拉特人都叫我阿基姆。为了避人耳目，我不得不经常变换住地。上面提到过，我更多的是住在图图拉尼家，但也在贝拉特其他许多街道上的朋友和同志家藏过身，如在高利策和曼戈莱姆、在城堡和查来比城墙、在瓦科夫和小溪——那个时候城里的街道就是叫这些名字。比如说，在查来比城墙我住过拉罗家，在曼戈莱姆住过普利夫蒂家，在城堡住过卡波家和泰奈切吉乌家，等等。

尽管如此，因为贝拉特是个小城市，我不可能不被法西斯警察发现。于是，我到贝拉特仅过了两个月的时间，到6月底时，法西斯当局便宣布包围全城，警察布满城市的大街小巷，搜捕党团的领导人以及抵抗运动的积极分子。

我与一个搞青年工作的同志刚从藏身之地出来准备进城去，还没到"科隆博"旅馆，一个同情革命的人骑着自行车过来对我说："赶快走吧，法西斯鬼子正抓你呢。"我掉转头往回走，与同行的同志分手后，跳上一条居民摆渡用船，到了河对岸，向高利策街走去。到了图图拉尼家，不一会儿又来了另一个同志，他向我们说明了情况，称已有一些年轻人被捕，警察在搜查中也在寻找我，打听我的姓名，是哪里人、住在何处。

很明显，克里斯塔奇和玛格丽塔也处于危险中。他们是贝拉特区委里人所共知的领导人。我们立即商议该如何行动。大家一致同意谁也不能再待在城里，而应该到斯科拉帕里自由区去，那里是游击队的天下。无论是克里斯塔奇还是玛格丽塔都坚持要我尽快撤离城市，因为“你不是本地人，肯定没有熟人处可以藏身，而我们情况不同”。他们自己决定再在城里看看情况，找一处安全的地方隐蔽下来，直到这场风暴过去。最后我们相互拥抱告别，坚信不多时就会再见。没想到那竟是我们最后一别，从此天各一方。

就在那一天，1943年6月的最后一天，我离开了高利策。同日与另外两个同志一起穿过城外到了比尔策的一个村子，与那里的游击队会合。可是克里斯塔奇和玛格丽塔没能逃脱危险。他们一直待在城里，找了一处他们熟知的安全的地方藏匿下来。可尽管这样，几天后，警察还是搜查到并逮捕了他们。7月7日，在假装把他们从贝拉特转移到波尔多·罗曼诺集中营的路上，在卡瓦亚附近将他们残忍地杀害了。

克里斯塔奇和玛格丽塔作为我最亲密的同志和兄弟，作为为人民的事业宁死不屈的共产党员，永远被铭刻在我的记忆中。正如许多作品中对他们的描写那样，他们挺胸抬头面对死亡——

“坚持住，姐姐！”克里斯塔奇最后一刻这样说道。

“挺住，兄弟！”女勇士玛格丽塔回答说。他们两人就是这样面对法西斯的子弹，脸不变色心不跳，高喊着“自由的阿尔巴尼亚万岁”英勇就义了。

克里斯塔奇和玛格丽塔的牺牲对贝拉特区党组织和反法西斯抵抗运动来说，是个重大损失。他们两人都是具有高素质的坚强的干部。克里斯塔奇在贝拉特知识界有着特殊的影响力，而玛格丽塔则是青年队伍中的知名人物，时任区团委书记，同时在妇女界积极不懈的努力也为人称道。

不仅党和青年组织的主要干部来到了自由区，而且大部分贝拉特市的党团员也到了斯科拉帕里。于是在斯科拉帕里、纳西耶、库乔瓦和斯皮拉古的村庄里都集中了主要革命力量。在城里还留下了一部分革命坚定的同志继续工作，他们高度保密，与反法西斯青年们保持着联系，不仅是为了不断激发人们对法西斯主义的仇恨与行动，而且还要抵消国民阵线力量的破坏活动，这些人在克·查克拉尼和阿·埃尔麦尼的怂恿下企图使贝拉特的青年群众远离反法西斯战争。

1943年的8月，在意大利法西斯投降前夕，根据党中央指示，我和穆切莱姆·甫卡同志潜入贝拉特市，发动处境十分窘困的党、团组织。我借宿在位于曼戈莱姆街的维·普利夫蒂家。这时我才听说在图图拉尼家这几日正在悼念克里斯塔奇和玛格丽塔牺牲40天。尽管很危险，但出于对同志的尊敬与怀念，以及出于对克里斯蒂娜妈妈和图图拉尼家人的思念，我与另外两个同志还是过去同他们一起去参加了悼念活动。大家见了我当然很高兴，与我像家人那样拥抱亲吻，可同时又担心我也遭逮捕。正当我准备离开这个家的时候，在我同亲人告别时，克里斯蒂娜妈妈的一句叮嘱深深地感动了我："你们赶快带阿基姆离开家，带他上山，别让我再失去第三个儿子！"

我在山上的生活

1943年夏天，无论在国际范围还是在阿国内，反法西斯战争都取得了很大的发展。从国际角度看，以英、苏、美为首的世界反法西斯同盟势力更加扩大。这个时候战争的第一个阶段已经过去，在这期间德国人步步紧逼，不仅占领了西欧，而且占领了整个东方，直至莫斯科附近和伏尔加河流域。1943年伊始，伟大的同盟军就开始了反攻。承担着反法西斯战争最大重任的俄罗斯一线，出现了促使德国法西斯彻底失败的伟大转折。最明确的信号便是苏联红军进行的斯大林格勒保卫战，这使全世界都无比欢欣鼓舞。在国内，我们游击队员和所有真正的爱国人士都因斯大林格勒保卫战而坚定了必胜的信念，坚信祖国一定能从外国法西斯占领者手中获得解放。英美同盟军也在北非成功地摧毁了希特勒法西斯的军事机器，为后来登陆欧洲创造了条件。德国著名将军隆美尔没能抵抗住英美联军的进攻，被迫从利比亚撤离到欧洲大陆。

与此同时，欧洲抵抗法西斯的运动更加风起云涌。在南斯拉夫、希腊、法国、波兰等地更是进行得如火如荼。阿尔巴尼亚人民也很荣幸，在这场战争中，我国也是一支积极的力量。自1942年12月起，美国、英国和苏联的外长们———赫尔、艾登和莫

洛托夫就称赞阿尔巴尼亚人民的斗争，强调不承认法西斯对阿尔巴尼亚的占领，也就是重申了阿的独立地位。

从一开始，阿尔巴尼亚就站在了伟大的英、苏、美同盟国所领导的反法西斯同盟一边。正是由于民族解放战争决定了我国也是胜利者一方这个事实，才使得战后希腊人和塞尔维亚人瓜分阿尔巴尼亚的图谋未能得逞。试想，如果按照国民分子主张的那样，国家站在意大利与德国法西斯战败者一方，我们国家的命运又将如何？那将成为邻国觊觎的猎物而遭瓜分，也就是还要失去自由。

1943年9月，在同盟国总攻势的压力下，意大利法西斯不得不无条件投降，然而我国争取独立和自由的斗争并未就此结束。相反，却进入了一个更为艰难的阶段，这是因为此时我们要面对另一个更加疯狂的敌人——德国法西斯，他们“迫不及待地”取代了意大利军队，从希腊和南斯拉夫迅速派来德国军占领了我们的国家。

离开贝拉特市后，我就开始了“山上”的生活。从那一日起，直到阿尔巴尼亚解放，我都一直身着游击队服，从事青年工作，担任青年团的领导，与斯科拉帕里、纳西耶或者斯皮拉古地区的年轻人保持着联系，同时还与斯科拉帕里游击部队的年轻人，尤其是图图拉尼旅的人进行沟通。这个旅是1943年秋由来自贝拉特市和斯科拉帕里各村的青年人组建的。这一时期，我们青年团中央的成员经常同党中央的领导，如于力和甫卡一起开会并保持联系。

在地方工作的这一段时间，也就是直到1944年3月去民族解放战争军队当第七旅的政治委员，我一直都很熟悉斯科拉帕里的各个乡村，特别是这一地区的百姓，了解他们为把祖国从法西斯占领者手中解放出来而进行的坚决的斗争，熟知他们丰富的内心世界和经济上的赤贫情况。

斯科拉帕里是从法西斯占领中解放出来的第一个地区。正如我前面讲到过的，游击队和从各乡村聚集来的战士们一道，于1942年9月5日解放了斯科拉帕里的首府，随后又解放了整个地区。这个行动对阿尔巴尼亚南部的整体形势发展有着极其重要的意义。作为解放区，斯科拉帕里使得全国各地区的游击队和解放阵线活动分子的行动变得轻松了。正因为如此，法西斯就对斯科拉帕里采取了惩罚性攻击。更有甚者，竟对斯科拉帕里的百姓搞粮食封锁，不允许斯科拉帕里的农民进贝拉特城或卢什涅城买小麦面包或者玉米面包。

但是，这一地区的战斗精神是不可战胜的。从四面八方赶来的百姓，如从斯科拉帕里、维尔翟扎、多布鲁沙、多莫利查、泰莱派里、维来什涅和柴帕尼等地区出来的成千上万的青年男女都加入到了游击队伍。斯科拉帕里人坚持战斗到最后一刻，时刻表现出他们特有的爱国主义精神。我们游击队员都切身体会到了斯科拉帕里人民的那种关切、爱戴和热情。我们所到之处，都受到百姓真诚的欢迎。尽管他们自己还很贫困，但绝不会让我们忍饥挨饿，居无定所。

我永远不会忘记在斯科拉帕里的波托姆村所经历的一幕。我们三个游击队员从马尔特山梁过来。那是个夜半时分，十分寒冷。我们已经两天两夜没吃没睡了。德国人和国民军刚刚从波托姆村和周围的村子经过，到处烧杀抢掠。

我们在一处路边的房子停下了。敲过房门，一个妇女走了出来。把我们让进一个房间，烟囱旁的一侧正熟睡着两个孩子，一个大约五岁，一个大约八岁。她告诉我们说，她丈夫也是游击队员，但不知现在身在何处，不知是否躲过了纳粹分子的风暴行动。她指的是1943年至1944年在国民阵线部队帮助下，德国人发动的打击阿民族解放运动的冬季攻势。我们告诉她，她丈夫所在的队伍现正在泰莱派里地区，据我们所知敌人的行动已过去，并未造成大碍。

由于太过劳累，我们就没有再多说什么，而是在烟囱的另一侧倒头便睡。三四个小时过后，天将亮时，主妇叫醒我们起来吃饭。她为我们烤了玉米面包，还配有葡萄汁。她说她和孩子已经几天粒米未沾了，只是吃点剩下的圆白菜和土豆。就在那天晚上，孩子们都是空着肚子睡下的。

“我攒了点玉米面，本想丈夫哪天回来时给他做面包吃，”妇人对我们说道，“现在做给你们吃，祝你们好胃口。我丈夫也是游击队员，他的部队走到哪里，也都会有人给口饭吃。”这样说着，还把孩子拦在一边，不让他们跟着吃。我们当然要让孩子们一起吃，还有他们的母亲。于是大家一块儿吃了顿饭。

我特别提到这件事，是因为这很好地体现了斯科拉帕里老百姓的爱国主义热情，体现了他们同民族解放运动的密切联系，也体现了他们的慷慨精神。

关于穆克耶会议

我写这本书，无意要很深入地讲战争期间各种事件的细节，而只想说说那些我认为重要的片段，这不仅是由于与我的自传相关，而且因为这些片段即使今天说起来也是很精彩的。

上面提到过，1943年9月8日意大利法西斯宣布投降。这无疑使全体战士和全国人民欢欣鼓舞。全国各地为之浴血奋战的自由正指日可待。但同时，所有人也都清醒地看到，战争尚未结束，另一个占领者——德国法西斯正取而代之，而且更加疯狂与危险。

此时，阿民族解放运动正进行得如火如荼，已成燎原之势。这其中，1942年9月召开的佩扎会议起了特别重要的作用。会议将所有反法西斯力量团结到一起，并奠定了民族解放阵线的基础。另外，在1943年7月举行的拉比诺特会议上成立了民族解放军总司令部，也在阿民族解放运动发展方面发挥了重要作用。

意大利投降后，各地纷纷成立了民族解放委员会，主要是在阿尔巴尼亚南部和中部，北部许多地区像斯库台、布莱利和迪布拉也有。全国各地都有游击队，小分队也转成了游击旅。1943年8月组建了第一突击旅，随后又相继组建了其他各旅。这一段时间，游击队员们同武装起来的百姓一道击退了法西斯的多次进攻，如在马拉卡斯特、台佩莱纳、波格拉带茨，在博伊斯卡战役中，在斯库台的莱池，在迪波拉的载勒恰，在吉诺卡斯特的马什库洛尔，以及在全国的许多地方。这个时候已经有其他地区获得了解放，除斯科拉帕里外，新解放的地区还有库尔外莱什、扎高利亚、马拉卡斯特拉、高尔奥帕里、佩扎和马尔塔纳什，等等。

就在此时，1943年的8月2日，在地拉那与克鲁亚之间的一个小乡村穆克耶村召开了历史上的“穆克耶会议”。这是民族解放阵线与国民阵线间的一次努力，即二战中阿尔巴尼亚共同起来进行反法西斯抵抗运动。

这次会议的召开，或者说这次会议的失败更为确切，一直都成了阿尔巴尼亚右派指责反法西斯民族解放战争的一个理由。这些人称民族解放运动和霍查本人是反对民族团结的，只是为了在阿尔巴尼亚解放后掌握政权，为了打击阿民族主义者并使其远离“国民阵线”或者“合法阵线”这两个组织，而去“破坏”穆克耶会议，拒绝接受会议的决定，云云。直至今天，仍有人继续就这次会议的召开和破裂说三道四，因此我觉得有必要对此稍微多说几句。

我刚说过，佩扎会议于1942年秋天召开，其主要目的是使人民不分宗教信仰、不分地区、不分意识形态地团结在一起。佩扎会议的政治纲领受到了阿尔巴尼亚知识界和社会各阶层的普遍欢迎，这是一个团结全体人民的重要文件。佩扎会议两个月后即1942年12月，一些民族主义分子（其中有的人也曾参加了佩扎会议）组建了“巴里国民阵线”，用以对抗民族解放阵线。这从其选用的口号就可明白它的倾向：民族解放阵线提出的口号是“消灭法西斯，自由属于人民”；巴里国民阵线则提出“阿尔巴尼亚是阿尔巴尼亚人的阿尔巴尼亚，消灭叛徒”。巴里国民阵线而不是民族解放阵线，从一开始就种下了分裂的种子，后来由于巴里国民阵线武装及其领导者同法西斯占领者同流合污并向游击队发起进攻，这种分裂就愈加严重了。

现在我们再回过来说穆克耶会议。

首先讲讲召开穆克耶会议时的国内外形势。那是1943年夏天，反法西斯运动已经遍及阿尔巴尼亚全国各地。各处都成立了民族解放运动委员会，游击队的力量也壮大了，甚至组建了游击旅。1943年7月10日成立了民族解放军总指挥部，随后的8月份又组建了第一游击旅。那时在克罗涅、格拉姆什、马拉卡斯特也有三四支国民小分队活动着。总体来说，国民的爱国主义热情和反对占领者、解放祖国的热情格外高涨。

国际形势也极为有利。在东方阵线，苏联红军在著名的斯大林格勒保卫战中给了希特勒以强有力的一击，标志着德国纳粹不可避免地开始走下坡路。在其他战线上情况也都相同。英美联军在北非给意大利、德国军队以致命的打击，正准备在意大利南部登陆。这些胜利引发了意大利法西斯的危机。1943年7月25日，墨索里尼下台，这也预示着意大利很快就会出局。

在此形势下，联合所有力量反对占领者就成了当务之急。为此民族解放阵线总委员会建议巴里国民阵线负责人进行双方代表会晤。就如上面所说，在1943年8月上旬在穆克耶村召开了有民族解放阵线和巴里国民阵线代表参加的会议。民族解放阵线代表团由迪士尼查博士率领，而巴里国民阵线的团长则是米特哈特·弗拉舍里。

根据民族解放阵线委员会的决定，民族解放阵线代表团的主要任务就是团结两种力量一起进行反对占领者的斗争，不仅仅是说说而已，而是认真的。要达此目的，巴里国民阵线就要当众做出承诺，然而他们的代表却另有打算。尤其是在墨索里尼下台后，他们以为现在英美登陆阿尔巴尼亚已成为可能，所以便将注意力集中在：首先，在不费一枪一弹的前提下，确保自己在未来政权中占据重要位置；其次，他们将阿尔巴尼亚民族问题，即科索沃和查莫利亚与母国阿尔巴尼亚的统一提上了日程。

民族解放阵线代表团“忘记”了自己的主要任务——团结一致进行斗争，却完全被巴里国民阵线的要求牵着鼻子走。事实上，在穆克耶会议形成的文件中，巴里国民阵线应该毫无保留地投入到祖国解放中的承诺根本没有体现，而是避重就轻、蜻蜓点水式的描述。这是民族解放阵线代表的第一个也是最主要的失误。后来的情况也确实如此，意大利一投降，德国占领者就来到了阿国，巴里国民阵线非但不采取斗争行动，反而一头栽进其怀抱，就如之前投向意大利法西斯一样。

在穆克耶文件中，巴里国民阵线没有做出战斗的承诺，却明确地写出其两个主要目标。其一，要成立一个全国解放委员会，由两个阵线同样数目的代表组成，这个委员会便是未来政权的领导机构。这就意味着，尽管巴里国民阵线迄今为止没有为反对占领者打过一枪一炮，但却要与一直组织打仗、一直是解放国家的唯一力量的民族解放阵线拥有相同的地位。这就意味着“全国解放委员会”一旦成立，民族解放阵线总委员会和民族解放军总指挥部的作用和权力便将消失，转而应受全国解放委员会的领导。这是穆克耶会议上民族解放阵线代表的又一个失误。其二，在巴里国民阵线分子的鼓动下，穆克耶文件中提出了“民族阿尔巴尼亚”问题应作为我国解放战争的主要目标，这是与英、苏、美反法西斯联盟的精神和指示相违背的。

阿尔巴尼亚共产党为何否定了这个文件？

我们读一下恩维尔·霍查于1943年8月9日给民族解放阵线代表团团长于迈尔·迪士尼查博士的信函就明白了，信中明确表示了民族解放阵线拒绝这份文件的理由：

在拉比诺特，无论是你，或是塔法里特（穆斯塔法·吉努什）都应该说明一下，你们授权有限……你们本来应该同“巴里国民阵线分子”商谈，促进他们与我们团结一致，但这个团结不是在桌面上，而是在战场上、在斗争中……通过这一只要求民族阿尔巴尼亚而不要求进行反法西斯战争的协议，你彻头彻尾地滑向了巴里国民阵线的立场……你们以平等的条件，在代表有限人群的巴里国民阵线和代表人民反法西斯阵线的民族解放阵线委员会之间达到了团结。用这一纸协议你们就同意一笔抹掉巴里国民阵线肮脏的历史与现实，并为他们光荣地进入历史敞开了大门……

你应该懂得，巴里国民阵线及其他所有机会主义分子如今都极其需要狡猾地粉饰自己的过去；你应该明白，他们费尽心机地要继承正在垂死的法西斯（可你却对塔法尔说还没死呢），以夺取政权并把在第一线的我们赶走，以便在明天彻底踢开我们；特别是外部的政治条件正发生着巨大变化，你们不讲反法西斯战争，在占领者还在国内时却宣传独立，宣传只有法西斯和反动派才能维护民族阿尔巴尼亚这一论调。

综上所述，如果该协议还没有发出，那就千万不要散发，因为这是向巴里国民阵线彻底投降的协议。用这一纸协议，你们将民族解放阵线委员会和军队总指挥部抛于脑后，而我们为了组建这支军队曾做出了多少牺牲！你们全然不顾两年来领导和鼓舞我国人民战斗的口号。“阿尔巴尼亚解放委员会”的名称，无论在本质上还是形式上都是完全错误的，你们信中所讲到的四点又是与协议中的要点相矛盾的。你们把我们的斗争纳入到国民阵线的轨道，你们居然还敢将巴里国民阵线的名字置于民族解放阵线之前，而民族解放阵线是用被法西斯和国民阵线分子杀害的我们同志的尸体堆建起来的。

现在有人说如果当初不撕毁《穆克耶协议》，巴里国民阵线就可能同德国人作战了，这种假设不足信。为何巴里国民阵线在穆克耶的协议一撕毁（即在1943年的8月

至9月间）就投奔了德国人？或者，正如民间所说，出于对婆婆的讨厌，媳妇就背着她儿子与他人偷欢？显然，巴里国民阵线分子是欲借穆克耶会议来美化其反法西斯的“履历”。他们认为现在战争正接近尾声，政权问题已提上日程。为此他们需要由穆克耶为自己颁发反法西斯战士的“荣誉证书”。

当看到同盟军没来，德国人却取代了意大利人，巴里国民阵线分子于是故伎重演，再次与占领者为伍。为了给自己的行径开脱，他们便大肆渲染什么“德国人不是来占领的，战争一结束，就会离开阿尔巴尼亚”等等。而且，当游击队不可避免地袭击了与德国占领者一起的巴里国民阵线部队时，他们就竭力把这说成是“内战”，是破坏《穆克耶协议》的结果，甚至，今天的右派也如是说。

纳粹德国的占领

意大利刚一投降，新占领者德国人就进入了阿尔巴尼亚。来自希腊和黑山的多支德国部队越过国界到了阿尔巴尼亚，在斯特鲁噶-里布拉日迪的公路上，在吉诺卡斯特的卡尔迪奇大桥上，在科罗涅至莱斯科维克的路边，德军所到之处都遭到了抵抗，损失惨重。他们凶残地报复平民百姓，如世人皆知的波罗维大屠杀，纳粹分子根据其一贯的报复做法，一次就杀害了几十名无辜农民。

于是，民族解放军总指挥部就命令各地呼吁意大利士兵或者同游击队一起作战抵抗德军，或者将其武器交给游击队。有不少意大利人加入了游击队。有些士兵被编入了游击部队，像安东尼·格拉姆什旅就被并入了第一师，还有些人在各个队伍里负责技术，特别是大炮。然而成千上万的意大利人进入解放区不是为了参加游击队，而是为了躲避德国人。解放区的百姓在自己家里收留了他们，直到战争结束。这是阿尔巴尼亚人民的一个人道主义的善举，就像保护犹太人那样。众所周知，整个战争期间在阿尔巴尼亚都不曾有任何一个希伯来人沦落到德国人手里，他们得到了阿尔巴尼亚人民的收留与保护。

意大利投降后，斯科拉帕里的游击队在没有受到意大利军队的任何反抗下进入了贝拉特城，意大利军队在得到投降的消息后便溃不成军。贝拉特人民十分热情地欢迎游击队的到来。千家万户打开大门迎接游击队员，此前一直在斯科拉帕里的我们青年团中央和党中央的人也在此时进了城。随即成立了全国游击队指挥部，同时也行使着地方政府的权力。

那些日子，团组织的主要活动集中在开展广大城市青年工作上。大家都明白贝拉特自由的时间不会太长，因此就抓紧开展青年工作，扩大队伍，向广大城市群众开展密集宣传，特别重视文化活动，演出游击队内容的剧目，大唱爱国歌曲等。不仅青年人，其他贝拉特市民也积极参加。另外一个专项工作是组建名为“玛格丽塔·图图拉尼”的游击队青年旅，大约有百十来青年男女志愿加入。这个旅后来并入了第七师。

贝拉特的暂时解放也伴有政治麻烦。我们向一直被关押在城外军营里的贝拉特意大利卫队呼吁，希望他们加入到游击队中来，特别是不能把手中的武器交给德国人。可我们提出的把武器交给游击队的要求并未奏效。意大利卫队的指挥官在脚踏两只船：一方面让游击队的谈判代表怀有希望，另一方面又企图与在库乔瓦的德国人保持联系。

这时，在库乔瓦的德国军队并不急于打进贝拉特城，同样游击队也没有向德国人发起进攻，于是形成了一个很奇特的局势：游击队在贝拉特城里，意大利人在城外兵营里商谈着投降事宜，而德国人就在库乔瓦。直到1943年10月的一天，局势才变得更加复杂：德国人以作战的架势进了城，可只是在主要街道上兜了一圈，他们走到了意大利人的兵营，但未采取任何行动就又沿原路返回了库乔瓦。无论是游击队还是德国人都未开枪。德国人进城时，原本在城里的游击队就离开了市中心，到市郊的丘陵或者市外的街巷中，如高利策或者城堡等地，进入了战斗掩体，等德国人撤离后，才又回到城里。

这无疑是一种默契。同样的情形，几天后又重演了一次：德国人进了城，到市场上买了些蔬菜等就撤回了，同样不放一枪一弹。他们究竟在干什么？

这自然引发了争议。很多共产党员和青年团员对此不解，于是开始争论。争论中也显露出对采取消极应对立场的不满。因此，区党委决定致函党中央，通报所发生的情况。一天区党委政治书记卡赫莱曼·于力把我叫了过去，让我去地拉那送交这封区党委的信件。

自然，我第二天就出发了，午后抵达地拉那。我知道党的地下领导同志一般都在泽奇·阿果利家，所以我找到泽奇后就与他一起去了他家。在那里我找到了纳科·斯皮鲁、于迈尔·迪士尼查和果高·努什等人。努什同我打过招呼后就离开了。我把信件交给纳科后又与他交谈了一会儿。他们急切地想知道贝拉特所发生的事情。我把事情的原委一一道来，从游击队进入贝拉特城一直说到我离开时的情形，当然我也特别说了众多共产党员和青年团员对这种怪事表达的不满。纳科一下就直奔主题，称这是个错误行动，责任在基尼·马尔科。于迈尔·迪士尼查也同意这种看法，但未予置评（那时我对几日前召开的穆克耶会议以及会上党对迪士尼查的批评丝毫不知情）。纳科告诉我应该去见一下恩维尔·霍查，因为霍查会就此事写信给贝拉特的同志们。他要我第二天去见另外一个同志，并由这个人带我去地拉那城外的某个地方见霍查。

见过纳科之后，我就回家看望家人了。尽管与家人分离时间并不长，也就五个月吧，可我仍然很想念他们，他们也同样惦记着我。在家里我听说几天前阿里马尼也在地拉那，并住在我家，还与我兄弟和母亲聊过，其中说到他在斯库台遇到了很大的困难，特别是那个城市的反动势力相当猖獗。

第二天，我离开家去找那个将带我去见霍查的同志。该同志（他叫查米勒·博达，我们早就相识）告诉我说还不能去霍查所在的阿拉巴尼，因为法西斯在那里开始了一项行动。因此我又不得不回到纳科家。纳科写了一封亲笔信，要我交到基尼手里。同母亲和兄弟姐妹道别后，我就立即乘坐来时的交通工具返回了贝拉特。后来我得知，纳科以党中央的名义命令基尼立刻结束目前的僵局，要进攻库乔瓦的德国人。

四五天后，第一师也抵达了贝拉特，显然这是按照总指挥部与霍查的命令而采取的行动。于是11月的一天，对驻扎在库乔瓦的德国人的进攻打响了。德国人进行了反抗，为了占领贝拉特城，他们动用了炮兵，轰炸了城堡地区，战斗异常激烈。几小时后，我军被迫撤出贝拉特，向斯科拉帕里和什皮拉古方向撤离。德国人进了贝拉特城。一同进城的还有卡德尔・查克拉尼和阿巴兹・艾尔迈尼领导的巴里国民阵线武装力量。

这就是俗称的“贝拉特妥协事件”，为此党和游击队总指挥部的主要负责人基尼・马尔科受到了严厉批评。基尼并没有直接同德国人达成任何协议，这是无疑的。他没有同德国人“瓜分”战区，也没有暂时的苟安。以我之见，基尼只是太想把放在贝拉特城里意大利军营中的军火搞到手了，所以才成了牺牲品。他想方设法地要搞到手，可意大利指挥部在德国人也可能知道的情况下，犹豫着不想交出武器，便日复一日地拖延着。德国人不受攻击地自由进出贝拉特城被基尼解释成“必要的战术”。“我们暂时不同敌人交火，而要在解决了意大利人的武器后自行确定进攻时机。”正是这种理由体现了基尼的“机会主义”。而结果是，他不仅被人认为是对敌“妥协”，而且最终也没能得到他梦寐以求的意大利武器，这是一个严重的错误。为此，他被开除出了党中央，但仍留任党中央代表和贝拉特区指挥部的政委。在第七师成立时，基尼・马尔科又被任命为师长。

德国人的冬季行动

1943年12月底至1944年1月初，德国人对游击队发起了疯狂进攻，史称“冬季行动”。直到此前，除个别小动作外，巴里国民阵线分子尚未同德国人一起攻击游击队。可在冬季行动中，巴里国民阵线分子终于同德国纳粹勾结在一起了。他们以为如此就能摧毁游击队，消灭民族解放阵线力量。

同游击队相比，纳粹和巴里国民阵线占有绝对的人数优势，装备精良，着装考究。而游击队人数少，又分散成数个分队，装备简陋。那时只有五个师，其中又只有第一师有些作战经验，而其他四个（二、三、四、五师）都还只是刚刚组建的。敌人的行动在北方就是攻击斯库台和特洛波亚的游击力量，在阿尔巴尼亚中部就是进攻佩扎、马尔塔纳什和爱尔巴桑区的第二师和第三师。而在南方则遍及了整个南方地区：贝拉特、斯科拉帕里、科尔察、科罗捏、马拉卡斯特、梅萨普利库、发罗拉、库尔维什、吉诺卡斯特和波尔迈蒂。

冬季行动给民族解放阵线军队造成了巨大损失。德国人以及为其充当内奸的巴里国民阵线分子所到之处烧杀抢掠，摧毁游击队的根据地。在德国人的冬季行动中，仗打得很残酷，大量游击队员为国捐躯，包括第二师和第三师在内的一些部队在极其困难的条件下，为了保存实力而不得不临时解散。冬季行动一结束，这些部队就进行了重建。与此同时，敌人行动之后整个民族解放运动又掀起了新的高潮。游击队伍壮大了，作为未来政权基础的民族解放委员会重新建立起来并遍布全国。

敌人开始在斯科拉帕里进行冬季行动时，我正在玛格丽塔·图图拉尼青年旅。那时，这个旅的政委阿耶特·金道莱才刚刚牺牲，旅长斯坎德尔·马林迪也负了伤，部队还有其他伤亡。我受区党委的委派去这个旅重建党的组织和共产主义青年团。德国人的行动在斯科拉帕里一出现，区指挥部就命令图图拉尼旅与因刚在科尔察和格拉姆什地区遭遇德国人，转而来到拖姆利查的第四旅汇合，而我们旅也正在这里。从这里我们又一起翻过蛇山岭到科尔察的拉维达尔地区，当时几乎所有部队都集中到了拉维达尔。在与科尔察部队会合前，第四旅在马兹莱克和普罗托帕普同德国军队和巴里国民阵线分子打了一仗，牺牲了两个游击队员。民解总指挥部的一部分人，像哈奇·列希、科奇·乔尔捷等也都在那里。

所有游击队员从拉维达尔穿过玛尔塔峰来到斯科拉帕里的波托姆地区。德国人和巴里国民阵线分子已经从这里过去了，所到之处无不烧杀抢掠。姆泽切游击部队在努力翻越托木尔山时遭受了很大损失，而斯科拉帕里部队则没有什么损失，与第一师汇合后，在丹德奇皮地区与德国人发生了遭遇战。在这场战斗中，极受斯科拉帕里人尊重和爱戴的旅长朱吕夫塔尔·维莱什尼亚负了伤。可以说在斯科拉帕里乃至整个贝拉特地区，朱吕夫塔尔和卡赫莱曼两个都是最坚定、最具影响力的同志。

冬季行动结束了，阿民族解放运动遭受了重创，但并没有像法西斯和巴里国民阵线分子所鼓吹的那样就此偃旗息鼓。相反地，冬季行动一结束，全国从南到北的民族解放运动又“重获新生”。青年男女踊跃参加游击队，致使游击队不断扩编，从分队到旅再到师，甚至很快还组建了军。

冬季行动后我仍在青年旅，同时也与当地乡村的青年组织保持着接触。1944年2月的一天，我正在扎洛什涅村，这时有人通知我“尽快去莱什涅村的于力家中”。通知就这么简短，于是我立即出发，当晚就到达了莱什涅村。

卡赫莱曼·于力是贝拉特区委政委，这一地区还包括斯卡拉帕里、卢什涅和费里。我早在贝拉特时就认识他了，但共事时间并不长。后来在斯科拉帕里的乡村我们又多次相遇，因此相互有了更多的了解。他那时大约30岁左右，个子很高，很帅。他在法国读完了师范，投身反法西斯运动前还当过教师，在法国留学时他已成了共产党员，并用“布尔拉库”的化名领导阿尔巴尼亚解放运动。不仅是党员，所有老百姓，特别是斯科拉帕里的老百姓都对他爱戴尊敬有加。他的家是这一地区的名门望族，其父乃至整个于力家族都极受人敬重。

我同卡赫莱曼相交甚深，战后更是如此，直到1978年他去世。战后他曾一度从事外交工作，任驻法国大使，还担任过阿尔巴尼亚政府在海牙国际法庭关于科孚岛事件的代表。后来他又到教育部门工作，我们一起在教育文化部、党中央机关共事。他负责科学与高校部门，因为以前他担任过地拉那大学的校长。无论在何处工作，他都受到了干部和同事的喜爱，这是因为他博学，受过高等教育，礼貌待人，工作勤奋。他从来没有中断过同生养他的故乡，可亲的斯科拉帕里的联系。如今不仅是他的家乡，就是整个阿国也常常想起他。

就这样，在1944年2月底，我来到了莱什涅的于力家。在那我见到了卡赫莱曼·于力，还有以前曾碰到过的基尼·马尔科。如前所述，基尼曾为动员斯科拉帕里人民参战做出过很大贡献。他擅长宣传，同人们有着广泛的接触，很会与人相处。大家都很喜欢并尊敬他。

互致问候后，我们就开始讨论德国人行动后的斯科拉帕里局势，讨论在乡村重建民族解放阵线委员会，还谈到了党团组织的情况。我畅所欲言，主要讲了自己作为区团委书记所负责的青年工作。

帕那里特政治培训班

在会晤结束时，卡赫莱曼·于力和基尼·马尔科通知我说，为了提高干部的理论水平，党中央将在科尔察的帕那里特村组织了一个理论培训班，指定我也参加。他们征求我的意见，我欣然接受了这个决定，并表示随时都可前往参加。他们对我说，要即刻就去，同行的还有米切雷姆·富加和什普雷萨·霍查，他们也被确定参加那个培训班。

第二天，我们三个就朝着科尔察的帕那里特村出发了。那是个大村子，民族解放军总指挥部就驻扎在那里。我们朝村中的学校走去，培训班即将在那里举办。学校只有几间平房，中间是个窄厅，厅的后面有间小房子，厅的两边各有一个大房间。这肯定是学校当作教室用的。我们在其中一间摆放了学生课桌作为培训班的教室，另一间则用作宿舍。40名学员分别在两侧打地铺，每侧20人，每人一床薄薄的褥子和一条毯子。

两三天后，培训班所有成员都到齐了。这些党和青年团的主要干部来自吉诺卡斯特、科尔察、贝拉特和发罗拉，还有第一、四、五、六旅，这些部队都是在国家南部建立并开展活动的政治部的干部。地拉那和北部地区没有派人来，因为德国人仍在北部地区发动攻势，阻断了南北通道。

在帕那里特培训班我第一次结识了马努什·穆弗迪乌、阿迪尔·查尔查尼、哈奇·托斯卡、奈斯蒂·凯伦津、贝哈尔·什图拉、约瑟夫·帕什科、比尔比尔·克洛斯、齐赫尼·萨科、萨迪克·波恰伊、米哈尔·普里夫蒂、维托·康迪（卡博）等人。

当有人告诉我，来帕那里特的最后一组从发罗拉来的同志已经到了时，我急忙跑去打听拉米泽·杰布雷娅是否也在其中。我知道她当时是发罗拉区的青年团书记。尽管与马努什·穆弗迪乌并不太熟，我还是向他打听拉米泽是否也来帕那里特了，可他只是冷冷地甩给我一句："已经毙了！"

我正想问他这句话是什么意思，这时来了一个游击队员对穆弗迪乌说："马努什同志，总指挥找您有急事。"

他指的是恩维尔·霍查。那些天霍查也在帕那里特，他是从阿尔巴尼亚中部的切尔梅尼克地区突破德国人和巴里党人的包围来到这里的。

穆弗迪乌当即就走了，只剩下一头雾水的我！

我是1943年5月在贝拉特认识拉米泽的，她的母亲和兄弟们住在那里。她当时去贝拉特，因为要从那里转道去托莫里策的扎洛什涅，出席阿尔巴尼亚共产主义青年团代表大会。我是和她一起去的扎洛什涅，之后又一同回到贝拉特。她是一个非常活跃的女同志，聪明而又善于与人交流。我们彼此谈论了许多有关青年工作和其他各种问题。她告诉我，她将去发罗拉，共青团中央已经任命她为发罗拉地区团委书记。

一听说有同志要从发罗拉来帕那里特，我就抱着一种好奇心希望能见到拉米泽，了解发罗拉的青年工作情况，更想听听拉米泽对那个著名地区形势的看法。

马努什见完恩维尔后终于回来了。

一见到他，我就迫不及待地问道："求你了，告诉我拉米泽出什么事了？"

马努什仍然以上次的口气回答说："我们把她枪毙了！"

而后，马努什给我讲了拉米泽的事情。她后来加入了第五旅，有人指控她与一个游击队队员存在"恋爱关系"，游击队法庭据此枪毙了她。马努什（他当时是第五旅的副政委）说，恩维尔同志严厉地批评了他们这种行为，批评了他们第五旅所有党的干部，也批评了发罗拉区的人。

"我们犯了一个大错。是我们操之过急，是我们的思想封建、落后。"马努什用这句话结束了他的讲述。

我对拉米泽的遭遇感到十分难过，也为纳科感到遗憾。因为我知道他们相互之间感情深厚，并且已经订了婚。

培训班于1944年3月4日开学，3月20日结束，只办了两个星期。学习的主要内容是斯大林的《列宁主义问题》，围绕这本书搞了十个讲座。除此之外，还听了有关党和青年团组织的建设、游击队组织、与人民之间的联系以及国际政治形势等专题报告。

培训班的学习日程安排得非常紧凑。每天上午8点到10点听报告或讲座，其余时

间，除午餐和晚餐外，一直到晚上12点都安排了学习、研讨和辩论。我们是根据自己做的笔记进行讨论的。这些帕那里特培训班的原始笔记我一直保留至今。

所有讲座和报告都是由当时在帕那里特的党的领导干部们做的，其中有贝德里·斯巴秀、于迈尔·迪士尼查、利里·盖加、拉马丹·奇塔库、科奇·乔尔捷等。恩维尔·霍查在最后做了题为《民族解放战争——前景与任务》的报告。他在报告中对党的政策、未来的发展、游击队部队和党组织面临任务的阐述，比起培训班上的那些理论讲座，对我们所有人来说都更有价值。

帕那里特培训班使我们学到了一些理论。在那之前，几乎所有学员对共产主义的理论都了解得很少。特别是在战争时期，我们对此也不太重视，我们的注意力都集中在从法西斯侵略者手中解放祖国的民族大业上，就连那些在帕那里特培训班上做报告的人的理论水平也并不是都很出众（个别人例外）。作为党的组织书记的科奇·乔尔捷能给我们讲什么呢？他给我的印象更像个军需官，而不像是个党的主要领导人。他一次也没有同我们讨论过政治问题，相反，几乎每天，我们都看到他赶着牲口给学员运来食品。

“今儿我给你们搞来些面粉，熬糊糊喝吧。”

他边说边把面袋交给做稀面糊的专家米哈尔·普里夫蒂。

我们是满怀乐观主义精神离开帕那里特的。尽管德国人的冬季攻势使我们的游击队在许多地区，特别是在阿尔巴尼亚中部地区遭受了重大损失，但我们仍感到现在离阿尔巴尼亚解放的日子已经不远了。我们把这种精神带到了游击队的每个旅和每个地区。

在第七旅

培训班结业的前一天，我被叫到了总指挥部。我在那里见到了恩维尔·霍查、利里·盖加和拉马丹·奇塔库。他们向我了解了斯科拉帕里和贝拉特区的形势和那里党组织及青年团的活动情况之后，霍查对我说：“从今天起，你不要再去贝拉特区的基层工作了，到新成立的第七旅干吧。你将进入那个旅的政治部，同尼亚齐·戴米、米扎费尔·特雷贝希纳和米切雷姆·富加一起工作。仍旧做全旅的青年工作。”

当然我很愿意去部队，我在基层工作时共事的大多数同志都在那里，但我没说一句话，因为我的注意力全都集中在恩维尔·霍查身上。

那时我才知道，是恩维尔·霍查在领导着战斗。他不仅是共产党的总书记，而且还是民族解放军的总指挥。我记得很清楚，一次偶然的机会，在泽奇·阿果利家里，我同他见过面。那还是在我“上山”之前，当时我正在学校读书。那次只是见了一面，而现在我才知道他在斗争中的角色是领导人。

不仅是由于他的外表，更因为他的思想和思维方式，尤其是他给我们做的政治形势报告，都给我留下了一个“伟人”的印象。我觉得他对战士、对游击队员、对我们这些战斗中的年轻人既亲切又尊重。后来我有机会更好更直接地了解他，应该说，我对他的最初印象是不错的。他能力出众、出口成章、善解人意。他可以振奋你的乐观主义精神，加强你对人民战争事业和对国家未来的信心，他在整个领导集体中最为突出。这就是我所认识和看到的恩维尔。

第二天我就离开了帕那里特，前往斯科拉帕里。在乔罗沃德得知第七旅正朝什皮拉古地区开进。我同两个游击队员一起朝第七旅所在的方向出发，最后在什皮拉古的西涅村找到了部队。在那里，我见到了旅长基尼·马尔科和副政委阿迪尔·查尔查尼。我与基尼以前就认识，与阿迪尔是在帕那里特培训班认识的。他和M.富加提前离开了培训班，因为他们要出席1944年3月17日在斯科拉帕里的弗卢什村举行的第七旅成立仪式。

我就这样开始了生活中的另一个阶段——成了有组织的民族解放军部队里的一名游击队员。

第七旅开始只有三个营。一营是核心，由贝拉特区原“玛格丽塔·图图拉尼”青年营组成。这个营早在1943年8月就成立了，大部分战士都是贝拉特、费里、卢什涅和斯科拉帕里等城市的共青团员；二营主要是由从斯科拉帕里队伍中挑选出来的游击队员组成；三营是由吉诺卡斯特区和波尔梅特区来的游击队员组成。后来，第七旅的活动区域不断扩大，从南到北，从阿尔巴尼亚到南斯拉夫，同时吸收了许多青年男女。整个旅在原来的基础上又增加了第四营和第五营。

总司令部交给第七旅的任务是，保持对贝拉特城周围敌军的压制，最终解放该城市。为执行这一任务，我们把部队主力部署在贝拉特城周围，主要是纳西耶、库乔瓦、斯皮拉古以及贝拉特至帕拉斯普尔公路一带。从此，部队的有生力量不断地打击敌人。在很短的时间里，所有贝拉特周边地区就都掌握在游击队手里了，而德国人和巴里国民阵线分子则被困在了城内。他们屡次企图突围，想在斯科拉帕里或德罗博尼克地区恢复统治，都遭到了第七旅的阻击，激战之后不得不退回城里。在追击敌人的过程中，游击队员们常常一直深入到市郊，像高利策或者瓦克弗和波鲁瓦等地。

值得一提的是，第七旅参加了1944年5月举行波尔梅特会议时的残酷战斗以及后来德国人发动的6月攻势战斗。实际上，对第七旅来说，这两次战斗是连在一起的。当时第七旅和第十二旅的任务是保障波尔梅特会议的顺利召开，“不惜一切代价”阻止敌军突破贝拉特打进波尔梅特的企图，游击队员们光荣地完成了这一任务。德国人倚仗强大的装备企图打到波尔梅特，他们开着装甲车一次又一次地进攻，但是连帕拉斯普尔都没能通过，不得不原路返回，退进了贝拉特城。

打完这一仗还没有休整过来，第七旅又迎来了德国人和巴里国民阵线武装的联合进攻，这就是著名的6月攻势。我们和斯科拉帕里的游击队做了协调，沿奥苏姆河两岸继续战斗。第七旅在左岸，主要是在什科泽关和腾登曲比，而斯科拉帕里部在右岸，一直到乔洛沃德。游击队员们和老百姓在这场战斗中发扬了高度的勇于牺牲的精神。

第七旅，尽管也有不少伤亡，但越打越勇，同时队伍很快得到了补充，加入部队的是贝拉特周围的所有地区的志愿者。部队经过一段短暂时间的调整后发起了反攻，很快占领了城市周围的所有区域，并于1944年9月最终解放了贝拉特城。

在第七旅，我结识了许多游击队员和干部，后来我同他们一起继续参加了建设新阿尔巴尼亚的战斗。我同第七旅的副政委阿迪尔·查尔查尼是在帕那里特认识的，在战争期间副政委也负责党的工作，我作为第七旅的青年团负责人同阿迪尔保持着密切的联系。阿迪尔比我大五岁，他是一个十分镇静的人，待人谦虚热情。到部队之前，他曾在地拉那工作，也是在那里读完了中学。解放后，他一直在经济部门工作，任过副部长、部长、副总理。穆罕默德·谢胡自杀后，从1981年到开始实行多元化的1990年，他一直任总理。我们之间的关系直到最后都非常好。他于1998年去世。

第七旅的旅长是基尼·马尔科，政委是卡德利·霍查。二人在解放后都因“反对党的路线”的错误立场受到党的惩处。对卡德利·霍查我几乎不了解，但关于基尼，我相信他的过错没有大到必须被关押和长期流放的严重地步。在阿尔巴尼亚解放后的整个时期，他几乎一直被流放。如我以前所讲，他是1943年秋“贝拉特妥协事件”的责任人，从那时起，他就一直受到严厉批评。尽管如此，后来他还是被任命为第七旅的旅长，甚至是在南斯拉夫作战的第六师的师长。

解放后，基尼被派往莫斯科留学，并毕业于沃罗什洛夫军事学院。回国后，他在国防部和内务部担任重要职务。尽管他是最早的一批共产党员，也是资格最老的党的干部，但却没能进入党的最高领导机构，他对此感到不满，也因此时不时地对党的路线发表一些不满和批评意见。但如我所说，我坚信他的这些立场和不满远不至于让他受那么严厉的惩罚。

在来第七旅之前，卡德利·霍查曾是切尔曼尼科地区战斗的主要领导人之一。他在第七旅待的时间很短，可能不到一个月，因为波尔梅特会议之后，他被任命为民族解放军派驻意大利巴里盟军总指挥部的代表成员。我不清楚那里发生了什么，也不清楚他所谓的“反党立场”，但我知道阿国一解放，他就受到了处分，被关进了监狱，后与全家一起被流放。

各级干部遭受惩处，往往被认为是阶级斗争的继续。可以毫不夸张地说，在大多数情况下，针对犯错的、被认为是反党的共产党员进行的阶级斗争，往往比对原巴里国民阵线分子或国内反对共产党的反动代表进行的斗争更严厉。共产党员被严惩后又被平反，其家人能像自由人一样被对待的例子少之又少，而对原巴里国民阵线分子或国内反动派的家人，情形却正好相反。“同一体制内的斗争往往更残酷”，这种说法看来有它正确的一面。有关阶级斗争问题，我会在本书中更多地谈及。

我不想描述战争发展的各个方面。但尽管敌人的压力和恐怖与日俱增，特别是在德国占领阿国之后，来自各个城市尤其是来自农村的人们投身战斗的现象越来越多，这是最重要的。对此我只需提一下德军1944年发起的6月攻势，它比德军的冬季行动更残酷，组织得更好，但依然遭到了游击队武装和平民百姓的顽强抵抗。这也标志着对侵略者及其合作者大反攻的开端。事实上，在6月攻势之后解放全国的最后总攻就开始了。在扫清了南方地区后，游击队集中了大部分力量向北方进军。民族解放军很快开始解放一个接一个地区，甚至包括城市，特别是在阿尔巴尼亚的南方。很明显，离祖国解放的日子不远了。

在国际范围内，法西斯正在走向灭亡。苏联红军将希特勒的军队从自己的家园赶了出去，并正在为解放东欧和法西斯占领的其他地区进行战斗。英美联军部队已经打到意大利，准备向纳粹发动最后的进攻，这一进攻始于在法国北部诺曼底开辟的第二战线。与此同时，在阿尔巴尼亚边界，在南斯拉夫和希腊的反法西斯抵抗运动，也取得了巨大进展，已处于最后阶段，这两个邻国的彻底解放指日可待。

波尔梅特会议和海尔默斯青年团会议

上述国际环境以及我们在战斗中取得的胜利十分有利于阿尔巴尼亚民族解放战争的发展。现在可以为未来政权的建设迈出必要的步伐了。为此，反法西斯民族解放大会于1944年5月在已获解放的波尔梅特城召开了。大会为新生的阿尔巴尼亚奠定了基础。阿尔巴尼亚所有地区的民族解放委员会选出的代表和游击队部队的代表出席了大会。会议选举出反法西斯民族解放委员会和以恩维尔·霍查为总理的临时政府。

作为基本政策，大会做出如下决定：

——根据人民的意愿建设人民民主的新阿尔巴尼亚；

——禁止原国王索古返回阿尔巴尼亚；

——废除索古政府同外国签署的违背阿尔巴尼亚人民利益的所有政治和经济条约；

——不承认任何可能在国内或国外成立的其他政府；

——继续同德国侵略者和阿尔巴尼亚的叛徒进行战斗，直到国家完全解放。

波尔梅特会议为阿尔巴尼亚人民进一步团结在民主阵线周围起到了新的重要作用，其结果体现在大批新的反法西斯志愿者加入了游击队。

三个月后的1944年8月8日，阿尔巴尼亚反法西斯青年联盟组织也在斯科拉帕里的海尔默斯召开了首届代表大会。我同第七旅选出的青年代表一起出席了这次会议。

1941年11月成立的共产主义青年团组织在组织和动员青年参加祖国解放战斗的工作中起了决定性的作用。在那之后，在全国范围内掀起了建立反法西斯青年组织的浪潮，全国的青年男女都参与了进来。共产主义青年团领导机构同时也担负着领导反法西斯青年组织的工作。这两个组织一直活动到1949年，这一年，两个组织合并成立了阿尔巴尼亚劳动青年联盟。

海尔默斯会议共有285名代表出席，其中有85名女青年。我强调这一点，是因为在当时，特别是在战争条件下有如此多的女青年出席大会，是一件具有重要意义的事情。它表明了参加民族解放运动的广泛性，另外也代表了一种思想的解放，它打破了阿尔巴尼亚家庭的封建意识。大会的代表来自民族解放军的所有部队，来自阿尔巴尼亚的所有地区，包括已经解放的和尚未解放的地区。只有斯库台、库克斯和其他几个北方地区的代表由于外国侵略者的封锁，以及当地反动派的猖狂活动，没能来到海尔默斯。

恩维尔·霍查出席了海尔默斯会议并致词。这次大会的召开对团结所有阿尔巴尼亚青年，并将他们在战争最后阶段全部动员起来起到了巨大作用。考虑到国家即将解放，大会还确定了青年们在战后应立即采取的两项重大行动。这就是：

——组建志愿旅，重建家园和重修被战争破坏的公路；

——鉴于当时90%的民众是文盲，开展大范围的扫盲运动。

大会选举出由九人组成的阿尔巴尼亚反法西斯青年联盟书记处。纳科·斯皮鲁当选为青年联盟主席，我被选为青年联盟书记处成员，负责游击队第二师政治部的青年工作。第二师下属有第六旅、第七旅和当时刚刚成立的第二十二旅，这个师在大会召开期间开进了阿尔巴尼亚的北部地区。

大会结束后，在海尔默斯村又召开了共青团中央委员会会议。中央委员会由七人组成，我也是委员之一。政治书记是纳科·斯皮鲁。我刚刚提到过，他在海尔默斯会议上已当选阿尔巴尼亚反法西斯青年联盟主席。这次会议讨论了当时先进青年组织面临的各项任务，即贯彻落实阿尔巴尼亚反法西斯青年联盟大会的决定以及尽快解放整个国家的前景等问题。党的领导人恩维尔·霍查出席了这次共青团中央委员会会议。

在出席了这些会议之后，我同另外三名共青团中央委员会的同志（奈吉米耶·朱格利尼·霍查、拉马丹·詹戈利和尼科·奥帕利，他们同时也都是阿尔巴尼亚反法西斯青年联盟书记处成员）离开海尔默斯向北方出发。一路上，我们穿过了托莫里策、格拉姆什的村庄，经过了什帕特的吉那尔和波利斯，渡过了什库比河，来到了拉比诺特村。在那里，我们遇见了第六旅的游击队和第二师的指挥部。我留在了第六旅，其他同志则继续赶路，准备与地拉那、爱尔巴桑和迪布拉区的青年组织取得联系。我们约好于1944年的10月2日在地拉那的普利斯克村会面，在那里召开阿尔巴尼亚中部和北部地区青年会议。会议的目的是向这些组织详细介绍海尔默斯大会的决定，因为前面提到过，北方几个地区的代表没能出席海尔默斯大会。另外，我们还准备向他们布置基于当前面临的困难，特别是北方地区所面临的困难条件下，战争最后阶段的任务。

众所周知，由于地方反动武装势力强大，阿尔巴尼亚北方的民族解放运动范围并不广泛，没有出现像南方那样的发展势头。尽管如此，在斯库台、特洛波亚，当然还有一直被包围着的英雄城佩扎，党组织和青年组织一刻也没有停止过工作，游击队也没有停止过战斗。迪布拉、马提和库克斯地区的军民也发扬了英勇斗争精神和爱国主义热情。波尔梅特会议之后，总指挥部决定将第一师（由一、四、五旅组成）和第二师（由六、七、二十二旅组成）派到北方，目的是不仅要加快这些地区的解放进程，而且要粉碎国内外反动派的另一个图谋，即以其占据的北方地区为基地，反攻波尔梅特会议选举出的政府。

事实上，巴里党徒、索古党派以及百旗党徒等反动派为达到他们的目的，在战争的最后阶段已完全公开了与德国人的合作，他们还得到了一些英国军人（朱利安·埃默里、麦克莱恩和大卫·斯迈利）的援助。英国人希望他们成为计划中的由地方武装首领、巴里党徒和索古党派组成的政府的后备力量，他们（英国人）盘算着，即便那个可能成立的政府不被认可为全国性的政府，也可作为妥协的筹码强迫成立一个“民族团结政府”。在他们看来，这个政府应由两部分人组成，一部分来自占领着阿尔巴尼亚南方的民族解放运动，另一部分来自占领着阿北方的巴里党徒、索古党派和地方武装。这些计划出自我上面提到的英国军人的笔下。

美国人贝恩德·J.费舍尔所著《1939~1945年战争期间的阿尔巴尼亚》一书中也清楚地记录了他们的计划。这里，我将抄录其中276至277页上的一段。他写道：

关于至少要将索古党人塞进米特罗维查政府的建议，开始是摄政王安东·哈拉皮和迈赫第·弗拉舍利于1944年4月提出的。当时已经很清楚，只将巴里国民阵线（巴里党徒）塞进政府并不足以稳定局势。自2月开始，游击队的力量在不断上升，而巴里国民阵线则因明显的通敌行为在走向灭亡。……在一次由迈赫第·弗拉舍利、莱弗·诺西、米特哈特·弗拉舍利、A.库皮、马尔卡·焦尼和迪布拉的地方武装首领菲奇里·迪奈出席的会晤中，曾商议由菲奇里·迪奈取代米特罗维查。迪奈是索古党人并取得了库皮的信任，这样由迪奈出任总理，就可联合那些反共派别和反共军事力量，就可联合巴里国民阵线的军队及其残余力量，库皮的合法党，那些像克鲁雅一样与意大利人合作过、又自称为民族独立党的阿尔巴尼亚人，以及迪布拉的索古民族分子。

众所周知，这些民族解放运动反对派们的计划失败了。游击队和民族解放阵线以令人信服的工作使北方各区的人民大众没有受反动派恶毒的欺骗。他们同民族解放阵线团结在一起，参加了从外国侵略者手中最终解放阿尔巴尼亚的战斗。

1944年10月初，我们阿尔巴尼亚反法西斯青年联盟书记处成员如期在普利斯克村召开了会议，到会的还有阿尔巴尼亚北部和中部地区的青年团组织代表。

我们在普利斯克村待了三天，见到了许多老伙伴，还有旧时的同学，有的还在反动派统治的地拉那城里艰苦地开展过工作。他们给我们讲起了二月四日事件、德国人和巴里党人的屠杀、青年人的顽强抵抗活动等等；从斯库台和迪布拉来的同志们给我们谈了他们那里青年组织的情况。而我们则向他们介绍了海尔默斯会议情况，详细讲解了目前的任务，同时也告知他们，战争马上就要结束了，祖国解放的日子已为期不远了。

同塞米拉米斯相识及在一起的日子

普利斯克会议给我留下珍贵的回忆。在那里我第一次遇见了我生命中的伴侣——塞米拉米斯，她当时是作为共青团爱尔巴桑地区的积极分子参会的。她在普利斯克的一颦一笑、一举一动，至今我都历历在目。她梳了辫子，但不是很长，看上去是那么娇小、温柔，总是面带微笑。塞米拉米斯那时才刚满16岁，我俩对彼此都产生了好感。

我从未写过我的家庭。也许在过去，像这样的琐事显得很多余。政治、意识形态、关注主要问题、为人民利益、为社会主义做斗争似乎使得私人生活问题只能退居二线，但现实并非如此。在社会主义时期，家庭总体上是一个受尊敬的单位，它的顺利运转在促进社会发展和政治联合方面占据着举足轻重的地位。

我十分有幸能与塞米拉米斯共结连理，一起建立了一个从任何角度来看都是模范型的家庭。我之前提到过，第一次认识塞米拉米斯是在普利斯克。但我后来转到了在科索沃和桑扎克的第五师，再度见到彼此已是将近六个月之后了。再后来我们经常见面，成了要好的朋友。那些年里，我在共青团中央工作，而塞米拉米斯一直念书直至中学毕业。

高中毕业后，她去莫斯科读化学专业。在此之前，我们时常见面、聊天，彼此都有了好感，但还没有“正式”走到一起。

1950年，塞米拉米斯回阿尔巴尼亚度暑假，我们之间的友谊得到了进一步加深，我们决定共度一生。一天，我俩手拉着手去往地拉那市政厅，在两位朋友的见证下，在我们的结婚证上签了名。我们没有举行婚礼或任何仪式，只是将决定告知了父母。他们则用土耳其软糖和甜点招待了我们。

塞米拉米斯与身边朋友们的交往十分得体，也十分尊重与她共事的人。塞米拉米斯的教养不仅源于她的文化底蕴，还源于她的家庭教给她的东西。这归功于她的父母，尤其是她的父亲，亚历山大·朱万尼教授。

这位著名的爱国人士及科学家在各个领域的作为都得到了大家的赞许，尤其是他对阿尔巴尼亚语所做的贡献。我有幸近距离了解他作为一个普通人，一位父亲，一个寻常市民的样子。朱万尼教授以做事稳妥著称，不仅尊重每一个交谈对象，也关心每一个与他共事的人。他在生命的每一刻都与他的“职业”——语言学家联系在一起，然而他也是一个伟大的爱国者，一个为阿尔巴尼亚的自由与独立而战斗的战士，这种精神在他早年国家还未能实现独立的时候就有所体现，这种精神在反法西斯战争期间也体现了出来，并且在反法西斯战争胜利之后毫无减弱。他将爱国情操和反法西斯精神同样传递给了他的孩子们。他的大儿子托勒密就是在民族解放战争中牺牲的。亚历山大·朱万尼在其有生之年，为祖国阿尔巴尼亚的全面进步，尤其是民族教育和文化方面的发展不遗余力地奋斗着。

那时我和塞米拉米斯正沐浴在爱河中。9月的时候，我们在波格拉德茨湖畔度过了难忘的几天。美好的时光匆匆而过，我们分别的时刻又来临了，因为塞米拉米斯将动身去莫斯科继续求学。不过那几天也有一段令人高兴的插曲。党决定于1950年10月份派我参加将在波兰召开的世界和平大会，以及将在维也纳召开的世界（民主）青年联盟理事会会议。当时出国很困难，只能坐轮船，从都拉斯到罗马尼亚的康斯坦察，然后再到俄罗斯的奥德萨，但轮船因故延误了，这反倒促成了一段“令人高兴的插曲”。我和塞米拉米斯以及一大群学生坐上了同一艘从都拉斯开往康斯坦察的轮船，那是一艘十分豪华的罗马尼亚轮船。我和塞米拉米斯在一间十分舒适的船舱里共度了难忘的六天。之后塞米拉米斯坐着那条船一直到达了奥德萨。那次旅行对我们这对新婚夫妇来说就如“蜜月”一般。

一年后的1951年的秋天，我和塞米拉米斯又重逢了，这次我也是去莫斯科留学。就这样，我们一起在苏联首都学习，只是分开居住。我住在学校宿舍，而在化学研究所学习的塞米拉米斯，住在研究所的宿舍里。尽管如此，我们经常见面，偶尔还违反了宿舍规章！

我十分怀念那些时光。从经济角度来说，我当时是最“阔绰”的，因为我那时的奖学金有1800卢布，而包括塞米拉米斯在内的大学生的奖学金，只有350卢布。因此我们有机会参加不同的艺术文化活动，在莫斯科，这类活动数不胜数。我们常去“大剧院”欣赏著名的经典歌剧和芭蕾舞表演，也去参观展览和博物馆等。

日子就这样一天一天地过去，直到1953年7月。那时塞米拉米斯出色地完成了学业，回到了阿尔巴尼亚。最初，她以化学家的身份在刚刚建成的“斯大林”联合纺织厂的实验室工作。之后，地拉那国立大学成立，她就到自然科学学院的化学系做老师，在那里一直工作到她的生命末年。她继承了教师世家的传统，以她的父亲亚历山大·朱万尼教授为榜样。

我于一年后的1954年7月完成学业。从那时起，我们开始共同筑造我们的家庭生活。与塞米拉米斯在一起的那些年是我这一生中最幸福最快乐的时光。我心中的塞米拉米斯，永远是乐观的、可亲的。她举止得体，待人有道，工作执着，生活简朴。她见多识广，深受同事和学生们的尊敬和爱戴。

35年来，我同塞米拉米斯一起养育了我们的孩子扎娜、贝萨和阿尔本，他们现在都已各自成家。我以我的孩子们为傲，为他们的言行、正直、教养和工作热情，也为他们广受尊敬而骄傲。我想强调指出的是，教育孩子，使他们拥有健康品质的主要功劳，应归功于他们的母亲塞米拉米斯。

我与塞米拉米斯同甘共苦，一起分担家庭烦恼，一起关心国家大事。她用宽广的胸怀，以一种特殊的沉痛承受着国家所经历的各种各样的困难、外患和内忧。折磨塞米拉米斯的致命疾病在1986年3月12日过早地夺走了她的生命，那时她年仅58岁。

失去塞米拉米斯对我来说是一个巨大损失，甚至可以说是一场特殊灾难，因为在我比任何时候都更需要她时，她却离开了我。幸亏儿女、同事的关心和照顾以及事关国家兴亡的责任，让我保持了一个积极的心态并有勇气面对那些艰难时期出现的巨大困难。

塞米拉米斯去世的时候还很年轻，但她身后的一切应该可以让她安息：家庭、子孙，以及一个更广泛的规划——国家。她不用经历那些恶劣的时候：政权倒台、对过去和当前代表性人物的全面复仇。她也不用像我一样遭受贝里沙专制政权的监禁或全面迫害，包括对我家人的迫害。我能想象，以塞米拉米斯的性格，她如遭遇这些行为该是多么的痛苦和挣扎。

23年过去了，但我对塞米拉米斯的爱和记忆永远如新。

与第二师的游击队员们在一起

普利斯克会议结束之后，我出发去马蒂——第二师军队驻扎的地方，在那里我第一次与政治部的同志见面。我结识了约瑟夫·帕什科，他在解放后很长一段时间里担任建设部部长，也认识了齐赫尼·萨科。他是作家，一个彬彬有礼、待人和蔼的人。还结识了比尔比尔·克洛斯，他曾是司法部部长。会议决定我随第二十二旅，就这样，我和该旅的游击队员们挺进到卢勒地区，后又进入了米尔迪塔。有个事件深深地印在我的脑中，它反映了反游击队的反动宣传是多么的疯狂。

1944年10月底，我和第二十二旅的战士们进入杰江村时，天已经黑了。根据当时的规定，村委会把游击队员安排在村民家中过夜。次日清晨，我们起床后召集大家在村中心集合，却发现除了一个老人外，其他一个村民都没有。我们问他其他村民去哪儿了。他回答道："所有人，男人，女人和孩子们都逃进树林子里了。"

"为什么呢？"我们又问。

"神父昨晚来了，"他回答说，"并且告诉村民尽早离开，否则第二天一早游击队员就会像斩马一样对待所有人，无论老少。"

真是难以置信！我们抬头望去，只见人群正往通向山里的路上移动。于是我们派女游击队员去和他们谈话，说服他们回到自己的家中，因为什么事都不会发生。没过多久，所有人都回家了。

你们看看，敌视民族解放的反动势力是用怎样的“论据”来反对民族解放阵线和游击队武装的。反动势力企图利用村民的单纯使他们与争取自由的战士为敌，也利用神父与阿訇来欺骗信徒。

在米尔迪塔和普卡地区完全解放之后，我们往斯库台进发。第六旅越过费尔泽附近的德林河，穿过莱克比巴伊，之后进入了杜卡季尼，并从那里冲进了上斯库台地区，而第二十二旅和第七旅则朝着斯库台方向挺进。

斯库台城于1944年11月29日从法西斯统治下解放了出来，这也标志着整个阿尔巴尼亚获得了解放。

我对那天记忆犹新。一天前，也就是11月28日，游击队开始了解放斯库台的最后一击。11月29日早晨，为了阻止游击队前进并确保自己的撤退，德军炸毁了巴察勒库大桥和布纳大桥。尽管如此，取道汉尼霍特的德国军队以及那些途经穆里恰尼的德军，在科普利克地区还是遭到了从杜卡季尼南下的第六旅的打击，而在穆里恰尼地区则受到了跨过布纳河紧追侵略者的第二十二旅的打击。

我们同第七旅以及斯库台区佩尔拉特·莱杰普营的游击队员们，还有这些军队的指挥官们，如基尼·马尔科、萨迪克·贝克特希、恰齐姆·卡比西茨等人，于11月29日中午时分冲下斯库台。民众走上街头以掌声迎接游击队员，每一个斯库台家庭都向游击队员敞开家门。全城一片节日般的欢腾，大家载歌载舞，彻夜难眠。

对所有人来说，那都是难忘的一天。斯库台的解放意味着全阿尔巴尼亚的解放，民族解放战争终于取得了全面胜利，是千千万万战士的鲜血、不计其数的阿尔巴尼亚人民的牺牲铸就了今天的胜利。1939年4月，在亚德里亚海沿岸，无数百姓为了反抗意大利侵略者而流血牺牲，那些倒在城市街道上的勇士为我们树立了战士们永不屈服的光辉形象，那些无所畏惧的城乡市民们与他们收留的战士一起，在遇害或被烧死前高喊“打倒法西斯，自由属于人民”；千百个游击队员们心怀对独立自由的阿尔巴尼亚、对人民的阿尔巴尼火一般的热爱从容就义。民族解放战争是我们历史上唯一以自由与独立获胜的战争。

阿尔巴尼亚人民历史上最伟大的战争

一位记者曾问我："当阿尔巴尼亚政权更迭、人们对民族解放战争出现许多批评的声音，说那是一场'内战''手足相残''民族分裂的源头'，甚至有人说那是一场不必要的战争的时候，为什么您却以如此大的热情讲述这场战争？"

我谈论民族解放战争时的热情，就像所有这个国家的爱国者说起或应该说起这场战争时拥有的热情一样，都与一个事实有关：不仅是我个人认为，事实也证明，民族解放战争是阿尔巴尼亚人民打过的最伟大的战争，尽管阿尔巴尼亚人民在历史上经历了许许多多的战争，而民族解放战争，不仅在规模上，而且从其激发的进步思想，特别是从战争结果来说都是最伟大的。民族解放战争使阿尔巴尼亚与胜利者，与由英、苏、美联军为首的反法西斯大联盟联系在了一起。在民族解放战争中，除了强大的联军，我国人民在打倒人类最危险的敌人——法西斯的战斗中也做出了贡献。不仅如此，通过这场战争，阿尔巴尼亚的独立与领土完整才得以确保，而阿也得以免受塞尔维亚和希腊可能的觊觎。

虽然距离当时已经过去了60年，如今在"彻底铲除共产主义"的口号下，一些来自萨利·贝里沙一党的人以及巴里国民阵线和合法派的复古者们，他们试图竭力否认人民战争，以期修正历史、颠倒是非。他们诋毁民族解放战争，称其为犯罪，因为民族解放战争不仅向外国侵略者开战，还向巴里国民阵线和合法派们开战，所以他们想从人民的良知中铲除对一段宏伟史诗的记忆，想败坏史诗中人物与英雄的名声。阿尔巴尼亚人民与英、苏、美联军结盟，并同南斯拉夫、希腊游击队员联手合作共同反抗法西斯的侵略，是这部史诗最伟大的篇章，但这却被他们看作是耻辱和悲剧，甚至是叛国。

东欧其他许多国家都曾试图重新评价过去，但没有一个国家像阿尔巴尼亚这么费心用力的。在布达佩斯发生的一件事，至今仍深深留在我的记忆中。1991年秋天，我以共和国总统的身份正式访问那里。在日程安排的自由活动时间里，他们安排我去参观纪念苏联红军的大纪念碑。想到当时我国连纪念游击战士的纪念碑或石牌都正在被铲除，于是我就问陪同的匈牙利外长叶森斯基先生：“那个纪念碑怎么能安然无恙地被保留下来？”

“前段时间，这对于我们来说的确是个问题，”叶森斯基说，“但是经过与知识分子展开一次讨论后，这个问题就解决了。我们决定只对之前纪念苏军的碑文进行更改。从现在开始它叫‘解放者纪念碑’，每个人都可以自由猜测它：匈牙利解放者、苏联解放者？或者它仅仅只是一个象征而已。”

“这如果是在阿尔巴尼亚，”我对随行的内里坦·切卡和伊斯玛伊尔·列什说，“纪念碑一定早被推倒了。”

不仅在匈牙利，在世界反法西斯联盟中的任何一个其他国家，都没有发生过亵渎为自由而战的烈士纪念碑抑或烈士陵墓的事情，也没有哪个国家铲掉烈士纪念石碑，或者一些以烈士命名的机构、学校被迫改名。曾经发生过游击队员在个别情况下杀死过无辜百姓（的确有这种情况，比如著名的卢什涅事件，第一旅枪杀了几个无辜村民），但即便如此，也不能抹黑整个民族解放战争，起诉战时杰出的指挥官为凶手。不能像萨利·贝里沙政府对待人民英雄谢夫切特·佩奇那样，因政治目的以莫须有的指控将其逮捕入狱，最终使之死在“民主多元化”的牢房里。这样的践踏和冒犯没有在任何其他国家发生过。

两个日本城市超过20万无辜平民，包括妇女、儿童和老人被杀害。1991年12月，在美国总统即将访问日本之际，有人向美国总统提议说，如果美国就对日投放原子弹事件请求日本人民原谅将是一个友好举动，因为投在日本的原子弹不仅造成无数人丧生，而且在此后几代日本人的心中都留下了恐怖的回忆。乔治·布什毫不犹豫地回答道：“只要我还是美国总统，就绝无可能！核弹的使用加快了战争的结束，我们拯救了几千名美国士兵的生命。”

我们有些人认为把过去抹得越黑，今天的阿尔巴尼亚就会显得越“民主”，甚至有人离谱地说：“当年意大利投降之后，如果我们的人民没有参加反对德国纳粹的战争，结果可能会更好。”按照他们的逻辑，德国人会自己离开这里，因为他们只是“为了确保在希腊的军队撤军”才踏上了阿尔巴尼亚的领土，这不是个新说法。纳粹德国也曾竭力希望阿国人民放弃战争，称“阿尔巴尼亚只是途经而已”。德国人的这个说法得到了他们的合作者，今天巴里国民阵线分子的前辈们的支持。我在参加穆克耶会议时也曾说起过这个问题。

我要强调的是，意大利法西斯投降后，纳粹德国来到阿尔巴尼亚的目的就是为了取代意大利法西斯的位置，这一点无需证实。阿尔巴尼亚对德国来说具有重要的战略意义，不仅事关德国撤军，而且德国也害怕联军可能从阿尔巴尼亚海岸登陆。德军需要一个平静的阿尔巴尼亚，甚至在与英美联军的战斗中，他们希望阿尔巴尼亚人能“帮助”他们。

谁能忘记德国纳粹占领阿国时期，为了使我国屈服，他们烧毁村庄和城市，破坏海港、桥梁、矿山和工厂，屠杀几千名游击队员和手无寸铁的市民？阿尔巴尼亚在德国近一年半的占领时间里所遭受的人力与物力损害，比在意大利四年半占领时期中所受损害都要大得多。

如果接受纳粹和巴里国民阵线分子认为的“德军不是侵略者”而只是“借道而过的军队”的说法，那对阿尔巴尼亚人民来说将是致命的。在那些艰难时期，摆在面前的问题是，我们要么和反法西斯联盟联合，加入对轴心国意大利与德国的战争，要么同法西斯军队一起，参加他们掠夺他人的战争。也就是说，我们必须做出与胜利者联手或者与失败者为友的选择。大西洋公约就提出过这个问题。

如果接受纳粹和巴里国民阵线分子的观点，那就意味着为阿尔巴尼亚作为一个自由独立的国家在政治版图上的消失开辟了道路。阿尔巴尼亚将被南斯拉夫和希腊瓜分，因为他们是胜利的一方，是英、苏、美联盟的成员。我国选择了正确的盟友，进行了反法西斯战争，粉碎了敌人企图阻止新阿尔巴尼亚独立的阴谋。他们在战后千方百计地试图将我们排挤出国际社会，这样的例子，如巴黎和会时期，当时希腊的总理卡尔达利斯提出了“北伊庇鲁斯”问题以及该地区与希腊合并的问题，又比如阿尔巴尼亚被推迟加入联合国等。

巴里国民阵线以及合法派不断否认或扭曲民族解放战争的目的，是为了掩盖他们曾与德军沆瀣一气的事实。他们还有人曾写道：所谓“合作”，更多的是为了保护自己免受民族解放运动对自己表现出的敌意和伤害，而不是协助纳粹统治者。真是荒谬之极！真相恰恰相反。

我上面提过，巴里国民阵线从建立之初就反对民族解放运动，其主要口号是“时机未到”，也就是希望不要组织争取祖国解放的反侵略战斗，或者“保护青年远离战争，因为他们是祖国的未来”？

巴里国民阵线不仅反对战争，而且在意大利占领阿尔巴尼亚时期，他们就选择站在意大利侵略者一边，在德军进入阿尔巴尼亚后，他们与德国侵略者的勾结更加紧密。档案中有许多文件表明，巴里国民阵线与合法派和意大利及德国侵略者的勾结并不是由共产党捏造出来的，而是一个不可否认的事实。以下是我从几位与共产党没有任何关系的作家的书中摘取的一些描述。

战时，曾在阿尔巴尼亚担任军事指挥官的英国将军戴维斯在他的回忆录中写道：“在阿民族解放战争所有的战斗中，与游击队员交战的都是全副武装的德国–巴里国民阵线的混合部队。”

罗伯特·希尔伯特，另一个战时也在阿尔巴尼亚的英国人，他在1991年出版的《阿尔巴尼亚民族解放战争》一书中写道：“巴里国民阵线的民族主义者们完全失去了机会，因为他们根本没有反抗德军，甚至在最后时刻，他们保留力量也只是为了对付游击队员。这对于他们来说是一个错误的、悲哀的，甚至是致命的误判。他们犯这样的错误，唯一的解释就是他们在民族大义方面极度盲目、毫无意识。恩维尔·霍查及他的同事们从骨子里也是民族主义者，但他们从不怀疑：只有靠武装斗争才能获取他们希望的东西。他们从没准备与德军妥协，也不准备与之后的任何其他人妥协，阿尔巴尼亚近40年的历史证明了这一点。”

美国人贝恩德·J.费舍尔在他的著作《1939~1945年战争期间的阿尔巴尼亚》的251页中写道：“赫尔曼·诺伊巴赫（作者注：里宾特洛甫巴尔干特派代表）在他的书中证实巴里国民阵线没有抵抗德军。施利普（作者注：德国驻阿总领事）也同意这一点，施利普曾得到米德哈特·弗拉舍里（巴里国民阵线领导人之一）的承诺，即不论巴里国民阵线如何宣称在意大利占领期间会抵抗轴心国军队，实际上他们不会与德军为敌。”

在书中第252~253页，贝恩德·费舍尔写道：“在此时期（作者注：1943年10月），巴里国民阵线的绝大多数成员已完全沦为意大利军队的同谋。起初为了防止被报复，巴里国民阵线部队向德军通报民族解放军的行踪，后来他们从德军那里获取资金，以便有能力从通敌政府和德军方面购买武器，很快他们就以这两方面的名义掌控了国内各地。1944年2月初，英国官员报告说游击队员很难再进攻德军，因为德军常有巴里国民阵线的掩护，而巴里国民阵线的军队正与游击队员交战频繁——显然，他们已成为德军的常规组成部分。”

从以上可以清楚地看到，巴里国民阵线走的是与占领军合作的道路。他们抹黑民族解放战争，说其是“内战”、是“手足相残”，这种说法在事实面前不攻自破。绝对没有！在阿尔巴尼亚既没有发生“内战”，也没有“手足相残”，阿尔巴尼亚人民进行的是抵御外敌的斗争。巴里国民阵线和法西斯民兵从未像阿尔巴尼亚人民那样战斗，他们像侵略者的走狗、和那些与外国侵略者狼狈为奸的人一样。这不仅发生在阿尔巴尼亚，被法西斯占领的国家里都曾出现一些个人或者组织与侵略者勾结的事情。这些国家的反法西斯战士，在反抗侵略者的同时，也必须与侵略者的走狗做斗争。但是，在任何一个国家，无论是南斯拉夫、意大利或法国，还是挪威或者波兰，都没有将这个事实说成是内战或手足相残。

谢夫切特·维尔拉齐、马里奇·布沙蒂、穆斯塔法·克鲁亚、阿里·克尔曲拉、安东·哈拉普和乔恩·马尔卡·乔尼等人遭到指责与惩罚，不是因为他们反对共产党，而是因为他们出卖祖国，与外国侵略者——法西斯意大利和纳粹德国——相勾结，他们扮演的角色与挪威臭名昭著的吉斯林、法国的贝当、捷克斯洛伐克的哈沙以及南斯拉夫的米哈伊洛维奇等人一样。任何国家的人都不会称这些人为爱国者。那些杀害追求妇女解放的米尔迪塔地区少女们的人，或者像哈米特·马提阿尼及其他类似的叛国者，他们受外国侵略者指使而组织谋杀人民、烧毁村庄，这些人除了被称作罪犯、侵略者的走狗之外，别无他名。

第五师政委

斯库台解放后，我与那儿的共青团负责同志取得了联系。自从离开海尔默斯，亦即共青团中央会议结束之后，我除了负责第二师的青年工作并担任第二师的政治部成员外，还要以共青团中央委员和阿尔巴尼亚反法西斯青年联盟书记处成员的身份，与斯库台地区的青年委员会保持接触沟通。

我还记得斯库台青年委员会开会的情景。与会者中，米尔卡·塞勒尼茨被任命为团区委书记，居泽拉·雅科芙也被任命为团区委书记。她俩都来自解放斯库台的游击旅。此外，我还清楚地记得在斯库台很出名的巴赫利·扎比亚同志以及弗拉诺·雅科瓦同志。

会议因为时不时被打断而开了很长时间。每过10到15分钟，巴赫利或者弗拉诺就会请求休息五分钟。一开始我不明白他们的“阴谋”，但后来当他们回来时就明白了。他们有时带着一盘馅饼，有时带一托盘的甜点回来。那些天，除了庆祝解放，斯库台的穆斯林也在庆祝开斋节。我们在这个“甜蜜”的会议上讨论了当时面临的任务、重组青年团的必要性，以及落实在海尔默斯会议上提出的国家重建时青年应发挥的作用。

我在斯库台没待多长时间。12月3日，我们师所属的第三军团司令部通知我，根据地拉那指示，我应该立即出发并“尽早”赶到总司令部报到。这个“尽早”是相对而言的，因为当时所有连接斯库台与地拉那的桥都被德军炸毁了，因此车辆无法通过，我们只能步行前往。我们从斯库台出发的一行人有20至25人，大家来自不同的部门。

我还记得，在布沙蒂附近的一次短暂休息时，一位年长的游击队员对我们说：“哦！同志们，整个战争都是在指挥官和政委的带领下进行的。我们现在这么无组织的前进，像不像山贼？如果我们遇见一群暴徒，我们怎么办？谁来指挥我们？所以你们听好了，从这一刻起，我将成为你们的指挥官，而政委……”

他沉默片刻，在扫视了所有人一遍之后，用手指着我说：“政委就是这个年轻人。”

没有人提出异议。任命自己为指挥官的游击队员名叫里扎·维希皮，当时是第六旅的副旅长。这是我们的第一次见面。他任命我做政委的时候，我俩都不知道其实我真的被总司令部指派了这样的职责，我是到了地拉那之后才知道的。

两天后，幸亏一位来自拉奇的市民用摩托车送我，我这才抵达地拉那。

已经解放了约三周的首都生机勃勃。人们看上去兴高采烈、充满热情。每一次出行，每一次交谈和每一次会面都能感受到自由的气息。一到地拉那，我就直奔向家。我终于见到了日思夜想的母亲，还有我的兄弟姐妹。第二天，我去见了从小一起长大的老同学、老朋友。在阿尔巴尼亚反法西斯青年联盟书记处的办公室里，我还见到了战时在山中结识的新朋友们。

抵达地拉那的第二天，我遵从命令去总司令部报到。我听说，隔天民族解放军总指挥官恩维尔·霍查上将要接见我。

那晚我几乎彻夜未眠，一部分源于白天和家人朋友久别重逢的激动情绪，一部分由于我忐忑不安地猜想第二天和总指挥官见面的情形。

第二天，我按时来到当时位于部长会议大楼内的总理办公室，在那里见到了恩维尔·霍查，他十分热情地接待了我。一开始他向我了解有关斯库台解放的事情、市民的情况、同志们的情况以及游击队的情况，还问了党的工作以及共青团的工作，等等。尽管有点心潮澎湃，我还是尽量清楚地回答了他的每个问题。后来恩维尔·霍查还和我谈到了重建被战争破坏的阿尔巴尼亚所面临的伟大任务。

“但你，”他突然对我说，“你得继续战斗！”

就在我还没反应过来该如何继续已经结束的战争之时，霍查补充道：“你已被任命为第五师政委，第五师与第六师将一起继续在南斯拉夫境内追踪德国法西斯军队。”

对我来说，这太突然了。整个战争中，我一直作为青年干部在工作，因此担任政委一职，特别是要求承担更大责任的整个师的政委一职，真的有点吓坏我了，不仅是因为我缺乏经验，也是因为我当时年纪尚轻。

恩维尔似乎看出了我的不安，因为我当时毫无反应，既没说好，也没说不好；既没说行，也没说不行，于是他又补充道："党坚信你能很好地完成这项工作。师里的各旅都有能干的干部，依靠同志们，与他们共事，让共青团、指挥官和司令部来共同出色地完成派给他们的光荣任务。"恩维尔继续说道："我们决定派两个师赴南斯拉夫追缴德军，具有非常特别的政治意义。"他说，"一方面，我们可以帮助兄弟的南斯拉夫人民从法西斯的统治下解放出来；另一方面，这也表明我国人民作为反法西斯伟大联盟的一员，将坚持不懈地进行反法西斯战斗，直至希特勒的战争机器最终被消灭。"

这时，我的心情已经平复下来，认真地聆听着指挥官的教诲。"由第三、第五和第二十五旅组成的第五师，目前正驻扎在科索沃。"他说，"科索沃解放后，你们要继续战斗，进攻方向由你们和南斯拉夫民族解放军指挥官一起确定。"之后，他特别谈到科索沃问题以及我们对科索沃问题的态度。

"在科索沃时，你们要与科索沃科斯梅蒂指挥部联系，请特别注意处理与民众、与我们手足同胞的关系。大家知道，过去在科索沃，来自塞尔维亚资产阶级的民族压迫和剥削十分严重。因此，在阿尔巴尼亚人和塞尔维亚人之间出现了猜疑和互不信任，以致反动派们如巴里国民阵线分子和切特尼克分子（原书注：指二战中南斯拉夫激进的塞尔维亚游击队），都利用这点反对民族解放运动。你们要与科索沃的同志以及南斯拉夫民族解放军的同志密切合作，以使科索沃的一切能够正常发展，让我们的阿族兄弟明白，如果赢得了反法西斯的胜利，在新生的人民政权里就会获得以前被剥夺的所有权利。"

从那时起，我对如何处理科索沃问题就有了清晰的认识。恩维尔·霍查十分清楚科索沃可以获得属于他们自己的所有权利，包括获得独立，甚至与母国合并，但这些只有在科索沃积极参与到反法西斯战争中才能实现。事实上，这也是大西洋公约的要求。此后，直至去世，恩维尔·霍查对科索沃问题的态度都是明确的，即支持科索沃人民为争取自身权利而进行的斗争，当然也需对国际形势审时度势。

两三天后我启程赴科索沃。我先到斯库台，重历了那些与来地拉那时一样难走的路途，而去往库克斯的路很大一部分我仍然是步行完成的，因为那里的桥梁，如伐乌代耶桥和戈姆西切桥，在德军撤退时都被他们炸毁了，因此我们无法开车前进。三四天后，我到了库克斯，随后又到了普里兹伦，在那里我第一次联系上了第五师部队。

阿尔巴尼亚民族解放军的游击队员在境外战斗了将近六个月。第三旅和第五旅自1944年10月就进入了科索沃，他们与科索沃游击队一道，参与了解放普里兹伦、加科瓦、费里扎伊以及德莱尼茨的战斗。之后，第五师与科索沃游击队员以及南斯拉夫民族解放军部队一道，为解放整个科索沃而共同作战。必须承认，直到此时，科索沃的反法西斯战争少之又少，我是从阿尔巴尼亚人的角度这样说的。有几拨共产党武装带领了一些战士和同情者，但不是大规模的人民参战。南斯拉夫被占之后，许多科索沃人被1941年由法西斯促成的科索沃和阿尔巴尼亚“合并”所欺骗，他们不明白所谓的合并对阿尔巴尼亚人没有好处，而是为意大利及德国纳粹法西斯利益服务的。这导致不少当地人与科索沃亲法西斯的领导——如一直远离反法西斯运动的扎菲尔·德瓦——合作。第五师进入科索沃，以及阿尔巴尼亚游击队员在科索沃驻军后，人们才明白过来并且开始全力支持解放战争。成百的科索沃男儿与我们师齐心协力，与他们的阿尔巴尼亚兄弟并肩作战。

第五师一直战斗到了最后。他们参加了解放科索沃、桑扎克以及波斯尼亚南部的战斗。经过一场又一场的战斗，我们的游击队员也到达了普里什蒂纳、米特罗维茨、诺维巴扎尔、斯也尼茨、普利耶波列、诺维瓦罗什以及更远的地方，直至萨拉热窝的门户——维什格莱德。而1944年12月初，从斯库台出发的第六师，经黑山一路追击德军，最后到了波斯尼亚南部的卢多。

在境外作战中，我们两个师共牺牲了600多名游击队员，他们用自己的鲜血表达了阿尔巴尼亚人民反抗法西斯的坚定决心。

我们两个师一直战斗到1945年5月战争结束为止。从那时起，两个师陆续回到阿尔巴尼亚。可以说也就是从那时起，阿尔巴尼亚民族解放战争才以意大利、德国法西斯侵略者的失败和人民的胜利而告终。在他们坚持不懈的战斗中，阿尔巴尼亚人始终忠诚于反法西斯伟大联盟，在自己的国土上牵制着纳粹法西斯敌人。我们人民所做的

牺牲，与其国家大小和人口数量相比，是相当巨大的。28000名烈士以及战时庞大的物质损失，是我们人民为了自由以及反法西斯联盟伟大事业而付出的代价。

我们在南斯拉夫的时候，阿尔巴尼亚游击队员凭借自己礼貌友好的行为举止赢得了人们的爱戴。无论是科索沃人民，还是塞尔维亚和波斯尼亚人民，都充分肯定阿尔巴尼亚战士对纳粹以及切特尼克游击队的战斗是英勇不屈的；对所经过地区的居民，不论是科索沃或黑山的阿尔巴尼亚族兄弟，还是黑山人、塞尔维亚人和波斯尼亚人，他们都是礼貌友善的。游击队员无论走到哪儿都深得人心，因为对于需要帮助的人，他们从不吝啬，以至许多年轻人（主要是科索沃人）纷纷自愿加入到他们的战斗队伍。我们师各旅扩充了2000多名科索沃青年，还有数千人被编入了科索沃部队以及南斯拉夫人民解放军的几个师里。

我想在此指出的是，南斯拉夫方面如果不说根本没有，至少也是极少说起我们各师在南斯拉夫解放过程中对南斯拉夫游击武装的帮助，更不用说提起阿尔巴尼亚各师牺牲的烈士们了。如果我们了解铁托以前（现在也一样）的思想——阿尔巴尼亚人没有对斯拉夫人做出过丝毫贡献，相反是南斯拉夫帮助解放了阿尔巴尼亚——那么这种“忽视”也就可以理解了。我曾经提过，南斯拉夫认为“阿尔巴尼亚共产党是由南斯拉夫共产党的两位代表成立的”，其实从那时起南斯拉夫已经开始了这种“忽视”。以此为“基石”，并因自己在阿共成立过程中“有功”，塞尔维亚人就想说服全世界“阿民族解放战争也是由南斯拉夫人组织领导的”，“阿尔巴尼亚人不懂得如何组织指挥部队”等等。他们想证明阿尔巴尼亚人过去和现在都需要一位“导师”，想用这个说法为吞并阿尔巴尼亚，使其成为南斯拉夫第七个共和国作借口。

当科索沃为巩固用鲜血和牺牲换来的独立和自由而斗争的时候，南斯拉夫却至今还把相似的说法——阿尔巴尼亚人没有自治能力——挂在嘴边。现在国际组织，特别是美国和欧盟，是支持科索沃国家独立的。尽管如此，塞尔维亚人坚持反对科索沃人的这项胜利，声称科索沃没有能力作为一个独立国家管理好自己，但是其他道路已经不存在了：科索沃已经是独立的国家，没有东西可以阻止她独立自主地发展。

Building a New Albania

三　建设新阿尔巴尼亚

国家刚解放的那段时期是十分困难的。阿尔巴尼亚是一个各方面都很落后的农业国。在文化方面，“几乎所有人都目不识丁，全国只有350个在国外受过高等教育的专业人士，在我国没有大学或者其他高等院校，也没有科学文化机构”。在经济方面，阿尔巴尼亚也是问题重重。工业十分落后，只有一些小工厂和作坊，主要生产油、肥皂、面粉和香烟。斯库台有一座水泥厂，塞莱尼策有一个矿厂，鲁比克有一座铜厂，也就这些。意大利人在库乔瓦开采着石油资源。全国上下从事工业和手工业的工人不超过15000到20000人。

农业是最大的产业，大部分人民都从事这方面的工作，但是缺乏农具，可使用的只有犁，同样短缺的还有灌溉用的水以及化肥，这些导致农业产量十分渺小。而阿国的整个平原地区，从下斯库台和扎德里玛平原到萨兰达的弗尔格地区，从穆泽切的德尔布菲到科尔察的马里奇地区，全是沼泽地。贫穷覆盖了城市和村庄，疟疾、肺结核、梅毒以及其他疾病由于食物短缺和医疗不足而大肆蔓延，以致那段时间，阿尔巴尼亚人的平均寿命只有40岁左右。

战争导致的巨大破坏给生活增添了沉重负担。根据当时数据显示，62000多个家庭，阿尔巴尼亚中部及南部的绝大部分村庄，都被外国侵略者特别是德国纳粹烧毁了。阿尔巴尼亚所有的桥梁——从南部维奥萨河上的大桥，到北部的巴查勒库桥、布纳桥和戈米斯切桥——都被纳粹德军在撤退时炸毁了，因此解放初期国内的运输系统基本处于瘫痪状态。那些连接外界的港口，如都拉斯港、发罗拉港、萨兰达港和申津港，也都遭到了破坏。那时国家控制的矿厂无法正常运转，而库乔瓦、帕托斯、塞莱尼策的电气技术装置在德军撤离阿尔巴尼亚期间也被全部毁坏了。

因此，为了尽快治愈这么多的伤口，我国人民面临的任务将是极其艰巨的，但大家很乐观。我国赶走了侵略者，赢得了自由，这是最重要的。一个崭新的生活即将开始，这是所有人尤其是当时作为年轻人的我们翘首以盼的。

当时我们所有人都是20岁左右，无论是从解放战争战场上下来的，还是以不同方式支持过这场战争的，都怀着同样的心情。我们是乐观的，甚至是兴高采烈的，好像一切目标我们都能实现。我们讨论的第一主题就是我们的未来。理由很简单：我们打了胜仗、解放了国家、赶走了外来侵略者，我们给人民创造了一个更好的生活条件。我们深信好日子很快就会到来，新生活属于我们！我们配得上，那是我们的权利，因为我们是胜利者！我们憧憬一个对人民更好的未来，大家享受工作的快乐。我们憧憬一个经济发达、文化进步的阿尔巴尼亚。

那时候我们既不熟悉马克思主义，也不了解社会主义制度，但我们听说过苏联，听说那里的人民享有自由，那里没有压迫和剥削，那里的人们为自己而不是为别人工作。红军反法西斯的胜利让我们更加爱戴苏联，使我们更想跟随苏联的发展道路。当时，全国上下坚定信念改造国家，以期一个更加美好的未来。为了这个目标，我们不遗余力地奋斗着，同时我们也清醒地知道，前方任重道远，还需要进行不懈的斗争。

说“任重道远”，是因为除了要完成战后重建、摆脱遗留下来的落后状态之外，我们还要建设新阿尔巴尼亚，建设一个人民自由发展、不受压迫和剥削、权利平等、人人当家做主的社会；说“还需要进行不懈的斗争”，是因为解放后，国内反动势力以及我们周边邻国对我国的不轨之心昭然若揭。我们甚至很快就明白，不仅应该当心那些公开仇视新阿尔巴尼亚的人，更应警惕那些假装志同道合的国家。

在解放战争以及国家重建的战线上，阿尔巴尼亚青年总是站在最前沿。为了确定新历史时期面临的任务，1945年4月，在地拉那召开了阿尔巴尼亚反法西斯青年联盟第二次代表大会。为了参加这次大会，我在4月初就离开了仍在南斯拉夫作战的第五师。大会闭幕后，我再次当选为书记处成员，并领导阿尔巴尼亚反法西斯青年联盟的工作。为此，我在军队的任务告一段落，尽管如此，有一段时间我仍以阿尔巴尼亚反法西斯青年联盟书记处成员的身份，与军队干部和共青团保持联系。

在阿尔巴尼亚反法西斯青年联盟第二次代表大会上，纳科·斯皮鲁再次当选为青联主席。由于他在党和政府还同时担任要职，所以青年联盟实际上由阿尔奇·康迪领导。他是一个善良的好同志、睿智的领导者和坚定的战士，曾是地拉那高中的学生和最早的共产党战士，他的名字从1942年起就被大家所熟知。因为当时他被团中央派往贝拉特进行贝拉特区团委的组建工作，在那里他遭到了意大利法西斯的逮捕，忍受了残酷的折磨，但始终一言不发，17岁的他勇敢地挺了过来。出狱后，他作为爱尔巴桑青年团负责人被派往爱尔巴桑工作，之后他以第三旅政治部成员的身份进入游击部队。在海尔默斯大会上，他当选为阿尔巴尼亚反法西斯青年联盟书记处成员，但他英年早逝，于1945年7月死于一场意外事故。他骑摩托太快，撞上了一辆汽车。青年团和阿国就这样失去了一位很有前途的干部。

60年后的今天，在报纸上读到各种对阿尔奇的追忆文章，让我感到一种羞耻和侮辱。他们企图利用阿尔奇的不幸达到自己卑鄙的目的，攻击以前的政权，污蔑恩维尔·霍查以及当时的国家领导人。关于阿尔奇的意外事故和他的离世，没有任何不清楚的方面，他的家庭、他的朋友也都清楚地知道事情的来龙去脉。他的早逝，对我们的国家、青年、当时的共产党以及阿尔巴尼亚人民来说都是一个巨大的损失。大家应该怀念他，更应该以他为荣，心怀尊敬地怀念他。

阿尔巴尼亚反法西斯青年联盟第三次代表大会于1946年的10月召开。这次大会选举L.贝利绍娃为青联主席，而我当选为秘书长。这样，我的工作内容变得更加广泛，涉及军队和全国各地的青年组织（共青团和阿尔巴尼亚反法西斯青年联盟）的所有工作。

我以极大的快乐和怀念回忆我作为共青团领导度过的那些岁月。毫无疑问，尚轻的年纪、青年人的活力、单纯和乐观，以及追求学习和追求进步，正是这些东西涌上心头，给了我由衷的喜悦。解放后的头几年，为了建设新阿尔巴尼亚，是比任何时候都更加需要决心与热情、信念和乐观主义、勤奋工作和丰富知识的时候。

阿尔巴尼亚的青年人以支持解放战争一样的决心和热情，投身到阿尔巴尼亚的重建工作之中，到处都建立了青年志愿旅，帮助重建被法西斯毁坏的村庄和桥梁等。同时，他们还为获得更多的文化知识而“战斗”，主要战场就是扫盲。这样一件事情竟能成为共青团的首要任务，在现在看来可能会让人吃惊不已，但当时绝大部分人民既不会写字，也不识字。追求新生活的战士们十分明白，如果没有文化、学校以及合格的专业人才，走向更好的社会、走向进步的阿尔巴尼亚的步伐是根本迈不出的，正因如此，之前我也有所提及，阿解放前夕在海尔默斯召开的阿尔巴尼亚反法西斯青年联盟代表大会给青年确定的主要任务，就是要投身于国家重建以及扫盲。

阿尔巴尼亚人，不管是来自城市的还是来自乡村的，都投入到了治愈这个巨大伤疤的运动中；新政权还在全国各地开设了学校和培训班。如果说以前无知是奴役的标志，那么现在文化显然就是自由的象征。

结果就是，在40年内，我国已从普遍的文盲社会过渡到了所有年轻人都能接受全面教育的社会，甚至在20世纪80年代末期，近60%的阿尔巴尼亚年轻人都能完成12年中学教育。同时，成千上万的年轻人从高校毕业，成为经济、科学文化各方面的专家，他们主要是由地拉那国立大学以及国内其他高校培养的。

青年人在国家重建中也是身先士卒的，他们的表现得到了大家的一致认可。现在有人说青年人是被迫参与的，很显然这些说话含沙射影的人是受了病态的反共产主义的影响，他们捏造的谎言侮辱了我国社会两代无数的青年人。正是这些青年人为了阿尔巴尼亚、为了祖国的发展和进步，自愿投入到了公路、铁路、水电站和工厂的建设中。他们和他们的同志们——在北方山区抑或偏僻村庄服务的老师和医生、母亲和护士们，不是像“罪犯和受迫害的人”那样被迫去往那些地方，而是心甘情愿、信心满怀地去那里的，因为他们要从事的是崇高的工作，他们像受命的使者一样，给最僻远的村庄送去知识和文化、与疾病作战、照顾人们的健康。他们所有人都值得大家的赞扬和尊敬。

青年们的第一项志愿行动是建设库克斯至佩什科比的公路。超过2500名来自斯库台、吉诺卡斯特、科尔察、地拉那、德罗普利和都拉斯等全国各地的青年，从1946年6月中旬起，就拿起铁镐和锄头，在陡峭的山地上开始了他们的劳动。那段时期十分困难，不仅是物资匮乏，缺乏建筑材料、水泥、炸药，有时甚至缺少食物，而且那些地区常有成群的受迪勃拉和库克斯地区暴徒蒙骗的武装破坏分子出没。那些暴徒在战后仍从事着反对人民新政权的活动。

库克斯-佩什科比公路的志愿者们不仅要建设公路，而且还被迫自卫，用枪击退那些试图恐吓青年、阻碍行动完成的破坏分子。

我还记得1946年9月的一天，我在地拉那阿尔巴尼亚反法西斯青年联盟办公室里打电话，想找青年领导班子中的一个叫耐吉普·维沙的同志询问工程进展以及年轻人的生活情况。电话另一端传来十分自然的回答："请过两三个小时再打电话吧，他现在和一组志愿者去追踪破坏分子了。他们昨晚袭击了我们的住地帐篷。"

当时的情况就是这样。当然，放到今天是难以想象的。困难时期的义务劳动，成了战后一代人的第一课堂。义务劳动接踵而至，库克斯-佩什科比公路刚刚竣工，1947年又开始了从都拉斯到佩钦的铁路建设，而在1949年，青年们还建造了地拉那至都拉斯的铁路。

人民政权在行动

解放后，阿尔巴尼亚开启了人民共和国的历史。最初几年的改革虽然比较激进，但已具有民主特点。1948年后，也就是在党的第一次代表大会结束之后，在经济活动的所有领域，无论是乡村还是城市，社会主义特征的措施都得到了加强。

那些年，在我国的政治生活和经济发展中，有各种各样的事情，给人们带来了不同的感受。我们采取的一些措施或者取得的一些成果，即便微不足道（如建桥、青年们的义务劳动、排干马里奇沼泽、开设学校和扫盲培训班等），但还是得到了绝大多

数人的热烈响应，但也有一些事情使得一些特定人群陷入了焦虑和绝望之中。这些事情指的就是审判“战犯”——前政府官员和库伊斯灵格摄政时期的成员。当时逮捕了几个曾经帮助过侵略者并武装对抗过游击队员的人，没收了那些与德军一起逃跑的人的财产，并对投机取巧发战争横财的一些商人征收高税等等。

不管怎样，受尽早改变国家面貌的意愿驱使，在解放后的头几年，大家都充满了乐观主义和极大的工作热忱。最初的两三年，采取了一系列措施以使新生的政权制度化和尽快摆脱经济的极端困难。为此，政府在各地成立了人民委员会作为政权机构，重组了整个社会经济部门，建立了新的司法系统，组建了人民警察。在1945年12月2日的大选中，全国公民参与了投票（历史上妇女第一次参加投票），选出了新的人民议会，宣布国家为“阿尔巴尼亚人民共和国”。人民议会通过了共和国宪法，其中规定了建设新阿尔巴尼亚的基本原则。关于政权，宪法规定“源于人民、属于人民”。

那些年在经济方面也采取了一系列措施。为了切断投机之路，防止损害国家财富，在所有的大企业，尤其是那些由外国人管理的企业里，都安置了政府代表，称作“政委”。未经政委同意，企业不能对其任何财富进行支配。根据波尔梅特大会以及会上成立的临时政府的决定，在阿尔巴尼亚领土上的意大利和德国的财产全部充公，政治逃犯的财产也全部没收。

有一项措施引起了特别强烈的反响，就是我上面提到过的“特别征税法”，这项法律强制商人为战时投机取巧获取的暴利交税。该法律对那些没有在规定时间内申报财产或企图隐匿财产的人规定了严厉的制裁措施，这些制裁措施不仅涉及财产充公，还能将那些企图作弊以逃避缴税的人投进监狱。自然，在反法西斯胜利的喜悦浪潮中，特别征税法也被用来打击一部分富裕的商人，他们虽然没有直接与入侵者妥协，但他们属于国家上流人士并对新人民政权持敌对态度。

农业改革

开始于1945年结束于1946年11月的农业改革对阿全国，特别是对农民，具有十分重要的意义。农业改革作为具有民主特色的主要改革之一，消灭了旧的农业生产关系，清除了封建主义残留，创造了有利于阿尔巴尼亚农民阶级全方面发展进步的条件。回顾当时的记录，改革前农村财产所有权是这么划分的：全部土地的27%归4720户大地主家庭以及富农所有，60%的土地归13万中小地主所有，13%的土地归宗教机构以及前封建地主所有。与此同时，全国14%的农民家庭手中没有一寸土地。

根据农业改革法规，每个农民家庭将分到五公顷土地。最终，共有28.8万公顷的土地分配给了2.1万户以前无地的农家以及4.8万户少地的农家。应该指出的是，实行农改也就是征用和分配土地，是一项十分困难的工作。改革涵盖全国各地，因此需要较高的组织协调能力，这样每件事才能又快又好地完成。新政权各机构为又快又好地完成这项任务而表现出的组织能力以及支持态度，是令人赞赏的。当然，改革期间也出现过反对力量，他们主要来自新政权的反对派，因为他们明白，改革将农民阶级与民主阵线以及共产党更紧密地联系起来，如此必然削弱乡绅和小地主的势力。实行土改期间，一些被缩减了土地所有权的地主们也有所发难。此外，为了获得更多的土地或者更肥沃的土地，也出现过对土地测量技术员进行贿赂的腐败情况。尽管阻碍重重，但土改最终还是胜利完成了。

农业改革之后又出台了几项措施，如对电力中心、建材工业、几个小型轻工企业和食品加工厂进行国有化。国有化措施还涵盖了通信工具、汽车、公共汽车以及卡车。尽管有些方面的国有化是快速重建国家所必需的，但应该说它们也具有阶级烙印。这些措施触及了一部分富人的经济利益，而这些人从某种意义上说代表了当时的资产阶级。毫无疑问，这些措施对新政权的民主阶段来说是超前了。这些措施的实行抑制了助推国家经济增长的自由生产动力。很可惜，这种国有化趋势在后来仍在延续，以致小商业和手工业也被国有化了，更为特别的是，连偏僻遥远的深山地区的农业合作社（连同个人庭院和畜牧）也都被国有化了。我在下面还会讲到这些举措。但必须指出的是，在我看来，当时新生政权采取的经济政策中的主要错误，就是仓促推进国有化。

国家的重建和进一步发展，需要整合那时阿国社会人力的和物力的各种资源。实际上也这样做了，所有人都投身到了这项工作。但是要克服困难，尤其是经济方面的困难，没有外国的援助是不可能实现的，尽管这些援助数额很小，尤其是在解放后的头几年。

与外界的联系

起初，南斯拉夫的铁托是站在阿尔巴尼亚一边的，但是来自南斯拉夫的援助很少，与阿国的需求相比实在太少了。从另一方面看，正如后来看到的，那些援助带有不轨的企图，是以铁托吞并阿尔巴尼亚、将阿尔巴尼亚变成南斯拉夫的“第七共和国”为前提条件的。

我国解放之后，苏联在援助阿尔巴尼亚的事情上从一开始就表现得很谨慎，看起来他是在让南斯拉夫“关照”阿尔巴尼亚。可能当时苏联把阿尔巴尼亚看成是南斯拉夫的一部分，也可能是丘吉尔和斯大林在雅尔塔“划分”势力范围后的产物，他们谈到了南斯拉夫和希腊，却没有说到阿尔巴尼亚，也许他们已经把阿尔巴尼亚看成是南斯拉夫的“一部分”。

尽管如此，在1948年铁托与斯大林出现分歧后，作为友好表示或者出于利益考虑，苏联开始支持阿国并向阿提供援助。自1949年起，在苏联的援助下开始了首批工程建设，这些工程包括年产2000万米长的地拉那纺织厂、年产10000吨的科尔察糖厂、发罗拉的稻谷脱粒厂和面条生产厂、位于斯库台年产1500吨的阿国第一座烟草厂、位于地拉那利那则的第一座水电站等。1950年后，阿尔巴尼亚经济开始执行五年计划，来自苏联以及东欧其他社会主义国家的援助逐渐增多。

那么西方国家对新生的阿尔巴尼亚又持何种态度呢？西方强国从阿尔巴尼亚解放初期就持保守态度，之后变得更有侵略意味。从战时起就驻扎在阿尔巴尼亚的英美代表团，对阿尔巴尼亚倾向社会主义制度，同南斯拉夫以及苏联保持紧密联系十分不满。

阿尔巴尼亚同英美的关系还因几个事件的发生而变得更加紧张，比如科孚海峡事件，这个事件在1946年10月22日像魔咒一样地发生了。进入阿尔巴尼亚海域的两艘英国驱逐舰碰上了水雷，爆炸导致船身严重受损，同时还有许多人丧生。

这一问题被移交到联合国安理会处理。安理会于1947年4月9日做出决议，建议阿英两国政府去海牙法庭讨论此事。海牙法庭于1948年3月25日开庭，并单方面宣布阿尔巴尼亚是过错方，应对造成的损失进行赔偿。阿尔巴尼亚并没有安放水雷，她之所以有罪，仅仅是因为没有事先通知存在这样一个水雷区。

最近，在有关上述时期的英国文件中发现，英国军舰不仅知道他们已侵入阿尔巴尼亚海域，而且他们这个行动的目的就是为了挑衅阿方。

另一个让美英对阿尔巴尼亚态度变得恶劣的事件，就是阿方对美英代表团践踏阿国主权的行为进行了谴责。因此，美英在与阿国建立外交关系问题上设置了几个条件。首先，他们提出1945年12月2日的大选应是自由的，要接受记者代表和外国观察员的监督。事实上，大选当天来了许多观察员，但根据美英观点，这次大选还不是“完全自由”。第二，美国要求阿尔巴尼亚政府承认所有索古王朝时期签署的协议。这个要求自然不能答应，因为在1944年5月的波尔梅特会议上就已做出决定，绝不承认索古王朝政府签署的任何一项协议。英国则要求阿尔巴尼亚对科孚海峡事件负责并赔偿损失。

结果，由于这些条件对阿尔巴尼亚政府来说无法接受，美英代表团撤出了阿尔巴尼亚，阿尔巴尼亚也未与这两国建交。

在西方国家中，新生的阿尔巴尼亚及其民主政府与法国建立了外交关系并与之保持着良好的关系，尤其在经济和文化方面。此后不久（签署和平条约之后），阿尔巴尼亚与意大利也建立了这样的关系。其他一些国家就不一一赘述了。

选择社会主义道路

从民族解放战争中诞生的新阿尔巴尼亚选择共和制作为国家政权的管理形式，而不再是以前的君主制。这在1944年5月24日的波尔梅特大会上就已确定，并由1945年

12月2日选出的制宪会议批准通过。会议宣布阿尔巴尼亚为共和国，这也反映了各阶层人民的迫切愿望。

从经济方面看，它正走向新的生产关系和生产方式，走向社会主义集体经济。这条道路可以让阿尔巴尼亚进步，可以将其拉出落后的泥沼，也可以给国家一个更安定的未来。这不仅是为国家解放而战斗过的共产党人以及游击队员的信念，也是绝大多数人民的意愿，尤其是曾遭受贫困以及土豪地主压迫和剥削的农民和城市普通市民的意愿。

现在半个世纪过去了，我们也可以更容易地看清社会主义道路发展中取得的成果以及犯过的错误。也许我们会提一个问题：我们是不是能走上一条更有成果的道路？是不是能执行某种对外政策而阿国从此就有可靠的盟友、阿尔巴尼亚就能走向西方？简单地说，阿尔巴尼亚有没有其他发展道路可以选择？

我上述提问的前提是，国家还处于君主统治下的悲惨境地。原始资本主义条件下的贫苦和剥削，交织着封建主义的许多元素，尤其在农村，中世纪政权的政治压迫让大部分人痛恨地主土豪的管理，痛恨君主制度。索古国王的卖国政策导致了法西斯对阿国的占领，这更激发了人民对那种国家发展方式的憎恨。

另一方面，阿国经济已被战争完全摧毁。许多烧毁的村庄需要重建，被破坏的桥梁需要尽快修复以连通国家不同区域，学校应该开放，人们生活的基本需求需要得到保障，等等。国家要想克服这些困难，就必须集中所有力量，需要组织整个社会，需要理智地监督与使用国家财产。而对于这些，资本主义发展的老路是保证不了的。

在这种形势下，反法西斯胜利之后要确立的政权不能再是从前的那种政权。考虑到那些参加解放战争的战士以及支持战争的大众的主要愿望是解放阿尔巴尼亚，赢得自由与独立。同时，大部分人民尤其是农民阶层和城市中下层，他们流血牺牲就是为了摆脱地主与土豪的压迫和剥削。国家以前的执政方式已经失去信誉，所以人们才希望寻找别的出路。领导解放战争的共产党，选择了社会主义道路，作为让国家脱贫重生的机会。

如果说这是内部现实影响了这种道路选择的话，其实选择社会主义道路还有一个外部因素，这个因素对最终选择起到了决定性作用。第二次世界大战中，同盟国获胜，苏联在欧洲是主角。众所周知，阿尔巴尼亚和东欧所有国家都在苏联的势力影响下。因此，选择未来的政治经济制度，也不能不考虑这个现实。东欧各国都宣布自己是人民民主国家，是工人和农民阶级的国家，其目标就是建设社会主义社会。

最后，我认为选择社会主义道路没有错。相反，在当时的条件下，这恰恰是一条引领国家进步，推动经济、文化、社会发展的道路。回首过去，50年间，我们也确实犯过或大或小的错误，也有一些不符合当时政治经济具体条件的改革或者政策。

其中一些弊端产生的原因，有些是因为急于摆脱遗留的贫穷落后的局面，有些是因为新政府缺乏管理经验，还有的也源于照搬苏联经验。这些影响并阻碍了国家的快速发展。但从根本上来说，社会主义发展道路顺应了工人阶级的利益，也顺应了阿尔巴尼亚的全面进步，这个选择是对内部因素和外部因素综合考量后的结果。

现在常常有人指责社会主义制度，说它把阿尔巴尼亚和东方联系在了一起，而不是这些批评人士希望的那样——阿尔巴尼亚“当然”应该与西方接轨，其实在这些批评中，主观臆断的成分远多于实事求是，至少这种批评把时间弄混了，他们用21世纪今天的现实来评判20世纪40年代的事情！

阿尔巴尼亚政治方向偏向东方，不是我们阿尔巴尼亚人的选择，甚至今天我国（亲西方）的新现实也不是（我们的选择）。从罗马帝国分裂开始，我们的祖先世世代代居住的土地就位于罗马帝国东边的拜占庭。后来无论是从乌拉尔那边过来的斯拉夫人，还是从东方安纳托利亚过来的、曾统治阿国五个世纪的奥斯曼帝国，他们都不是应我国人民的要求来的，也不是应邀请而来的。历史已经证明，是阿尔巴尼亚人的天性和位于东西方之间的地理位置这两点，成了他们的魔咒。来自两个世界的“敌人”（指斯拉夫人和奥斯曼人）都曾在阿尔巴尼亚的土地上厮杀，并分享“胜利成果”。

如果说这种对阿尔巴尼亚人的长期占领和沉重奴役来自东方（奥斯曼帝国），那也必须指出，西方也并不曾偏爱阿尔巴尼亚。决定瓜分阿尔巴尼亚，把她一半的领土和人民分离出去的，正是1878年的柏林会议。1913年的伦敦大使会议继续了这种“屠

杀”，而第一次世界大战后的凡尔赛和会又对此予以了确认。那些决定阿尔巴尼亚悲惨命运的主要与会者，正是英国、德国、法国、俄罗斯和奥匈帝国等列强的代表。除此之外，1920年和1939年，阿尔巴尼亚两次遭到外来入侵，而这两次侵略恰恰来自西方。

在这里我们还可以补充的是，在阿尔巴尼亚与苏联以及东方各国切断关系后，包括在1968年公开退出华沙条约组织时，西方国家也并没有送来任何援助，甚至连一个对弱小阿国的支持信号都没有。

我提起这些事实，不是为了像今天一些自诩“当代政客”所做的那样，确定我们的战略盟友究竟是在西方还是在东方，而是想借助历史强调国家命运的好与坏不能仅通过地理来解释，也不能仅仅以内部因素可能做出的错误选择来解释。

二战之后，决定我们站在哪边的不是我们阿尔巴尼亚人，而是将阿尔巴尼亚放置在苏联势力范围内的雅尔塔会议——战争三巨头（斯大林、罗斯福、丘吉尔）的会议。在此会议上，丘吉尔和斯大林之间达成协议，决定罗马尼亚和保加利亚80%的领土归属苏联势力范围，而20%归属西方势力；南斯拉夫50%的领土归属苏联势力范围，另外50%归西方势力范围；希腊80%归西方而20%归苏联。他们没有具体提到阿尔巴尼亚，但根据之后的发展可以看出，她被划入了南斯拉夫，而南斯拉夫从一开始就已完全处在苏联的影响之下。

决定关键性政策的往往是各国的利益。国与国之间的关系，或者好如手足，或者仅是一般性好，都是由两国或国家集团之间的政治、经济、文化利益决定的。从这个角度出发，当阿尔巴尼亚努力成为欧盟和北约成员，特别是为争取科索沃独立的时候，我们至今没能得到几个西方国家的全面支持，对此我们就不用感到吃惊了。那些国家不同的利益决定了他们的这种态度，并且他们更多的是受俄国和塞尔维亚的影响。

众所周知，在对南斯拉夫的关系问题上，阿尔巴尼亚领导人始终坚持亲密友好政策。这种政策在民族解放战争时期就存在，战后数年也一样。现在大家都知道，与阿尔巴尼亚相反，南斯拉夫方面则对阿尔巴尼亚怀有吞并的企图。在战争期间，南斯拉夫就试图使阿尔巴尼亚共产党紧紧地跟在“自己的马车”后面。南斯拉夫的这些企图，在战后1944年10月的阿尔巴尼亚共产党中央委员会第二次全体会议上就更加广为人知了。那次会议又被称为“贝拉特全会”。

关于贝拉特第二次全体会议

当我还在第五师的时候，我已经从地拉那来的同志那里听说了在阿解放前几天召开了贝拉特全体会议。听说在那次会议上，南斯拉夫共产党的代表试图攻击恩维尔・霍查。不过对于会议的进展、有哪些人员与会、谁发了言等等，我还是没能具体了解到。

战后，我了解到有关贝拉特第二次会议的其他一些详细信息。在阿尔巴尼亚劳动党的许多文件或者霍查的一些发言中，都说“贝拉特全会”是一次“黑色”会议，其幕后实质就是，南斯拉夫铁托分子密谋诽谤我党战时的政治路线，时而称其为“机会主义路线”，时而又称其为“宗派主义路线”。

最近我得到一本书，里面有从阿尔巴尼亚劳动党档案中汇集的有关贝拉特全会的几乎所有材料。出版者是恩德列奇・普拉萨里和卢安・马尔特兹，他们带着自己的偏见，想通过这本书继续追随南斯拉夫污蔑阿尔巴尼亚劳动党及其领导人恩维尔・霍查。

撇开他们的目的不谈，通过阅读该书我们还是可以清楚地看到，这次大会是由南斯拉夫“精心”组织的，其主要目的只有一个：使阿尔巴尼亚共产党和自由的阿尔巴尼亚像“小羊羔”一样紧跟南斯拉夫和铁托，因为“阿尔巴尼亚共产党犯了大错”“我们南斯拉夫人拯救了你们，所以你们应该感激我们”“因为你们没有经验、不知道往哪儿去、不知道该怎么做”等等。在大会上，南斯拉夫代表清楚地转达了铁托的信息：“阿尔巴尼亚除了与南斯拉夫紧密联系、密切合作之外，别无他路。”南斯拉夫代表在会上表达的这些思想，在这本书中也有体现。

贝拉特全会的“总指挥”是南斯拉夫代表维里米尔・斯托依尼奇。他和他的阿

语助手尼阿兹·迪兹达列维奇（南斯拉夫共青团中央派驻阿尔巴尼亚青年中央委员会的代表，归纳科·斯皮鲁领导）显然做了精心准备。他们在会上都一致说“我们要睁大眼睛，要看清党的路线中存在的错误”。为了“淡化”大会与会者的批评和自我批评，南斯拉夫人从一开始就“出卖”了铁托的特派代表米拉丁·波波维奇。维里米尔·斯托依尼奇称米拉丁·波波维奇是“阿共中央错误路线”的鼓动者。对米拉丁持这种态度，只不过是对阿尔巴尼亚与会人员设置的一个陷阱。换句话说，就是斯托依尼奇在对与会人员说“你们谈谈吧，批评米拉丁吧，同时也别忘了批评那些和米拉丁共事过的人、听过他话的人和追随他的路线的人”。

为了让与会人员的工作更轻松，铁托分子“特别照顾”让米拉丁在大会召开的前几天离开了阿尔巴尼亚。而在五个月之后的1945年3月，米拉丁在普里什蒂纳遇害。对我来说，从那天起这起死亡就显得疑团重重。为什么呢?

米拉丁·波波维奇被杀当天，我和基尼·马尔科一起正在普里什蒂纳。作为阿尔巴尼亚民族解放军第五师和第六师的代表，我们和科索沃–梅托希亚军事司令部（当时的名称）有一个会面。在那儿我们被通知说，几分钟前科索沃党委会的政治书记米拉丁·波波维奇被杀害了。基尼与我听到这个消息后立刻去党委办公室参加“悼念”。在那儿，我们见到了在科索沃党委会任组织书记一职的杜尚·穆格沙。他告诉我们“凶手”名叫哈基·塔法，他趁守卫离开的间隙溜进了米拉丁的办公室。在作案之后，他是怎么进来的，仍旧怎么出去了。尽管当时党委员会大楼里有十个游击队员守卫，却没有一人看见他。当我们正和杜尚交谈时，有人通知说抓住“阿尔巴尼亚沙文主义者”凶手塔法了，是在离党委大楼500米远的某个地方抓着的！这是南斯拉夫就米拉丁之死提供的一个奇怪的版本。

而哈基夫·拜伊拉姆博士在他1993年在普里什蒂纳出版的《蒂瓦尔的惨剧》一书中透露，米拉丁之死另有深刻的政治原因。他写道：1945年2月18日，米拉丁·波波维奇和法蒂尔·霍查曾去找铁托商讨科索沃问题，他们坚持认为应该根据大西洋公约组织承认科索沃的权利。铁托竟然一口答应战争结束之后，科索沃问题将按照国际规则解决。据拜伊拉姆博士所述，米拉丁竟然就这个问题跟当时南斯拉夫位居第二位的领导人兰科维奇进行交谈。但兰科维奇不同于铁托，他对米拉丁说，“这种野心家言论是会让你脑袋落地的”。几天后，也就是1945年3月12日，指示得到了落实：米拉丁·波波维奇和杀他的凶手哈基·塔法，都被杀死了。

回到贝拉特全会。在南斯拉夫代表事先谋划之后，整个大会的任务变成找出阿尔巴尼亚方面谁犯的错误最多。大家讨论之后得出结论，犯错误最多的首推恩维尔·霍查，不仅因为他是阿尔巴尼亚共产党的政治书记，发号施令，领导党的各项事务，还因为“战争期间他长期和米拉丁在一起”，甚至十分自由地与之交谈，因为米拉丁会说法语。但是讨论者对恩维尔的批评比较温和，于是批评的矛头主要指向了米拉丁。没人提议撤职或者惩罚恩维尔，南斯拉夫代表也没做出这类提议。看得出，这件事在“等候”铁托的“指示”，但指示没有到来，因为阿尔巴尼亚游击队员那些天正为解放地拉那而战斗着，之后又为斯库台继而为全国的解放在战斗。在这样一个乐观的形势下，让一支胜利军队的总指挥官停职，对任何人尤其是阿尔巴尼亚反法西斯游击战士来说，是不可接受的，所以会议只对他进行了批评。无论如何，让批评成为对恩维尔的一种警告，“建议”他以后成为南斯拉夫忠实的伙伴！

根据事件后来的发展可以看出，贝拉特全会上做出的批评不是对战争发展的严肃分析，而是为铁托吞并阿尔巴尼亚，将其作为南斯拉夫第七共和国的计划开道。

支持南斯拉夫在这次全会上的路线的人主要有科奇·乔尔捷、潘迪·克里斯托、赛依弗拉·马尔绍瓦和纳科·斯皮鲁，他们都是出于自己的私利。前两位有意识地根据斯托依尼奇的命令行事，而后两位似乎在觊觎党的领导人的位置。

曾是进攻标兵的科奇·乔尔捷，他既不以自由政治家即反宗派主义战士著称，也不是一个有广阔视野的政治家。他在战后不仅暴露了其南斯拉夫公开间谍的身份，而且还拉帮结派，咄咄逼人。作为国家安全机构的领导人，科奇·乔尔捷对他认为的反对党、反对新生的人民政府的知识分子和著名党员进行了野蛮的镇压。由于他为南斯拉夫所做的事，以及他担任内务部部长时犯下的罪行，他于1948年被开除出党，审查他罪状的法院最终判了他死刑。

赛依弗拉·马利绍瓦和纳科·斯皮鲁与上述情况不一样。他们是知识分子，是政

治家，但同时也野心勃勃。国家解放后，纳科专注于国家重建工作并逐渐远离了南斯拉夫路线。而赛依弗拉·马利绍瓦一直“忠实”于贝拉特全会时形成的有关宗派主义的理论，所以他在解放后要求建立一个“现代化”的政策，让新政府与资产阶级以及神职人员靠近。马利绍瓦持有的态度使他形单影只。在1945年12月召开的党中央委员会全体大会上，他没有得到任何一位贝拉特全会时期的同志的支持（这里指的是时任阿尔巴尼亚共产党政治局成员的乔尔捷、潘迪·克里斯托和斯皮鲁），反而恰恰是这些人在攻击他，促使他遭到严惩。

纳科·斯皮鲁自杀事件

总体来说，解放后的最初几年，没有党员、更别提党外人士知道在贝拉特全会上发生的事情。对南斯拉夫为了达到其目的而采取的一些举动，我们也并不知道。但是南斯拉夫的几个反阿尔巴尼亚举动，还是引起了我们阿尔巴尼亚反法西斯青年联盟领导们的注意，而这正与我们的青年义务劳动有关。

我国当时建设铁路缺乏专家，尤其是工程师，为此从南斯拉夫来了两个工程师，他们和青年指挥部合作建设铁路。此外，主要的建筑材料尤其是铁轨，也是从南斯拉夫购买运来的，但后来发生什么事了呢？我们铁路指挥部的同志，尤其是总负责人Q.布捷利，开始诉苦说都拉斯-罗戈日内铁路的建设有可能无法按时完成，因为要么必需的建材没有从南斯拉夫运来，要么南斯拉夫的工程师不在工作岗位或者没有认真地给义务劳动者分配任务，等等。

自然，我们把这些抱怨转达给了有关政府部门，特别是建设部。该部的时任部长是斯皮洛·科列加，他是阿尔巴尼亚劳动党最杰出的领导之一，也是最受人尊敬的共产党员。作为国家高级领导人和勤奋的工程师，斯皮洛·科列加几乎参与了阿尔巴尼亚解放后建设的每一个项目。最初，青年义务劳动也得到了他的理解和不遗余力的支持。我个人十分尊敬斯皮洛，他为人正直、率真，行事稳妥，对人民和国家利益无限忠诚。

我们也向时任国家计委主任的纳科·斯皮鲁反映了情况。我们和纳科说的时候更加开门见山，因为他虽已不再是共青团主席，却一直关心共青团的事务。纳科常去阿尔巴尼亚反法西斯青年联盟的办公室找我们交谈，尤其是与利丽和我说话。从铁路部门传来的有关南斯拉夫设限的控诉越多，纳科对南斯拉夫当局的行径就越感到气愤。他说过："他们从不忽视自己的利益，却从不考虑阿尔巴尼亚人民的利益。"他开始越来越多地说起南斯拉夫企图强加给阿国的几个奴役性协议，如消除关税壁垒及向两国人民开放边境，建立合资企业和使两国间物价均等，等等。纳科认为南斯拉夫对青年义务劳动设置的障碍也会阻碍阿国的发展。

纳科·斯皮鲁自杀于1947年11月的一个夜晚。一听到这个不幸的消息，我就毫不怀疑地认定这是南斯拉夫人干的，他是南斯拉夫人的第一个受害者。的确，纳科·斯皮鲁在贝拉特全会期间，是站在抨击霍查和阿尔巴尼亚共产党战时路线的南斯拉夫理论一边的，但他既不亲南斯拉夫，也不反阿尔巴尼亚。他是一名共产党员，更是一个爱国者。十分清楚的是，阿国解放后，当南斯拉夫要求他执行他们吞并阿尔巴尼亚的计划时，纳科"清醒了过来"并拒绝了他们的要求。考虑到无论是在贝拉特全会上还是国家解放后，他都没能揭发谴责南斯拉夫的种种反阿行径，在当时的环境下，纳科只有选择自杀以自我救赎。

现在，纳科的自杀仅仅被看作是可以借以攻击霍查的事件而已，因此没人提及其根本原因是南斯拉夫的阴谋：南共中央和铁托向阿尔巴尼亚领导人转达了对纳科·斯皮鲁的正式指控，说他是"帝国主义的特务"和"阿南友谊的破坏者"。正是这，葬送了纳科的性命。

众所周知，科奇·乔尔捷受南斯拉夫诱使，曾要求政治局开会审理对纳科的这些指控。很清楚，如果开了这样的会议，那么会后纳科一定会被开除出党、被逮捕，然后会因是"帝国主义的间谍"而被审判。就当时的通常做法和思维来看，那他就只有等着吃子弹了。

纳科在南斯拉夫的攻击下孤立无援。阿国一解放，他就回到国内寻求苏联人的帮助。根据俄罗斯公布的资料记载，纳科·斯皮鲁在得知南斯拉夫对他的指控后，与苏联驻地拉那使馆临时代办A.加加里诺夫见过面，希望能得到苏联的支持，但未能如愿。甚至就在自杀的当天，纳科又一次找到加加里诺夫，却仍旧没有得到他希望的帮助。

事实上，纳科也没能得到恩维尔·霍查的保护。什么原因呢？首先，纳科·斯皮鲁看来并没有公开寻求过霍查的支持。他没敢跟霍查把话说开，向霍查解释那些南斯拉夫人诟病他的问题并向霍查求助。即便当他请求给他几天时间以准备抗辩南斯拉夫对他的指控时，他也没有告诉霍查为什么他需要这几天时间。现在大家都清楚了，他在自杀前两天与苏联代表见过面，所以很明显，他要求的那几天时间并不是完全用来准备辩护，而是希望在此期间能够得到莫斯科的帮助。其次，我个人认为，霍查自己也很犹豫是否要支持纳科，是否同意给纳科几天“准备”时间。或许霍查在挺身而出保护纳科一事上也有所“保留”，因为纳科被南斯拉夫指控为“帝国主义的间谍”。众所周知，霍查自贝拉特会议之后，其一言一行都成为南斯拉夫攻击的目标，而霍查对此也心知肚明。他在《铁托分子》一书第341页中写道，“与其说他们是在攻击纳科·斯皮鲁，不如说是把攻击矛头指向我”，因为南斯拉夫人“十分清楚纳科如果不和我商量并得到我的批准，是不会轻易行事的”。

对此，最近出版的俄罗斯文件特辑也有所披露。文件中提到，1947年8月驻贝尔格莱德的苏联大使A.拉夫仁切夫与铁托有过一次会面。铁托在会面时表示“十分不满纳科·斯皮鲁的立场”，他认为“纳科·斯皮鲁执行了使阿尔巴尼亚脱离南斯拉夫的政策。去年纳科·斯皮鲁在南斯拉夫期间，说过霍查许多坏话。而现在他俩的关系却十分紧密……”根据铁托的意见，“最优秀最稳健的领导人是科奇·乔尔捷”。（《俄罗斯档案之东欧》，第一辑，第687页。）铁托这是暗示苏联对待霍查要斩草除根。铁托的态度是如此坚决，以至于1956年他在南斯拉夫的普拉发表的一次演说中，公开呼吁苏联人“如果不铲除霍查，就无法落实第二十次代表大会的决议”。

尽管如此，霍查也没有理由对身边的同志——纳科·斯皮鲁，一位著名而优秀的党的领导人——持这种即使算不上“冷漠”，但至少也能说是“冷淡”的态度。霍查应该等待纳科·斯皮鲁，与他谈话并给他所要求的准备时间，毕竟这也是霍查作为党的最高领导人的职责。综上所述，我认为纳科除了没得到外界即来自苏联的支持，也没得到内部霍查的支持之外，他自杀的主要因素还是铁托领导的南斯拉夫恨不得消灭阿尔巴尼亚以及一切维护阿国的人。纳科是南斯拉夫和他们的间谍科奇·乔尔捷反阿尔巴尼亚图谋的牺牲品。

在纳科·斯皮鲁自杀时，我正担任共青团总书记一职。我十分了解纳科，也同样了解他的家庭，他住在都拉斯的母亲、姐姐和兄弟。纳科自杀当晚的事我仍记忆犹新。那天已过深夜，有人通知我立刻到党中央办公室去。我去了那儿，负责党的动员和宣传部门的马努什·穆弗迪乌对我说："纳科意外受重伤，死了。"

"什么叫意外？"我问道。

他回答我说："他在清理手中武器的时候，武器走火了。"

就这么一句话，没说更多。他让我即刻启程去都拉斯通知纳科的家人。

这对我来说是一项沉重的任务，不仅消息让我大为震惊，而且我该怎么对纳科的母亲和姐姐开口，告诉他们纳科的死讯？我决定再找一位同志同行。我想到了尼克·尼士库，他也在共青团工作并且是都拉斯人。我们立刻出发赶往纳科的家。是纳科姐姐开的门，她一看见我们就叫了起来："纳科怎么啦？"同时也哭了起来。他母亲也十分吃惊地迎了出来。她们问我究竟发生了什么事，我便把从马努什那里知道的情况一五一十地说了出来。

没多久，我就离开都拉斯回到了地拉那。我想去慰问一下利丽·贝利绍娃，但有人告诉我说："不要去打扰她，她不会客，情绪还十分激动。"除此之外，他们什么也没说。自然这种情况令我惊讶，我开始怀疑他们似乎向我隐瞒了一些事情。然而，我的疑问没有得到回答，所以也就没有多问。

马努什·穆弗迪乌通知我第二天举办纳科的葬礼，要我以共青团的名义致辞。于是我直接去了办公室，关起门起草发言稿。纳科是我们年轻人的偶像，我们爱戴他、钦佩他的才干。纳科是个十分优秀的人，受过高等教育，表达思想时逻辑清楚，简洁明确。毋庸置疑，不仅我们青年干部高度评价他，其他与他共事过的人都很尊敬他。解放后，纳科作为经济部部长和国家计划委员会主席，一直负责经济领域的事务，他在事关国家命脉的如此重要的部门同样表现出色。

我们十分欣赏纳科在民族解放战争时期作为青年领导以及解放后所做的工作，因此我在准备他葬礼上用的发言稿时，用了大量赞美的语言，以尽情抒发对这位青年好领导的爱戴之情。

他们嘱咐我发言稿准备好后要送去中央，因为那边也要审阅。这真又是一件怪事！我亲自给马努什·穆弗迪乌送了过去，因为他正好负责此事。马努什看了之后不是很满意，他对我说："你写得太有感情，评价也太高了。"

我回答道："恰恰相反，我还怀疑我的描述是否配得上纳科·斯皮鲁的形象呢。"

此时，马努什只得告诉我真相，即纳科的死不是意外，而是自杀。马努什又补充了一句："他的自杀是应该受到党的处分的。"

"现在，"马努什继续说道，"你得回去重写一份更温和，与党的立场相合的发言稿。"

我回到办公室"修改"发言稿，但这次更困难，因为我不能直抒胸臆，而只能根据出现的"状况"字斟句酌。最终，我写了一篇毫无感情、干瘪无味的发言稿。

纳科·斯皮鲁的自杀被科奇·乔尔捷所利用，以加强自己的地位，同时也成了南斯拉夫介入阿尔巴尼亚社会经济各领域事务的一个托词。

1948年2月，召开了著名的党的第八次中央全会，会议宣布纳科·斯皮鲁为"党的敌人"以及"帝国主义的间谍"，而铁托分子试图控制阿国的举措，如建立经济联系、设立合资企业、取消海关以及其他一些措施，都被认为是正确的。这次大会的决议在党内造成了严重的影响。

来自不同部门的一大批同志，因被认为是纳科·斯皮鲁及其反南斯拉夫路线的拥护者而受到了打击。我们青年干部也在"遭殃"的队伍之中。我们所有共青团的主要领导，如利丽·贝利绍娃、我拉米兹·阿利雅以及阿尔巴尼亚反法西斯青年联盟的其他书记（Q.布捷利、P.米特罗约尔奇等），都被撤职并降职到其他部门工作。我被派到党中央动员宣传部门做教员。几个在计委或者经济部与纳科一起工作过的干部，也被降了职。连陆军参谋长、中央政治局候补委员穆罕默德·谢胡也被开除出了政治局并离开了军队，之后他被任命为通信部部长。同样身为政治局候补委员的法迪尔·帕兹拉米也被除名，并被派去二线工作。

这期间开了无数次会议，每次会议都夹杂着阴谋、诽谤、个人野心和勾心斗角。这些会议主要“揭露”纳科·斯皮鲁的所作所为，但批评声中也有对霍查“缺乏警惕性”的影射，同时科奇·乔尔捷的作用和地位也被抬高。与此同时，把南斯拉夫以及铁托元帅说成阿尔巴尼亚的朋友和拯救者的宣传也占据了主流，而对苏联和斯大林的宣传可没怎么使用像宣传北方邻国时所使用的称号。

而在“吞并阿尔巴尼亚方针”的落实方面，他们也加大了实现铁托吞并计划的努力。我们的经济越来越融入或者说被置于南斯拉夫的监管之下。显然，铁托开始加快行动了，他通过他的间谍（指科奇·乔尔捷等人）越来越多地介入到阿国的军队事务，希望统一阿尔巴尼亚军队和南斯拉夫军队，并要求撤走苏联顾问，理由是苏联红军的经验不适合从游击战争走出来的阿国军队。在此方面，南斯拉夫还迈出了另一步，他们以希腊可能会进攻阿尔巴尼亚为借口，要求阿尔巴尼亚立即同意南斯拉夫派两个旅的军队入阿，以此实现从军事上占领阿国。

但是，铁托的这一步在他整个对阿尔巴尼亚的计划中是致命的。霍查同志起了疑心，因为当时没有任何证据显示希腊准备进攻阿尔巴尼亚。出于稳妥考虑，霍查向苏联政府通报了铁托的建议，同时请求苏联，如果他们掌握任何关于希腊进攻阿尔巴尼亚的信息，一定要通知他。苏联很快做了回复，说根据他们现有资料显示，近期希腊对阿尔巴尼亚没有任何威胁。

收到莫斯科的回复后，霍查不仅拒绝了南斯拉夫向阿派遣两个旅的要求，也开始怀疑起铁托对阿尔巴尼亚的政策和立场。

没过多久，大概是1948年3月，苏联把他们领导人和铁托之间的矛盾告诉了霍查。

苏联给霍查看了斯大林和莫洛托夫写给南斯拉夫共产党中央委员会的信。信中批判南斯拉夫路线是机会主义，有悖马克思主义，批判南斯拉夫政策亲西方。这些信自然受到了阿方的特别欢迎，因为它们撕开了南斯拉夫铁托分子“纯马克思主义者”和“社会主义原则的卫士”的假面具。正如当时大家所说的，这才是真正的“拯救者”，因为是他们让霍查和他的同志们看清了南斯拉夫对阿尔巴尼亚的所作所为，也因此采取了预防措施，使阿国远离了正在逼近的危险。

这样便开始了一个与纳科自杀后截然不同的阶段。现在开始分析南斯拉夫介入后导致的错误，那些支持和传承错误政策的人受到了批评。科奇·乔尔捷和他的一帮追随者成了挨批的目标，于是曾是政治局委员的P.克里斯托和K.塞梅尔科、内务部副部长N.凯雷吉和V.科莱茨、乔尔捷的助手XH.布鲁什和N.胡塔都受到了惩处。阿尔巴尼亚共产党开始了新的历史阶段。

阿尔巴尼亚劳动党第一次代表大会

在这种形势下，1948年11月召开了阿尔巴尼亚共产党第一次代表大会。这是建党以来第一次由阿共党员主持的会议。当然，没有更早召开大会是因为战争原因而不具备召开的条件。阿尔巴尼亚获得解放后，阿尔巴尼亚共产党也没有公开使用过这个名字，她的各项活动都是“隐藏”在“民主阵线”名义下进行的，所有共产党员都加入了这个阵线。事实上这是一个几乎所有阿尔巴尼亚人民都加入的大型民主组织。

这次大会回顾了自党创建以来进行的各项活动，分析了战时和解放后所执行的路线方针，同时确定了未来的工作任务。自然这次做的分析有别于1944年10月贝拉特第二次全会，也有别于1948年2月第八次全会上所做的分析。

大会关注的焦点、所做的报告以及无数的讨论都是围绕批评铁托行为以及党内以科奇·乔尔捷为首的间谍集团而展开的。

大会修改了党的名称，从建党时的“阿尔巴尼亚共产党”改称为“阿尔巴尼亚劳动党”。这个改变是1947年斯大林在和霍查的一次会面中提议的，因为斯大林认为在阿尔巴尼亚无产阶级并不发达，大多数人民是农民和手工艺人。大会还通过了党的章程，一直以来党就缺少这样的文件。

劳动党“一大”指明了阿尔巴尼亚的社会主义的发展方向，确定了国家发展的根本任务就是尽快摆脱贫困落后。为此，大会强调了实现国家工业化和电气化的必要性，同时也指出要兼顾农业的综合发展。在确认规划目标时，大会借用了苏联的理论口号，如需要“发展重工业和门类多样的轻工业，优先发展生产工具的制造业”等。实际上这并不符合阿尔巴尼亚的实际情况。此外，至少在头两年，我们的注意力主要集中在开发利用国家的主要资源，如矿产，尤其是石油、铬矿、煤与铜的开采，以及几个轻工业项目的建设上。

至于农业，大会提议在农村开始实行“渐进的、谨慎的、自愿的农村土地集体化”。这是一个重要的决定，最初的方向也是正确的。如果农田分散、农具落后，那么阿尔巴尼亚农业将无法发展和进步，只有团结农民，合并成立集体合作社，阿国的农业才能摆脱原始和落后。

农业集体化尤其在最初几年一直是“渐进式的”。第一个合作社于1947年在穆泽切的克鲁提耶建立，并从此向国家其他富饶的平原地区延伸。第一个合作社良好的生产结果，促进了其他合作社在平原地区的建立。山区的集体化开始得很晚，大约是在20世纪60年代末，也就是在建立第一个合作社20多年后才开始的。

劳动党“一大”在《两年规划》（1949~1950年）中确定了国家政治、经济、文化发展的主要任务。大会后期选出了由21位委员和10位候补委员组成的党中央委员会。我当选为中央委员会委员。

“一大”之后，党的宣传和“语言”也都有了改变。大家更公开、更频繁地说起社会主义、无产阶级专政、阶级斗争和马克思–列宁主义等。党委不再“违法”，党委委员也得到了公开承认。

大会对科奇·乔尔捷集团进行了处理。科奇·乔尔捷被开除出党，会后又被送上法庭审判。法庭以其严重违法，对共和国公民任意非法处置而判了他死刑。科奇·乔尔捷在阿国解放后曾领导过内务部和国家安全机关，期间执行过几次警察暴力行动（非法逮捕、在国家安全中心折磨被捕者等）。

大会十分圆满，不仅批判了科奇·乔尔捷的错误行为，还对他企图控制所有国家事务，集党、政于一身的做法进行了制约。根据贝拉特全会“精神”，阿国解放后，霍查作为总理只负责领导政府机构，而集合所有经济、文化事务的党中央以及地方党委则由科奇·乔尔捷领导。考虑到乔尔捷还是内务部部长，领导着警察、国家安全机关和防御旅（追踪破坏分子的部门），显然他一人控制了整个国家的命脉，也把霍查抛在了一边。这种组织和管理模式肯定是南斯拉夫建议的。

尽管对这种有害的模式也进行了批评，但实际上改观甚小。毫无疑问，“一大”之后，这种党、政合一的情况已不再存在。但在很多情况下，地区党委和基层（指企业和农村）党组织在“党指挥一切”的口号下获得了极大的权力，这对干部选拔和严格执法都产生了负面影响。众所周知，各地区党委对国家机关、各经济文化组织的一切事务都有十分巨大的影响力。党的基层组织也是如此，他们经常插手农业合作社和各种生产性企业的工作，甚至干涉干部的调动和任命，放任阻碍进步的裙带关系自由发展。

大会还做了一件正确的事情，即严厉批评并提议与科奇·乔尔捷领导的国家安全机关使用的违法方式做斗争。大会之后，劳动党中央政治局制定、批准了国家安全工作机制，以使国家安全机关的行为法制化。不同的安全机构及其员工的工作任务也通过这个工作机制确定。这个工作机制的目标就是把国家安全机关的工作纳入到法律的框架之内。于是，情况与大会前相比有了天壤之别，但大家也都清楚，此后践踏法律和侵犯人权的例子也并不鲜见。

一元制垮台之后，阿尔巴尼亚国家安全机关成了被批判和抨击的中心。所有人——不仅是那些真受冤枉的人，还有那些假装是今天民主卫士的人——都怪罪国家安全机关。我既不想为安全机关的非法行为做辩护，也不想包庇安全机关里的人曾经犯过的罪恶。但是与对待之前其他各领域的行为一样，对他们的情况也必须认真地分析，而不是根据非黑即白的原则简单化处理。

正如不能全盘批评国家安全机关的所有行动一样，我们也不能把安全机构的所有人员都看成是错误的。大部分安全机关的人员是勇于奉献的，他们为维护国家的独立和自由、为免受各种各样的敌人入侵，也是做出过牺牲的。他们中许多人为此献出了生命，或者将整个青春岁月献给了与南斯拉夫和希腊派来的破坏分子、经英美特工人员培训过并被空投进阿国的敌人做斗争的事业中。这些匪徒来到阿尔巴尼亚后肆意烧杀，他们是为了实现与自由独立的阿尔巴尼亚相敌对的行动计划。那些勇敢面对这些风浪的安全机关的工作人员，值得国家的尊重！

他们与政权反对者做安全斗争时，也会出现玉石俱焚的情形。镇压活动中的受害者也有无辜的市民。我认为国家安全机关是一个“封闭”的、笼罩着秘密的机构，这就给了它的领导者滥用职权、践踏法律的机会。这种机会越来越大，因为安全机构的工作总体上不受检察院和法院的持续监管。党的领导人更多地信任安全机构说的话和提供的信息，而检察院和法院提供的信息就显得不那么重要了。如此，安全机构的员工在工作的时候就享有了“更大的自由”，所以违规的事情也就更多了。

除了上述理由之外，我还要说一件事。所有在1945年到1982年间领导过阿尔巴尼亚国家安全机构的内务部部长（科奇·乔尔捷、穆罕默德·谢胡、卡德里·哈兹比乌、费乔尔·谢胡），他们最终也都作为党的敌人而被枪决了。不管对他们的指控是完全正确、部分正确还是小部分正确的，我们还是可以得出结论，即这些部长们握有的生杀大权，他们“篡位”的企图以及为维持权力而做的斗争，都是他们践踏法律的源头。其主要表现就是打击那些所谓的“失去地位者”抑或党的干部。最后这种情况下的违纪最为常见。

重回共青团

劳动党“一大”结束后，我以团中央总书记的身份回到了共青团。和我一起回来的还有察米尔·布捷利和皮普·米特罗约尔奇，他们在纳科·斯皮鲁自杀后也一度离开了共青团。

现在共青团的工作领域有所拓宽，然而学校教育和扫盲仍是共青团工作的重点。在政府的关心下，学校建设已经开始向偏僻遥远地区延伸，但即便如此，困难依然很多。最主要的困难是缺乏师资，但物质基础也一直很薄弱，教学地点以及课本十分紧缺。新政权没有在这些困难面前退缩。起初，教学任务主要由那些师范学校或普通高中尚未毕业的学生来完成，尤其是在农村。而教学场地基本都是由热心教育的农民提供的。就这样，小学和初中得以普及，而在全国的几个主要城市还建立起了高中。

1949年后，高等教学机构也首次启动。首先在地拉那开设了两年制师范学校，两年后又改为四年制，为国家培养教师。在此之后，先后开设了农学院、理工学院、医学院、经济学院和政法学院。在此基础上，1957年组建了地拉那国立大学。而农学院继续作为独立学院存在。

除学校教育之外，青年们还参与了各种文化和体育活动。谁都记得有个青年之家，它作为事实上的文化俱乐部，给年轻人提供了娱乐的场地，也让他们在那里读书、了解文化和舞台艺术。可以毫不夸张地说，阿尔巴尼亚解放后的前几年，共青团就是发展文化、体育的倡导者。《青年报》（之后改名为《青年之声报》）是第一份在其版面上发表当时作家，尤其是优秀青年作家作品的报纸。而体育联合会在头几年由共青团中央委员会领导，联合会主席K.帕帕亚尼同时也是团中央的领导成员。在联合会的领导下，在阿尔巴尼亚反法西斯青年联盟的直接关怀下，K.帕帕亚尼还于1946年在地拉那组织举办了巴尔干运动会。

共青团另一个方面的工作是在农村开展各项活动。农业改革完成以后，在农村的工作成为共青团的首要任务。大部分人口在农村生活和工作，而他们的生活方式却十分落后。我们确信，如果农村生活的各个方面得不到改善，国家就无法进步。青年是最先进的一群人，他们应该而且能够成为农村经济文化转型的火炬手。今天我们的农村和农民已经有了巨大的变化。阿国一解放就出现了许多问题，这让人难以置信。我说的问题不是农村里的文盲或者不同程度的迷信。我说的是粮食问题和土地问题。解放后的头几年，粮食战争成为不惜一切代价必须打胜的首要战役。为此，必须说服农民利用一切耕地进行耕作，还必须克服几个心理障碍。有些农民害怕在土改得到的土地上耕作，因为旧地主向他们施压。有些农民迟疑要不要使用农药，他们害怕这样会烧坏麦种和玉米种子。其他一些人因担心拖拉机会破坏土地而不愿意使用农机具。现在的年轻人听到这些落后的想法可能会付之一笑，但是这些恰恰反映了农民阶级的愚昧无知和经验缺乏。

青年人在农业集体化过程中发挥了巨大的作用。20世纪50年代初，农业合作社越来越多地建立起来，这也是共青团的主要任务之一。青年人作为最先进的人群，影响着自己的家庭和整个村庄，使他们屏弃偏见，接受可保农业更快发展的合作社。

青年人在国家经济部门也是中流砥柱。所有新工厂的建设工地上最主要的建设力量都是青年人。他们还掌握了相关职业技能，会操作新机器。而铁路建设可以说是一项专属于青年的工作了，基本上阿尔巴尼亚所有的铁路都是由青年志愿者建造的。数十万的青年男女作为新阿尔巴尼亚的建设者参加了义务劳动、经历了苦难。这也成为他们后来简历中浓墨重彩的一笔。

民族解放战争期间以及解放后，一共有两个青年组织：创建于1941年11月23日的共产主义青年团和1942年9月召开佩扎反法西斯大会时成立的反法西斯青年联盟。1947年10月在阿尔巴尼亚反法西斯青年联盟第三次代表大会上，反法西斯青年联盟改名为“阿尔巴尼亚人民青年联盟”。

共青团成员在动员所有阿尔巴尼亚年轻人方面起到了主要作用，尤其是在战争年代更是如此。尽管人数不多，但他们是反法西斯青年组织的灵魂。民族解放战争结束后，在全国的游击队和农村中共有近万名共青团员。应该说，在解放后的头几年，共青团员的人数仍然不多，他们接纳新团员时的宗派倾向还是很明显的。

两个青年组织接受的是共同的领导，因此经大会选出的阿尔巴尼亚反法西斯青年联盟（后更名为人民青年联盟）书记处，其成员也有来自共青团中央的委员。反法西斯青年联盟的主席和总书记，同时也是共青团中央政治书记和组织书记。同样的情况在地方组织也出现过。

党的“一大”之后，经与共青团领导讨论，决定将两个青年组织合并成一个，为此1949年9月在斯库台召开了合并大会。

这次大会确立了统一的青年组织，名为阿尔巴尼亚劳动青年联盟。会上，我被选为联盟第一书记。我在这个职位上一直工作到1955年5月，从1951年到1954年有过一个中断，在此期间我在莫斯科完成了政治科学的学习研究。

青年联盟的工作经历深刻地影响了我以后的工作方式。之后，无论是在教育部，还是在党的宣传部门工作，与其他党员一贯的开会风格相比，我更倾向小范围见面、自由交谈，通过这种方式我觉得能更好地了解到真实情况。我也是这样教育其他人的。

几个主要青年干部

我在青年组织与一大批同志结识和共事，至今回忆起他们，我还是心怀爱戴和尊敬。当时我们都很年轻，大多数人来自游击队伍，我们热情洋溢，满怀理想。我们希望建设一个自由的、没有压迫和剥削的社会，一个提供各种工作、学习、文化和娱乐机会的社会。所有阿尔巴尼亚反法西斯青年联盟和共青团中央的同志们都全身心地忘我工作，以完成阿尔巴尼亚青年组织领导层赋予我们的使命。

最初，从海尔默斯大会开始到1948年2月，纳科·斯皮鲁、阿尔奇·康迪、利丽·贝利绍娃和法迪尔·帕兹拉米都曾参与过青年组织的工作。在提到纳科自杀事件时我已经写过他。纳科十分擅长和我们青年干部相处，我们都十分喜欢甚至崇拜他。我们欣赏他超群的能力、缜密的思维和处理各种问题时的机智灵活。正因为我们和纳科的关系，在他去世之后，科奇·乔尔捷一伙采取措施将我们调离了青年工作。除了纳科的夫人利丽·贝利绍娃被调离外，我、察米尔·布捷利和皮普·米特罗约尔奇也都被调离了。

阿尔奇·康迪在青年组织工作的时间并不长，因为他未满20岁就英年早逝了。我在战前就认识了阿尔奇和他的弟弟皮洛，当时我们都是地拉那高中的学生。阿尔巴尼亚共产党一创立，阿尔奇就立刻成了共青团杰出的活跃分子。前面我已经写过阿尔奇以及他的惨死。任何企图抹黑他形象的做法，都丝毫不能掩盖他的英雄形象，他的智慧和知识，以及他对人民和阿尔巴尼亚青年的热爱。

阿尔奇去世后，利丽·贝利绍娃当选为青年主席，而我被选为总书记。我和利丽共事了很长一段时间。一开始我俩作为青年组织的领导共事，后来，当我是青年第一书记或是教育部长时，我和时任中央主管宣传、教育部门书记的利丽仍保持着党务联系。而1958年到1960年期间，我作为中央宣传部主任，每天都和利丽有工作上的合作。利丽作为负责宣传的劳动党中央书记处成员，自然就是我的直接领导。

利丽·贝利绍娃在战时是地拉那的活跃分子。在一次反法西斯示威游行中，法西斯用武器对付示威者，利丽因此失去了一只眼睛。我们是在海尔默斯阿尔巴尼亚反法西斯青年联盟第一次代表大会上认识的，从此就成了好朋友。我同利丽一道从1951年到1954年在莫斯科上大学。利丽学习十分刻苦，孜孜不倦。她出口成章，能参与各种谈话，而且总体上说，即使是长篇大论，她也总是言之有物。她有一个毛病：她太有抱负，总想在每件事上争第一。这让她总是与那些正在进步的人“结仇”。我说的也许不一定对，但是正是因为她性格中的这个缺陷，促使她犯下了大错：支持苏联而反对自己的党。1960年被开除出党后，她承受了超乎想象的严重后果。她和她的家庭被发配到远离地拉那的地方，并在那里一直待到1990年。

与我们一样都曾是青年活跃分子的法迪尔·帕兹拉米也落得相同的下场。我和法迪尔也是在海尔默斯的青年大会上第一次认识的。解放后，我们没有直接合作过，因为解放后他几乎没有从事过青年工作，而是直接负责国家事务。1948年劳动党“一大”之后，他在《人民之声报》担任主编，之后升为文化部部长，最后，他作为地拉那市议会宣传书记一直工作到1973年。法迪尔也以工作勤奋著称，甚至在工作之余，他还花许多时间用于创作。他写过剧本，不过总体上这些作品得到的都是艺术价值不高的评价。尽管如此，还是有“鼓励”他的溜须拍马者。

法迪尔·帕兹拉米有一个缺点：自大且因此不爱与人交流。当他还是地拉那市委书记时，很奇怪，他竟然与大学里的几个知识分子干部搅斗在一起，或多或少地，这大概是受了中国反资产阶级斗争路线的影响，这是一种宗派做法。我觉得“很奇怪”，是因为1973年法迪尔被惩罚的原因，竟然是他的“自由主义立场”。我和法迪尔的关系一般，不热乎但也不冷淡。尽管如此，我仍认为法迪尔受到了比他本应承受的更严重的惩罚，其实可以只限于党内处分，而没必要走到刑事处分那一步。人们告诉我说，法迪尔在狱中还写了50多部剧本。

和青年人工作的同时我还和其他一些同志合作过，我充满感情地怀念他们：察米尔·布捷利、皮普·米特罗约尔奇、马里卡·伊萨克、捷马利·穆尔塞利、克里斯托·帕帕亚尼、居泽拉·雅科瓦等许多同志。当时，我们少不更事，但是我们之间的情感是真切的。这些同志中克里斯托·帕帕亚尼、察米尔·布捷利和皮普·米特罗约尔奇已经离世。他们都很礼貌友爱。克里斯托十分机敏，无论是对青年团员，还是对运动员或其他同志，都是以礼相待，他总是默默微笑着，从不会生气，是一个不知疲倦、想象力丰富的工人。这种特性在他离开共青团被任命为发罗拉执行委员会主席，或者在成为市长时也都能体现出来。至今大家还会想起克里斯托和他所做的贡献。发罗拉市授予克里斯托·帕帕亚尼“I荣誉市民”称号是实至名归的。

我满怀尊敬地回忆皮普·米特罗约尔奇。我永远不会忘记我们一起在共青团工作的那些年。他是一个极富天才的干部，是很好的组织者和宣传者。他平易近人，谦逊有礼。我后来也与他合作过，他很长一段时间担任党中央宣传部的干部以及《人民之声报》主编的职务。我们一直都是最亲密的同志和朋友。即便是在1990年事件之后，我也常和他见面，他也来我家做客，我们像往常一样聊天。

察米尔·布捷利是一个很特别的同志。他偏爱文学，以幽默出名。他的幽默感在他写的许多书和文章中都有所体现。他是我们所有见面和谈话中的“开心果”。毫无疑问，他也表现出了一个好的组织者和一个专注于青年事业的人应有的样子。察米尔很长一段时间都在《青年之声报》做领导。他领导建设我国第一条铁路的事迹将永远被世人所铭记。他带领青年志愿旅勇敢地克服了南斯拉夫专家设置的种种障碍，成功地完成了自己的任务。我之所以记上此事，是因为察米尔由于坚持自己的立场而遭到了铁托分子和他们的走狗科奇·乔尔捷的记恨。

劳动党“一大”后，我当选为团中央第一书记，我请察米尔做我负责宣传工作的助手，他所做的工作永远保质保量。我和他的友谊一直保持到他生命的最后一刻。作为幽默文学作家，我觉得他比任何其他人都更优秀。他在许多比赛中也都获过奖。

我对捷马利·穆尔塞利、马里卡·伊萨克和居泽拉·雅科瓦都有着同样的尊敬和友情。他们和察米尔·布捷利一道从1948年至1951年间构成了阿尔巴尼亚劳动青年联盟书记处全体成员。三位同志不仅是团结合作的同志，也是情同手足的朋友。

我非常热爱共青团的工作，以至于1967年党中央决定实行“干部交流”制以便让他们与基层、农村或者工作中心的人们建立联系时，我要求回到共青团中央工作，但他们没有答应我的请求。

我的要求再一次没有“被满足”。第一次是国家刚解放，正开始往苏联和其他东方阵营国家输送年轻人接受高等教育的时候。自我上高中以来，数学是我最喜欢的科目，因此我的梦想是做一名工程师，所以当听说会派年轻人出国留学后，我就去找了时任国家计划委员会主任的纳科·斯皮鲁。我对他说："相信我也有资格被外派去学习工程专业吧？"纳科没有拖泥带水地回答道："快走吧，孩子！我们现在有许多工作要做，青年工作也是我们的重要工作。你还是好好把这个任务完成吧！"

那天之后过去了六年，看来我"较好地"完成了交予我的任务，因为1951年，我与其他四位同志——利丽·贝利绍娃、皮洛·康迪、穆塔兹·谢胡和约尔吉·索塔——一起被派到了苏联，在莫斯科高级党校学习社会政治学。在莫斯科的几年让我们受益良多，因为那里给了我们拓展知识和眼界的空间，让我们对在社会主义道路上如何推动国家发展和进步做好了理论准备。

莫斯科的日子让我难忘还有另一个原因，塞米拉米斯当时也在莫斯科。我们1951年就结了婚，那时她还在莫斯科的一个化学研究所学习。因此正如我之前提过的那样，和塞米拉米斯一起学习的那两年让我无比怀恋。

1954年7月，我完成在莫斯科的学业之后回到了阿尔巴尼亚，继续担任团中央第一书记的工作。这里我得提一下，在我留苏学习期间，我第一书记的位置一直是正式保留的，但察米尔·布捷利和托迪·卢伯涅都先后临时领导过团中央。

实际上，在我留学的那一年里，我一直在同事们曾经去过的地方来回奔波，所以没有什么特别的事可提。

文化教育部部长

1955年5月，我离开了青年工作，因为我被任命为文化教育部部长，这个工作转变对我来说非常意外。

1955年5月的一天，有人通知我说谢胡总理有事找我，所以我得去见他。我到了谢胡的办公室，他在见面问好之后便直奔主题。

他说："政治局在昨晚的例会上任命你为文化教育部部长，所以从明天开始你就联系一下马努什同志（他当时是副总理）并开始工作。”

他没有再说什么，因此我除了说“遵命！”之外，也没有再做任何评论。我是以忐忑的心情接受这个职务的，因为我不太了解政府机关的事务，甚至我们青年团干部对政府工作人员的印象就是“官僚”，是封闭在办公室中的“雇员”。当然，这种印象是错误的，我在部里开始工作之后，体会到了另一种感受。

回忆起那段时光，尤其是与各部门的领导干部和专家的紧密合作，我心中依然十分激动。我和当时的副部长卡赫莱曼·于利的合作硕果累累。我与卡赫莱曼从解放战争时期就已经是老朋友了。他是一个真正的知识分子，博学多才、有创造力且孜孜不倦。他待人彬彬有礼，受到所有同事和教育工作者的尊敬。我对另一位副部长K.巴博奇的印象也是如此。他当时在教育后线工作，负责学校和教学用具的规划以及通过国企加以落实。在教育领域，我从杰出的教授如A.杜哈吉乌、K.朱马利、从前我尊敬的数学老师V.吉康迪以及许多其他专家那里，获得了许多教育方面的经验和知识，他们所有人都为人民的教育事业做出了贡献。

我把为地拉那国立大学于1957年4月落成而努力工作当成是我们最特别的荣耀。我记得M.卡拉亚尼教授、S.库内什卡教授等为建立化学和物理实验室付出的努力。他们亲自动手，在各工厂寻找建设化学和物理实验室所需要的各种零部件。那个时候，教育基金也不充足。1956年至1957年间建成的国家歌舞团和国家歌剧舞剧院，为发展我国的文化艺术事业提供了可能。

我在文化教育部一直工作到1958年，之后根据党中央的决定，我调任党中央宣传部部长，从此我作为党的干部而开启了人生的又一个阶段。众所周知，我在党的“一大”和“二大”（1948年和1952年）上都被选为中央成员，在1956年5月的第三次党代会上，我被选为政治局候补委员，在1960年的一次中央全会上，我被选为中央书记。1961年2月召开了党的“四大”，我被选为政治局委员。在这些岗位上，我具体负责的事务涉及宣传、出版、文化、科学和外交等几个方面。1982年后，我当选为人民议会主席团主席（即共和国主席），1985年当选为阿尔巴尼亚劳动党第一书记，并负责管理经济和国家行政事务。

在简要介绍我的工作的同时，我想强调的是，在位期间，党的领导层做出的任何一个决定，也都有我的一份责任。自从劳动党“一大”我当选中央委员之后，所有重大的决定都是由当时的领导集体讨论做出的。常常有人说所有的决定都是由霍查一个人做出的，这是不正确的。所有的决定都是根据权限，由党中央、政治局或者中央书记处批准的。当然，霍查在党内各项事务中都起着主要作用，他的话大家是听从的，甚至在做各种决定时也是很关键的。

说到领导集体，我想强调的是，在党的领导层中，有一些人在党务工作和国家事务中扮演了关键角色，当然也有些人几乎没有起什么作用。恩维尔·霍查、纳科·斯皮鲁和穆罕默德·谢胡，是不能与皮洛·佩里斯特里或里塔·马尔科这样的同志相比的。前者是完全的政治家、国家经济文化发展规划的建设者、才华横溢的创造者和领导者，受过良好教育，他们在阿尔巴尼亚政治中起着决定性作用。后者是忠诚的共产党员、不折不扣地实行党的路线的战士、捍卫国家利益的战士，但是他们整体文化水平不高，没有能力为将来“构建”一个清晰的战略，既不能做经济计划，也不能做文化政治规划。倒不是他们没有这份意愿，而是他们对当今形势不甚了解，缺乏对未来的远见卓识。

在今天的宣传中，经常带有贬义地描述一些同志，如L.楚科和P.密斯卡等。但我认为他们的忠诚值得尊敬，因为他们的的确确为国家的发展和进步倾尽了心血。他们没有给自己盖房子，也没有开设自己的企业或生意，更没有贪污人民财产中的一分钱，而是用自己所知道的一切为国家利益服务。他们在农村、合作社、北方深山和穆泽切平原为国家服务。我是不喜欢做比较的，但是多元化实行的15年来，我们并没有看见哪个部长的知识水平、服务意识和工作成果能与社会主义时期的部长们齐肩。我不是因为他们显赫的地位而夸他们，每一个曾在党内或政府供职的领导同志都拥有我说的这种品质。

恩维尔·霍查

如我前面所述，大约在1943年初，我第一次有机会“认识”恩维尔·霍查。我知道他曾在地拉那高中当过老师，后来在科尔察专科学校教书，是阿尔巴尼亚共产党的地下领导人。在我们民族解放运动年轻的积极分子中间，恩维尔·霍查的名字常被提起，尤其是1941年10月28日在地拉那举行反法西斯示威游行之后，更是如此。在与法西斯警察的冲突中，霍查给了疏散游行队伍警察指挥官的意大利上校一记重拳，将其击倒在地。这位“巨人”引起了我们所有人的注意。

我与霍查的“认识”纯属偶然，甚至我们更多的是点头之交，而不是交谈。当时情况是这样的：我说过我同泽奇·阿果利是很好的朋友。一天我像往常一样去泽奇家预习第二天的功课。我们进了一个里间，备课完毕后，我们一道往外走。就在这时，在过道上碰见了霍查，我一下认出了这个身材高大颀长，穿着西裤和马甲的男人。他先开口问道：“你们学习完了？”我们还没来得及回答，他就对泽奇说道：“这就是你跟我说过的你那位一起学习、形影不离的朋友？”泽奇点了点头。霍查握住我的手对我们说：“你们要好好学习。你们应该成为学校青年的榜样，让他们在反法西斯的战斗中成长起来。”我们除了点头，好像在说“对，是的”之外，什么话也没说便离开了。

我第二次见到霍查，是1944年3月在科尔察的帕那里特村里，当时我前面提到的政治培训班结束了。当然此时的他的穿着也有所改变，这次他的衣着是半军装风格，穿着马裤和马靴，腰间别着枪挂着弹夹，神态看起来也有些不同，肤色变了，有点山里人的味道，但总是带着微笑，而他的举止还是像我初见他时那样热情、友好。他告诉我说，我已被任命与游击队青年一起工作，具体职务是在斯克拉巴尔刚组建的第七旅担任政治部成员。霍查建议我除了负责旅里青年工作之外，也应关心第七旅途经之处青年的情况。“但是，”他补充道，“请不要只限于青年工作，也请与旅指挥部和旅党支部的同志合作，与中央青年委员会保持联络。当你有建议时，也可以给总参谋部写信。”

我第三次见到霍查，是1944年8月阿尔巴尼亚反法西斯青年联盟第一次大会（即海尔默斯大会）期间，以及会后即在海尔默斯召开的共青团中央会议。大会开幕那天，我有幸以与会代表之名，欢迎大家的到来并承诺阿尔巴尼亚青年将继续坚定不移地战斗，直至国家完全解放。

战时，我和霍查的另一次见面是在1944年12月初，即阿尔巴尼亚全国解放的几天之后。此时霍查已到了已获解放的地拉那的总理办公室。这次会面，他向我阐述了重建国家面临的巨大任务，并告诉我说我已被任命为第五师政委。他和我说了很长时间应该如何与人民，尤其是那些在科索沃的阿族人以及与南斯拉夫军队相处。关于这次见面，我前面也说起过。

阿国解放后，我与霍查的见面变得频繁了许多，甚至最近25年（1960~1985年），我可以毫不夸张地说，我们每天都见面。

恩维尔·霍查成为人民爱戴的领导人，因为他所有的革命活动都是为大众的幸福和阿尔巴尼亚的进步服务的。

恩维尔·霍查是位睿智的组织者和政治家，是社会主义建设的建筑师。他身上有一个特性：对人民的爱。恩维尔·霍查不是生来杰出的——是他对人民和祖国的爱成就了他的伟大，他不是大学培养出来的思想家——是对革命问题的热情和关注武装了他的思想。

恩维尔·霍查是阿尔巴尼亚民族解放战争的领袖，这次战役在我国历史上书写了最辉煌的一页。他领导了这场战争，带领游击队员投入到每天的战斗之中，或手握武器，或手执钢笔，或进行辩论。别人头昏眼花之时，他明察秋毫；敌人和叛徒散布恐怖和失败主义时，他宣扬勇气和决心。

霍查既有勇气又很谨慎，两者和谐统一。正因为如此，他在常人极易烦躁的时刻或敌人故意寻衅滋事的时候也能保持冷静。在苏联舰队撤离发罗拉基地或者阿尔巴尼亚退出华沙条约时，霍查都表现出了非凡的智慧和勇气。

恩维尔·霍查是一个涉猎广泛的知识分子。他不仅有充足的人文知识，对自然科学也有相当的了解。他学识丰富，博古通今，不仅懂古典文化，还懂当代艺术。古老的伊利里亚和阿尔巴尼亚文化，以及我们现代文学艺术的发展，对他来说都不在话下。他的博闻强记让他在各种场合如鱼得水。

许多人问我："霍查是征求和听从同志们的意见，还是一意孤行？"之所以出现这种问题，是政治反对派的宣传所致，尤其在1990年剧变之后，他们把霍查形容成一个野蛮的独裁者。我对上面问题的回答是："是的，霍查会听从同志们的意见，和同志们商量各种问题，并根据集体做出的决定行事。"恩维尔·霍查与人民和同志们交往时是礼貌正直的。总体上说，霍查很安静，但是对没有很好地执行任务，或者在工作中犯下大错的人，他会十分严厉并追究到底。他对于敌人或者疑似敌人的那些人，会毫不妥协并且冷酷无情。

我所说霍查会与其商量问题的同志，主要指那些有真知灼见的人。霍查最常与谢胡和卡博商量，但是一些专门问题，他也会和相关部门的其他主管同志讨论。直到20世纪70年代中期，也就是他心脏病第一次发作之前，他常找机会与国家、社会各领域事务中的杰出人士见面。他经常请部长和专家去他办公室，也常听取作家、知识分子和大学干部的想法等。那时他还常常在全国各地走动，亲自了解各处的工作情况，与农民、工人、干部和知识分子见面。除了定期收看的党的报告或政府报告之外，这些接触也成了他的一个信息来源。

一直以来，人们总说恩维尔·霍查搞个人崇拜。我认为这种崇拜主要是在20世纪60至70年代。当时，阿尔巴尼亚成功冲破了苏联的封锁，化解了他们破坏阿尔巴尼亚共和国的一些动作。在国际舞台上，阿尔巴尼亚得到了更多的同情，因为它奉行独立自主的政策，或者说它至少不受东方也不受西方的影响，而从当时的经济情况来看，毫无疑问那也是最好的一个时期。工业特别是能源和化工业发展迅速，也就是在这个时期阿尔巴尼亚实现了全国电气化。另一方面，农业发展也取得了成功。阿尔巴尼亚不仅能保障国内粮食生产，还出口了越来越多的农牧产品。

这些成功的取得在总体上营造了一个骄傲自满的氛围。在成功应对帝国主义和修正主义挑战的同时，党的路线和政治立场也把社会主义建设不断引向前进。那时候，即使不说马列运动或者那些不赞同赫鲁晓夫观点的事，阿尔巴尼亚也已引起了西方国家的关注。

这种情况导致所有党的领导人陷入一种骄傲自满的状态中，恩维尔·霍查也不例外，自然这就催生了对恩维尔·霍查的个人崇拜。

关于“个人崇拜”，我可以肯定恩维尔·霍查本人并没有追求这个，是我们、他的同事以及党的整个宣传在建立对他的个人崇拜上起了作用。也许有人会问：“那么恩维尔·霍查为什么会允许这样的事情发生？”真相是，他好几次都要求去除对他形象夸大的部分，但此后好像他也习惯了这种情况。

这种自满的后果不可能不在各种事件中反映出来，20世纪70年代尤甚，如开除几个党的领导干部，又如与中国断绝来往，等等。关于这些问题我还会一一讲到。十分清楚的一点是，当时整个党的领导层都沉浸在狂喜和自满中，已经很难让人清醒地认识到，走专制之路和限制对外经济联系——包括限制与“资本主义”或“修正主义”国家经济交往——会给阿国的发展带来严重的负面后果。

谈到以上，我想指出的是，我始终认为，要对过去的成功与失败负责的不仅是霍查，还有整个领导集体。因为我已经多次说过，总体来说，涉及原则性的和主要的决议都是经大家集体讨论做出的，或者至少是领导层全体成员都知道的，但没有任何人提出过任何反对意见。

无论现在对霍查有多少负面评价，但必须承认的是，霍查是20世纪下半叶阿尔巴尼亚人民最杰出的领袖。在他的领导下，阿尔巴尼亚人民在民族解放战争时期团结一致，重获自由和独立；在他的带领下，独立自主的阿尔巴尼亚通过不懈的努力，摆脱了长达几个世纪的落后局面，在经济、文化等各个领域走上了发展、进步之路；在他的领导下，阿尔巴尼亚在世界上赢得了应有的荣誉和尊敬，因为它珍视友谊，坚定不移地维护其独立自主，不受别国侵犯。恩维尔·霍查是阿尔巴尼亚民族复兴事业名副其实的继承者，他怀着与复兴时期仁人志士同样的热情和决心，为阿尔巴尼亚和其他阿族地区，尤其是科索沃而工作着、战斗着。

与南斯拉夫的关系　科索沃问题

阿尔巴尼亚与南斯拉夫在反法西斯战争时期就建立了密切的联系。众所周知，南斯拉夫的反法西斯战争也进行得如火如荼，而这场战争从1941年4月纳粹德军占领南斯拉夫后就立刻打响了。与此同时，反法西斯战争在阿尔巴尼亚和希腊也正在逐步扩大，因此在阿尔巴尼亚、南斯拉夫和希腊的游击队员之间渐渐地建立起了一种紧密的合作，因为大家都有一个共同的目标：把国家从意大利和德国的外来统治中解放出来。大家都是英、苏、美领导的世界反法西斯联盟中的一员。

从法西斯统治下解放之后，阿尔巴尼亚和南斯拉夫间的友谊在政治、经济、文化合作的道路上没有理由不更进一步，至少阿方认为与南斯拉夫的友谊有助于克服战后遗留下来的困难，但南斯拉夫却不这么看待两国间的友谊和关系。

由于缺乏应有的政治经验，当时我们年轻一代完全没有想到南斯拉夫领导人当面讲友谊，背后却隐藏着卑鄙的目的。我们也知道我们之间存在着科索沃问题以及居于南斯拉夫境内的其他阿尔巴尼亚民族问题，但我们相信，与反法西斯的南斯拉夫新一代领导人应该可以讨论并公正地解决这个历史遗留问题。

战后，我们两国间建立的紧密的政治、经济、军事关系以及我们的真诚，却被南斯拉夫领导人利用，以实现其吞并阿尔巴尼亚的计划。他们以帮助重建阿尔巴尼亚为由，向阿尔巴尼亚政府和军队派遣了许多南斯拉夫专家，既有公务人员也有军人。这些人，或公开或隐蔽地都说两国间应合并，在他们看来，合并将使阿尔巴尼亚快速发展起来。

我前面已经提到过南斯拉夫为了束缚阿尔巴尼亚的手脚而与我国建立的经济关系和签署的经济协议，我也提到过最近他们为了武装占领我国的企图，他们借口防止希腊可能袭击阿尔巴尼亚而希望派两个旅的部队入阿，但所有的这些尝试都失败了。

1948年6月，南斯拉夫共产党被开除出国际共产主义运动，因为它“偏离了马克思主义意识形态并全面实行修正主义路线”。我党热烈欢迎共产党和劳动党情报局的这项决定。几天后，1948年7月，阿尔巴尼亚政府撕毁了此前与南斯拉夫签署的所有经济协议，因为它们与阿尔巴尼亚主权无法调和，同时要求南斯拉夫从阿国撤走所有专家，无论是公务人员，还是军事人员。

总而言之，与南斯拉夫的关系破裂责任不在阿方。破裂是由反阿尔巴尼亚的铁托集团引起的，他们的目的在于统治阿尔巴尼亚。阿尔巴尼亚领导人坚决反对贝尔格莱德的奴役计划，也是源于对民族利益的考虑，是为了捍卫自由和独立。出于意识形态、反铁托及铁托修正主义的原因，以苏共为首的各国共产党都起来反对南斯拉夫。在此情况下，南斯拉夫反阿尔巴尼亚的行为自然被看作是违反马克思主义原则和国际主义原则的殖民思想和举动。

有一些外国分析家试图证明，总体上阿尔巴尼亚对南斯拉夫的态度和批评都与科索沃问题有关，这并不完全正确。首先，反对南斯拉夫路线是为了维护阿尔巴尼亚的自由和独立。毫无疑问，不仅是阿尔巴尼亚，科索沃同样是我们关注的中心。应该说，在最初几年，就像我们在阿尔巴尼亚发展问题上相信南斯拉夫一样，我们也相信科索沃问题会在公认的人民自决原则下公正地解决。

新南斯拉夫领导人铁托在1942年表达的观点也巩固了我们的这个信念。1942年10月，在南斯拉夫共产党党报《无产者》上，铁托写道："南斯拉夫共产党从未放弃……根据原则每个民族都有权自决直至分离。每个民族都是通过今天的民族解放战争用枪杆子获得这个权利的。"

在1945年至1948年我们两国关系正常的时候，阿方从南斯拉夫上述立场出发，曾提出过科索沃问题。霍查在他的《铁托分子》一书中提到他于1946年对贝尔格莱德的正式访问。其中，他写到，会谈时阿方向铁托提出了科索沃问题，并强调"现在到了我们两党好好解决这个问题的时候了"。书中还写到了铁托的回应，"我十分同意您的观点，但是现在我们还不能做这件事，因为塞尔维亚人不会理解我们"。

应该说在谈及科索沃独立的问题上，国际外交界的立场和铁托一样，他们更担心塞尔维亚人的反应，而不是关心科索沃人的独立权。

多党制确立后，质疑霍查和阿尔巴尼亚劳动党领导人以前的立场已变得司空见惯。反对霍查的人坚持说霍查并不是在1946年，而是在出版《铁托分子》一书时才形

成上述立场的。为了驳斥这些恶意的质疑，我引用一下1997年在俄罗斯出版的俄语文件（《1944~1953年俄国档案文件之东欧》）。

第159号文件中记载了1946年6月3日前苏联驻地拉那大使D.S.楚伐希恩与霍查就后者访问贝尔格莱德一事的对话。楚伐希恩写道："霍查在最近发言中也向铁托提出过科索沃问题。霍查对铁托说'考虑到这片地区绝大多数居住的都是阿尔巴尼亚人，毫无疑问，应该在合适的时候将它并入阿尔巴尼亚，但这件事只有在阿尔巴尼亚和南斯拉夫都成为社会主义国家之后才能去做'……尽管如此，霍查还是认为科索沃-梅托希亚问题应该在友好互助协议中多少有所体现。"楚伐希恩在发给莫斯科的记录中还写道，针对霍查的发言，铁托声称"当今国际形势不利于提出将科索沃-梅托希亚并入阿尔巴尼亚的问题"。在铁托看来，"现在提出这个问题只会削弱南斯拉夫政府的地位，尤其是在塞尔维亚的地位，同时也绝不可能提升阿尔巴尼亚的国际地位"。尽管如此，铁托称"有必要采取一切措施让梅托希亚和科索沃的人民更接近阿尔巴尼亚人民，而措施之一可以是开放阿尔巴尼亚和南斯拉夫的边境并免去这片边境地区的海关税。"（见第476~477页）

我们可以看到，霍查于1982年写在自己的书《铁托分子》里的内容，与苏联驻地拉那大使1946年所报告的内容是一致的。或许有些人会说"对，没错，但不管怎么说，霍查在这两种情况下说的都是合他自己胃口的话"。为了堵住这些吹毛求疵人的嘴，我再引用一下俄罗斯档案文件，但是这次反映的是霍查与铁托就科索沃问题谈话时南斯拉夫的立场。

在《1944~1953年东欧的苏联因素》（罗斯潘出版社，1999年出版于莫斯科）文件汇编中收录了第106号档案文件，其中记载了苏联大使D.S.楚伐希恩与南斯拉夫驻阿大使J.吉尔加在1946年6月5日的一次谈话。有必要提一下，J.吉尔加就是霍查正式访问贝尔格莱德与铁托就科索沃问题面对面谈话时的翻译。楚伐希恩向莫斯科报告说："吉尔加告诉我有关那事十分重要的一些信息，如霍查是如何向铁托提出问题以及铁托是如何回答的。根据南斯拉夫人所说，霍查用一种不显得很唐突的方式提出了科索沃-梅托希亚问题。霍查没有像共产党人对共产党人那样以坦诚的方式开门见山地直奔主题，而是从远说起，做了许多铺垫。据吉尔加说，铁托对科索沃–梅托希亚未来命运问题的立场是‘南斯拉夫的内部情况和国际大环境都不利于提出将科索沃和梅托希亚地区并入阿尔巴尼亚’。在铁托看来，‘这样的合并不会使阿尔巴尼亚变强，而南斯拉夫可能会损失很多，尤其是塞尔维亚，因为这个问题对她有十分特殊的意义’。”（第314页）

这一直是我们对科索沃的态度。当然，我们没有想过也从未尝试过像某些疯子所说的那样，通过向南斯拉夫宣战来武力解决这个问题。考虑到国际关系以及南斯拉夫和阿尔巴尼亚各自在世界上的地位，这种想法无疑是极度危险的冒险行为。

然而，导致我们两国间此后的冲突以及全面断绝关系的原因，并不是因为科索沃以及其他位于南斯拉夫的阿尔巴尼亚族群，而是我所说的南斯拉夫领导人企图占领阿尔巴尼亚共和国的野心。

阿尔巴尼亚和南斯拉夫的冲突当然也反映在塞尔维亚人对科索沃的态度上，那里的迫害、镇压、限制自由和暴力活动越来越频繁。因此，1948年之后，解决科索沃问题变得更加困难。如果说之前以我们对南斯拉夫曾有过的信任，还是有可能通过对话解决问题的，而与南斯拉夫关系破裂之后，这事就变得遥不可及了。

与南斯拉夫关系破裂之后，阿尔巴尼亚仍十分重视维护科索沃阿族人的权利，在世界上谴责塞尔维亚对科索沃政治、经济、文化的压迫和歧视。为此，我们写了数百篇新闻报道，阿尔巴尼亚领导人发表了无数次讲话，组织了许多官方抗议。这也是我们吸引国际社会注意力以及支持国境对面的阿族人抵抗塞尔维亚人的唯一途径。

在20世纪70年代，由于科索沃青年反抗塞尔维亚的压迫，寻求享有与南联盟其他民族一样平等的权利，以及来自阿尔巴尼亚共和国的压力，南斯拉夫当局被迫在科索沃与阿尔巴尼亚的文化交流方面做出一些让步。这个时期，在地拉那大学和普里什蒂纳大学、两地的科学院和研究所之间都建立了紧密的联系。地拉那的教授和知识分子定期去普里什蒂纳授课，与科索沃的教师和知识分子交流经验。科索沃的代表还参加了在阿尔巴尼亚举办的正字法大会以及讨论国家历史问题的国家专题讨论会等。

正是在这个时期，阿尔巴尼亚外交部成立了一个特别机构，专门跟进与科索沃的关系。2004年8月30日前，大使泽奇·阿果利还就此事在《日子》报上写道：“1978年6月，时任阿尔巴尼亚劳动党中央书记、主管阿外交部的拉米兹·阿利雅把我叫到他的办公室并通知我：‘霍查指示要在外交部成立一个专门处理科索沃问题的局。这个新局的正式名称叫第五局，你将被任命为这个局的局长。对我国来说，科索沃问题无论是对我党还是我国政府来说都十分重要。我们应该努力加强与科索沃阿族人在各方面的联系并在一切可能的领域帮助他们。我们应该竭尽全力维护我们科索沃同胞的利益。’”泽奇继续写道，“该局全名叫第五研究规划局，我们都明白这是一个代码名称……一切只与文化和科技有关。连续三年的交流活动也都仅限于这些领域，直至科索沃内部出现了新的情况，即1981年著名的寻求成立科索沃共和国的大游行。”

1981年的游行，是科索沃青年以及所有阿族人为争取自己的权利而进行的最激烈的一次示威，但这次南斯拉夫当局的反应也空前强烈。数百人被逮捕，一些科索沃机构被查封，阿尔巴尼亚和科索沃机构间的所有协议被撕毁。持续数年的镇压开始了，直到科索沃所有的机构，如地方议会和广播电视台等被全部关闭为止。阿尔巴尼亚和南斯拉夫的关系也进一步恶化，几乎一切都陷入了冰点。

尽管如此，我国没有中断宣传科索沃的活动。那时接连发表了三篇在国际舆论界很著名的文章。1981年4月8日发表了第一篇文章，题为《为什么对科索沃的阿族人使用警察暴力和坦克》；4月23日接着发表了《谁煽起了南斯拉夫各民族间的敌意》；1981年5月17日发表了第三篇文章《承认科索沃共和国的要求是正当的》。

反对铁托分子以及反对苏修的宣传和文章，都是在霍查的直接领导下完成的。当然所有事情都集中在由我主管的负责宣传和外事的部门——中央委员会这里，以S.拉兹林为首的一群同志在这里工作。霍查时常提出一些主题让我们写一写，有时候还给出一些更广泛的路线性议题供写文章，而其他时候我们则按照我们认为合理的方式做事。无论如何，在材料出版之前，霍查都会事先亲自看一下，大多数时候他都会批准通过，但偶尔也会提出一些修改意见，我们便在发表前将文章补充完善。这种工作方式从1962年与苏联公开论战开始，一直到20世纪80年代中期结束。

南斯拉夫当局反阿尔巴尼亚的立场也遭到了联合国的谴责。今天有观点认为，当时科索沃问题应作为一个特别问题提交安理会或联合国其他机构进行讨论。这事没有去做，也不可能这么做。不该忘记南斯拉夫在1948年公开反对斯大林和苏联之后，得到了美国和西方以及不结盟国家的大力支持。当时笼罩着“冷战”的阴云，在此情况下，联合国或者其他国际论坛都不会接受讨论科索沃问题一事。阿尔巴尼亚在国际论坛上提出解决科索沃问题的任何努力，都是注定要失败的。西方考虑到自己在那里的利益而选择站在南斯拉夫一边，因为在那里的利益总体上远远大于科索沃的命运以及他们在阿尔巴尼亚的利益。

只有在东欧剧变，尤其是南联邦解体之后，在谈到前南斯拉夫各民族命运时，西方才开始说到科索沃。这个时期，科索沃阿族人以及前南各民族争取自由和独立的斗争已经广泛地开展起来。塞尔维亚人野蛮地反击阿尔巴尼亚族人，对其实行民族清洗和种族灭绝。随着时间的推移，民族清洗的范围越来越大。种族灭绝的危险促使数十万科索沃阿族人涌向阿尔巴尼亚。米洛舍维奇不仅是阿族人，也是整个巴尔干的威胁。在这种情形下，西方国家采取了果断行动，尤其是美国对塞尔维亚的米洛舍维奇政权进行了打击。1999年3月14日北约对南联盟的轰炸，有力地支援了科索沃解放军的战斗。最终，科索沃摆脱了塞尔维亚的统治，赢得了独立，就此成为最新独立的国家。

社会主义经济文化发展道路

社会主义时期可以粗略分为两个阶段：第一阶段从1945年解放开始直到20世纪70年代中期。第二阶段从20世纪70年代末到1990年，这一年发生了剧变，多党制和市场经济替代了一党制和计划经济。

第一阶段，上面也有所提及，是最困难的时期，但也是阿尔巴尼亚全面发展取得最大成果的时期。这些成果改变了国家各方面的面貌。我们实行的社会制度不仅成功、快速地消除了战争的后果，重建了被侵略者摧毁的国家，还为阿尔巴尼亚的进一步发展和现代化打下了基础。解放后的头两三年，国内河流上被纳粹炸毁的桥梁就已全部修好，遭到严重破坏或者不能使用的港口和矿厂恢复了运转，国家当时仅有的几家工厂也开始了生产。

20世纪50至70年代修建了阿国最早的几条铁路。这些铁路连接地拉那、都拉斯和爱尔巴桑，之后逐渐延伸到费里、发罗拉、波格拉德茨、斯库台以及汉尼霍特。第一阶段还进行了农业改革，向耕作的人提供土地，为农业大发展创造了条件。改革后，在很短的一段时间内启动并完成了农田改良，如排干马里奇、苏马纳、特尔布菲、弗尔格、卡卡里奇等沼泽地的水。从排干的沼泽地中获得了近五万公顷耕地，另外还改善了两万公顷的土壤。除了物质方面的收获，排干沼泽对人们的健康也十分有利，因为根除了疟疾等疾病的病源。与提升农业产量的巨大工作一起进行的，还有建设一条贯穿全国的很宽的灌溉渠。

与此同时，几乎三分之二的阿国人口在从事农业工作。为了给农业加快发展创造必要的条件，我们采取了一些农业耕作机械化的措施。解放前，除了个别像意大利控制的苏克斯农场外，基本没有拖拉机和其他机械化设备。而人民执政之后的头几年，各个区就都建起了农业机械站。之后，随着农业合作社的扩大，一些联合合作社也建立了机械站。

农业服务方面还成立了专门的科研机构，这类科研所包括育种选种科研所、植物保护所、土壤研究所等。同时，在全国各地开展了兽医服务并开始生产大规模农业生产必需的化肥。

尽管如此，农业发展进步的主要因素是农业集体化。我深信农业集体化，即农业生产工作的集体合并，对把我国农业转变为现代农业是十分必要的。只有农业集体化能够改变阿尔巴尼亚过去遗留下来的分散的原始农业的面貌，只有组成联合的大集体才能大幅度提高农业产量。

农业集体化是农村真正的革命，因为它从根本上触及了农业生产关系。集体化不是一步到位的。我之前也说过，第一批合作社于1947年成立，而最后一批在20年后的1967年成立。这个漫长的过程不仅反映了农民接受集体化时的犹豫、对组建合作社这种最佳方式的不信任，也反映了党和政府在这件事上的谨慎态度，以免让集体化变成一个强制性的东西（个别地区确实也出现过这种情况）。许多领导干部尤其是那些基层干部，不乏为了成为领导眼中的积极分子或第一名而“努力表现”的人。然而，尽管有一些“操之过急”，或者说有些违背自愿原则，农业集体化仍不失为一个十分正确的举措。只有联合才能让阿尔巴尼亚农村走出落后的泥沼，大型集体经济模式的建立，让农业全面现代化成为可能。

农村集体合作社和国营农场在20世纪70年代的粮食生产就已经能够满足全国城乡居民粮食所需。当时人口已逾300万人（1945年阿尔巴尼亚人口近100万），甚至许多农畜产品还可出口国外。粮食的稳定供应归功于农作物单产的提高以及新耕地的开垦。20世纪70年代末，阿尔巴尼亚播种面积近62万公顷，几乎所有农田都普及了水渠灌溉和化肥使用。农民的生活与前些年相比，得到了显著的改善。

即使与今天做对比，那时的农业发展也算是更成功的。“共产主义的”农业合作社解体、农民各自分地之后，全国有了近50万户个体经济，每户持有的土地不超过1~1.5公顷。这些微型经济体，不是面向市场而生产，也无法与邻国有组织的经济个体相竞争。结果，阿尔巴尼亚商家更喜欢从马其顿或者希腊进口水果、蔬菜，有时候也进口稻草，而不是从本国农民手上购买。在这种情形下，我们的小农经济被迫发生了转变，最好的情况是转变为自然经济，能满足自己家庭的部分需要。但更多的情形是，农民荒废土地，尤其是年轻人，他们选择出国打工。这种情形使得阿尔巴尼亚农民更加贫困，更别提阿尔巴尼亚经济了。我认为即使是今天，我国农业的出路仍是合作制。我指的不是现在被称为“犯罪”的社会主义合作，而是指“资本主义”合作，这种形式允许最合理地使用农业机械，有助于利用灌溉系统，方便不同农产品的买卖。唯有如此，我国农业经济才能发展为有竞争力的经济。

尽管社会主义合作在发展农业生产上取得了毋庸置疑的成功，可经常还是有不同的批评的声音。回顾过去，确实有些决定显得草率或者没有必要，这是应该批评的。依我所见，在山区实行集体化的决定就有点草率，因为那里的农业经济很分散，面积也不大，有时连农业机械都无法使用。对山区合作提供帮助，将其与平原地区的合作社合并无助于问题的解决。这项举措更多的是将收入重新分配，而没有给这片地区带来进一步的生产性发展。相反，双方在这种“合并”中各有所失：平原地区的一部分收入作为援助让渡给了山区，而山区农业也受到影响，因为根据平原地区的“规则”，他们不能保有农村自留地以及私人禽畜。

受批评最多的还是取消农村自留地和私人畜牧。这是在20世纪60年代末决定的，那时一方面农业合作社在走上坡路，另一方面开始了所谓的“国家生活革命化”运动。

我清楚地记得我们党中央书记们每天开的一个例会。那天谢胡总理也在场，卢什涅和费里两个地区的区委书记也在。其中一个同志，我已记不清是谁了，在谈到合作社情况的时候提出了一个工作问题。他说在农村自留地和农村集市工作的劳动力太多了。谢胡立刻提议说可以让合作社承担耕种农村自留地，在中央负责农业部门的希斯尼赞同他的观点。而两个地区的区委书记也十分激动地说，对农民来说合作社要是能保障蔬菜和牛奶那是再好不过了。恩维尔·霍查全程参与了会议，却没有发言。尽管如此，他在会议快结束时强调：“应注意到农民的财产意识是很强的，所以你们先就此事做好调研，然后再上报政治局讨论。”

几天后，政治局就这个问题进行了讨论。同志们各抒己见，但主要意见还是支持取消农村自留地的提议，因此最终决定（没有人投反对票）：将合作社社员的自留地和私人畜牧减少50%，而不是全部取消。但这种情况并没有维持多久。在不少地区，领导干部被“热情”冲昏头脑，在“国家生活革命化”的大背景下，将农民自留地和个人畜牧完全并入了合作社集体财产。这时候，“妇女解放”的事情也卷了进来，似乎取消农村自留地有助于将妇女从超负荷的劳动中解放出来，于是合作社也负责给农村家庭低价提供蔬菜、肉类和牛奶了。这也导致了农村集市的关闭。

应该说减少农村自留地和私人畜牧数量的决定，被时间证明是错误的，它们加重了农民家庭的负担。

同时，随着农村自留地发生改变，国有农业企业的工人也“主动”要将自留地与国有农企的财产进行合并。

于是在20世纪70年代几乎全国范围内，一个农民的收入主要来自他从事集体经济的工作。他拥有的财产只有自己的房子、一个狭窄的临屋小院子和几只母鸡。合作社社员实际上变成了劳动者，几乎像城市里的工人一样。只是社员一天工作的报酬比工人的低一些。几年后，当农业合作社忽视用共同财产生产的产品来满足社员的需求时，这些措施的缺点以及集体化在山区延伸的问题便凸显了出来。

霍查去世后，我们党领导层在1986年就这个问题开了一次会议并决定做一个小小的纠正。我们没有直截了当地攻击“取消自留地”的政策，因为我们不想让人觉得是在“修正”霍查生前所做的决定，所以我们决定在合作社附近可以少量放牧，以保障合作社家庭的牛奶和肉类供应，同时从合作社土地中拿出一些田地分给每个农民家庭作为自留地，以保障蔬菜供应。尽管这和开放农村集市都不是完整的解决方案，但还是受到了农民的热烈欢迎。

工业走上了自己的发展道路。阿国解放后的最初几年就建立起了多种门类的工业体系，如采掘业、矿产加工业、食品工业和轻工业等，其中最主要的是纺织业。当然这些工业一开始是由苏联援助的，后来由中华人民共和国援助。1952年地拉那纺织联合企业投入使用，就业人员超过3000人。同年投入使用的还有科尔察马里奇白糖厂、费里和罗戈日内的剥棉厂等。那时还建成了第一座水电站，取名叫“列宁水电站”，位于地拉那的达依特山，这个水电站标志着国家全面供电伟大工程的开始。随着在马蒂河上建成什科佩蒂水电站以及在德林河上先后建成伐乌代耶水电站、费尔泽水电站和科曼水电站，这一宏大工程才于20世纪70年代后期结束。如此一来，不仅满足了工业和企业的用电需求，阿尔巴尼亚城乡各地也都用上了照明电灯。应该说直到2010年的今天，社会主义时期建造的能源系统，依然是满足国家电力需求的唯一源头。

在20世纪70年代末80年代初，爱尔巴桑钢铁厂、地拉那拖拉机厂、巴尔什石油深加工厂、莱什造纸厂、布雷利铬铁厂、拉奇炼铜厂、波格拉德茨红石镍铁矿和镍铁冶炼厂、瓦利亚斯矿都相继投产。国家逐渐呈现出一个工业化国家的面貌，甚至在国家收入方面，来自工业生产的收入已经超过了农产收入。

文化、教育事业的发展是国家进步的决定性因素。青年在学校教育、扫盲以及提高人民文化素质的运动中发挥着巨大的作用。在此过程中也涌现出了一些英雄人物，比较著名的如来自米尔迪塔的恩德列茨·恩杜威·乔卡，他在解放战争枪声未息，没有校舍、没有必需的学生教材的条件下，发起并在米尔迪塔开办了50所学校。他把农家作为校舍，在斯库台和莱什搜集了练习本和铅笔，老师是他从奥若什上学时的同宿舍同学中找到的。恩德列茨克服了物质上的巨大困难，打消了不少人的质疑和不信任，也击败了一些人的轻视和狂妄无知的抗拒。那个时期和那个运动就是这样。米尔迪塔的土匪统治者们无法忍受一个山民的挑战，于是在1946年，当恩德列茨去“视察”他的一个学校时，乔恩·马尔卡·乔尼（贝里沙执政时期被授予“反共产主义独裁战士”称号）的“勇士”们在途中伏击并杀害了恩德列茨。这些土匪基于人们的无知而维持着他们的“统治”，他们无法忍受山民接受文化教育。在军事上失败后，他们与侵略者保持联系，疯狂地想保住其对无知百姓的统治，因为他们知道只有百姓愚昧，他们才能对其控制，可以说百姓愚昧是他们得以统治屡试不爽的“盟友”。一段时间之后，这些土匪们还杀害了“大山的女儿”——米尔迪塔的英雄女儿们，因为她们为妇女解放而奋斗，教姑娘们读书写字，还动员她们志愿参加建设铁路的义务劳动。

教育运动或许是社会主义时期最成功、最珍贵的领域，它为国家培养了大批有文化有素质的人才，没有教育运动的践行者们，社会和经济活动就无法进行，更无法进步。得益于政府的关怀与全国各地教育工作者的辛勤耕耘，学校教育在全国各地包括最偏远地区的普及、中学教育不断扩大以及大学和其他高等学校数量的不断增加，所有青年人都能接受教育，也培养出了数以千计的具有高等或中等文化程度的各领域专家。1985年，国内已有近15万名高级专家。

在社会主义时期，文学和艺术得到了广泛发展。数百名作家出版了自己的作品。他们创作了大量的小说、诗歌和戏剧，为年轻人献上了文化发展中最有价值的著作。许多外国作家的作品也被翻译成阿尔巴尼亚语并公开出版。另一方面，在我国许多地区如斯库台、科尔察、都拉斯、爱尔巴桑和吉诺卡斯特等，还经常有戏剧和杂技表演活动。吉诺卡斯特文艺节在推动城乡艺术活动中起到了特别重要的作用，全国各地的音乐和民族舞蹈团体都会参加这一盛典。如今，“新阿尔巴尼亚”电影制片厂除了纪录片之外，每年还会生产十部左右的艺术电影，而用的剧本、演员和技术人员都是阿尔巴尼亚的。

科学院以及几个科研机构的成立在发展科学方面具有特别重要的意义。1972年，在我国科学事业中发生了两件大事。一是，在9月召开了第一次伊利尔（注：伊利尔人是阿尔巴尼亚人的祖先）研究大会，许多国内外学者参加了会议；二是，在11月召开了阿尔巴尼亚语正字法大会，与会者不仅有阿尔巴尼亚本土语言专家，还有来自科索沃、黑山以及马其顿的阿族语言学家和学者，甚至还有来自意大利的阿尔伯雷夏人（注：阿尔巴尼亚人种的一个分支）。这次大会确定了阿语的书写规则，意义非同小可。现在世界各地的阿尔巴尼亚人，都是根据这个统一规则书写的。

卫生方面也取得了明显进步。流动急救网络以及妇幼保健在农村得到了广泛普及。随着经济文化的发展和卫生保健水平的提高，阿尔巴尼亚人的寿命从1945年的40岁延长至20世纪80年代的71岁。

社会主义时期建立的阿尔巴尼亚社会保障体系非常先进。我之所以强调这一点，是因为今天具有倾向性的批评家已然忘了一个事实，即阿尔巴尼亚公民，即使是在最偏远的地区，都能依法享有义务教育权、免费医疗服务权、覆盖农民的退休金权，以及分配工作权。在资本主义社会，只有极少数国家实行这种社会福利。2003年3月，地拉那市政府发布了一份关于《首都人民状况》的研究报告。该研究报告显示，因贫困而退学的儿童与上年相比增长了两倍。此外，17岁至34岁的市民中有66%正在待业，研究称这个年龄组的市民中约三分之一的人从没有过工作经历。从“社会关怀”表格的填写记录反映，首都地拉那有一万吸毒者。

在社会主义建设的第一阶段，除了成就之外，也犯过一些错误。党的领导人在重建国家尤其是重建社会主义社会时，借用了苏联模式。两条主线是社会主义工业化以及农业集体化。我认为总体上想要摆脱落后，国家想要进步，就必须经过工业化和农业集体化。但是出了什么错，又错在哪儿呢?

我已经提到过几个关于农业集体化的草率决定。而工业化方面，对重工业的某个分支产业花费巨额资金的做法，我认为值得商榷，这里，我专指建钢铁厂和开采一些不盈利的矿。应该说我们没有考虑到阿尔巴尼亚的现实状况，就采用了苏联优先发展

重工业的理论，因为优先发展重工业也一直是我们整个社会主义时期的根本任务。

应该说重工业是国家进步的决定性因素这个理论在苏联也并没有得到证实，至少在资本主义和社会主义和平大竞赛这事上是这样的。事实上，当时苏联的钢铁、铬矿、电力以及武器的生产水平世界第一，但人民的生活水平却十分落后。苏联武器装备世界第一的事实并不能解决市场食物短缺、人们需排队购买商品的问题。前外长爱德华·谢瓦尔德纳泽在20世纪90年代写道，那个时期苏联人民的生活水平在世界排名第60位、平均寿命排名第32位、婴儿死亡率排名第50位。

而在我们阿尔巴尼亚，我们更多关注的是与人们消费直接相关的轻工业和食品工业。毫无疑问，水电站和全国供电是必需的，但是在炼钢和采矿方面的开支还可以再节约一些。一些采铬、采铜或采煤的矿厂生产质量很差，社会效益很低。当然即使是那样的低效益，依然能够解决一部分空闲劳动力的就业问题，但如果我们进行更精确的计算，也许我们能够提出其他更好的办法，为轻工业的发展创造更多的可能性。

我提到的这些错误和缺陷，不是因某些人寻求特殊利益的结果，也不是因某些国家领导人或某些特定团体贪图金钱的结果，它们是我们建国之初缺乏经验的结果，是想尽快让国家摆脱落后并走向进步和经济独立的强烈愿望所导致的结果；它们也是我们模仿外国经验特别是苏联经验的结果。应该说苏联是首个尝试走社会主义道路的国家。社会主义社会应该公平公正这一马克思主义基本理论，在苏联是经过了成功和失败，经历了一个又一个阶段才逐渐成形的。

我们常常机械地不切实际地照搬苏联经验，既不考虑我国的现实状况，也不问一问我们正在实行的苏联的经验在苏联到底有没有取得成功。列宁认为，发展经济的新经济政策，应该给私营成分以及资产阶级保留活动空间，他特别强调要支持自由倡议。后来，尤其在农业全面集体化时期，新经济政策阶段在斯大林的决定下结束了。如此一来，国有化不仅涵盖了生产资料，也包括所有的私营部门。我们和其他一些社会主义国家都模仿着斯大林的经验。尽管如此，从一些文件中我们发现，斯大林自己建议大家不仅在国有化政策上、其他如集体化以及外事方面都要谨慎小心。

毫无疑问，霍查总体上是考虑了斯大林的建议的。这在集体化上，至少在其第一阶段体现了出来。事实上我们的集体化不是草率进行的，我们花了20年才将其完成。但是之后，正如我前面提到的那样，当集体化走向山区的时候，党的领导人行事草率仓促，甚至取消了农民的私人院子和畜牧。

在对外问题上，霍查考虑并忠实地实行了斯大林的教导，但是不该忘记1951年开始的“冷战”时期外交政策也发生了变化。正是在1952年至1953年间，英美开始了反对阿尔巴尼亚的行动计划，三巨头宣言时期“平静”的局面发生了改变。在我看来，霍查认真考虑了形势的发展状况，并为维护阿尔巴尼亚的独立自主而采取了明智的政策。

最后我想说，社会主义时期在农业、工业化以及教育、文化方面取得的成就具有重要的意义，它们极大地推动了阿尔巴尼亚的进步。我国工人、农民、知识分子以及各阶层人民的辛苦劳动、强烈的意愿和决心促成了我国的发展和进步。

The USSR — Our Friend and Enemy

四　苏联——我们的朋友和敌人

人们对过去社会主义的批评，往往集中在社会主义时期阿尔巴尼亚执行的对外政策方面，认为那是一种把阿尔巴尼亚孤立于世的政策。事实果真如此吗？

在考虑社会主义时期执行何种政策时，至少应考虑两方面因素，首先是西方国家对阿尔巴尼亚的态度，尤其是美国和英国，他们不断对阿施压，希望推翻阿尔巴尼亚的合法政权。其次是阿尔巴尼亚“朋友”的影响。在不同的时期，阿尔巴尼亚结识了不同的“朋友”，因结盟而产生的义务也极大地影响着阿尔巴尼亚政策的走向。

考虑到这些具体条件，应该说阿尔巴尼亚当时的政策并不是一种“僵化政策”，而是受当时时代环境影响的一种政策。无论是在1960年前，还是在敌人反对阿国利益的立场更加清晰的1960年之后，阿尔巴尼亚政策的主要特征始终是维护国家自由与独立，这是主要方面，也是贯穿社会主义时期阿国一切政策的红线。尽管如此也必须承认，20世纪60年代后，当阿尔巴尼亚从因加入华沙条约而产生的政治团结义务中“解放”出来时，阿尔巴尼亚的政策出现了自我封闭的宗派迹象。在此时期，“意识形态的纯洁性”作为标准被过分强调。为避免“犯错误”，阿尔巴尼亚在与资本主义国家甚至“修正主义”国家发展政治、文化和经济关系时，越来越“警惕”和小心翼翼，这也导致了阿逐步走向自我封闭。

让我们更详细地了解一下阿国在此方面的所作所为。

首先必须指出的是，阿尔巴尼亚的国际关系和几十年社会主义建设期间执行的对外政策，已经对阿尔巴尼亚的全面发展发挥了一种特殊的作用。这不仅体现在维护国家自由与独立方面，也体现在国家的经济文化发展方面。

在对外政策方面，可以说阿劳动党和阿政府的基础，一直都是维护阿国的自由与独立，为此我们一直都追寻着我们先人的足迹。阿尔巴尼亚的解放运动，从脱离奥斯曼帝国的运动到普列兹伦同盟，从宣布阿尔巴尼亚独立到开展阿尔巴尼亚民族解放斗争，其核心就是阿尔巴尼亚的民族理想，这种理想清楚准确地反映了阿尔巴尼亚的国家政治理念，并伴随着阿尔巴尼亚各个转折时期。阿尔巴尼亚人民的根本愿望，一直就是希望有一个自由、独立和拥有主权的国家。

另一方面，阿尔巴尼亚在国家内部管理方面的政治思维就是要实行民主制度，这也许是因为阿尔巴尼亚人总体上来说是农村人，向往公平、正义和互相帮助，而且阿尔巴尼亚人民曾受到过长期的民族压迫和经济压迫。阿尔巴尼亚一直未形成真正意义上的稳定的、有影响力的资产阶级。

基于这种民族理想和民主精神，在维护国家独立的根本大政方面，阿尔巴尼亚终于创建了一个稳固的政治实体。国家政策——曾经也是国际关系指南——对阿尔巴尼亚人的精神世界也是很关键的。在阿尔巴尼亚的各个危急时刻，阿尔巴尼亚人总会受到尊重，不是因为他们所属的阶级或宗教，也不是因为他们的政府阶层或受教育程度，而是因为他们对独立、自由和国家主权的政治追求，使得阿尔巴尼亚人受人尊重。

一个不争的事实——也是我从一开始就想证明的——就是过去50年阿尔巴尼亚所执行的对外政策，保证了国家的根本大业——自由与独立。50年间，阿尔巴尼亚成功化解了东、西方压制阿尔巴尼亚，企图使阿成为他们反对别国的基地的各种阴谋。当我们这样说的时候，一些反共人士可能会不相信，但如果听一听英国首相托尼·布莱尔的讲话也许就会信服了。50年后的今天，布莱尔公开承认“美国中央情报局和英国情报局曾相互合作以推翻恩维尔·霍查的共产党政府，但最终失败了”（摘自2006年

英国和阿国报刊）。需要补充的是，尽管遭受了失败，但他们从没放弃过推翻阿尔巴尼亚共产党政权的企图，即使在1954年之后依然如此。每个人都应该清楚，如果美英反阿图谋成功了，对阿尔巴尼亚的前途来说并不是一件幸事，相反，阿国的倒台在当时必将有利于希腊和塞尔维亚，他们正等着实现其永久瓜分阿尔巴尼亚的美梦呢！

在外国也包括阿国国内的媒体上，经常谈到阿尔巴尼亚对外部世界“自我封闭”，而阿尔巴尼亚与曾经的盟友决裂，在大多数情况下也被归过于阿方。现在很多年过去了，我们终于可以更冷静地看待当时的一些事件。我想指出的是，与盟友分道扬镳或者对西方封闭，并不仅仅是阿尔巴尼亚政策单方面造成的。

阿尔巴尼亚与五大洲除了美国、英国和联邦德国之外的约130个国家有外交关系，与世界上60个国家有经贸关系，还与一小部分国家有文化交往。因此在与别国建立政治、贸易关系上，阿尔巴尼亚是持开放政策的，唯一考虑的前提条件就是相互尊重自由、独立和主权。

当然，阿尔巴尼亚的“封闭”也是一个不争的事实，其中也有阿国政府所执行的政策原因在里面。阿国的封闭尤其体现在与外部世界缺少文化、旅游往来并阻碍人员的自由流动。阿国的封闭还体现在禁止向西方国家借贷、禁止与西方国家组建合资企业。1976年，阿国宪法中也做了相同的禁止性规定。事实上，这种做法阻碍了阿尔巴尼亚扩大与外部世界的全方位联系。

而阿劳动党在为这种封闭做辩解时往往说，阿劳动党相信，只有这样才能使阿国内政免遭外国势力干涉，才能避免资产阶级–修正主义宣传以及有组织犯罪、贩毒、卖淫、走私等现象在阿尔巴尼亚的扩散。

毫无疑问，另一个因素也推动了阿尔巴尼亚的封闭。如果我们看一下历史上阿尔巴尼亚的发展环境，从民族解放战争到冷战，从与南斯拉夫关系破裂到对苏以及后来的对华冲突，外部威胁甚至是危害阿尔巴尼亚民族利益的敌对封锁，一直伴随着我们的日常生活。为了使国家免受威胁，就需要人们做出牺牲。当然，这里面有一个不信任、怀疑外国人的原因在其中。此外，阿方对他们的强硬立场也起了作用。

人们不应忘记，阿国的封闭也是冷战时期环境所造成的结果。阿国封闭自己，不仅仅取决于东方国家一方的行动，也取决于西方国家的行动。也就是说，阿国实行自我封闭政策，不仅仅是因为政府确定了这样的政策，也是因为西方国家和政府对阿国采取的态度使然。而从西方阵营来说，有些国家表现出了“克制”，他们较委婉地表示愿与阿尔巴尼亚建立或扩大双边关系。至少意大利和法国与阿尔巴尼亚更“亲近”些。阿国与这两国的各类政府机构间也保持着一些联系。

在阿尔巴尼亚解放后的历史上，除了与西方国家存在的问题之外，阿尔巴尼亚与铁托的南斯拉夫、与苏联以及与中国的关系沉浮也占有重要位置。无论是过去还是今天，外国媒体经常提到这些事件。他们写作的立场和角度各有不同，大多数人认为阿尔巴尼亚是过错方，阿尔巴尼亚的政策往往被认为是“邪恶”的，而阿尔巴尼亚人也被认为是“头脑僵化顽固”“鲁莽”等等。但也有一些政治人物和分析家认为阿尔巴尼亚是正确的。

前面我多次提到南斯拉夫和阿南关系，因此我觉得没必要再在这里多谈这个问题了。众所周知，阿南两党、两国关系在大战期间就已存在，但只在两国均宣布为人民民主国家之后才得到广泛发展。不过，阿南友谊并不长久，1948年就破裂了。阿南友谊的破裂，与其说是出于意识形态的原因，不如说是因为南斯拉夫方面已公开显露出欲将阿尔巴尼亚并入南斯拉夫联邦、使阿成为南联邦第七共和国的企图。阿南两国此时的矛盾已关系到阿尔巴尼亚能否作为一个自由、独立的国家存在的问题，因此说这不是意识形态意义上的“争吵”，或者是一般性的吵架！更不用说遭受到大塞尔维亚沙文主义镇压和压迫的科索沃和其他国家的阿尔巴尼亚族人的问题了。与铁托南斯拉夫分手后，南斯拉夫的首份规划中就显露了它的别有用心。

我想指出的是，塞尔维亚的反阿立场即使在今天的阿南关系中仍有体现。事实上，塞方至今对阿尔巴尼亚人——无论是阿尔巴尼亚共和国的，还是科索沃的阿族人——仍然持保留态度。正是因为这个原因，阿南两国间始终不能建立起邻国间应有的良好关系，也无法找到一种友好的共同语言，无论是社会党人士，还是民主党人士，都没能做到这一点。

阿苏关系

与贝尔格莱德决裂后，阿国政治全面转向了苏联和东欧其他社会主义国家。从中我们获得了国家进一步发展所必需的支持，以及维护阿国自由与独立的支持和保护。

在大战期间，苏联和斯大林就对阿尔巴尼亚人民特别是青少年怀有敬意和好感。我们一直关注着苏联红军对德国纳粹侵略者取得的胜利，这也增强了阿尔巴尼亚尽快从意大利法西斯统治下获得解放的希望和信心。阿国解放后，当有机会更近地了解苏联和苏联人民时，阿对这个战胜国和第一个社会主义国家的崇敬之情空前地爆发了。

后来，当觉察到南斯拉夫的反阿目的后，苏联和斯大林便被称作阿国人民自由与独立的“拯救者”。实际上，当苏联人开始批评南斯拉夫后，阿尔巴尼亚才终于明白了铁托对阿计划的真正目的。阿国领导人终于看清了南斯拉夫通过使阿经济从属于南斯拉夫经济、从而使阿臣服于南斯拉夫的卑劣图谋，也看清了铁托企图以军队占领阿尔巴尼亚的野心。

在阿南关系破裂后，我国与苏联和其他东欧国家的经济关系迅速提升，而在此之前，这种经济关系相对来说还是比较少的。

与苏联和其他东欧国家的经济合作，使阿尔巴尼亚得以快速重建国家。阿国开始建立起工业并采取措施加快发展农业。利用苏联和其他国家的贷款，阿国建立起了食品工业和纺织工业领域的首批工厂，建成了铁路和水电站，对此我在前面已经写到过。在农业方面，阿国的集体合作社也得到了拖拉机和其他农业机械、种子等的援助。

在政治方面，自1945年阿尔巴尼亚加入联合国被美国和其他西方大国否决后，苏联在国际舞台上一直帮助阿尔巴尼亚，特别是在1955年阿尔巴尼亚正式加入联合国这件大事上，更是支持巨大。与苏联的友好和交往，对确保阿尔巴尼亚的独立来说，也是一种保障。阿尔巴尼亚加入了一个由全体社会主义国家和旨在保护社会主义阵营的军事组织华沙条约成员国组成的经济组织-经济互助委员会（简称“经互会”）。为履行在经互会中的义务，阿尔巴尼亚将发罗拉军事基地交给了苏联人使用。

阿尔巴尼亚获得的一项特别援助就是培养了各领域的民事和军事专家。这种培养主要在苏联进行，但其他东欧国家也有一些。数千阿国的青年男女，学成后成为经济师、医生、工程师、律师等，他们回到阿国后开始工作，并成为经济、文化各领域的带头人。在苏联的军校里还培养了一批阿国的军队指挥官、飞行员和其他一些必要的人才。

1960年，当阿苏关系开始出现分歧的时候，赫鲁晓夫和其他苏联领导人认为，如果阿尔巴尼亚领导人反对苏联路线，那么那些在苏联留过学的阿尔巴尼亚干部一定会起来反对阿国领导人。我清楚地记得（因为我也是参与者），1960年我们与赫鲁晓夫和其他苏联领导人有过一次激烈的争论。当时米高扬作为苏联代表一下冲到最前面，向恩维尔·霍查和整个阿尔巴尼亚代表团威胁说："如果你们反对苏联，那你们可能在台上连两天都待不住，因为阿尔巴尼亚人民和青年会立刻推翻你们。"

但事实表明，苏方的判断总体上可谓是大错特错。阿尔巴尼亚人民和青年，包括那些在苏联和东欧国家留过学的民事或军事专家，坚定地支持阿政府对苏的立场，因为他们认为这是在维护祖国的利益。

阿尔巴尼亚劳动党的方针之所以能得到人们（大多数民事或军事学生都不是共产党员）的支持，我相信是因为他们的爱国主义，他们希望维护祖国的自由与独立。阿尔巴尼亚人民一直追求着这种理想，也对此极为敏感。而这种敏感与阿尔巴尼亚的国家历史以及1912年后阿正努力建设自由独立的国家有着密切联系。

关于阿苏关系破裂，几乎所有的外国分析家都认为阿尔巴尼亚的立场是正确的。今天，即使一些反共人士也无法找到借口否认霍查当时的重要性，甚至他们也从未批评过霍查。我们来看看约翰·霍利迪（John Holiday）在他的《狡猾的阿尔巴尼亚人》一书中是怎么说的吧。

……在阿尔巴尼亚，共产党的立场得到了人民的全面支持，为什么会这样呢？并不是说所有的阿尔巴尼亚人都是一样的信念，或者换句话说，是阿劳动党维持了马列主义的纯洁性。当然会有这样的人，特别是在劳动党内部。但从另一方面来说，也很

难相信，这样的全面支持是因为人们出于害怕。有人说，人们的观点取向与党一致是为了避免遭受打击。但害怕一般只是一段时间，通常是一小段时间，因为害怕是一种临时现象，但反南或反苏政治立场在阿尔巴尼亚并不是一个短期现象，这种情况持续时间长达30多年。

让我们来回顾一下影响阿劳动党对苏态度的几个具体事件。

阿苏关系出现裂痕始于1955年。这一年赫鲁晓夫访问了贝尔格莱德，并宣称：1948年苏联共产党和苏联工人党情报局对南斯拉夫所采取的行动是错误的；铁托是真正的马克思主义者；苏联对南斯拉夫所犯的错误，责任在斯大林。

对于任何一个其他党或国家来说，赫鲁晓夫的这份声明都可能被信以为真，但对我们阿尔巴尼亚人来说，我们是不会相信的，因为我们亲身体验过铁托及其政府的“马克思主义”。因此，阿政府对赫鲁晓夫声明的反应，即使不说是持怀疑态度，也是很淡然的。阿劳动党领导人致函苏联共产党，表示不接受赫鲁晓夫的声明观点并批评了赫鲁晓夫的访南决定。不过阿方的这种立场并没有向外界公开。

尽管如此，为了不与因赫鲁晓夫的声明而迅速对铁托笑脸相迎的社会主义国家分裂，阿尔巴尼亚政府在赫鲁晓夫访南后也做了一些改善对南关系的努力。不过，除了将两国外交关系等级提升为大使级之外，其他努力均无成果。甚至，南斯拉夫方面对阿领导人的攻击一直都没有停止过。

1956年4月，地拉那党员大会

南斯拉夫干涉阿尔巴尼亚事务的第一件事情，就是干涉1956年4月在地拉那召开的党员大会。这次会议将选举出席当年5月举行的阿劳动党第三次代表大会的代表。

在这次会议上发生了什么呢？一部分党员以提问和讨论的形式提出了一些意见和对阿劳动党方针的批评，他们要求为科奇·乔尔捷平反，要求改变对南斯拉夫的态度，还对阿国的经济政策提出了批评。在他们看来，正是这种错误的经济政策，导致了阿市场的物资匮乏。他们强调必须反对个人崇拜，认为个人崇拜主要体现在对劳动党第一书记也就是恩维尔·霍查的崇拜。他们要求取消对领导人的经济特供政策等等。

50年过去了，关于这次会议众说纷纭。我认为这次会议体现了南斯拉夫的影响。当时有人说，一些阿国党员与南斯拉夫驻阿大使馆进行了接触，并将南斯拉夫人的观点带进了地拉那党员大会，这也是阿劳动党的官方说法。我觉得这种可能性不仅不能排除，而且完全有可能是真的。更有甚者，当时在阿工作的苏联人也与南斯拉夫持同样的观点。

不过需要区别对待的是：并不是所有争议过、讨论过或提出过质疑的人都是受到了南斯拉夫人的指使，甚至那些与南斯拉夫驻阿使馆接触过的人，也并不都是铁托的“间谍”。我敢毫不犹豫地说，地拉那党员大会出现讨论和质疑，其实只不过是反映了当时人们的困惑。斯大林曾被看作一个偶像，但他却在苏共第二十次代表大会上突然变成了“杀人犯”“无情的独裁者”“世界上一切邪恶的化身”！赫鲁晓夫的方针，特别是他对斯大林的批判，使得相当多的人包括阿劳动党高层人士产生了思想混乱。而人们在这次地拉那党员会议上表达的，正是对苏共第二十次代表大会决议引发的担忧。

关于对斯大林的批判，阿劳动党官方层面是与苏共一致的，但从内部来说，阿劳动党对苏共处理这位反对德国法西斯战争的伟大领袖是持保留态度的。

在此背景下，包括在地拉那党员大会上，人们对此有所反应，也是很自然的事情。他们不希望这样的事情在我们自己身上再次发生。一些党的干部特别是那些知识分子，他们要求一种对不同思想和不同选择持更民主、更自由的党内生活。

在考察一些党员的立场时，一个不容置疑的事实是：党员大会上确实有一些人，不管是有意的还是无意的，他们成了铁托分子，要求为科奇·乔尔捷平反和与南斯拉夫妥协，事实上就是要无条件地接受南斯拉夫的一切反阿行径。这种要求不是为阿劳动党或阿尔巴尼亚服务，而只是为了服务于南斯拉夫。

为了使这种要求更容易被人接受和更显得正确，持这种要求的人在推出这个要求时还加进了一些其他建议，如在前面已经提到过的，诸如是为了发展内部民主、反对官僚主义、取消领导人特权、反对个人崇拜等等。他们把这样的批评与恩维尔·霍查的作用相挂钩。这样的做法也把一些怀着良好意愿、真心希望改进党的工作的一些人引向了歧途。

应该说，阿劳动党领导层没做区分即对持这种要求的党员进行了打击，这样的打击也殃及了相当一部分事实上并不反对劳动党及其方针的人。这种株连做法已经不是第一次了，但也肯定不是最后一次。我相信当时国家安全部门的主要领导在这件不慎重的事情上起了很坏的作用，他们过分强调“对敌斗争”，千方百计讨好恩维尔·霍查，似乎这样就能粉碎敌人各种各样的阴谋。当然，这样做对恩维尔·霍查还是有影响的，他会有理由（在多数情况下）或没理由地对来自铁托以及后来来自苏联的一切东西持怀疑态度。在我看来，这也是有一定理由的。

众所周知，南斯拉夫曾数次指责恩维尔·霍查。我们可以回顾一下阿尔巴尼亚解放前夕在贝拉特举行的一次代表会议。当时，铁托派驻阿尔巴尼亚共产党的代表V.斯托依尼奇在科奇·乔尔捷的协助下，曾对阿共战时路线提出了批评，矛头直指恩维尔·霍查。这种“无声的斗争”一直持续到后来指控N.斯皮鲁为帝国主义间谍，借此希望阿清理掉优秀的共产主义战士，同时也削弱恩维尔·霍查的力量。为达此目的，科奇·乔尔捷竭力使得1948年的阿劳动党八中全会对N.斯皮鲁进行了处分，并批评了恩维尔·霍查政权。最后，铁托还公开站到了反霍查的立场。1956年10月，也就是地拉那党代会刚刚结束，铁托就在南斯拉夫普拉发表的一次讲话中强调，为了将苏共二十大提出的路线进行到底，必须推翻像恩维尔·霍查等一些人的领导。这次铁托没提科奇·乔尔捷，因为他希望由苏联人来推翻霍查的统治。

与苏联的裂痕加深

在赫鲁晓夫访问贝尔格莱德之后的几年里，阿苏关系在一些特殊事件上也时不时地开始出现分歧。

在政治领域，除了对南斯拉夫的态度外，在1956年秋的匈牙利事件上，阿劳动党也与赫鲁晓夫产生了分歧。而匈牙利事件也更坚定了阿劳动党对苏共二十大和对南斯拉夫持保留态度。

众所周知，匈牙利事件起源于1956年10月23日。当时大批学生进行示威游行，并向布达佩斯国家广播电视台进发。在广播电视台前，警察向示威者开枪，因此示威者抢夺了与学生在一起的军人的枪支。

10月28日，匈牙利共产党前领导人伊姆雷·纳吉也站到了起义的一边。惊慌失措的匈牙利当局只得任命纳吉为匈牙利总理以期他能平息事态。伊姆雷·纳吉在11月初宣布匈牙利中立并退出华沙条约。这样，匈牙利就必须与苏联方面举行谈判，讨论苏联军队撤出匈牙利的事宜。

正如后来发展的那样，匈牙利事件对东欧其他国家也产生了严重的政治影响，因为“匈牙利路线”使得与整个东方集团的内外政策有关的一些社会主义社会的基本原则和实践引发了讨论。

在此情形下，社会主义国家间、华沙条约成员间就有必要进行讨论以取得一致立场。但这样的讨论并没有进行，甚至相反地，尽管赫鲁晓夫知道南斯拉夫卷入了匈牙利事件，但他还是抛开所有社会主义国家而直接与铁托进行了商谈。最终，苏联方面于11月4日决定用军队武力镇压匈牙利起义。这样苏联就替代南斯拉夫发挥了推进事件发展的作用。

阿劳动党和恩维尔·霍查对赫鲁晓夫处理匈牙利事件的错误方式和缓慢行动并不赞同，正是因为赫鲁晓夫的这种处理方式，导致最终不得不动用军队，也使他抛开华沙条约的盟友，向铁托屈服并听从铁托的建议。

后来，阿劳动党对赫鲁晓夫的保留态度因其他一些政治问题而日益加深。这样我们就更加相信，赫鲁晓夫的立场并不像他自己经常标榜的那样是保守的列宁主义。他与铁托的修正主义相妥协，并把“独立自主”作为社会主义社会的组织形式并引以为豪。他以“与西方列强和平共处”之名背弃了被压迫人民的民族解放斗争。在阿劳动党看来，赫鲁晓夫的政治路线是不确定的，他一会儿说要与美国靠拢并合作，因为美国人也在为和平而努力，一会儿又称美国是侵略者和“国际宪兵”。

尽管阿劳动党不愿与赫鲁晓夫的政策相妥协，更不愿与南斯拉夫亲近（这将被看成是违背阿尔巴尼亚民族利益的行为），但仍没有公开它的不满。阿劳动党只是在双边谈判桌上向苏联领导人提了一些意见和善意的批评，这样就避免了公开批评。

但是，阿苏关系仍然无可挽回地恶化了。赫鲁晓夫和其他苏联领导人，表面上看似乎平静地听取了阿领导人的善意批评，但很快苏联对阿尔巴尼亚的态度，特别是在经济关系方面的，发生了深刻的变化。苏联官方机构开始对向阿尔巴尼亚运送物资和工业设备设置障碍，而事实上双方对此是签有协议和正式合同的。苏方的这种行为，对阿尔巴尼亚经济的正常发展造成了困难和损害。很显然，苏联方面是要公开施压，以迫使阿尔巴尼亚追随苏联。

如果阿尔巴尼亚真的追随苏联，那阿尔巴尼亚就必须向南斯拉夫屈服，就必须接受南斯拉夫的反阿图谋。因为那时候，铁托分子有苏联的袒护。

我曾读过赫鲁晓夫的回忆录，这是由他的儿子塞捷伊出版的，其中赫鲁晓夫谈到了对阿关系。他批评阿领导人“不理智”，对苏态度“相当顽固”。在谈到阿南关系时，他并不隐瞒其偏向铁托的事实。他说：“贝尔格莱德会谈之后，我相信，在与阿领导人的冲突中，铁托是对的。阿南关系的恶化，原因不在南斯拉夫方面，而是在阿尔巴尼亚方面。为了搞乱南斯拉夫，阿尔巴尼亚在科索沃试图推动领土收复主义。”

如果能认清赫鲁晓夫的这些观点，那么1999年俄罗斯领导人叶利钦及其他俄领导人对塞尔维亚在科索沃犯下的侵略和罪恶持袒护态度也就不足为奇了。赫鲁晓夫和叶利钦执行的是同样的方针：俄罗斯的战略利益和泛斯拉夫主义是最优先的目标。这两个战略利益，一个隐藏在“马克思主义”和“国际主义”的旗帜背后，另一个则在帝国主义的旗帜下高高飘扬。

1957年4月阿苏会谈

恢复阿苏关系正常化的最初努力始于1957年4月。当时，苏联政府和苏共中央邀请阿方派团访问苏联。考虑到这是一个澄清各自立场、使走到十字路口的两国关系走出困境的一个极好的机会，阿尔巴尼亚领导人接受了苏方的邀请。

赴莫斯科的阿方代表团由恩维尔·霍查亲自率领，团员包括总理穆罕默德·谢胡、政治局委员斯皮鲁·科莱卡、高戈·诺什和R.马尔科。我当时作为教育文化部部长和政治局候补委员也参加了这个访苏代表团。

苏联安排这次访问非常慎重。首先是参观工厂和文化中心等。为此，阿代表团成员分成两组，一组由恩维尔·霍查、高戈·诺什和我三人组成，我们去了列宁格勒。另一组由谢胡带队，他们去了乌兹别克斯坦的塔什干。而斯皮鲁·科莱卡则留在莫斯科，继续关注正在探讨如何发展两国经济关系的专家论坛会见的情况。而双方代表团的官方会谈则安排在访苏的最后阶段。看来，通过代表团访问期间与苏联干部、职工的接触，苏方竭力想了解我们的想法，想了解最终会谈时阿方的立场是什么。

当然我们也在做着同样的观察。我们从一开始就认为与苏联领导人的会谈将会很困难，从斯皮鲁·科莱卡领导的专家组与苏联专家进行首次会见，我们就已经得出了这样的结论。在专家会谈中，为了获得工农业发展必需的设备和一些工矿企业必要的原材料供应，我方人员遇到了很大的障碍。双方还就供阿日用消费品进行了多次讨论，但苏联专家经常以“这些事情必须听取上面的意见”为由结束了这类讨论。

苏方立场与阿方立场不一样，这一点我们在代表团访问列宁格勒时也注意到了。在列宁汽车制造厂组织的大规模集会上，恩维尔·霍查做了发言，其中他提出必须开展反对修正主义的斗争，他还谴责了铁托反社会主义和反阿尔巴尼亚的立场，以及卷入匈牙利事件。陪伴阿代表团的苏联领导人F.科兹洛夫和P.波斯别耶洛夫（苏共中央政治局委员）对恩维尔·霍查的讲话极为不满。这一点第二天看得更为清楚。当我们看报纸时，发现霍查关于南斯拉夫和铁托的讲话部分已经被全部删除掉了。当然我们的抗议也是毫无意义的，因为“这是报纸的编辑不小心犯的错”。

两天后我们回到了莫斯科，当天双方代表团开始正式会谈。由于我们预计与苏联领导人交流观点会在比较激烈的氛围下进行，因此我们决定仅由代表团中的政治局成员出席这次正式会谈，甚至我们还决定随团翻译都不参加会谈。由于我是代表团成员，又通晓俄语，翻译任务就落在了我身上。我得承认，这次经历对我来说一点也不

愉快。

翻译过程中我还有一个担心：我没有刮胡子。所以我一直用手捂着脸，想以此掩饰自己。为什么会发生这样的事呢？因为我在从列宁格勒回莫斯科的火车上没有刮胡子。我本想一回到莫斯科再刮的，可当我做好准备刚想刮胡子时，霍查的一名警卫员跑进来说：“统帅要紧急见你！”我只得放下一切立即赶到了霍查住的别墅。当时只有他一个人在屋里，因为谢胡和其他人还没有回到莫斯科。霍查一见我就说：“苏联人刚送来一份声明草案，计划在双方代表团今天会谈时签署，声明是用俄语写的。所以把你叫来，一起看一下这份声明。”

这份声明很长，有好几页。我边读边做翻译。不久谢胡也从塔什干回到了莫斯科。于是我们开始讨论一些重大问题，并逐步形成拟在会上提出的建议意见。这样，碰头会变成了长会议。讨论还没结束，我们就接通知“赫鲁晓夫和其他苏联领导人将于11点钟会见霍查和阿尔巴尼亚代表团”。我感到有点不安，因为还没刮胡子。于是我对霍查说：“霍查同志，我想离开5分钟，刮一下胡子，我觉得不刮胡子不太好。”霍查回我说：“你不能离开，一是因为工作还没谈完，而会见时间马上就到了。另外你也不必担心，你这样挺好，看不出你没刮胡子啊。”

尽管他的话并没有让我放下心来，但几分钟后我们还是出发赴会了。

会见在克里姆林宫举行。一张四方桌上铺着绿色的丝绸绒布。双方代表团分坐两边，一边是苏联代表团，阿方代表团面对苏方坐在另一边。苏方人员有赫鲁晓夫、苏斯洛夫、米高扬、科兹洛夫和波斯别耶洛夫，都是苏共中央政治局成员。而阿方人员有霍查、谢胡、斯·科莱卡、高戈·诺什、R.马尔科和我，拉米兹·阿利雅。

赫鲁晓夫首先欢迎阿代表团访苏，并建议阿方代表团先谈谈想法。于是霍查就两国关系和国际形势做了发言。

在长达半个多小时的发言中，霍查介绍了阿尔巴尼亚的政治和经济形势，指出阿需要与苏联和其他东欧国家合作。他特别强调了两件事：最主要的是阿尔巴尼亚希望得到苏联和其他东欧国家更多的援助。1957年的阿尔巴尼亚仍然处于供给制体制下，人们的日常需求，无论是食物还是一些工业品，都是需要凭票限量供应的。这种状况不能再继续下去了，但要克服这种局面，苏联的援助至关重要。

霍查提的第二件大事与国际形势及阿政府对国际关系所持政策有关。他的核心观点是，不能与赫鲁晓夫路线及其对帝国主义的判断——似乎帝国主义已经改变了侵略本质——相妥协。因为这种路线为西方反动派干预和影响东欧国家打开了大门。霍查指出，这种机会主义路线的后果实际上在1956年的匈牙利事件上已有明显体现。

在讲到这部分内容时，霍查重点谈了阿南关系。他详细阐述了南斯拉夫搅乱阿国现状、纵容扶持因支持南斯拉夫路线而被阿劳动党开除的少数党员、对科索沃的阿族人实施暴力的种种行径。事实上，霍查对国际形势和铁托修正主义的分析发言，对赫鲁晓夫及其集团来说也是一次直接的批评。

苏联领导人听着霍查的发言，不时相互交头接耳几句，也明显表现出了不耐烦。我们知道，苏联方面应该大发雷霆了。果然，霍查的发言刚一结束，赫鲁晓夫就接上了话，他实在是忍不住了。

这是我首次面对面见到赫鲁晓夫。在此之前，关于这位斯大林逝世后上台的苏共主要人物我已经听说过不少事。当然，对他鲁莽的、常常显得很愚蠢的一些做法，我没有留下什么好印象。特别令我惊讶的是，他对许多问题常常会有自相矛盾的说法，如对铁托和斯大林，他一会儿将其打入地狱，一会儿又把他们看作英雄而捧上天堂。

事实上，作为一个有着长期政治生活的布尔什维克政党领导人，他本应体现出自己的良好品质，应该实践性强、智慧、判断敏锐。他不应以夸夸其谈的理论出众，而应以了解他人、勤勉务实而著名。当他成为党的领导人时，人们希望他的领导能力不是建立在农民式的鲁莽武断上，而是建立在有说服力的科学理论基础之上。赫鲁晓夫的光环开始熄灭，无论是在内部计划，还是在国际政治方面，他经常犯错误。在国际政治方面，赫鲁晓夫有时显得很可笑。谁不记得古巴导弹危机时，苏联派往古巴海域的军舰因为美国和肯尼迪的逼迫，不得不撤了回去！

这种赫鲁晓夫式的小丑表演，在苏方会见阿访苏代表团时，我看得很清楚。霍查讲话结束后，赫鲁晓夫已经非常愤怒了。他没有阐述苏方对形势的看法，而是另辟蹊径：他就各种政治事件特别是有关匈牙利事件的以及有关和平共处（这被看作是避

免战争的前提条件）的，提出了一连串问题。他希望得到我们对此的想法，也希望霍查能进入到这样的对话中并同意尼基塔所说的内容。当发现霍查只是静静地听着，并没有跟进苏方时，赫鲁晓夫终于失去了耐心。他一拳砸在会议桌上，对着霍查说道："你这是希望我们重新回到斯大林时代，因此我们与你们无话可说了！"

会议厅里寂静无声。赫鲁晓夫以为他粗暴的、挑衅十足的态度也许能吓住阿方代表团，能迫使阿方重新审视自己的立场并最终臣服于苏联的路线，但他很快就看出他错了。恩维尔·霍查很平静但也是斩钉截铁地回复说："赫鲁晓夫同志，您提议我们先发言，先谈我们的观点。我就开诚布公地谈了我们劳动党想说的东西。现在轮到您了，请您说说你们的观点吧。看看我们还有什么可以交流的。"

这几句话一说，场内冰冻的气氛一下子就缓和了。赫鲁晓夫不愧为善变大师，他立即接过话题并用一种有别于此前的正常语调开始发言。围绕霍查提出的几件事情，他时常从一个极端走向另一个极端。一会儿竭力想说服阿方代表团"在匈牙利是拉科什（1956年前匈牙利共产党领导人）对同志们犯了大错""南斯拉夫没有卷入匈牙利事件"，一会儿又对伊姆雷·纳吉和铁托发起攻击，说前者"为反动派打开了大门"，而后者"成了帝国主义的走狗"。他还说，"你们如果有事实证据，那就严惩这些想搅乱阿国的人和服务于铁托的人"等等。

"我们也不太相信南斯拉夫，"赫鲁晓夫补充道，"但我们得考虑当今形势，把南斯拉夫再次推入帝国主义的怀抱，对我们来说一点好处也没有。"

为了证明他说的这些都是真诚的，我们两党间的分歧只是一起不影响阿苏关系的"意外事故"，在这些意见之后，赫鲁晓夫对阿尔巴尼亚取得的成就表示了祝贺，甚至表示"苏联和其他人民民主国家有义务对阿进行更多的援助，以推动阿尔巴尼亚更快发展"。他说："阿国的供给制应该结束了，苏方对此将提供必要的援助。"同时为了减轻阿尔巴尼亚的经济负担，赫鲁晓夫还宣布，"苏联方面已决定将此前苏方对阿提供的贷款约4.2亿旧卢布（按当时汇率约合4000万美元）予以免除"。

赫鲁晓夫又讲了其他一些"意见"，其中隐含着一些对阿尔巴尼亚的威胁，目的就是要阿方明白：必须走苏联路线，否则"将得不到苏联毫无保留的支持"。

我们离开了莫斯科，深信从此以后阿苏关系中不会只有理解和一致，更会有分歧和争吵，这也是全体代表团成员走出克里姆林宫时的一致看法。

“不过，阿方不会主动进一步恶化对苏关系，我们的国家利益决定了我们不应该这么做。”霍查说道。

此后，阿苏合作随着当时的政治氛围时起时伏，但南斯拉夫问题、苏联对铁托的支持和阿南关系中苏方偏袒南斯拉夫的立场，始终是阿苏双方产生分歧的原因。

应该说，我国与北面邻居（指南斯拉夫）不好的交往史和被骗经历，使得我们对任何一个这样或那样倾向于南斯拉夫的国家都相当敏感。我们常常把那些同情铁托的人看作我国的潜在对手。我们的这种“偏见”，尽管后来甚至今天证明的确是偏见，但也不是毫无道理的。

我与赫鲁晓夫的第二次会面是在1959年5月。当时，他来阿尔巴尼亚进行正式访问。刚到地拉那，一见到前来欢迎他的阿尔巴尼亚党和国家领导人，赫鲁晓夫就声明说：“这次访阿期间，我绝不谈论南斯拉夫，这样做是为了不想让铁托以为，无论在哪儿他都是人们关注的中心。”

会见在总理府会议大厅举行。大厅正面坐的是赫鲁晓夫和他的随从人员，以及霍查和谢胡。正对面坐了一排阿国其他领导人。我旁边坐的是人民议会主席团副主席、人民英雄莫斯利姆·佩扎。当听到赫鲁晓夫的上述声明时，斯利姆老人转向我，小声地说道：“这个老人，也许是真正的伟人，也许什么也不是，只是……”

我没有回应他。不过从我的微笑中，他明白我喜欢他的这种调侃。

很显然，赫鲁晓夫的上述声明，其实也是阿领导人必须遵守的一个条件。事实上人们也是这么做的，在公开演讲或欢迎致辞中，一次都没提到南斯拉夫和铁托。

1959年5月赫鲁晓夫的访阿之旅，无论是在政治方面，还是经济领域，都没能改善阿苏两国关系。从经济方面来说，尽管也说了一大堆好话，但苏联的态度仍然在进一步恶化。本应于1959年动工的一些建设项目及其贷款也都以各种借口被推迟了。在一些主要工业部门，特别是石油和矿产地质勘探部门工作的苏联专家，也为了拖延履约而设置了重重障碍。

在赫鲁晓夫访阿期间，他希望利用阿尔巴尼亚作为基地进攻其邻国，特别是希腊和意大利的企图暴露了出来。对此，霍查在他的《赫鲁晓夫》一书中有详细的描述。他写道："赫鲁晓夫和他的国防部部长罗迪翁·马林诺夫斯基访阿期间参观了布特林特和发罗拉港后被深深震惊了，不过他们惊讶的不是这两个地方的自然美景和文化价值，而是这两个地方如果能被苏联使用所体现出的战略重要性。""这儿如果有一支强大的舰队，我们就可以将整个地中海牢牢控制在手中……我们可以攻击任何敌人。"赫鲁晓夫和他的国防部部长做着美梦。

不过这只是梦想而已，因为阿国领导人的想法完全不一样。霍查在他的《赫鲁晓夫》一书中写道："不，我们绝不允许从我们的领土启动针对别国和人民的奴役或流血事件。谁也不能把布特林特、发罗拉或任何一寸阿国领土用于他们的阴谋目的。"

赫鲁晓夫访阿后不到两年，阿政府决定驱逐苏联舰队，并清理根据华沙条约规定出于防务目的而交由苏联使用的发罗拉军事基地。

与苏共分歧加深

最初，我们与苏联的不妥协没有也不能公开化，甚至以公开辩论的形式出现也不行。主要有几个原因：一是因为阿领导人怕公开矛盾会授柄于赫鲁晓夫，他会指责我们是破坏社会主义阵营的责任人；二是因为当时阿国担心会遇到更严重的政治、经济困难；第三是因为即使在苏联路线已经受到他国批评的情况下，阿国领导人仍对莫斯科或多或少地改变立场抱有一线希望。

应该承认，我们错了。赫鲁晓夫一直在努力使他的路线和观点对当时的国际共产主义运动发挥影响，有时威逼、有时利诱，有时粗暴高傲、有时温和狡诈。1960年6月，受罗马尼亚共产党邀请，许多国家的共产党或工人党代表齐聚布加勒斯特，准备出席罗共代表大会。在这次大会上，赫鲁晓夫又想故技重演。

在布加勒斯特，赫鲁晓夫一开始就将攻击矛头对准了中国共产党，希望要么使中共屈服，要么就谴责中共，以便在共产主义运动中孤立中国，因为中苏之间已经出现了分歧。正如后来大家看到的，这种分歧从根本上说与两党都想在国际共产主义运动和社会主义阵营中确立自己的领导地位有关。

中国公开批评苏联是在此前两个月一本名为《列宁主义万岁》的小册子中提出的，这本册子是为纪念列宁90周年诞辰而出版并广为散发的。后来世界工会联合会在北京召开会议，中方也向与会的各工会代表团公开谈到了中苏矛盾。

中国对苏联的一些批评，特别是与赫鲁晓夫和平共处的改良主义观点、与反对修正主义——我们称之为铁托线路——相关的观点，其实与阿劳动党的观点是相近的，因此在布加勒斯特会议上，阿劳动党与中国共产党结成了反对苏联路线的统一战线。由卡博率领的阿劳动党代表团在会上反对赫鲁晓夫在共产主义运动中边缘化中国共产党，甚至将中国共产党从共产主义运动中驱逐出去的企图，认为这种做法违背兄弟党间的调解准则。同时，在中国批评苏联的一些事情上，卡博也附和了中方。正因如此，赫鲁晓夫将攻击的矛头也对准了阿劳动党。

做出在布加勒斯特会议上反对苏联的决定并不轻松。正如我说过的，阿劳动党在很多事情上并不赞同苏联，但问题在于，是否有必要在布加勒斯特公开挺华，或者干脆装聋作哑静观事态的发展？

我清楚地记得1960年6月底的一个晚上。晚上10点钟，有人通知我说霍查正在找我。我立即离家赶往“劳动者之家”（我们习惯把位于党中央所在地、供人休闲时喝咖啡的一处屋子称为“劳动者之家”）。当时只有霍查一人在场。见我到了，霍查开门见山地对我说，刚收到一封从布加勒斯特发来的电报。卡博在电报中说，在与受罗共邀请出席罗共代表大会的各国代表团的会议上，赫鲁晓夫尖锐地谈到了中苏矛盾。卡博等待阿劳动党中央的指示该如何应对，因为第二天就轮到他发言了。霍查把电报递给我，因为他想再听一下，所以我就出声地读了一遍电文。卡博很着急，因为苏联方面给了他很大压力，要求他支持赫鲁晓夫的路线。

“我对形势发展非常担忧，”卡博写道，“充斥着阴谋和压力。”

我们就卡博应持的立场进行了长久的讨论。那天谢胡不在地拉那，否则也会听取他的意见。霍查没有召见其他同志。时间一分一秒地过去。最后，霍查交给我两封致卡博的电报，电报指示卡博不要攻击别人，但对任何诋毁阿劳动党的人应予以坚决回击。电报同时还指示卡博不要签署任何有违阿方立场和决议的文件。

“请根据政治局指示发言，阿方绝不赞同本次会议解决国际共运问题的原则和方法。阿劳动党认为，处理这些问题应慎重、冷静，应根据列宁主义原则友好协商。”

1960年6月25日夜晚，在交流想法时，霍查已完全预料到苏联将对阿劳动党和阿尔巴尼亚发起更猛烈的攻击。有好几次他直接要求我们应做好充分准备，以应对可能出现的各种压力和挑衅。

电报最终成文时已是子夜时分，我立即叫来外交部机要人员，把给卡博的电文稿交给了他们。然后我听从霍查的建议，与他一起走出“劳动者之家”。“走一走，清醒一下自己。”我们沿着民族烈士大街步行向北，到达拉那河桥时，在达依特饭店附近听到一阵舞曲声，在饭店顶层阳台或附近的某个地方一定正在举行一场舞会。

“年轻人在跳舞享乐，他们不知道此时在布加勒斯特，一场反共产主义同时也是反阿尔巴尼亚人民的巨大悲剧正在上演着。”霍查说道。

我们开始返回。在即将分手各自回家时，霍查问我：“我们可以有别的选择吗？”

他并没有期待我回答这个问题，继续说道：“持任何其他立场，不仅意味着对社会主义人民的背叛，也意味着祖国独立与自由的丧失。如果持其他立场，就等于是犯罪。”

布加勒斯特大会之后，苏联领导人对阿劳动党的愤怒开始升级为挑衅和威胁，他们在各个方面尤其是在经济领域对阿施加压力。于是尽管签有正规合同，但苏方承诺援助的机械设备仍被延迟交付，而这已成了正常现象。他们对阿方的抱怨要么置之不理，要么给一个很可笑的回复，承诺对上次发货的欠缺部分在下次发货时予以全部解决。

在政治领域，苏联的压力和威胁接踵而至。这是一个压力极大的时刻，我们必须避免来自各方面的，如来自苏联专家的挑衅。他们根据苏联驻地拉那大使馆的指示，企图在阿人民中播下怀疑和不满的种子，扶持、鼓励各种反阿力量。事情甚至发展到苏联驻阿使馆工作人员诱使曾在苏联军事学院留过学的一部分高级官员发出挑衅性的疑问："军队究竟应该站在哪一方，是站在苏联一方，还是站在批评苏联的一方？"

我们必须在苏联军官和指挥官在发罗拉海军基地挑起的争吵和滋生的丑闻事端中保持冷静，每一起丑闻事件都隐藏着引发阿苏两国军人武力冲突的危险。

同时，我们还必须面对赫鲁晓夫的重压。在1960年11月莫斯科81国共产党工人党代表大会前夕，赫鲁晓夫发出了更为严厉的威胁：谁敢反对他的路线，谁就会受到更严厉的打击。这个警告，赫鲁晓夫是通过1960年夏天致阿领导人的一封特殊信向阿方传达的。在这封信中，赫鲁晓夫公开要求"要么阿领导人表示服从""要么让在布加勒斯特点燃的火星燃烧成烈火"。

在布加勒斯特，各国共产党代表一致决定，成立一个由各大洲25个党代表组成的委员会，以起草拟在81国共产党工人党代表大会上通过的文件。这个委员会包括了所有社会主义国家的共产党，其中也包括阿尔巴尼亚劳动党。

中央全会

在此背景下，阿劳动党召开了中央全会，报告了布加勒斯特会议的进展情况和阿尔巴尼亚代表团所持的立场。同时，在明确召开下次会议应完成的工作任务之后，中央全会决定向党的各级组织发一封信，详细说明苏共和阿劳动党之间出现的矛盾分歧。这封信还对阿劳动党将在莫斯科召开的81国共产党和工人党代表大会上所持立场做了详细说明。

这样做的目的，一是使劳动党对未来形势——我们预估会有危险——有所准备，二是希望即将赴莫斯科出席会议的阿代表团有以全党名义发言的合法性。在这次中央全会上，我被选为阿劳动党中央委员会书记。

阿劳动党中央委员会的信在党内各基层组织都进行了宣读，全国党员都同意这封信的观点，至少没有公开表示反对的。不过在劳动党中央委员会内部，情况却有所不同。

在中央会议讨论下次国际共产主义代表大会阿方所持立场时，有两位领导干部

表示反对目前阿劳动党执行的对苏政策。前政治局委员、中央书记处书记L.贝利绍娃在会上声明，不同意阿劳动党站出来公开反对苏联和赫鲁晓夫。她认为，在对苏关系中存在许多可以解决的误解，阿劳动党应该信任赫鲁晓夫，因为“他是我们的先父”“不仅是苏联的，也是整个国际共产主义运动的杰出领导人”。阿劳动党中央监督委员会主席塔什科也基本持类似观点。而这种观点是阿劳动党中央所不能接受的，因此贝利绍娃和塔什科两人都被解除了职务。

作为由阿人民议会主席团主席哈奇·列希率领的访华代表团的成员，贝利绍娃于1960年5月访问了中国。正如中国把中苏矛盾通报了出席世界工会联合会的外国代表团一样，中方也向阿尔巴尼亚代表团进行了通报。而贝利绍娃未经任何授权，完全出于自己的想法，便走进了苏联驻北京大使馆，把中方通报的内容详细转告了苏联大使。事情还远非如此。

关于贝利绍娃接触苏联人的通报传到了地拉那。为了避免贝利绍娃再犯错误，霍查给她写了封信，信中告诫她从北京返阿时不要在莫斯科停留，也不要与任何人谈论中国事务。这封信是由信使专送的，目的就是希望贝利绍娃在抵达莫斯科前能收到这封信。事实上，这封信在乌兰巴托或伊尔库兹克时，就被交给了贝利绍娃，但她仍然我行我素。在莫斯科，贝利绍娃要求会见赫鲁晓夫，她不仅向他汇报了中国人所说的一切，也把地拉那给她的命令告诉了对方。

我和贝利绍娃是多年的朋友，一起工作过，我自认为很了解她。但她所做的这些事情，我无法用其他词来形容，而只能用“间谍”一词来描述，同时这样的行为对阿劳动党来说也可谓是“背后一闷棍”。从这个角度来说，她的行为必须受到严惩。但贝利绍娃为什么会这么做呢？她是个有野心的人，但头脑简单。她似乎认定阿劳动党一定会屈服于苏共，或者一切事情都会调和好，就像赫鲁晓夫对铁托一样。在此情形下，她想跳出来成为“时代英雄”。我并不认为她的行为像一个凶残的特务，但毫无疑问，她受到的流放和其他的人身自由限制，无论对她本人或者对她的全家来说都是相当严酷和出格的。但时代就是这样，当时的法律也是这么规定的，而在通过这些法律时，贝利绍娃本人也是投票赞成的。

在81党声明筹备委员会的日子

为了准备在81国共产党和工人党代表大会上通过的共同声明，在莫斯科成立了一个由25个不同政党代表组成的筹备委员会。这个委员会从10月1日工作到10月25日。卡博和我作为当时阿劳动党的两位中央书记被确定为阿劳动党在该委员会的代表。阿方代表团成员还有中央委员托迪·卢伯涅、弗·查米以及劳动党中央委员会外事局长普·比塔等人。

受恩维尔·霍查委托，从1960年6月起，我开始组织力量就莫斯科大会拟讨论的基本问题、批判性分析赫鲁晓夫关于当代基本问题的路线，以及组织政治思想论点以证明苏联已走上修正主义道路等，进行了专门调研。为此，一大批同志包括哲学家、经济学家、中央委员会各部门的政治家，以及来自大学、外交部的人参与了这项调研工作。

在莫斯科筹备委员会工作的这段时间里，我目睹了苏联的一些台前幕后的故事。莫斯科大会其实是一次双方观点激烈交锋的大会，其中一方是苏联及其盟友，而另一方就是中国和阿尔巴尼亚。

在筹备委员会里，苏联的目标就是希望阿劳动党不要出头反对苏共和赫鲁晓夫、不要开启争斗、不要谈论布加勒斯特大会、也不要谈论出现的矛盾。为此，苏方给阿尔巴尼亚代表团制造了一个十分凝重、恶劣的氛围，其中一会儿施以公开威胁，一会儿又给予小恩小惠。

恩维尔·霍查一直很关心筹备委员会的进展情况，也时常给我们发来指示。

在一封给我们的电报中，霍查写道："苏联人以为我们被声明搞得几乎病态了，但我们必须坚持要求苏联改正其机会主义错误。大会声明必须反映这些争议。只有这样才能使苏联人害怕，才能使我们免受威胁。"

在另一封电报中，霍查写道："莫斯科大会不应该搞形式主义，也不应该仅仅做泛泛的争议。一个遮盖严重错误的和平主义的妥协会议没有什么意义。""没必要去调整苏联人准备的关于一些事件的用词，那些是苏联人准备的文稿，其中可能已经在某个地方埋藏着坏主意，也许在文章的各个角落都有，尽管可能也会放一点甜头在里面。”

筹备委员会最初的几天会议开得很平静，苏联及其盟友也很满意。但是这种平静在10月6日被打破了，因为这一天，阿尔巴尼亚代表团团长卡博做了发言，其中提到了苏联不希望提及的内容。卡博在发言一开始就指出共产主义运动已经出现严重分歧，因此“筹备委员会不应对此轻描淡写地一带而过”。阿劳动党认为，布加勒斯特大会，无论在形式还是内容上，都是仓促的，有违共产主义运动的基本实践。布加勒斯特大会，除了结出一些恶果外，没有带来任何好的东西。阿代表团坚持认为应对此前的一些行径进行批判性分析并从中得出一些必要的教训。否则，81党大会文件有可能在未来再次成为恶事的根源。

事实上，在地拉那我们已经决定，在筹备委员会的工作只涉及与大会文件相关的几个问题，而对我们称为“赫鲁晓夫修正主义”的严厉而直接的批评将在11月的81党会议上提出。那时也会谈到苏联对阿尔巴尼亚的立场问题。

“在布加勒斯特会议上，赫鲁晓夫发现他的观点在阿劳动党内行不通。在筹备委员会里，赫鲁晓夫‘品尝’到了公开的批评。在11月代表大会上，我们将要给他以痛击。”霍查向我们指示。

筹备委员会起草11月大会声明的工作进展非常缓慢，争议很多，有时还非常激烈。争议的中心除了中国外，还包括阿尔巴尼亚代表团。只要我们一提意见或修改建议，就仿佛揌下了按钮一般，苏联支持者就会立即站起来表示反对。有时完全是无谓的举动。在筹备委员会，一件与法国共产党代表有关的事情可以极好地说明当时的外部环境。

有一天，大家在讨论声明草案中关于发动帝国主义战争可能性的内容时，阿方代表团提议对这段内容做些修改，以反对赫鲁晓夫著名的“没有武装、没有战争、没有军队”的三无路线。我们把这样的路线叫作投降主义路线，是对被奴虐人民的解放斗争有害的。关于这一段内容，法国代表团也有修改提议。根据他们的意见，这一段内容可以用法共总书记莫里斯·托莱兹前几天所做的声明加以替换和具体化。

考虑到法国代表团的提议实质上与我方很相似，我们代表团决定支持法方提议并放弃我们的建议。会议开始了，当准备讨论相关段落时，我要求不再讨论我方提出的修改意见，因为我们决定放弃提议了。在场的人都很惊讶，但这种情况并没有维持多久。因为当大家开始讨论法方修正提议时，我发言支持法方提议，并说明了我们支持的理由。一场激烈的争辩被一下触发了。不过苏联及其盟友显然有些窘迫，他们不仅要反驳我们的论点，还必须反驳托莱兹的路线。就在大家争论十分激烈的时候，法方代表莱昂·弗格站出来，宣布法方撤回修正提议并表示支持苏联方面提交的建议。

休会期间，我见到了莱昂·弗格。我们已认识很久了，因为我和他都是各自国家的青年领导人。我们在世界青年联合会会议上经常碰面。为了讽刺他一下，我说："你们这么怕苏联人啊，连你们的总书记莫里斯·托莱兹都要改口了！"

"你没看到这次大会都在做什么吗？"他毫不隐讳地回答我，"只要你站起来，大家就会一起反对你。他们根本不听你说了些什么，也不管你说的是不是有道理。所以当你表示支持我方修改意见时，我就知道我们的意见一定会被他们所反对。所以，为了不让大家浪费争论时间，我只有撤回我们的提议。"

我提及这个事例，只是想让大家了解一下当时筹备委员会所面临的气氛。后来，81党大会在11月份召开时，那时的气氛更加沉重、更不友好，压力和阴谋也更多。

回到地拉那后，我和卡博去见了霍查，并把在筹备委员会工作期间发生的一切向霍查做了汇报。他嘱咐我们做些准备，以便把这一切向劳动党中央政治局做全面汇报。会见快结束时，霍查说道："你们在莫斯科'斗争'的这段时间里，我也在为11月做着'斗争'准备。我已经起草了将在81党大会上用的发言稿。你们也看一下，然后我们再商量商量。当然需要做些补充，要把最新进展情况特别是筹备委员会的工作情况反映到发言稿中。"

莫斯科81党大会

在大会筹委会准备好全体均接受的大会声明草案后，也就为召开更高层次会议开启了绿灯。1960年11月8日，由81个共产党和工人党参加的代表大会在莫斯科召开了。

11月初阿劳动党中央召开会议，通过了霍查拟在莫斯科大会上所做发言的讲话稿，也确定了出席莫斯科大会的阿劳动党代表团的组成人员：代表团由恩维尔·霍查率领，成员包括谢胡、卡博和我。

参加布加勒斯特会议的经验和莫斯科大会筹委会的情形告诉我们，阿劳动党代表团在莫斯科将会受到苏联人的沉重打击。那儿的氛围不仅是沉重的，更是敌对的，充斥着压力和阴谋。

这一点在11月7日为庆祝大会召开而在克里姆林宫举办的官方晚宴上，得到了证明。我们代表团的每一个成员特别是团长霍查，都被苏联高官团团包围着。他们竭力要让我们相信苏联领导层是希望与阿友好的，因此希望阿方在大会上保持克制。苏联人的目的，就是希望霍查不要在莫斯科大会上公开表明其已受到理论上的全面批评，尤其是他们希望霍查避免谈及与苏联对阿国立场、苏联对阿施压和干涉阿内部事务等有关问题。

我们代表团下榻在莫斯科城外，驻地就成了一个接一个会晤的地方。苏联领导层的各种人物都来了，当然也来了一些与霍查有私交的其他政党的代表。米高扬、科兹洛夫、苏斯洛夫还有一大堆其他官员都想向我们表明："我们可能对阿尔巴尼亚犯了一些错误，但这是由某位'愚蠢的大使'犯的，国防部部长马林诺夫斯基可能也犯了错，他在与你们的官员谈话时冒犯了阿劳动党。不过你们别在意，他是个军人，并不懂得政治。"在这番"真诚"表白之后，苏联人又补充说"我们不太了解阿方的需要，不过从今往后，我们会给阿尔巴尼亚更多的援助""我们双方的关系可以共同商量，没必要把这些事情放到81党大会上公开讨论"。

显然，莫斯科领导人竭力把阿苏关系发生的一切描述为偶然事件，是一些不负责任的个人行为。在他们看来，有关对铁托路线的政治分歧、苏联干涉阿国的内部事务、苏联人鼓动阿国人起来反对阿领导人以及阻碍与阿所签协议的执行、阻碍按时向阿运送物资等事情，也都是这样的偶然事件，是苏联方面一些不负责任的人的个人行为。

在恩维尔·霍查莫斯科大会发言的前一天，赫鲁晓夫召见了我们代表团。我们去见了赫鲁晓夫，这是我们两党代表团之间的最后一次会见，地点在克里姆林宫。苏方出席的有赫鲁晓夫、米高扬、科兹洛夫和安德罗波夫。会见气氛很冷淡。

苏方这次会见的目的，与此前一些苏联领导人造访我们代表团驻地时所做的谈话目的是一样的。“发生了什么事？为什么你们对苏联政府不满？一些事情是个别人的行为，是不符合我们的要求的，所以我们也对此做了批评和处理，你们为什么对这样的事情这么看重？你们是不是希望把我们驻地拉那的大使赶走？为帮助贵国的经济发展我们该怎么做？”

苏方的目的，实际上是希望霍查在第二天大会发言时不要批评苏联，尤其是不要提及苏联对阿领导人施加政治、经济压力等反阿行为。当然，这样的会见无果而终，霍查坚持表示将在大会上公开阿劳动党认为有必要公开的对一些事情的观点和立场。苏方“建议”阿方保持克制，“否则将会如何如何”。

11月16日，在莫斯科81党大会上，恩维尔·霍查做了发言。正如大家所知（霍查的讲话国内外均有印发）的那样，发言中霍查阐述了阿劳动党对国际形势的判断以及对各种事件的立场。在谈到国际共产主义运动时，霍查批评了赫鲁晓夫的反华行为和立场，也批评了他执行的铁托修正主义路线和对匈牙利事件的处理办法等，特别是在谈到阿苏关系时，霍查谴责苏联政府对阿施压及其实行的反阿行动，谴责苏方将意识形态的分歧扩大到国家关系层面。霍查强调，苏方之所以持这样的对阿立场，就是因为阿领导人不赞同苏联的做法，并且在布加勒斯特会议上和双边会谈中敢于批评苏联。

参加大会的代表那天都到了会场，没有人缺席，大家都很专心地听了霍查的发言。有些人，特别是站在赫鲁晓夫一边的人，听了霍查的发言后感到很不安。在场的苏联领导人有赫鲁晓夫、米高扬、勃列日涅夫、苏斯洛夫等。他们在霍查发言的整个过程中都显得焦虑不安。而与其他人相比，赫鲁晓夫更是明显流露出焦急难安。这是自然的，因为他的行为第一次受到了严厉批评，他被苏联媒体称为“列宁主义的”“创造性的”“天才的”思想被霍查一一驳斥并被指责为是“机会主义”的、

“反列宁主义”的思想。霍查的这种“攻击”，是在全世界81个共产党和工人党均在场的情况下、是在赫鲁晓夫已“统治”联合国、个人威信处于巅峰并正试图确立其在国际共产主义运动中的霸主地位的时候发起的。

霍查的发言引起了轩然大波。苏联人避免公开共产主义运动已出现裂痕并加以具体讨论的愿望落空了。因此，他们开始组织反击，并对阿劳动党进行了种种威胁。

于是，欧洲的以及亚、非、拉的政党领导人一个接一个发了言，共产主义的标志被烧毁了，所能听到的只有最响亮的指责和辱骂声。西班牙的多洛雷斯和波兰的伏拉迪斯拉发跳上了舞台，他们反对霍查发言表现得最坚定。其他一些共产党领导人也相继表态，反对霍查的发言。

我对莫斯科大会的每一场会议均做了详细的笔记，包括各政党代表在会上发表的针对阿劳动党的言论。其中我记录了巴拉圭共产党总书记的讲话，他在莫斯科大会讲坛上发言时还哭了，因为他觉得“在这儿，在克里姆林宫，终于见到了列宁主义政党”。他的这种“勇敢”和对“列宁主义”的忠诚，我曾经在另一个场合见到过。那是1976年，他来到地拉那，就莫斯科大会上他所做的反对霍查的讲话做自我批评，他说那是苏联人逼他那么做的。后来苏联人对他也搞了同样的事情，他们在巴共内部组织了“分裂政变”并最终将这位“勇敢者”清算出局。当然我们“接受”了他的自我批评，并祝他“一切顺利”。后来我听说他又转向中国的“三个世界”理论了。

发过言后，霍查和谢胡仍在会议大厅待了一天，但当阿劳动党遭受到最严厉的攻击后，他们就没再来到会场，甚至从原来下榻的招待宾馆搬到了阿驻莫斯科大使馆内。卡博和我继续留在会场，并密切关注每场会议的情况。

一些对苏联共产党持保留意见的国家，如越南、朝鲜、新西兰等国的政党代表在会上也纷纷做了发言，不过他们的发言总体上是比较轻描淡写的，只有新西兰共产党的代表，对针对霍查的攻击表示了抗议。

尽管有些人做了赞同赫鲁晓夫的发言，但霍查发言中的批评所留下的影响还是无法被遗忘的，与会代表也对苏联领导人，特别是对赫鲁晓夫本人表示了不满。所有人都看到了苏联共产党也可以被批评，赫鲁晓夫也可以被批评，苏联领导与赫鲁晓夫本人也并不是永不犯错的。出于想挽回点什么的考虑，也考虑到不希望大会结束时留下这样不好的印象，11月23日，苏方建议召开第二次讨论会。

赫鲁晓夫首先做了发言。由于霍查原先发言时赫鲁晓夫也在场，所以霍查和谢胡也不得不出席并听取赫鲁晓夫的会议发言。在发言的一开始，赫鲁晓夫就表示，他并没想做第二次发言，但因为霍查的发言，他不得不再次讲话。他竭力表现出平静，用很机械的方式读着准备的书面发言稿。他先是谈到了与中国人的意见分歧，不过并没有多少火药味。但这种“冷静”并没保持多久，当开始回应霍查的发言时，赫鲁晓夫终于“失去平衡”并开始吼叫起来。

赫鲁晓夫的发言并没有引起特别的反响，相反，许多代表团甚至包括一些追随苏方的代表团，似乎也只是静静地听着他的发言。

在赫鲁晓夫之后，有两三位其他与会政党代表发了言。中国共产党的代表邓小平也做了发言，他对许多国际政治问题以及苏联企图在共产主义运动中建立霸权等方面批评了苏联的立场。邓小平还谈到了外界对阿劳动党的攻击，表示中方欢迎霍查的发言。

考虑到第二轮讨论时没有什么新的东西，阿尔巴尼亚代表团认为没必要再次申请发言。

最后在通过联合声明后，莫斯科大会就结束了。阿方签署联合声明的是卡博，因为此时霍查已经回到了地拉那。他与谢胡在11月25日从莫斯科启程返阿，以便能出席11月的国庆活动。这次他们选择了坐火车经捷克斯洛伐克、奥地利到达意大利，从意大利再搭阿政府的专机返回地拉那。之所以选择这样的线路，就是为了避免坐飞机可能会遇到的意外风险。

苏联人做的一些可疑的事情，在阿劳动党代表团在莫斯科期间就一直存在。他们安放窃听器以监听阿劳动党代表团的谈话，他们不仅在阿代表团住地安放，而且在阿驻苏联大使馆里也安放了。有一天，当霍查从下榻之地离开转赴阿驻苏联大使馆时，一名负责代表团安全事务的苏联官员对我和谢胡说：“霍查离开下榻的别墅转住阿使馆，这样做很对，陪同霍查的上校是个很坏的人。”这也许是一种信号，也许是官员间的相互诋毁，对此我无法肯定。不过要是说苏联人对霍查做些什么小动作，也不足为奇，因为苏联人不讲道义是众所周知的。

关于发展阿苏关系，特别是关于阿代表团在莫斯科大会上的立场，作家伊斯马伊尔·卡达莱曾专门写过一本书，书名叫《严冬》。为此，我和托迪·卢伯涅还曾帮助过卡达莱，向他介绍大会的召开情况、发言内容、会议背景和内幕情况等。《严冬》实际上是对霍查和阿劳动党维护国家利益的一曲颂歌。如今，卡达莱已经改变立场，他竭力证明自己是持不同政见者，是当时阿社会体制的反对者。他确实写过一些掩人耳目的东西，如曾撰文责问“为什么不写一写国家现实生活，而只写那些神话故事呢？”也许会有人相信他的故事，但真相恰恰相反。他写《严冬》一书，一如他以前写《党内寻根》和一些其他作品一样，因为当时他就是那么想的，只不过现在变了而已。他有权改变想法。

1960年11月莫斯科大会个人日记摘录

正如我前面提到的，莫斯科大会期间我做了很多笔记，这些笔记与其他许多文件一起被保存了下来。

以下是我在会议大厅里所做笔记中部分与会者讨论的摘记。

苏联共产党主席赫鲁晓夫说：

“关于当代特点和内容问题，这不是一个抽象的理论问题。我认为目前的表达法：‘当代是帝国主义和无产阶级革命的时代。’既没有阐明帝国主义是否正在衰弱，也没有反映世界力量的对比关系，这样的表述容易误导共产主义运动，因此大家应该接受声明草案中的有关表述。

“我们处于当代的第二个阶段，这个阶段以国际社会主义体制的增强为开端，帝国主义的本质没有改变。总体上这是对的，但如果我们深入分析一下当今的形势，我们会发现这样的表述并不完全正确。当今最强大的帝国主义国家受到了资本主义全面危机的重创。美国工业生产在资本主义工业总生产中的比重正在下降，无论是在政治还是经济方面，美国正在没落……

“我们的任务，就是要尽快在工农业生产方面赶上资本主义国家，然后在人均生产方面超越他们。这是可能的：1955年至1959年间，社会主义国家的工业生产增长了37%，而资本主义国家只增长了7.4%，资本主义复辟的可能性已不存在。苏联在对美国的经济竞争中取得的胜利是一大转折点，它必将对世界社会主义命运产生重大影响。我们赢得了时间，这是很重要的。我们赢得竞争，所有国家都会选择社会主义。

“‘为和平而战’的口号不如改为‘为共产主义而战’。我们不会向资产阶级承诺一个没有战争的世界。我们的口号是‘为共产主义而战’，我们应该同接受和平共处思想的资产阶级保持接触，推动与帝国主义谈判，使人民明白共产党人是真正的和平斗士。

“列宁并没有说苏联要领导国际共产主义运动，那我们为什么要给帝国主义口舌，说各国共产党要受莫斯科领导呢？”（显然这可能是针对保加利亚的日夫科夫说的，因为最近他曾说过“我们应该与莫斯科对表”。）

加拿大共产党主席蒂姆·布克说：“我完全同意赫鲁晓夫的发言，这是一份详细的分析。”他批评了中国的文章《列宁主义万岁》，在他看来，这篇文章带有极左观点。他说：“我不赞同这篇文章，也不赞同中国人传播这篇文章的方式。”

保加利亚共产党第一书记托多尔·日夫科夫表示，列宁关于“这是帝国主义和社会主义革命并存的时代”的认识是正确的。但现在情况发生了变化，社会主义制度已经在国际舞台上发挥巨大的作用，大多数被殖民地国家已经从对帝国主义持保留态度转向反对帝国主义，成了一支和平的力量。如果我们仍然停留在列宁的分析观点上，那我们就陷入了教条主义。

“与列宁时代不同，现在以新的方式解决和平共处问题已有可能。目前，社会主义已得到世界上其他爱好和平的力量的支持，可以与他们一起为和平共处而斗争……”他还讲了许多赫鲁晓夫的个人贡献及其在世界上赢得的威望，称赞赫鲁晓夫是“创造性的、进攻型的马列主义”。

伊拉克代表团说了许多对赫鲁晓夫的恭维话，塞浦路斯和黎巴嫩代表团也是如

此。而瑞士代表既没恭维也没挑战赫鲁晓夫的观点。丹麦共产党的代表诺林德表示，现在是为了争取一个没有战争的世界而战斗的时代。

荷兰代表格鲁特表示，现在存在制止世界大战的现实可能性。他注意到了赫鲁晓夫关于个人崇拜的立场，他表示反对个人崇拜，但也不应否认历史人物的作用，这一点应写入声明草案，因为共产主义政党需要有崇高威望的领导人，不仅是在党内，在群众中也是如此。

匈牙利共产党主席、著名的卡达尔表示：他完全赞同苏共的路线方针。“我们可以不打仗而建设社会主义。”“在即将批准通过的大会声明中，应强调指出苏共二十大、二十一大的重大国际意义。如果承认苏共的领导作用，而又不承认苏共二十大、二十一大在国际共产主义运动中发挥的巨大思想影响，那这种领导作用就只是表面的。”

卢森堡共产党代表表示，完全赞同大会声明的各项内容。

希腊共产党代表科扬尼斯表示：“我们党内既反对修正主义，也反对教条主义。”他批评中国共产党的做法，认为中共的目的是要削弱苏共的权威。

南非共产党在和平计划面前“祈祷”，说：“我国人民已经害怕战争了。南非联盟是非洲经济最强的国家，也是军事实力最强大、最反动的国家，是反对非洲人民革命最忠实的宪兵，这个国家得到了帝国主义的扶持。”

委内瑞拉共产党主席说：“同意大会声明草案，但有几点修改意见……赫鲁晓夫的发言是一种贡献……《列宁主义万岁》文章中的一些观点我们不能同意。但也有一些批评意见是正确的……”

朝鲜共产党主席金日成的立场基本与中国方面一致，而中国则因一篇《列宁主义万岁》的文章而饱受批评。金日成表示，中国的经验对曾为殖民地的国家尤为重要。后来他又谈到南、北朝鲜统一问题，他认为很困难。“如果没有战争、没有广大人民的牺牲，统一很难实现，帝国主义太有侵略性。”“党与党之间的尊重不应该是单方面的，而应该是相互的。我们不应纠缠于过去，因为这会强化党与党之间的不和，我们应展望未来。”

中国的铁腕人物邓小平在朝鲜领导人之后做了发言，他公开表示反对苏联共产党的领导。他说："中国代表团来这里是为了加强共产主义运动的团结，但我们对本次大会前苏共中央委员会散发的公开信表示担忧。事实上，苏共中央的这封信是这次世界共产党大会上达成协议和出现分歧的根本起源。"

邓小平指出："有人认为中国共产党灭自己威风，扬帝国主义志气，其实这是应该受到谴责的谎言。我们不赞成为了和平而进行的战争使广大群众的革命活动被国家领导人的活动所取代。在社会主义和国际无产阶级的阵营里，应该团结一切可以团结的力量，以制止战争和促进民族解放运动……"

邓小平进一步表示："'帝国主义是纸老虎'的口号在政治上和思想上都是正确的。这就是说，真正有力量的是人民大众而不是帝国主义，但帝国主义像老虎一样凶残，因此我们必须认真对待他们，不能搞冒险主义。"

"为了维护和平，我们赞同谈判对话。中方支持苏共的政治主张，但无法对谈判中的一切要求予以支持。和平要靠人民大众以防止战争为目的而进行的有效斗争来换取。制止武力的办法就是人民大众的抗争，这在有军事基础的国家尤其如此。"

邓小平接着表示："1957年《莫斯科宣言》是我们关系和工作的基础。它之所以正确，不是因为它有苏共二十大或二十一大的宗旨，而是因为它是集体合作的结果，它反映了各国共产党的经验。苏共二十大和二十一大是苏联共产党一个党的代表大会，它有好的一面，也有不好的一面，因此不能要求其他各党都执行苏共的决议。"

邓小平以中国共产党的名义，在世界各共产党中第一个站出来公开维护阿劳动党和阿国人民的利益。他说："苏联同志对阿劳动党的态度是不对的。苏联帮助过阿尔巴尼亚，但阿尔巴尼亚也帮助过苏联，帮助过社会主义阵营和国际共产主义运动。我们对赫鲁晓夫'要像对待南斯拉夫一样对待阿尔巴尼亚，要中断对阿援助'的讲话不能同意。扶持保护阿国内的反党力量并将其培养成苏联朋友的做法也是错误的。"

在讲话的最后，邓小平谈到了中共和苏共的关系。"1957年前，我们两党的关系很好，但塔斯社关于中印边界问题的声明对两党关系造成了冲击。这份声明，正如特洛茨基认为的那样，认为中国既不希望和平，也不希望战争，因为毛泽东是个老刑

警，中国人是冒险分子。”这份声明还攻击了中国的人民公社、“大跃进”和中国共产党的基本路线，而这些都是赫鲁晓夫在访美前发表的攻击性言论。

瑞典共产党主席论述了“无产阶级专政”理论。他认为“专政”一词，即使是无产阶级专政，也会让人民大众感到害怕。瑞典代表表示，无产阶级专政应该属于19世纪，他认为应保留无产阶级专政的内涵，但“找一个新的表达法”。奇怪的是，瑞共领导人还长篇大论地谈到了社民主义和议会传统等。

德国共产党主席瓦尔特·乌布利希批评了中共代表团的观点，同时也谈到了走向社会主义的和平道路。乌布利希说：“当今存在着以新方式解决国际问题的现实可能性。有的人袖手旁观，在国际舞台上不支持苏联的倡议，而只是说：看，我早就说过，与艾森豪威尔会见不会有什么事情。但他没有看到，苏联这一政策使得美国遭受了巨大损失。邓小平弄混了外交行动与武装人民大众的责任。”

叙利亚共产党（巴格达什派）主席在讲话中对中共进行了猛烈攻击，认为中共应对挑起战争而非寻求和平承担责任，他说中国人认为没必要害怕战争，“即使牺牲一半人口，但还有一半人活着。”

智利共产党代表对美帝国主义提出了批评，但认为工人阶级应通过议会渠道而不是武装斗争夺取政权。

美国共产党代表杰克逊对赫鲁晓夫恭维有加，他说，“我在全世界都是怀着敬意聆听赫鲁晓夫讲话的”“共产主义言论在美国也是受到高度尊重的”。此外，杰克逊还说：“从莫斯科向美国发射一颗导弹只需要半小时，因此两国间要么选择和平共处，要么选择核战争，别无他路。”

巴西共产党主席普雷斯特认为“应维护基本原则”，他表示赞同苏共起草的声明，同时也支持与个人崇拜做斗争，也就是说，支持赫鲁晓夫发起的反对斯大林个人崇拜的斗争。一句话，他与赫鲁晓夫的立场完全一致。

捷克斯洛伐克共产党代表诺沃特尼激烈批评了中共邓小平的观点。在他看来，邓小平的观点完全“曲解”了赫鲁晓夫的深刻分析。他对赢得和平毫不怀疑，因为“赢得了社会主义，就自动赢得了和平”。在批评中国时，诺沃特尼说：“中印关系是朝着资产阶级的方向发展的，因此苏联批评中国是正确的，也是及时的。”

法国共产党莫里斯·托莱兹表示，他不仅赞同赫鲁晓夫，也赞同苏斯洛夫，但他不同意邓小平的观点。托莱兹公开表示，分歧不仅体现在声明中的两三件事情上，而存在于整个国际共产主义运动的路线方针上。托莱兹强调，列宁曾讲过，在帝国主义彻底垮台前，避免世界大战的唯一可能就是裁军。但有些人认为这是小资产阶级方式，与马列主义无法调和。后来，托莱兹又拿出一张赫鲁晓夫以前访问法国的照片说：“赫鲁晓夫广泛地接触了法国社会大众，并且留下了很好的印象。”

古巴共产党代表埃斯卡朗特说，古巴坚决反对战争，“不仅是因为共产主义理想，也因为我们的民族原因，所以我们不希望战争”。他强调，在拉丁美洲，一个国家能够通过议会途径取得政权是相当不容易的，因为议会选举欺骗性很大，主要的选举工具都是为资产阶级服务的，而且还面临着来自美国的压力。

伊朗共产党代表团由拉姆率领，他们是倾向于赫鲁晓夫、反对邓小平的。以色列共产党代表米库尼斯也持同样的观点。

以色列代表团之后，阿尔巴尼亚劳动党中央第一书记恩维尔·霍查发了言。在此，我不再重复霍查在莫斯科大会上的讲话内容，因为现在大家对此都已经很清楚了。不过，我讲一下当时大厅里的反应情况。

当霍查发言时，苏联领导人赫鲁晓夫、米高扬，有时还有苏斯洛夫，都忍不住生气了。他们有时紧张地踱着步，有时交头接耳，有时做个惊讶的表情，有时也嘲笑一下……他们的脸上写满了紧张和愤怒。

当霍查说到“我们今天的自由不是别人恩赐的”时，米高扬靠近赫鲁晓夫小声地耳语了几句。

“我们劳动党将切断特务的头颅。”霍查说。赫鲁晓夫和米高扬一起笑了起来。

“帝国主义指责中国和阿尔巴尼亚，似乎以为我们两国反对和平共处。”霍查说。这时，赫鲁晓夫开始不悦，与米高扬又说了几句话。

当恩维尔·霍查说“斯大林属于我们大家”时，米高扬和赫鲁晓夫站起身走了。

霍查发言之后，人们开始对阿劳动党和中国共产党的观点进行议论和反驳。

挪威代表团首先发言，他们希望“中国同志和阿尔巴尼亚同志不要死抓过去不放……”

西班牙共产党主席多洛雷斯·伊巴露丽说：“三年前，也是在这个大厅，我们大家只有一种声音。但今天却有对声明的不同声音。”她影射的是中国和阿尔巴尼亚。她长篇大论地猛攻中国，然后话锋一转，简短但很粗暴地质疑霍查的观点：“怎么可以这样反对苏联呢？”

奥地利共产党主席科普莱宁认为霍查的发言是“反动言论”。

波兰共产党主席柯姆尔卡语气很重地批评了霍查的发言，认为这是“反动的”“不认老祖宗的”言论。

意大利共产党代表龙戈也言辞激烈地批评了霍查的发言。

而越南共产党主席胡志明只是奉承了赫鲁晓夫几句，既没有表示反对中国，也没表示反对阿尔巴尼亚。

英国共产党代表戈兰没有直言反对中国或阿尔巴尼亚的观点，但他对激烈攻击阿尔巴尼亚代表的柯姆尔卡和龙戈表示认同。

罗马尼亚劳动党代表德希的表现更为奇特。他没有直接批评中国，但却把赫鲁晓夫捧上了天，说他是“自由战士”，甚至“批评”苏联为什么要在联合国里维护中国。

蒙古代表团反对阿劳动党的观点，也反对中国共产党的立场。危地马拉和约旦的立场也与蒙古一样。

可以说，几乎所有出席81党代表大会的代表团都决定站在苏联一方反对中国共产党和阿尔巴尼亚劳动党。

与苏联决裂

莫斯科大会后，阿苏关系开始进入冰冻期，苏联寻找各种借口为阿尔巴尼亚经济发展制造障碍，压力接踵而来。在发罗拉军事基地，苏联军官开始制造各种障碍，阻止阿方获得接手并驾驭潜艇和其他军舰的必要能力。长期以来，根据华沙条约，苏联方面应逐步向阿海军移交四艘潜艇，但这件事被苏联系统性地推迟了。

1961年3月28日与3月29日，华沙条约政治协商会议在莫斯科召开。阿尔巴尼亚代表团由阿国防部部长贝切尔·巴卢库率领。刚到莫斯科，阿尔巴尼亚代表团就收到一封由华沙条约联合武装部队总司令A.A.格列希柯元帅写的一封信。信中，苏方要求阿政府：一、放弃发罗拉海军基地；二、发罗拉海军基地所在地由苏联政府管辖；三、阿尔巴尼亚海军武装力量从发罗拉海军基地撤出；四、所有海军战舰和辅助舰艇交由苏联舰队管理。

巴卢库立即将此信向霍查做了汇报，并希望得到关于阿方应持立场的指示。第二天一大早，霍查给巴卢库发了一封电报：

> 不要理会格列希柯的信。你只要就他和其他人在会上提出的事项做出回应。你的发言得据此重新调整。不要抢先发言。关于发罗拉军事基地，要向他们清楚表明，阿政府对根据两国官方协议确定的现状不会做丝毫改变。驳斥他们的谣言和辩解……谈事情要从政治、军事的角度去讲理。结合赫鲁晓夫此前对这件事的威胁和利诱，你要声明阿尔巴尼亚政府不会接受格列希柯元帅的方针，因为这是没有道理的。你要强调指出，任何旨在撤出海军基地或拒绝供应相关装备的决议，根据已签订的协议和合同，都将削弱对社会主义阵营的保护和对阿尔巴尼亚的保护，应由他们而不是我们承担全部责任。作为结论，请以阿尔巴尼亚劳动党和阿尔巴尼亚政府的名义向对方表明，阿方绝不接受任何改变发罗拉海军基地现状或者违背阿苏协议的决议，阿方会坚定地投票反对。请苏联公正地对待阿尔巴尼亚。你一定要站在阿劳动党的高度据理力争。
>
> 恩维尔·霍查
>
> 1961年3月28日，早晨7点30分

与苏联和其他人民民主国家关系破裂为阿尔巴尼亚带来了新的形势。首先，苏联方面中断了一切对阿的协议和合同，使得阿经济立即出现了困难，而政治方面的困难也不能说很小。尽管阿国内并没有立即出现反应，但有些阶层尤其是情报人员和军人

们，则对阿劳动党的政策产生了疑问。这样阿国国家安全机关又“开辟”了一项新的工作，即将斗争矛头开始转向新的“敌人”——那些与苏联有着各种各样联系的人，如留学生、与苏联或其他东欧国家的姑娘结婚的人等等。这项工作也出现了一些匆促欠考虑的情况，当然也有错误的做法。我指的是阿国家安全机关的工作，有时有道理，更多时候是无道理地将斗争的靶心对准了与阿尔巴尼亚小伙子结婚的苏联和其他东欧国家的妇女。当然这些阿国小伙子自然也是被怀疑的对象。这样的做法最终导致许多婚姻的破裂，几乎所有的苏联和其他东欧国家的妇女都离开了阿尔巴尼亚，个别的还被关进了监狱，甚至个别阿国的留学生也被关了进去。其中也许有为苏联服务的特务，但绝大多数其实都是遵纪守法的公民。

1961年，我们是在阿苏两国政府的不断争吵中度过的。随着苏联外贸部门不向阿国提供合同商品的“失误”增多，以及苏联专家特别是发罗拉海军基地的苏联海军的态度越来越有挑衅性，我们两国间的争吵也越来越多。

阿尔巴尼亚劳动党第四次代表大会

1961年2月底，阿尔巴尼亚劳动党第四次代表大会召开了。大会批准了此前霍查在莫斯科会议上的立场。阿方反修斗争的方针被批准为未来阿劳动党的指引。参加大会的还有一些外国代表团，其中包括苏联共产党的一个代表团。他们竭力想影响与会代表，但没有成功。爱国主义情感战胜了苏联代表团团长波斯皮耶洛夫的空头许诺，也战胜了苏联代表团成员J.安德罗波夫的种种努力。在批判修正主义观点时，大会没有点名苏联共产党，也没有点名赫鲁晓夫。阿劳动党并不想让矛盾公开化。在第四次党代会上，我被选为阿劳动党中央政治局委员。

党代会之后，阿苏两党和两国政府间的关系进一步恶化。1961年4月，苏联单方面决定从发罗拉海军基地撤走潜艇和海军人员，同时也取消了双方签署的一切经济协议。1961年7月，也就是学期末，苏联驱逐了在各大学、民事或军事学校留学的阿尔巴尼亚留学生。1961年8月，莫斯科照会阿劳动党，不仅对阿劳动党横加指责，还宣布“从今往后，苏联将在新的基础上与阿尔巴尼亚保持关系”。也就是说，不会再是以前那种有着共同理想的同志式的关系了。

自然，阿劳动党方面也不会毫无反应。阿劳动党在几封照会中也批判了苏联的立场，指责苏联方面是一系列反阿行动的责任方。

华沙条约会议

在巴卢库参加华沙条约3月份会议之后，终于轮到我见证以赫鲁晓夫为首的苏联领导人对阿尔巴尼亚和阿劳动党的傲慢立场了。1961年8月，在华沙条约框架下各共产党和工人党代表大会在莫斯科举行。阿劳动党中央认为，没必要派霍查和谢胡亲自出席这次大会，而改由我——阿劳动党中央政治局委员兼中央书记——与会。在会议开始的前一天，我和外长什提拉及其他一些同志搭班机抵达了莫斯科。苏共中央的一名官员赴机场迎接我们，并把我们送到了预订的酒店。

第二天，仍然是那位苏联官员来酒店把我们接到了克里姆林宫著名的乔治大厅，大会就在这儿举行。我们在苏方指定的位置坐了下来。会议桌摆成了方形，沿桌子四周摆放着座椅。我们坐的一排正好与苏联代表团紧挨着。

不久，其他国家代表团也都步入了会议大厅。我们向邻座的保加利亚和捷克斯洛伐克代表团打招呼致意。东欧国家各共产党的第一书记们——从保共的日夫科夫，到罗共的德希和捷共的诺沃特尼等——都来了。当然主持会议的赫鲁晓夫也来了。

赫鲁晓夫刚宣布会议开始，东德共产党第一书记乌尔伯利提就要求发言。他说：“今天各社会主义国家党的第一书记都来开会了，但我没看到阿尔巴尼亚的霍查同志，也没看到谢胡同志。在此情况下，考虑到今天将要讨论事项（根据日程，今天讨论东德的独立与安全问题）的重要性，我提议到会的阿尔巴尼亚代表团不要出席今天的会议。”显然，他们在进入会议大厅前已经商量过此事，因为当乌尔伯利提刚一提议，罗共的德希和波共的戈姆尔卡就立即表示支持乌尔伯利提的建议。

赫鲁晓夫转向我说：“根据乌尔伯利的提议，你们代表团不能留在本次会议的会场了，因此阿利雅同志，你现在可以离场了。”

我立即回复说：“我是阿劳动党中央确定的、代表霍查同志来参加这次华沙条约国会议的，本次会议做出任何决议，我都有权以阿劳动党和阿政府的名义签署。因此，在没有完成任务前我不能离开。”

当然，事情不会就此打住。我和赫鲁晓夫又打了一会儿口水战。我是用俄语直接与他对话的。

“为什么霍查同志不来？”赫鲁晓夫问我。

“他病了。谢胡健康状况也不太好。”我找了个借口。这样的对话又进行了约十分钟，最后赫鲁晓夫提议暂时休会。他一定是在想，是等我们自己离开会议大厅呢，还是叫人来把我们“请”出会场。

人们纷纷起身，走进旁边的一个大厅喝茶或咖啡。我对阿国的同志们说：“我们都留在原地别动。我们来这儿是为了参加会议的，我们必须完成任务。”这时，一些苏共的官员过来了，他们请我们离开会场。“现在你们不能出席会议了，因此再留在会场也没有什么意义了。”自然我回复他们说我们不会走的，我们要等会议召开。后来，他们开始关闭大厅内的照明灯，甚至清洁工也进来了。这样做的唯一目的就是想让我们起身离场。我们没有动身，但我们发现在休息大厅，各国代表团正在相互攀谈着，似乎在寻找“拿这些人怎么办”的解决办法。最后，所有人又返回了会场，但并没有坐回到各自原来的位置。“会议明天继续。”不知是谁说了一句。人们纷纷拿着自己的公文包离开了会场，离开了克里姆林宫。在此情形下，阿尔巴尼亚代表团别无他法，也只得收拾东西离开了会议大厅。

我们回到酒店，立即将发生的一切向地拉那做了汇报，并做好了第二天返回地拉那的必要准备。我们再坚持已经没有意义，因为没有人会放我们进入克里姆林宫，更不用说进入会议大厅了。这是我最后一次正式访问莫斯科，也是最后一次正式访问苏联。20年后的2002年，我又重返了莫斯科，但这次是纯粹的私人访问。我没有会见任何熟人、任何国家公职人员或任何一个政治家。我只是为了化解一下自己对这个国家的思念而已。毕竟，这个国家是阿尔巴尼亚民族解放战争时期我们青年人的向往之地，也是后来我学习社会政治学时留学的地方。

不久，1961年底，苏联政府终于迈出了与阿关系最终破裂的一步。一开始，赫鲁晓夫在1961年10月苏共第二十二次党代会上所做的报告中点名攻击阿劳动党，并称阿领导人“贱卖给了帝国主义”。

从这个时刻起，阿苏两国的分裂就彻底公开化了。阿劳动党在意识形态领域也开始了持续不断地反对现代修正主义的激烈斗争。当然，在党的各级组织中也需要做工作，以便广大人民群众了解这些最新发展情况。应该说，在一定程度上，人们对此还是有心理准备的。因为在1960年莫斯科大会前夕，我们已经将一切情况向大家做了说明。那时候人们已经猜到我们可能会与苏联分手，而现在只不过是成了现实而已。许多阿国干部，民事或军事的都有，他们曾经在苏联留过学，有些甚至还娶了苏联姑娘，他们对苏联还是很怀念、怀旧的。因此那时候他们经常开会，而在每天的新闻上也能看到苏联政策发生的变化。

作为劳动党中央书记，我领导的部门除了负责文化教育事务外，还负责意识形态和对外关系事务。可以毫不夸张地说，揭露赫鲁晓夫及其所作所为是我工作的重头戏。当然这也是霍查工作的重点之一，因为意识形态领域的一切都是由霍查亲自领导的，他也会直接提出建议或直接参与处理有关事务。

阿劳动党中央除了新闻、宣传和外事等部门外，还专门组建了一个政治和社会科学素质极高的专家团队。他们配合反对修正主义的斗争而开展调研和采取一些行动。我们各部门及专家团队一起共同跟踪、关注着苏联的举动，苏联希望维护或宣传的观点，苏联反阿或反华的方针政策，以及赫鲁晓夫的讲话等。在此基础上，我们制订了我们的行动方案，确定我们应对哪些事件做出反应以及反赫鲁晓夫的应对方针等。很多时候，这些方案反映的都是霍查的思想和建议。正如我说过的，霍查对反对赫鲁晓夫的斗争极为重视，他经常为各种文章确定基调。每篇文章未经霍查事先阅批，我们各部门是绝对不会付印出版的。

关于马列主义运动

斯大林在苏共二十大上被批判后，世界共产主义运动出现了分歧，个别党内甚至还出现了分裂。这种情况在1960年莫斯科大会后愈发严重。大多数共产党和工人党，包括东欧所有的共产党和工人党，都认同赫鲁晓夫和苏共路线。而中国共产党、阿尔巴尼亚劳动党和亚洲的一些政党，如越南共产党、朝鲜共产党和新西兰共产党等则批评赫鲁晓夫的路线，认为这是对马列主义原则的修正和歪曲。1960年之后，这两派相互指责，开始了激烈的公开论战。

在此情形下，一些曾经站在苏联一方的共产党，也站出来反戈一击或组建自称为马列主义的新的政党或组织。在论战中他们站到了中国共产党和阿尔巴尼亚劳动党的一边。他们立即受到了中共和阿劳动党的欢迎和支持，这是可以理解的，因为我们也需要更多的盟友。

应该说，之所以这样做，是因为阿劳动党的全体党员和领导都坚信我们党走的道路是正确的，是完全符合马列主义的基本教导的。我们也坚信，赫鲁晓夫选择的道路是有害的，不仅是对阿尔巴尼亚和阿尔巴尼亚劳动党，而且是对整个共产主义运动和被压迫人民解放斗争的一种损害。因此，支持一切反对赫鲁晓夫道路的政党在我们看来就是一种国际主义义务。毫无疑问，除了在反修斗争中保持同志式的原则性团结外，支持这些新的盟友，特别是对阿劳动党来说，也是为了证明我们对赫鲁晓夫所持的立场是正确的，我们赢得了共产主义世界的同情。

从1960年起，一些马列主义小组代表开始访问阿尔巴尼亚。最初是比利时新共产党主席占·格利帕。长期以来他与比利时共产党有矛盾，后来他脱离了比利时共产党并组建了比利时新共产党。但很快，在20世纪60年代末期，比共与阿共的两党关系破裂了。最初他立场开始动摇并与中国分道扬镳，然后与阿劳动党也分了手。那时，阿劳动党接触最多的是意大利、法国、德国、西班牙、瑞典、丹麦、奥地利等国的马列主义代表。在社会主义国家中，阿劳动党与波兰马克思主义领导人K.米亚勒保持着联系。

总体来看，欧洲国家的马克思主义小组都较弱小，人数也少，在他们各自的国家根本没有什么影响力。有一部分甚至半途就夭折了。不过，拉美地区的马克思主义小组不太一样。以乔奥·亚马逊纳为首的巴西共产党人十分出众，他们的立场也很正确。我相信他们现在依然一样。当然他们会在总体政策，特别是从巴西人民的日常生活方面考虑并适应社会的现实发展情况。除巴西外，阿劳动党还与阿根廷、玻利维亚、哥伦比亚、墨西哥等国的共产党人保持着联系。

在访问阿尔巴尼亚时，来访客人一般会被安排听取阿国发展情况的介绍，但最主要的还是与阿劳动党代表进行会谈。一部分团组还见到了霍查本人，而卡博和我几乎会见了所有的来访团组。毫无疑问，会谈的主要内容就是解释阿方对赫鲁晓夫主义以及批评苏联观点与所作所为所持的意识形态方面的立场和观点。我们认为苏联的所作所为是反马克思主义的，对共产主义运动和非洲、拉美人民的民族解放斗争都是有害的。

在阿国的媒体上，经常会提到阿劳动党与马列主义运动的联系问题，特别是提到阿尔巴尼亚向马列主义政党提供资助基金，甚至为这些外国人提供“军事训练”的事。不，这些提法并不准确。对于个别团体特别是来自拉美地区的，应他们的要求，我们曾经组织过射击表演，但也仅限于此，没有任何别的东西。至于资助基金，我们确实向一些团体提供过，但数额相当小，只是用于贴补差旅费用，个别时候资助一些宣传材料的印刷出版。我想强调的是，资助数额是相当少的。除了巴西共产党和波兰共产党曾经得到过1万或1.5万美元外，其他任何团体都没得到超过3000至4000美元。这些资助各团体代表的基金，都是经阿劳动党中央书记处严格审定并有文件记录的。

有一篇文章指责这些资助损害了阿国的经济。首先，没有一个国家，包括阿尔巴尼亚，会因为上述资助目的，一年开支15至20万美元就损害到其国家经济。（今天，为了国家足球队取得胜绩，总理府还承诺从阿国纳税人的钱中资助40万美元呢！）其次，这笔团结基金并非取自阿国家财政预算，而是属于中国帮助各马列主义团体所给予阿国的特别基金的一部分。我想补充说明的是，我们的国家财政不仅没有受到影响，相反还因为中国的团结基金而受益。这笔团结基金保存在阿国家银行里，一年终了时，没有支取使用的部分资金将根据规定直接划归阿国库。

退出华沙条约

赫鲁晓夫及苏联共产党持续不断地采取反阿新行动。1961年5月，他们的几艘潜艇开始从发罗拉海军基地撤离。考虑到苏联军队在阿的存在对阿的民族自由与独立也是一种潜在的危险，阿政府决定将在发罗拉基地的所有苏联海军武装力量驱逐出境。而从苏联方面来说，1961年12月，苏联政府也采取了最后一项措施——宣布中断与阿尔巴尼亚的外交关系。

对阿尔巴尼亚领导人来说，与莫斯科分手并不轻松。因为阿人民对苏联还是很有好感的，这种好感从战时就培养出来了。人们把苏联看作第一个社会主义国家，也是弱小民族的保护伞。赫鲁晓夫对阿尔巴尼亚的傲慢态度以及他对南斯拉夫的铁托所给予的支持，使得阿国人民理解并支持阿劳动党和恩维尔·霍查同志的立场。他们支持阿劳动党和霍查与其说是一种教条态度，是为了维护马克思主义的思想原则，还不如说本质上是为了维护阿尔巴尼亚的自由与独立。而将苏联武装从发罗拉军事基地赶走最主要的目的也是为了维护阿尔巴尼亚的民族利益。

从那时候起，阿尔巴尼亚与华沙条约组织的关系实际上也破裂了。事实上，从1961年起，阿尔巴尼亚对华沙条约这个军事组织就不再有任何义务了。不过从法理上来说，我们是1968年才退出华沙条约组织的。我们在苏联及其盟友占领捷克斯洛伐克后立即宣布正式退出华约。我很清楚地记得那些日子。

当时我和霍查都在发罗拉度暑假。1968年8月的一天清晨，我从法国电台听到消息，说“苏联军队武装入侵捷克斯洛伐克”了。稍一犹豫之后，我就去找了霍查，并把听到的关于捷克斯洛伐克的消息转告了他。霍查立刻打开收音机，他也听到了同样的新闻，因为这个时候全世界的电台都在不停地播放着这条消息。

霍查没有任何迟疑，立即将此事件定性为“是法西斯式的侵略，是一种可能影响到阿尔巴尼亚自由与独立的危险行为”。“苏联武装侵略捷克斯洛伐克，他们这是想给自己特权以便可以任意‘惩罚’不听话的人。”我附和着霍查的想法。

“危险就在这儿，”霍查说道，“勃列日涅夫及其一伙人，为了迫使所有的人都紧跟莫斯科走，现在不惜连军队也用上了。”

霍查一边分析着形势，一边结束了自己的思考：“当他们可以毫不犹豫地进攻一个盟国的时候，为什么我们不可以想一想，也许针对阿尔巴尼亚或南斯拉夫也会发生同样的事情？”“我们应该回地拉那找同志们商议一下。”

我们立即从发罗拉动身赶往都拉斯，政治局还有一些同志正在这儿休假。大家交换了一下想法，决定立即召开政治局特别会议讨论这件大事。同时，关于如何报道捷克斯洛伐克事件，我们也给媒体做了必要的指导。

在政治局会议上，霍查说：“现在是我们从法理上彻底退出华约的时候了。这个军事组织，如今已经变成像北约一样的侵略性组织了。确实，我们已经事实上脱离该组织许多年了，这是因为修正主义者把我们排除在组织之外，但现在从我们方面来说，我们也必须公开谴责条约并宣布彻底退出华沙条约。”

政治局一致通过了霍查的这项建议，并完成了必要的法律程序。阿尔巴尼亚社会主义人民共和国人民议会正式宣布彻底退出华沙条约。应该说，谴责并正式退出华沙条约，对地区和平来说也是一件好事。不管怎样，因为位于巴尔干，华沙条约某种意义上说，对巴尔干南部国家以及亚得里亚海沿岸国家构成了一种危险。

这也是与苏联彻底断绝关系前，阿官方所做的最后一件事。无论是与苏联全面断交，还是决定退出华沙条约国，多数人都是支持阿劳动党及霍查的立场的。

尽管如此，并不是说我们与苏联分手是件很轻松的事。在一些特殊的圈子里，如军队或是一些专家范围内，他们中相当一部分人曾经在苏联留过学，一开始他们对事件的发展存在误解。不过，他们更担忧的还是国家的前途特别是国家的经济发展。

不过，这种担忧很快就消失了，因为所有人都看到中国站到阿尔巴尼亚一边了。事实上，中国政府承担起了以前苏联承诺的一切义务，甚至中国还提供了补充贷款援助。这样，我们又开始了与中国新朋友的合作。中国在地理上与阿相距遥远，但在意识形态上与阿劳动党的立场很相近，至少在最初几年里是这样的。

Relation with China and Development of Socialism

五　对华关系和社会主义发展

中国与社会主义发展

在布加勒斯特大会上与苏联产生矛盾后，阿尔巴尼亚与中国的联系开始变得密切起来。自然，阿劳动党领导层也讨论过与苏联发生冲突后对阿尔巴尼亚经济可能会带来的后果。我们也把讨论中出现的一些担忧与中国人进行过意见交流，如在莫斯科81党大会期间，以及通过两国代表的正常渠道都交换过意见。同时，阿尔巴尼亚向中国派出了各种专家代表团，以便与中国当局具体探讨扩大阿中全面关系的途径。很自然地，随着时间的推移，这些接触不仅得到了深化，而且产生了具体成果，双方开始了项目和更广泛的合作，这就使得阿尔巴尼亚的发展不至于比过去出现倒退。

与中国保持紧密的政治经济关系大约持续了15年，这与阿苏友好的持续时间大体相当，但与中国的合作特别是在经济方面取得的成果更加巨大。中国人帮助阿尔巴尼亚取得了工业的快速发展，提高了经济各主要门类特别是电力、钢铁、化工等的生产能力。中国对阿尔巴尼亚农业现代化特别是机械化方面也给予了巨大援助。

在发展对苏关系过程中，我们双方均得到了教训。对中国人的教训是：不要重复苏联人的傲慢与干涉，因为他们自己也曾经尝过苏联人对他们的傲慢与干涉。对阿国领导人来说，就是可以相信朋友，但家里的钥匙一定要牢牢地掌握在自己手中。

阿中合作对双方都是有益的。当然阿尔巴尼亚没有给予中国物资方面的支持，因为阿尔巴尼亚并不具备这样的条件，但阿方给予了中方巨大的政治支持，这种支持不是金钱可以衡量的。当赫鲁晓夫在国际共产主义运动中反对中国时，阿尔巴尼亚站到了中国的一边。阿尔巴尼亚劳动党的立场以及对中国共产党支持的声音，在国际共产主义阵营中起到了作用。而且阿尔巴尼亚在政治领域和国际关系方面给予的支持也是不小的。在中华人民共和国还不是联合国成员的年代里，是阿尔巴尼亚驻联合国代表团每年提出接纳中国的问题。而同意中国于1971年加入联合国并获多数票批准的决议也是由阿尔巴尼亚代表团倡议提出的。

很显然，与中国的合作对阿尔巴尼亚具有重大的利益，标志着我国工业化的几乎所有主要项目都是在中国的帮助下建成的。这不仅是指在爱尔巴桑建成了钢铁厂，使得铁矿石得到了开发利用，还包括一系列其他的工矿企业，如爱尔巴桑铬铁厂和布雷尔铬铁厂、伐乌代耶水电站（译者注：即我国援建的毛泽东水电站）和费尔泽水电站、年加工原油达百万吨的巴尔什炼油厂、费里氮肥厂、地拉那拖拉机厂、拉奇磷肥厂、发罗拉烧碱厂和灯泡厂、富舍·克鲁亚水泥厂和爱尔巴桑水泥厂、地拉那硅酸盐砖厂等。同时在部分城市还建成了一系列轻工、食品企业，如贝拉特纺织联合企业、地拉那毛料厂、地拉那肉奶加工联合企业、卢什涅造纸厂和卡瓦亚造纸厂、一些面粉厂和油厂等。在农业方面，中方的援助主要是提高农业生产的机械化水平。20世纪70年代末，在阿尔巴尼亚农业合作社和国营企业里约有两万台拖拉机和数百台联合收割机，其中绝大多数都是中国援助的。

应该说，阿国百姓当时的生活条件还是很不错的。从经济角度来说，当时已可满足食品和其他生活资料的供应，而从文化娱乐生活来说，逐年改善也非常明显。人们工作干劲十足，大家特别是年轻人积极参加修铁路、建电站等大型工程项目，而教师和医生为偏远农村地区文化卫生事业的发展与进步做出了巨大贡献。

与中国的关系也经历了起起伏伏，这是受到了中国和阿尔巴尼亚各自发展的制约，毫无疑问，也是因为受到了双方不同思维方式的影响。这种不同的思维方式与中阿两国不同的文化和思想有关系。我认为这些造成了双方政治和意识形态上的一些分歧扩大，并对双方关系造成了波动。这些分歧不仅体现在对国际政治事件的立场方面，也体现在共产主义运动中双方联合斗争应采取的战略战术方面。在中国“文化大革命”期间，中方与阿方的不同观点越来越多。

访华与中国“文化大革命”

我曾四次访华，并见过所有中国领导人，包括毛泽东、周恩来（总理）、刘少奇（国家主席）、邓小平（中央委员会总书记），也包括以毛泽东的妻子江青，及以其为首的“文化大革命”中著名的“四人帮”。其中两次访华是在20世纪50年代，而另两次访华是两党在共产主义运动中并肩作战的60年代。

我首次访华是在1957年。阿尔巴尼亚劳动党派代表出席中国共产党第八次党代会，我是作为代表团成员访华的。代表团由恩维尔·霍查率领，成员还包括穆罕默德·谢胡。众所周知，一年前，苏联召开了苏共第二十次代表大会，赫鲁晓夫在会上做了一个秘密报告，对斯大林进行了严厉批评，甚至指责他是杀人犯和罪犯。中国人不同意对斯大林做这样的评价，他们对人的评价有自己的一套“算术”法。根据中国人的评价，斯大林应该是8分好、2分坏，由此斯大林仍是一位伟大的马克思主义者。尽管毁誉均有，但苏联人特别是赫鲁晓夫，对中国人的这个立场极为不满，他们希望中国人与苏联人保持相同的评价。当然，我们代表团是赞同中国对斯大林的这种评价的，我们双方都认为斯大林是伟大的导师，都不赞同赫鲁晓夫的秘密报告。

在华期间，我们会见了毛泽东、周恩来总理和中国国家主席刘少奇。毛泽东给我们留下了特别的印象，因为我们早就对这位领导伟大中国夺取全面胜利的人物留有印象。他向恩维尔·霍查和代表团全体人员致意，并祝中阿关系得到更多发展。而从那时起，周恩来也给我留下了特别的印象，他聪明睿智、精力充沛、温文尔雅。我还在北京和地拉那与他见面多次，每次都给我留下了极好的印象，他是一位伟大的外交家。

除了参观北京的各种历史遗址和博物馆外，中国人还安排我们代表团访问了其他一些城市。如在上海，我们参观了上海“租界”，这是一个过去由英国人、法国人、德国人、意大利人等外国人居住的地方，这些外国人在当时是上海甚至是中国的“主人”。除上海外，我们还访问了南京。

访问完中国，我们也结束了整个亚洲之行。事实上，我们代表团在访华之前还访问了蒙古和朝鲜。考虑到当时从地拉那乘飞机到莫斯科约需飞行七个小时，这次访问可以说是一次行程很长的旅行。对蒙古和朝鲜的访问是礼节性的友好访问。

在蒙古我们停留了三天。给我留下印象的是那一望无际的沙漠和草原，上面有流动的牲畜和蒙古农家居住的蒙古包。我们在蒙古时，正遇上大旱。首都乌兰巴托是个小城市，房屋不高，一般是二层，但也有蒙古人传统的住房——蒙古包。

在朝鲜情形有所不同。由于刚经历了20世纪50年代对南韩和支持南韩的美国及北约（译者注：应为联合国）军队的战争，朝鲜遭到了巨大破坏，但是重建工作已经开始，特别是在首都平壤。朝鲜领导人金日成等向我们介绍了战争情况及朝鲜人民的英勇斗争，他们还安排我们参观了金日成及其总参谋部的战友们领导战争的指挥所。

现在我听说美国总统也已访问过蒙古，还听说朝鲜已快研制出原子弹了，但同时也正忍受着饥饿之苦。很显然，这两个国家在过去50年里发生了许多变化，同时也很显然，在当今的政治版图上，蒙古和朝鲜正日益引起美国的关注。在与俄罗斯甚至与中国的竞争中，美国希望拉拢蒙古和朝鲜站到自己一边。中国正在成为一个大国，而西方资本主义世界已不得不开始盘算起中国的经济竞争力和军事潜力。

第二次访华是在1959年。阿尔巴尼亚劳动党派出了一个庞大的党员干部代表团赴华向中共取经。我是代表团成员之一，团长是阿劳动党中央书记卡博。当时我是政治局候补委员、党中央宣传部部长。这次访华我们看了许多东西，从中国长城到著名的大寨人民公社等。我们还访问了中国的许多城市，与很多人进行了广泛接触，当然这些人主要是中共党员以及从基层组织书记到党委书记在内的各级领导干部。他们几乎说着一样的话，用一样的说话方式。我们常常感到有点难以理解。不过，我们还是看到、学到了许多。除了我早已熟悉的上海外，广东给我留下了特别的印象。除了因为它强大的经济活力外，还因为在那儿的一次友好晚宴上，他们让我吃了蛇。对我来说，这是生平第一次，也是唯一的一次吃蛇经历。

第三次访华是在1962年7月。这次访华有两个特别之处。一是我和卡博——当时都是政治局委员和党中央书记——是坐船（好像是“Incognito”号）从阿尔巴尼亚抵达中国的，因为阿劳动党领导层不希望别人，尤其是不希望苏联人知道我们的此次访华。其次，通过这次访华也清楚地看到，对于莫斯科81党大会筹备会期间及后来大会召开时的一些政治大事，中共与阿劳动党还是存在不同的看法。

此次访华期间，我们与几乎所有的中国领导人，特别是与时任党总书记的邓小平进行了长时间会谈。中国人建议重新召开一次与1960年类似的共产党大会，以达成一项共同协议，从而结束社会主义阵营国家刚刚出现的公开争议以及对兄弟党的内部干涉和分裂行为。

阿方对中方的这一建议并不赞同，因为阿方认为，如果事先没有对苏联及其盟友的错误做法（如苏联中断与阿尔巴尼亚的外交关系、苏联领导人对阿尔巴尼亚和中国施加政治、经济压力等）予以谴责的话，召开这样的会议毫无意义。如果没有惩恶扬善，就无法开启共产主义运动的正常发展道路，也无法建立社会主义国家间的兄弟关系。中国人认为最重要的是寻求团结，因此应该讨论使我们能团结在一起的因素，而不是讨论会致使我们分裂的问题。

有两件事在当时引起了我们的关注：即周恩来的态度和毛泽东的态度。周恩来非常希望我们能接受邓小平的观点，同意召开一次全世界共产党大会。在与他会谈时，周恩来非常坚持这一点，甚至对我们代表团公开施压。他看似轻描淡写地告诉我们说，中国人在法国和意大利谈判签订拟在费里建设的氮肥厂合同时遇到了巨大困难，因此“可能要比预计的建设时间推迟四到五年”。他的这番话其实是在告诉我们：同意开会还是想要氮肥厂，你们选择吧。

与毛泽东的会谈情形完全不同。我们向毛泽东表示，阿劳动党和中共党际会谈很有益，双方在几乎所有事情上都取得了一致意见，但关于召开世界共产党大会的建议除外，阿方对此持保留意见。毛泽东没有多说话，只说了一句：“别担心，我们不开这样的大会。”关于“推迟”氮肥厂建设时间，毛泽东未做任何表示。他倾听了阿方关于尽快建设氮肥厂对阿农业发展重大意义的说明。我们代表团离开北京不久，阿国政府就得到中方通知，氮肥厂合同已经签署，并将在商定的时间内进行建设。事实上中方确实做到了这一点。

最后一次访华是在1968年9月。当时中国正在进行“文化大革命”，经常出现一些令全世界关注的事件。所谓的“文化大革命”，根据其领导者的说法，就是要把“修正主义分子和资产阶级”从中国社会清扫出去。因此，西方文化、艺术成就和社会科研等均受到了虚无的批判，一切历史传承的东西均被践踏。著名科学家、中科院院长郭沫若被迫承认他们的知识无用，因为这些知识“受到了资产阶级和修正主义思想流毒的影响”。根据这一“逻辑”，贝多芬和莎士比亚受到了批判，爱因斯坦和朗勃兰特以及一切世界科学文化最杰出的代表人物也都被否定了，因为他们对“用毛泽东思想武装起来的新中国”毫无价值。所有文化、哲学、科学等都被融进了《毛主席语录》，这书成了“文化大革命”的《圣经》。中国人把毛泽东的“红宝书”翻译成多种外文，并出版、传播到了全世界。

在中国，数百万干部群众受到了迫害。被怀疑为蜕化分子、资产阶级分子或修正主义分子的人，不仅受到批判，而且在众目睽睽之下还被“红卫兵”殴打和摧残。中国党和国家领导人也未能幸免，包括中国前国家主席刘少奇和中共总书记邓小平。毛泽东去世后，邓小平在“文化大革命”后得到平反并成为中国杰出的领导人。

1968年最后一次访华时，我是阿尔巴尼亚劳动党代表团成员之一，团长是阿总理谢胡。我们不仅参观了北京，也访问了外地。到处都能看到红卫兵的极端行为——声讨党的地方干部并将他们游街示众，而市民们则很害怕地看着这一切。显然，红卫兵已经陷入了集体疯狂之中。

中国“文化大革命”是由后来被称作“四人帮”、以毛泽东的妻子江青为首的一伙人领导的。在中国期间，我们代表团还应邀观看了一场芭蕾舞，与我们一起看演出的还有周恩来和江青。演员中有一位叫阿里阿伊的阿国著名芭蕾舞演员，他来中国出演该剧中的主角。演出非常成功，特别是这位阿国演员的表现相当完美，但没有一个人为他鼓掌。江青对我说：“阿国演员演得非常好，比其他演员演得都好，但我不会给他鼓掌，因为他演的是反面角色。”我感到很惊讶，显然，我无法理解这种“革命”逻辑。

阿尔巴尼亚劳动党出于政治投机，“支持”了中国的“文化大革命”，但对其所作所为、对世界文化艺术的态度、对红卫兵的极端举动、对一些中国干部和共产党员因被指责为“修正主义分子”或“资产阶级分子”而遭受惩罚或杀害并不赞同。阿劳动党认为，因一场政治思想运动而取消党的组织和其他社会组织，这种做法是不对的。一切听凭游行队伍的指挥，造成了无政府主义和行为的失控，以致造成一些人被迫害、被折磨甚至献出生命。但我们从未向中国人说明我们的这种想法，而把“文化大革命”看作是中国人的内部事务，当然这样做也是为了避免我们不希望的事件发生。

党内生活和国家生活革命化

尽管如此，中国的这场“文化大革命”在阿尔巴尼亚还是留下了痕迹。受其影响，20世纪70年代中期，阿尔巴尼亚出现了党内和国家生活革命化运动，当然阿国的这场运动并没有按照中国的模式进行。

这场运动，并不以在中国发生的清除干部或“资产阶级和修正主义”因素为目的，其主要方向是从过去遗传的落后的陈规陋习中解放出来，以及与外国反共思想、与资产阶级和小资产阶级思维方式做斗争。1972年初，霍查做了关于反对陈规陋习的讲话，由此引发了阿国的这场运动。事实上，从某种意义上说，这场运动也有其进步意义。

这场运动引发了阿国妇女的大解放。在这方面可以说是进行了一场全面革命，从提高妇女的社会地位，到把妇女从作为男人附属品和私有财产的旧习中解放出来。无论是在城市还是乡村，到处都能看到妇女们挺身而出，反抗在家庭里或在社会上贬低她们的行为，反抗把她们当作“二手货”、甚至姑娘们出嫁时带着“嫁妆子弹”出嫁的情形。在阿国，姑娘出嫁时如嫁妆中装有子弹，就意味着这个姑娘的家长已经授权给姑娘的丈夫，如果他对她有猜疑或者不满，他可以将她杀死。

妇女解放很快在一些方面得到了体现：参加工作和参与社会政治活动的女性增多了。即使在阿国最偏远的农村，女孩子们也开始接受各类学校教育了。在党政机关、在农业合作社领导层工作的妇女增多了。通过妇女解放运动，社会主义证明了自己是一个解放与自由的社会。

这场运动还有一个积极的方面，就是开展反对官僚主义的斗争，促进了对党员干部和党组织、政府机构以及经济企业所犯错误的公开批评。不过，达到这种目标的手段，从某种意义上说，来源于对中国实践的复制。“闪电报”其实是中国“大字报”的翻版，工作中心组自由讨论，也与中国的做法一样，但阿尔巴尼亚的讨论一般仅限于公开批评，极少有把官僚典型开除工作的做法。

反官僚主义斗争也伴随着“干部交流”运动。交流的目的，是让干部们更好地了解广大群众的疾苦，因此交流方式主要是将中央干部下派到基层工作一段时间。这条规定对所有中央干部也都适用，从中央政治局委员、政府部长到中央机关各级官员都一样。根据交流规定，大批作家、艺术家也被派到农村或水电站等大型项目建设工地，目的是让他们了解、熟悉工人与农民的劳动和生活环境，以便在他们的文艺创作中能更贴近人们的生活与工作实际。

如今批判过去的一切成为一种“时尚”。一些作家或官员，把自己过去的交流称作是对自己的处罚措施，迫不及待地宣布自己是社会主义政权的“受迫害者”。很显然，这些人是想投机，想修改自己的生平，想把自己打扮成最早的“民主人士”和坚定的“反共产主义战士”。当然不排除个别情况下确实做了一些不公平的事，如在某个党组织或作家协会里，把某个人“免职”，从一个工作岗位换到了另一个工作岗位。但这种情况在中央干部身上从没发生过，对知名作家和艺术家来说，数量也只是极少的几个，远不是今天他们自己宣称的因交流而遭受“迫害”的数量。

尽管伊斯马伊尔·卡达莱竭力宣称自己是因“免职”或“惩罚”而被派往基层的，但这种事情根本就不存在。众所周知，卡达莱并未受到运动波及，因为他不仅得到了劳动党领导层甚至是恩维尔·霍查的支持，也得到了我的全力支持。尽管偶尔他

也受到过劳动党中央或者是我个人对他的批评，但这种批评从来没有影响到对他的政治评价。事实上，经过批评后的卡达莱不仅没有降职，反而高升当了议员。后来在20世纪80年代后期，他还被选为民主阵线的副主席。

革命化运动也伴随着其他一些后果相当负面的措施，如决定取消司法部和律师事务所，理由是任何国家机关均可进行执法工作，而对被告的辩护工作，也可由国家自己承担，因为阿国是工人和农民的国家。这些措施，事实上赋予了内务部这一机构无限的权力，即内务部不仅汇集了国家安全机构和行使逮捕嫌犯职能的警察机构，而且还包括为检察机构准备材料的起诉机构。毫无疑问，在此条件下，尽管存在内部监督和党组织的监督，但安全机构还是有可能逮捕、惩处一些无辜的人们，更过分的是，检察机构甚至被置于从属于安全机构的位置。

在“革命化”措施中，“平均主义”思想占据了上风。因此，国家工作人员和工人的工资差别不大。国家机关最高层的平均工资不得高于最底层平均工资的一倍。这种工资政策，从表面看给人以人人平等的印象，但实际上把人与人都等同化了，不能反映各自做出的不同贡献和不同的工作能力。因此，这种工资政策无法激励人们更好地工作。自然地，一个不可否认的事实是，这样的工资政策也“促使”一些特定的领导层，特别是经济企业和农业合作社的负责人从事非法活动，如滥用权力和以权谋私等。

同时，在“革命化”和“平等”思想的影响下，阿国还实施了一项与军队有关的政策。似乎是为了重现战争年代游击队员和指挥官彼此没有区别的情况，军官的等级也被取消了。现在的区别标志是在军官军服的衣领上镶一个红色方块或三角形的缀饰，以此表明其军衔高低。此外，像过去战争年代一样，还在军队里设立了权力极大的政委。显然，这是采用了中国的经验和做法。

受“国家生活革命化”运动驱使，阿尔巴尼亚还做出过一项决定：禁止宗教和宗教组织。我清楚地记得这项决定，因为它是由都拉斯市青年组织发起倡议而做出的决定。那时候我是劳动党中央书记，除其他部门外，我还主管新闻部门。有一天，有位中央部门的同事对我说：“都拉斯报来了一份决议，呼吁禁止宗教并关闭宗教组织。”都拉斯党委由政治局委员R.马尔科主持工作，他因干部交流来到都拉斯担任党委书记。他希望这份决议在党中央机关报即《人民之声报》上发表。

阅读了决议内容后，我当即产生了一些疑问，于是嘱咐同事暂时不要立即发表这份决议。我的想法是，尽管阿国百姓与宗教联系并不紧密，也不是虔诚的信徒，人数很少，只有一些妇女和老人进教堂或清真寺，但还是觉得阿国百姓特别是在农村地区的人，也不是完全不受宗教信仰的影响。这样的想法促使我决定与恩维尔・霍查讨论一下这件事情。我去了霍查的办公室，给他看了都拉斯青年组织倡议的内容，也谈了我的想法，并且告知霍查说我已嘱咐《人民之声报》暂时不要发表这份决议。

"你做得很对，"恩维尔立即回答我道，"这是一个敏感问题，最好是在政治局讨论一下。"

因此这份决议暂时没有发表。不过第二天霍查打电话对我说："我重新考虑了都拉斯决议，还是发表一次吧，这样我们可以看看会出现什么样的结果，然后再在政治局讨论下一步该如何做。"

我不清楚霍查的这个转变是他本人想法的改变，还是与政治局其他同志交换意见后做出的决定。通常，每当遇到重大问题时，霍查习惯先与谢胡或卡博商量。

都拉斯决议发表了。各地党委从一开始就"情绪高涨"地要求将此倡议扩大到其他地区。几天后，政治局讨论了禁止宗教的问题。妇女解放运动也对形成最后决议发挥了作用。因为众所周知，当时妇女解放的主要障碍就是来源于落后的陈规旧俗，而其中有一部分习俗是得到宗教教义支持的。如果不从这些习俗中解放出来，就谈不上阿国妇女的彻底解放。

讨论中人们还讲了一些其他理由，但也讨论了这项决议的负面影响。不过，关闭宗教组织，宣布阿尔巴尼亚为无神论国家的思想最终占据了主流。人们认为，阿尔巴尼亚人民总体上与宗教信仰联系并不紧密，因为各种宗教都是由外国人带进来的，宗教领袖们常被各统治阶级用作分化人民、阻止他们实行爱国统一的工具。

随后几年，人们对宗教决议并没有明显的负面反应，但天主教教主公开表示反对此项宗教决议。而普通大众特别是穆斯林和东正教教徒，他们是在"无痛"中过渡到取消宗教的。尽管如此，劳动党做出这样的宗教禁令确实是犯了错误。阿尔巴尼亚人民总体上不是狂热的信徒。无论是在民族解放战争时期，还是在进行阿国社会全面改造的工作中，宗教信仰从没有成为某种特别的阻碍，因此，禁止宗教的做法是错误的。1990年，阿劳动党决定取消宗教禁令。也正是这时候，尤其是社会主义制度在阿垮台后，才出现了另一种现象，似乎人们又回归宗教了。人们回归宗教，其实与一个现实有关，那就是，不仅是共产主义的反对者，而且外国的投机分子，都在利用宗教，特别是那些外国人，利用“慈善基金”把人们“圈进”了各地的教堂或清真寺，甚至是以前从没有教堂或清真寺的城市中心地带。此外，还促进了各种宗教团体和教会学校的成立，甚至还引入了阿国人此前并不认可的服饰和习惯。事实充分证明，宗教禁果一旦触碰，阿尔巴尼亚人的心灵就遭到了无情的摧毁。

“革命化运动”也触及到了劳动党自身。劳动党通过了特别决议，对吸收入党要从严控制，同时要优先考虑来自工人阶级的入党申请。在干部政策方面，劳动党也决定增加来自普通职工队伍，如党的基层组织、国家机构中的干部人数。

在我看来，这项看似增强党的“无产阶级”特征的决定，其实更多的是削弱了党的实力。首先，我们的工人阶级总体上是相当年轻的，来自工人阶级的干部，从综合文化素质方面来说显得准备不足。另一方面，工人优先政策使得知识分子被抛在了后面，而知识分子在社会活动的各个领域正发挥着越来越重要的作用。成千上万出生、成长在社会主义社会的青年男女，大学毕业后在各个领域主持着工作。其中一部分人，因为他们的父母不是工人阶级，而是机关职工或知识分子，所以即使有些父母本身就是党员，但根据规定他们还是不能被吸收入党。如此一来，党的领导机关的文化水平不仅不能适应全国性综合文化不断提高的需要，反而出现了下降趋势。这种现象在领导层也同样存在。事实上，如果我们比较一下政治局委员的文化水平就会发现，从第一届代表大会到20世纪80年代末，他们的水平是在不断下降的。

尽管有这些负面作用，但“党和国家生活革命化运动”还是激发了普通大众特别是妇女和青年人的参与热情，使得他们能够积极投身于劳动和教育事业中。

可以说，社会主义制度在阿尔巴尼亚成功确立之后的第一阶段，大体上被“党和国家生活革命化运动”终结了。

反对“自由主义”与四中全会

20世纪60年代末70年代初，党和国家生活的“革命化”以及中国“文化大革命”的影响，还带来了一个恶果：出现了宗派主义，特别是在党内。在文学艺术领域，一切变革要求和谋求现代化的做法，均以不符合党的政策和马列主义路线为由而遭到打击。

那时候，F.帕兹拉米奇怪的立场引起了我的关注。在国家生活革命化运动初期，他作为劳动党地拉那市的宣传书记——以自由化立场出名并最终因此获罪——通过批判大学教授而走向了帮派主义。这些挨批的教授们在阿解放前均曾在法国、意大利或某个外国上过大学。他们被指责为“资产阶级思想的继承者”，被这样定罪的人中就包括米奈拉・卡拉亚尼、塞尔曼・里扎等一些教授。

在一些文化科研机构，总有开不完的会议，每个履历中有“污点”或者表现出某种“错误”政治立场的人，都会受到全体与会者的批判。那时候，我的妻子塞米拉米斯就常常身心疲惫地半夜才回到家里，因为在她所在的党小组、化学专业组或者是自然科学系，经常有对卡拉亚尼教授的“剖析活动”！塞米拉米斯与卡拉亚尼教授在自然科学系共事多年，而我本人也与卡拉亚尼教授认识。因此我对F.帕兹拉米的做法很惊讶，也无法理解。为此我还与他谈过话，叫他慎重些，因为这样的做法有损于党的知识分子政策。

不仅是在大学，在其他一些地方，会议也往往是在批判声中结束的。也有一些例子，如某个人去了另外一个地方工作，或者是“交流”到了另一个工作的地方，这个地方可能在他以前工作的地区里面，也可能在该地区之外。在此方面，毫无疑问，可能存在因某个人“不好相处”或因被所在集体或组织开除工作而对其进行“秋后算账”的情况。

那时候还展开了反对“长发”和“小胡子”的斗争。凡是赶时髦留长发或蓄小胡子的人，不仅会受到所在集体的批判，还会被强制剪短头发或刮掉小胡子。据说，当时谢胡有一次从办公室窗户看到两个留长发的年轻人路过总理府，于是派他的随从把这两个小伙子送进了理发店。也许这只是个传闻，不过在地拉那机场配置理发师为赴阿尔巴尼亚的“小胡子”们去胡须倒是真实发生过的。

同时，除“小团体化”外，社会上特别是知识分子中间还出现了一股“现代思潮”或者叫“自由化思潮”。这股自由化思潮不是阿尔巴尼亚的本土产物，更确切地说，那是外来影响在阿尔巴尼亚的一种反映。除了以“有尊严的社会主义”为口号的“布拉格之春”等重大事件外，1968年法国还出现了以争取大学生和一切生活民主化为目标的学生运动。这场运动在阿国也引起了反响，其“民主化思想”在整个西欧不仅渗透到了教育界，也影响到了整个国家机构。

阿劳动党领导层竭力希望抵制这种“危险”。恩维尔·霍查本人在一次坐火车从罗戈希那赴费里的途中，曾亲自向年轻人谈到法国1968年的学生运动及其企图。当然霍查的目的很清楚，就是希望阿国的年轻人不要效仿别人的道路。如果你是一个坚定的社会主义战士，那就应该冲在为发展阿尔巴尼亚社会主义的斗争前面，因为法国青年通过“革命”所争取的一切——大学对所有人开放——阿国青年已经实现，而且，民主和平等已经成为阿国生活的基石。

不久后的1971年4月，恩维尔·霍查与时任青年中央书记的A.梅隆有过一次很有意思的谈话。谈话的中心思想是：党组织和国家机关如广播电视台等，应该更多地关心青年人，把更多适合他们年龄的电影、音乐和音乐会介绍给他们观看、收听，应组织更多的青年舞会，以此与党组织对青年人普遍表现出的保守立场做斗争。

可惜没过多久，一切都发生了变化。原因是在1972年12月的第六届电视节上，一些自由化表演和偏离党的路线的东西在文艺方面造成了意识形态斗争的尖锐化。从一开始，我就觉得电影节出了问题。我们看的一些现代演出，无论是唱歌表演，还是演员服装，都不符合当时党的政策。我认为这些应该受到批评，甚至应该受到惩罚，不过不是以对以推翻人民政权为目的的敌人的方式进行。

举办电视节的那个晚上，我在芭蕾舞剧院的大厅里看了现场演出。演员们在舞台上的表演“新风格”，他们的服装特别是歌曲演唱处理方面的随意性引起了我的注意。中场休息时，我与当时的广播电视台台长托迪·卢伯涅谈话，我说无论是歌曲处理，还是演员服装，这台节目都超越了劳动党的底线。托迪·卢伯涅表示部分不同意我的观点，但也部分同意演出“有些出格”。第二天，我又与卡博和谢胡交换了意见，但他们谁也没说什么。我只是把我对托迪·卢伯涅的看法和意见告诉了他们，仅此而已。

那几天，恩维尔·霍查在发罗拉度假，因此我没机会与霍查交流关于演出的意见。几天后，在1973年1月9日的人民议会主席团会议上以及五六天后的劳动党中央分组会议上，霍查对第六届电视节进行了严厉批评，认为这严重偏离党的路线甚至是一种敌对的行为。霍查在人民议会主席团讲话前，我们没机会就电视节进行商量讨论，因此他对演出的批评令我感到很突然。同时，他在未同主管该领域事务的我进行任何商讨，就进行这样的公开批评，我也感到很不舒服。

这只是事件的表面现象，关键问题是，我不清楚为什么霍查对第六届电视节持如此强烈的批评态度。在我与霍查关于文艺问题的接触和谈话中，霍查从未表现出固执己见或者如教主一般，甚至在提及谢胡对路过总理府办公室的长发青年所表现出的“严厉”态度时，我们还曾一起哈哈大笑过。霍查对文化艺术问题总的来说还是宽容的。人们可以与他自由讨论，他自己也读过很多文艺作品，在与作家或文化圈的人士谈话时，也并不显得怪异。他还多次建议对青年人应该自由宽松些，无论是在电影、电视方面，还是在歌曲、舞蹈方面都应如此。因此，我那时真的很难理解霍查的态度何以突然变得如此严厉。

另一方面，我想霍查的教主做派和严厉的态度很可能是出于“自卫”本能。以前我曾提过，霍查曾经是铁托分子、科奇·乔尔捷等人攻击的靶心，他们时而攻击霍查是机会主义投机分子，时而指责他是教皇，其宗旨就是要消灭霍查，特别是与苏联关系破裂后，“敌人”猎取霍查项上人头的包围越来越紧。中国因素——“文化大革命”中的极端宗派主义和尼克松访华开启的中美靠拢政策——可能也对霍查产生了影响，他对任何可能威胁到阿尔巴尼亚和阿劳动党的“危险”都相当敏感。因此，自由主义、修正主义和帝国主义被宣布为可能的危险。我并不是袒护恩维尔·霍查，为他做辩护律师。我只是想从现实存在中去努力观察发生的事物。至于对自由主义和第六届电视节的看法，从霍查在人民议会主席团所做的讲话中可以明白，“基调已经定下了”。

这样，我们开始了反对电影节、反对现代倾向的外国演出的进程。各种批评一下子爆发了出来。当然，这也为一些极端分子暴露其观念创造了可能性。在艺术领域，批评涉及文学和文化方面。批判会是一个接一个。

无论是在广播电视、作家协会，还是在大学或艺术馆、教育、科研机构，到处都在开“批斗会”。任何一个错误，或者是偏离了党的路线，或者是真正党的路线的反对者，都可能引发一场批判会。人们说这是“资产阶级—修正主义对我们的思想压力”，是“真正的思想压力，目的是想在阿尔巴尼亚清除掉社会主义制度”等等。在这些剖析中，批评的矛头也指向了被视为现代精神推进者的F.帕兹拉米。

而我那时候也处境困难。我是阿劳动党中央书记，又主管宣传和文化领域。因此，当时的批评也直接与我的工作有关。应该承认，一开始我并没有意识到这场批判运动会对一些同志，如托迪·卢伯涅或F.帕兹拉米造成这么大的影响和后果。我不能说是反对进行这样的“讨论”，但确实不喜欢对此进行扩大化，更不希望看到一些没有文化、没有人格的人发起这样的“批判”。尽管如此，虽然不是很有热情，但我还是卷入了这场思想斗争的前沿。

在此情形下，劳动党决定召开中央四中全会。霍查在会上做了大会报告。无疑，此时面临的问题已相当严重。会议决定中也含有对我的“批评”，意思是说，我作为主管文化和宣传的中央书记，不应该袖手旁观，而应对所主管的部门发生的错误进行清算。于是，在四中全会上，我作为讨论者也发了言，在表示坚持霍查报告方针的同时，也批判了外国演出，并且做了自我批评，包括“对所主管的部门没有进行必要的监督管理”“缺少应有的警惕性”“低估了外来思想的影响和危险性”等等。四中全会结束时，也对我做了批评，作为处分，会议决定将对我的批评“记录在案”。

经常有人问我是如何“逃过一劫”，没在四中全会或后来被列入劳动党的敌人名单的。应该说，当初对我的批评，是由谢胡在四中全会上发起的。我也很可能是被列入“反党集团”的。在政治局会议讨论四中全会拟提议的问题时，谢胡曾试图把我打入思想领域的反党集团名单之中，但这事遭到了霍查的反对。于是在四中全会开会时，谢胡只是对我做了严厉批评，没有建议其他严惩措施。

我可以肯定地说，在反对谢胡意见和对我进行保护方面，霍查的态度起到了关键作用。霍查了解我，特别是1960年开始反对赫鲁晓夫修正主义的公开论战中，他就更了解我了。因此，他非常清楚我的想法，对我从不怀疑。当有人想把我归入某种反党行为或修正主义行为时，霍查更愿意相信我，而不是别人。

有人说，是因为霍查选择了我作为他的接班人，所以才这样保护我，但我不认为是这个原因。因为大家都知道，当1973年初开始反对自由主义的斗争时，霍查的候选接班人主要是谢胡和卡博，更不用说巴卢库了——此时的巴卢库可是一点政治错误都没有的。也有人说可能是因为我与奈吉米耶（霍查夫人）的良好关系，或者是因为我与霍查的姻亲关系（我的外甥女嫁给了霍查的儿子伊利尔）保护了我。对此我也不能认同。因为无论是霍查还是奈吉米耶，从不会因为是亲戚关系、亲人关系或者是因为私人友谊而在做决定时会有所“心慈手软”，“巴赫利·奥马尔事件”（译者注：霍查的姐夫，二战期间阿尔巴尼亚被德国占领时出任外交部部长，1945年被霍查处决）就是一个证明。事实上，这几年被严惩的人中有一些与霍查或奈吉米耶的关系比我与霍查夫妇的关系更好，但没有一例因此而免被霍查根据法律和劳动党原则实施最严厉的惩罚措施。

托迪·卢伯涅和F.帕兹拉米不仅被劳动党中央开除出党，还以“人民政权的公敌”的罪名被提审，并分别被判刑13年和15年。他们的家庭也因此遭到了流放。

从我个人来说，我对这两个人被严惩还是很难受的。我在战前就与托迪·卢伯涅关系很好，战后我俩包括我俩夫人间的关系更为密切。我们无话不谈，谈政治、文化、经济，谈困扰我国的问题，也谈人们的不满，等等。托迪先是在《人民之声报》工作，后转到了国家广播电视台，因此他接触的人非常广泛，了解到的问题也非常多。我和他还有一层工作关系，因为从组织结构来说，托迪属于新闻部门，而这正是我主管的。我们谈话议题极广，但从没发现他有反党立场，更不用说反人民政权的立场了。我可以负责地说，他在第六届电视节上有错误，对此我也向他指出过“这不符

合党的规定”，但也仅仅如此而已。他后来受到严惩，包括他本人和他儿子坐牢、他妻子丽莉和兄弟姐妹全家行动受到限制等，说实话，我从没有签批过相关的决定。但我在党的路线和纪律面前保持了沉默，甚至在我成为劳动党领导人之后，也没能帮到托迪，对此，我深感愧疚。在一个体制向另一个体制跨越之前，我们国家的命运与前途所面临的问题与困难，使我没能及时帮助到我的朋友！

“黑色路线”

继文化领域的迫害之后，对军人以及后来对经济领域的人士也开始了迫害。这样就有了一个接一个的迫害。1973年6月，在劳动党第四届全会上发起了对文化界的迫害，1974年7月的第五届全会上和1974年12月的第六届全会上对军队进行了迫害，最后在1975年5月第七届全会上对经济领域也进行了迫害。在这几届全会上，除了我提到的对文艺人士的迫害，还迫害了一大批军人和从事经济工作的干部。四位政治局委员和十位劳动党中央委员受到了迫害，其中政治局委员B.巴卢库、P.杜梅、K.塞奥索斯和A.克莱兹还被反对他们的审判官判处了死刑。

众所周知，军人们在劳动党的两次全会上受到了惩罚。首先是1974年7月第五次全会上，B.巴卢库因被指责是国防新政策的发起人而受到了处罚，因为他的新政策与国防委员会很早前批准的方针相违背。经过对巴卢库的仔细调查，谢胡和卡博向政治局呈送了一份报告。关于“黑色路线”或者人们常说的巴卢库路线，谢胡和卡博还专门找国防部的主要干部和各级军官进行了谈话。他们最终得出结论：劳动党正面临着“敌对行动”的威胁，而巴卢库正是造成这种威胁的罪人，因此他被采取了相应措施，先是被开除出了政治局，后来又被命令离开了地拉那，不过还没被送上法庭。

几个月之后，在1974年12月的第六届全会上，政治局候补委员、时任总参谋长的P.杜梅和中央委员、时任阿军政治部主任的H.查柯也因同样的“黑色路线”而获罪。这次给他俩戴上罪帽的不是谢胡和卡博，而是恩维尔·霍查本人。在巴卢库受到处罚的数周后，霍查在一次政治局的例会上问道：

“巴卢库有没有同党？杜梅和查柯知道不知道他的‘黑色路线’？为什么他们不向劳动党报告巴卢库违反国防委员会方针的‘新政策’？”

于是，又开始了对军队事件的重新调查，结论是：杜梅和查柯曾经与巴卢库一起工作过，还有其他一些干部也涉及此事。这次的处罚更严厉，杜梅和查柯不仅被解除了一切职务，而且还与巴卢库一起受到了法律制裁。因为他们的行为被认为对国家安全构成了威胁，最终他们被判处死刑并被处决了。还有一些将军和军队的高级干部也受到了严厉的处罚。一些人知道为什么受到处罚，但也有一些人莫名其妙地就受到了牵连。

这场党内斗争，给很多人留下的印象是不同派别之间的争斗，是一派打击、削弱另一派的斗争。这种说法真的准确吗？持这种观点的人列举理由说，如果看一下军队、党政机关、内务部、国家安全委员会等各部门的干部就会发现，他们绝大多数都与谢胡或卡博有着某种联系，或者是地区来源，或者是参加的游击队，或者是家族有关系。也有一小部分人与K.哈兹比乌和巴卢库有关。如果说真有连带关系，那就是各派别不同的来源地吧。从我个人来说，以前我从没想到以这种视野角度来看这件事，不过现在回想起我们的干部制度，也许真可能有这方面的影响，尤其是卡博和谢胡，在用人方面受这些影响还是不小的，甚至在向党政领导机关提建议时也受此影响。

他们认为，打击军人和经济干部，也包含“夺权”因素在内，他们列举了当时的一些具体时代背景。

首先，众所周知，20世纪70年代初，更准确地说是1973年底，霍查心脏出现了问题（心肌梗死）。难道说就是在这件事之后，霍查开始担心起自己的政权，并以怀疑的目光来看待同事的一切行为？难道说，此时他的同事（谢胡、卡博或巴卢库）中真有人开始阴谋夺取政权了？我实在回答不了这样的提问。不过从逻辑上来说，这两个疑问都是可能的。

第二，70年代初期，阿中关系开始出现波折，因此人们预料到阿国国内会出现困难。霍查对中国当时的政治路线和观点是持激烈批评立场的。他尤其反对中国对美“开放”。我们还记得基辛格访华，随后尼克松在1972年访问了北京。因此有人认为这种情形可能对军队干部或者一些经济主管干部会有影响也是符合逻辑的。他们可能会重新审视党的方针、政策，特别是在东欧国家，已经出现寻找走出困境新途径的呼声。某种意义上说，对“修正主义”路线的指责，不仅用在了军人身上，也用在了经济界人士的身上。

也可以进行其他假设，但考虑到受迫害者的一贯立场，我完全相信巴卢库不可能反对霍查。他在战初就与霍查交往甚密，并且是霍查的坚定追随者。在我看来，巴卢库也根本没有夺权之意，他工作很尽职，事实上他的职位已经超越了他的政治才能、思想水平和军事能力。他很清楚霍查是他的“保护伞”。正因如此，当巴卢库受到迫害时，许多共产党员和干部根本无法想象他会反对霍查。

其他人的情况有所不同。P.杜梅追随的是谢胡，他俩关系密切。作为军人，他以性格果断坚决而受人推崇，谢胡评价他是“天才指挥家”。巴卢库受到处置之后，谢胡推荐贝特里提担任国防部部长，但这一提议没有得到霍查的同意。他把国防部临时性地交给了谢胡。杜梅受处分后，K.哈兹比乌被确定为国防部部长。因为时任中央委员兼军队政治部主任的H.查柯与卡博关系密切，也与其他军队干部和非军人保持着良好的关系。

至于经济界人士，大家都知道他们是政府的主要成员，因此打击他们，其实质就是指向谢胡。

说实话，关于上述的猜测，我并没有任何文件资料可以佐证。无论是在政治局还是党中央的各类讨论中，都从来没发生过领导层的这个人或那个人、这一派或者另一派有“夺权”或“拉帮结派”的事情。现在，特别是在右翼媒体上，确实时常说过去有这个或那个派别的存在，但事实上这只是猜测而已，根本不是事实。

对经济界人士的迫害是在1975年5月的劳动党第七届中央全会上，导火索是霍查收到了一封石油工人的来信。在那封信中，寄信人提到石油部门在地理勘探、石油开采等方面遭受了破坏。根据这封信，成立了专家组以调查事情真相。中央书记哈奇·托斯卡担任这次调查的领导。

通过调查得出的结论是：工作中确实有错误和不足，在石油勘探方面比较拖拉，评估也有错误。而这些问题被认为是与国家计委（科乔·塞奥索斯领导）和贸易部（基乔·恩杰拉为部长）工作不力以及主管经济部门的副总理阿卜杜尔·克莱兹工作失误有关。而这些错误又被认为是出于敌对目的犯下的。

我认为在这两起事件中，无论是“军人事件”还是“经济事件”，我们的做法都是不对的，也是与党的政策相违背的，因此也是应该受到谴责的。关于这些错误，是无能造成的结果，还是我国当时正经历的困境，特别是对华关系削弱以后所导致的结果？抑或是受到外部的影响？因为外部正试图削弱阿国的国防和国民经济，或者说正准备推翻社会主义的阿尔巴尼亚？确切的事情我说不出来，但那个时候，无论是东方还是西方，特别是南斯拉夫（科索沃要求自治地位，甚至要求成立共和国）都有意推翻阿尔巴尼亚政权，因此在“军人事件”上或“经济干部事件”上面可能是受到了外部的影响或者是为寻找“新途径”。但不管怎样，让这些人承担法律责任，受到严惩，甚至是作为罪犯而处以死刑，这种做法还是太极端了。

这事在以后的一起事件中也能看出来。大家知道，1990年我们的社会主义制度被推翻了。按照一般逻辑，所有那些前政权的“敌人”或者曾经试图推翻政府的人，应该“手拿红旗”冲在后共产主义时代的最前沿。事实也正是如此。那些没落权贵、被没收财产的前所有者、国民阵线的追随者以及护法运动的追捧者确实是这样做的。他们千方百计把自己打扮成新的民主社会和资本主义自由竞争的斗士和反共产主义者。甚至站出来的还有前共产党人如萨利·贝里沙等人，他们不仅销毁他们自己的“共产主义痕迹”，而且成为反对社会主义制度和反对他们曾经加入的劳动党的最不择手段的宣传员。

而那些被当作“党的敌人”“阴谋家”而遭受严惩的共产党员，以及“试图推翻人民政权集团”的成员们，他们对1990年的事件持什么态度呢？他们是否也站到了反共产主义的最前线？总体来说答案是否定的。无论是作为“党的敌人”被开除出党并被投入监狱的托迪·卢伯涅，还是F.帕兹拉米，他们都没有与今天的反共政权相联手，而是选择了保持距离。军队里那些因被定性为反党集团而受到严惩的将军们，也做出了相同的选择。这些将军们中有一部分被关进了监狱或遭到了流放。阿里夫·哈斯科、哈利姆·拉莫希托、迪拉弗尔·波奇、绍马·吉乔、恰兹姆·卡皮叙兹、埃尔内斯特·亚科瓦等一批将军，他们既没有投向民主党，也没有投向其他任何一个反共政党。他们的事例让人不得不反思，在阿劳动党进行阶级斗争时，我们对党的许多干部真的是犯下了大错。

因为这些事件，在劳动党内部和社会上产生了一种极为沉闷的氛围。宗派主义空前发展并逐步影响到许多干部、党的机构特别是国家情报机关的行为和立场。他们似乎找到了极端行为的理论依据。许多干部和领导立场顽固、缺少耐心，却往往贴着“革命的”“阶级的”标签。

上述情况对阿劳动党和阿国社会的生活民主化进程起到了非常不好的负面影响。阿国不仅没有根据马克思主义理论原则逐步增强无产阶级专政的教育和组织管理，逐步减少阶级斗争向党内扩散，反而让禁锢措施保留在原有水平，甚至变本加厉。这样的做法使得极端行为大行其道，任何事都从意识形态开始，用“原则”来审视，用“阶级”规定来衡量。主要领导的遴选和确定，也往往以这样的眼光来审核，那些“本阶级”的人会得到优先待遇。在此情况下，人们的不满开始增多。后来，在外来因素的影响下，这种不满最终爆发了。

很清楚，党内斗争，或者更确切地说是对犯错的党员干部发起的阶级斗争，正如我前面曾经讲过的，尽管他们可能是应该受到惩处的，但这样的惩处还是太重了。而对他们家庭的影响要比对资产阶级及其追随者，甚至比无产阶级专政的真正敌人所受到的处理后果更严重，因为我们对资产阶级和真正的敌人采取措施时往往还能考虑到国家的法律。

与中国出现裂痕和分手

阿劳动党与中国共产党出现裂痕，不是因为中国事务的发展方式，也不是因为中国更换了领导人，两党关系的破裂，完全是因为我们与中国之间的政治不可调和所造成的。

最初的分歧始于中国著名的“三个世界”的思想理论。根据中国的这种理论，阿尔巴尼亚应该与南斯拉夫和罗马尼亚结成一个联盟，并成为反对苏联的一道障碍。根据中国的说法，苏联属于“第一世界”。中国的这个建议是阿尔巴尼亚前国防部部长兼政治局委员巴卢库访华时由中方向他提出的。

阿劳动党领导人不仅不能同意这样的想法，而且认为这对维护阿国的自由与独立是有害的。这与一个事实有关，正如我前面提到过的，我们坚信南斯拉夫永远是阿尔巴尼亚独立的一个威胁。因此，中方建议我们与南斯拉夫组建共同阵线，即使阿领导人对此不是持怀疑态度，也至少是不信任的。

另一个分歧是因中国改变对美国的态度而引发的。基辛格访华以及后来1972年尼克松访华，在阿尔巴尼亚看来是一种政治屈服，是对帝国主义的妥协，是对人民民族解放战争，特别是越南人民斗争的一种背叛。而那个时候，越南正遭受着美国武装力量最猛烈的打击。

如果从今天来看，毫无疑问阿尔巴尼亚领导人是太冲动了。如果中国领导人始终坚持社会主义制度，那么与美国的联系并不会使中国的社会制度产生危险。不仅如此，中美关系也一点没有削弱阿尔巴尼亚在世界上的地位。相反，我们还可以利用中美关系来改善阿尔巴尼亚在国际舞台上的形象。

对于中国改变对美立场，阿国领导人一开始是向中国领导人致信，表示反对这种阿方认为是错误的政策。中国领导人对阿方的去信未予回复，但通过中国驻地拉那大使或通过阿尔巴尼亚驻北京大使竭力向我们“澄清”。当然，这些澄清的理由无非就是中国报纸上刊登的那些东西。自然，这些理由并不能令阿国领导人满意，他们对中国政策的不信任和怀疑在不断增长。而在中国方面，对美帝国主义的批判和对争取自由与独立的人民的反帝斗争的支持，在宣传中减少甚至几乎没有了。

当中国对阿劳动党的不满反映到两国经济关系中时，与中国的关系破裂也就不可避免了。当初苏联对阿尔巴尼亚这样做过，对中国也做过。北京以“文化大革命”对中国造成巨大灾难为借口，逐年减少了对阿尔巴尼亚的贷款和援助。中国专家也以这样或那样的方式设置种种障碍，推迟完成一些正在建设的工程项目。

阿国领导人一直试图不把两国间存在的矛盾公开化，但此时终于无法忍受了。在1976年11月举行的第七届党代会上，阿劳动党公开谴责了中国的“三个世界”理论。此后，两国关系几乎降到了冰点。双方从全面合作、提供各种贷款援助转为与其他任何国家一样的、基于相互基础之上的一般贸易关系。中阿的“蜜月期”结束了。

毫无疑问，两国关系的破裂，受损失更多的当然是阿尔巴尼亚而不是中国。阿尔巴尼亚失去了经济发展的重要支持，也失去了在政治领域具有举足轻重地位的一个盟友。谁是造成这种局面的责任人呢？依我看，双方都有错。从阿方来说，关于中美建交，我们错误地给了自己干涉中国政治选择的权力。霍查及所有的阿国领导人在看待这件事时，只是从反帝斗争的单一角度，而没有考虑到中国国家利益的因素。而对中方来说，当中国决定对阿尔巴尼亚施加经济压力时显得很没有耐心，并把意识形态方面的分歧带入到了国家关系中。

与中国关系的破裂对阿尔巴尼亚，特别是对其经济发展造成了困难。可以说，20世纪70年代后半期特别是80年代初期，阿国经济几乎处于停滞状态。阿国经济只是维持着过去积累下来的成果，但已没有任何增长可言。相反地，在满足人们的需要方面开始出现困难，随后阿国经济从停滞逐步进入危机状态。而且，阿国的粮食供应困难也越来越大。自然，这种情形也反映了阿国政治形势正日趋恶化。

自我封闭与对外联系

与中国关系破裂后，探寻与外界建立更多联系的任务就摆到了阿国领导人的面前。显然，我们必须向西方世界“迈出一步”。这一步必须谨慎，以免违反阿国的宪法规定。对此，阿国的所有领导人包括霍查本人都是一样的想法。因此，我们给阿尔巴尼亚外交部和外贸机构下达了特别指示。

一开始，我们努力恢复与东欧国家的关系。当阿尔巴尼亚与苏联进行意识形态的斗争时，这些国家与阿尔巴尼亚的关系就全面减少了。从20世纪80年代初往后，阿尔巴尼亚成功地与欧洲所有社会主义国家，特别是与东德、捷克斯洛伐克和保加利亚建立了经济关系，这对阿国来说是相当有益的。

同时，在此期间，特别是在20世纪80年代末，阿尔巴尼亚进行了一些民主改革之后，阿尔巴尼亚还提升了与南斯拉夫、意大利、希腊和法国的关系。不仅是经济关系，文化、政治关系也占相当比重。

尽管如此，阿尔巴尼亚的这种开放还是极其有限的。劳动党领导层还在犹豫，不敢把步伐迈得更快、更坚定，以进一步打破封锁。但也应该说，当时西方也没有采取任何行动促进这种关系的发展。阿尔巴尼亚与五大洲约130个国家建立了外交关系，但不包括美国、英国和联邦德国，关于这几个国家我后面还会谈到。阿尔巴尼亚与世界上约60个国家建立了经贸关系，还与很少的一部分国家有文化交往。因此在与别国建立政治、贸易关系方面，阿尔巴尼亚实行的是真诚友好的政策，唯一的前提是：相互尊重自由、独立和各自主权。

与邻国希腊建立外交关系，可能是阿尔巴尼亚领导人实行真诚友好政策的典型事例。第二次世界大战结束后，阿希两国间没有建立外交关系，因为希腊方面认为阿希两国间尚处于交战状态，理由是1940年意大利对希腊宣战时，地拉那的库伊斯林格政府根据意大利法西斯的决定与意大利合并了。希腊当局以这种荒谬的立场和“战争法”为借口阻挠与阿尔巴尼亚建立外交关系。他们没有考虑到当时阿尔巴尼亚被意大利法西斯占领的事实，没有考虑到阿尔巴尼亚人民武装反抗侵略、争取祖国解放并做出牺牲的事实，也没有考虑到阿尔巴尼亚是反法西斯大联盟的一员，阿希两国游击队员在战争中相互支持、并肩作战的事实。因此阿尔巴尼亚与意大利法西斯没有任何勾搭，也不应该为意大利法西斯的罪行和侵略负责。

所以，1972年，当希腊当政的军人政府提出两国建立外交关系时，阿尔巴尼亚政府立即予以积极回应。考虑到与希腊人民的联合与友好对阿尔巴尼亚至关重要，阿尔巴尼亚领导人没有受意识形态的影响，也没有受希腊军人只是提议建立关系而不是取消所谓的“战争法”这一实际情况的影响。这部“战争法”于1987年由安得列・帕潘德利乌政府废除，但时至今日也未得到希腊议会的批准，而希腊法律的废除一般都是要获得议会批准的。

我们常说阿尔巴尼亚“闭关锁国”，这种“闭关锁国”不仅表现在与外部世界缺乏文化旅游交往，阻隔了人员间的自由流动，也表现在禁止向西方国家借用贷款或与西方国家组建合资企业，这在1976年阿尔巴尼亚的宪法中有明确的规定。这种“闭关锁国”阻碍了阿尔巴尼亚与外部世界建立全面的关系，其根源是我们对西方国家的不信任，也怀疑他们对阿国所持的立场。国外向阿尔巴尼亚派遣特务，特别是南斯拉夫和苏联对阿尔巴尼亚的态度和所作所为，是造成阿尔巴尼亚对外部世界不信任的重要影响因素。

不应该忘记，阿尔巴尼亚的封闭也是“冷战”大环境的产物。这种大环境，不仅受制于东、西方的任何一方，更是受到双方的影响。因此，阿尔巴尼亚的封闭，不仅是阿国政府的立场使然，也是西方国家政府的立场使然。

因为这种闭关锁国的立场，阿尔巴尼亚与外部世界的关系在一定时期内没有得到发展，而遭受重创的是阿尔巴尼亚的经济，因为它越来越需要新的投资，正如需要进口原材料等一样。国外的各类银行也开始对阿尔巴尼亚附加条件，甚至禁止向阿尔巴尼亚提供商业贷款，而要求阿尔巴尼亚必须用自由外汇现金来购买一切商品。显然，像阿尔巴尼亚这样的小国，各种储备资源都很有限，这样的条件对阿尔巴尼亚来说是相当苛刻的，也加重了阿尔巴尼亚发展进步的难度。

Some Major Events

六　一些重大事件

与中国关系的冷却并未在阿尔巴尼亚民众中引起特别的不安，这是因为其与阿国百姓的交往并不多。那些来阿尔巴尼亚的中国专家，通常单独行事，也不与当地百姓过多往来。像我之前所说，与中国关系的破裂影响更多的是阿国的经济层面。我们损失的不仅是由于眼下所需物资的不到位或拖延了数月而搁置的在建项目，而是所有部门甚至百姓日常所需的食品。

由于其他一些事件，这一时期的形势愈加严峻，甚至影响到了人民的精神状态。我指的是前面提到过的文化、经济和军事领域主要领导人受到惩处的事件。自然，这些在党内外引起了群众的担忧，甚至是恐慌和怀疑。

需要指出的是，这是一个无论是经济还是政治都很困难的时期。我继续在自己的岗位上工作，但无疑主要工作还是宣传。因为根据党内的官方意见，党和公众需要了解周边所发生的事件，同时对外政策也占据了重要位置，因为针对中国我们也开始了反修宣传。不管怎样，起初我们对中国的攻击性宣传还是慎重的。在1976年11月召开的第七次党大会上，恩维尔·霍查在报告中开始公开批判中国的“三个世界”理论，在党报上也开始大规模批判中国的路线方针。此后，反修正主义战线扩大。之前我提到过，这个阵线的总指挥就是霍查。

我的朋友与同僚

那个时期，我有几个最亲密的朋友和工作伙伴。首先要提到的是弗托·查米，他曾经是我最亲密的朋友之一。战争时期，他最初加入了贝拉特的共产主义青年团，随后加入了第七旅。在1944年6月对德战役的一场战斗中，查米头部受伤。由于受伤导致一条腿瘫痪，查米在医院住了一段时间。同时国家解放战争在那时也陷入相同处境。尽管如此，他还是继续投身祖国建设工作，并遵照医生嘱托进行身体康复治疗，随后痊愈。1947年前后，查米被派往苏联学习，就读于莫斯科大学哲学系并以优异的成绩毕业。回到祖国后，他继续为祖国效力并成为国内一些高等机构的教授和共产党中央委员会教育部门的成员。查米长期致力于教学领域的工作，尽管后期越来越频繁地参与党内事务并被推举为中央委员会主席，后来他成为政治局候补委员和委员。

从1958年起直到最后，我都和查米共同任职于共产党中央委员会。他是个很勤奋、执着的人，从专业领域看，也算国内最优秀的哲学家之一。需要强调的是查米并不教条，他思维活跃，不刻板。20世纪80年代，当我们开始党内和国内民主化时，查米不仅大力支持我，而且还是协助我消除党内同志对此疑虑的为数不多的人士之一。20世纪90年代剧变后，查米连同劳动党一些前领导人一同被贝里沙迫害入狱。这绝对是一个犯罪，只有无知的人才会做得出来。因为众所周知，他的一生除了致力于教学和理念的传播之外并无杂务。查米于2005年去世。

另一位友人是索夫科里·拉兹里，我想用独特的方式纪念他。我和索夫科里相识于战争时期和第五游击纵队。他就职于出版机构，并在莫斯科完成学业，返回祖国后，他任《人民之声报》的报社记者，后来出任报社总编。

在我看来，索夫科里是当时国内新闻界最出色的记者。他的文稿行文精简，对问题的阐述也很准确到位，具有很高的文化素养。对对外政策尤其精通。考虑到他的这些能力，我借调他到中央委员会，作为反修斗争的干事。弗托和索夫科里组成了富有成效的二人团队：作为理论家，弗托负责处理理论用语的使用，索夫科里对马克思主义理论也并不陌生，他擅长写作。我想强调的是索夫科里可以非常迅速地组织好一篇文章或任何一段需要的材料。无疑这与他的文化修养、专业素质和对问题的深入洞悉息息相关。很少会在他的文章中看到多余的文字。

后来在20世纪80年代，我聘请索夫科里为我的外事顾问，同时他出任国际关系研究所所长。这段时期，索夫科里是我最得力的帮手，能力强，见识广，勤奋不知疲倦。这些特质正是我最赏识的。正因如此，当中央委员会或外交部的一些工作人员向我抱怨索夫科里时，我也总是不予理会。需要强调的是，像所有人一样除了积极的一面，索夫科里自身也存在一些其他朋友同事不太喜欢的“毛病”。作为一个严谨的人，有时他会放大自己的看法，甚至由此否定其他同事的文章或准备的相关材料，但他从没有恶意。他否定别人的倾向是众所周知的，有一个说法可以佐证。

“为什么这也叫海？”当某个人赞美都拉斯和发罗拉的海滩时，索夫科里往往会这样反驳，他只喜欢爱奥尼亚海和海滨地带。

但需要补充的是，尽管他会提出这样或那样的意见，但索夫科里从没要求开除某个工作人员或对他们进行惩处。在确立多元政治和体制变更后，我与索夫科里还曾见面并促膝长谈过。他于2003年去世。

这些与我关系紧密的朋友和同事的工作态度和能力，对我来说都是满满的回忆。这里我还要提到哈米特·贝切，他是教育领域的著名专家，对社会其他领域同样知识丰富。他勤奋且不知疲倦，对任何有关文化、宣传方面的问题都能给我最及时的配合。时至今日，我都对他多年与病魔顽强抗争所表现出的非凡勇气印象深刻。

想到已故的泽米特·托纳时，我就觉得心情沉重。他是一位优秀的记者，负责中央委员会新闻部工作，有点学究味，但与人为善，彬彬有礼。我还对伊·科德尔留有很好的印象，在很长一段时期内，他都是我的秘书，对人和蔼，工作勤奋。

我还不能不提到哈米迪·萨拉库。我们在青年组织内就开始共事，后来当他在恩维尔·霍查顾问团队工作时交往更多。哈米迪在反法西斯战争时期担任“论辩”机构的组织者，这一机构在当时是青年先锋队员的核心组织。他被捕并受尽法西斯的折磨，出狱后加入了游击队。祖国解放后，哈米迪进入青年机构，后来就职于《人民之声报》。他为人友善，工作勤奋，是一名优秀的记者。他在莫斯科完成了新闻学的学业。当他在霍查顾问团队任职时，我们时常见面。哈米迪的一生充满了传奇色彩。他的三个兄弟，在不同时期先后遭迫害并被枪决，无疑这对他的家庭和哈米迪自身来说都是难以负荷的痛苦经历，但他冷静地挺过了那一段艰难时期。20世纪90年代剧变后，我们经常见面并像老友一样交流各自的想法。哈米迪于2006年逝世。

筹备劳动党“八大”会议

20世纪70年代初期，当我国与中国的关系还未完全陷入冰冻时，生活虽艰辛，但也伴有喜悦。在农村，农业总体来说正常发展。那时粮食可自给自足，这可以说是一项伟大胜利，但人民的需求也不断增长，不仅对粮食，还有对更好的生活条件寄予希望。同时，实现了电气化覆盖全国，这是另一项卓越成就。在每一个农村，即使再偏远，都有电力供应。人民对此欣喜不已，并自然而然地产生对电器，如电视、洗衣机等的需求。但与中国的关系冷冻后，满足这些不断增长的需求变得异常困难。

在1975年召开的中央委员会第七次全体会议上，经济部门受到了批评，政治局也更换了一些年轻同志。那次大会我没有参加（当时我在国外接受胆囊手术），回来后会见了取代经济部门前领导班子的年轻人。这些人我都认识，因为他们曾是中央委员会成员。帕里·米斯卡和赫库兰·伊萨伊被选为政治局委员，切利亚库·米哈伊和兰波·盖格普里夫蒂被选为候补委员。尽管如此，我不觉得有比这更妥的方案了。选他们的理由是他们来自工人阶级。但现在，党内有很多合格的人员，也来自普通群众、自由解放战争游击队家庭，并且在国内外完成学业或经验丰富。

自然，中央委员会有自己的考虑，因此在当时我们别无选择，只能尊重这项决议。我与以上这些同事共事到最后，并一直坦诚相待。我发现帕里和赫库兰工作非常出色，勤勤恳恳并坚持完成任务，这一点上切利亚库和兰波稍显逊色。但是在决心和忠诚度上，四个人都可称得上典范。在1976年11月召开的第八次劳动党大会上，这些人再一次被选举为政治局委员。

与每一次的大会一样，在第七次劳动党大会上，也通过了未来五年计划的决议。

尽管我们与中国的关系陷入冰冻并不再有资金支持，但文化经济的建设项目依据先前的模式照常开展。一方面因为我们有一定的经济储备，同时，一些大型工业项目很快就将进入运行阶段，这有助于国家的发展。1978年，也就是大会召开后两年，费尔泽水电站开始发电了。同时，爱尔巴桑钢铁厂、巴尔什炼油厂和地拉那拖拉机厂也都开始生产了。尽管如此，大家都看得出来，阿经济很快将会出现波动。

事实上，在经历了1975年至1980年相对成功的一段时期后，阿经济开始出现衰退迹象。同时，由于进出口额的不平衡、国家财政缩减，这一局势不仅导致在建项目的停滞，也减少了兴建新项目的可能性，这些新项目对于大力推动国民经济和应对持续增长的人民的消费需求至关重要。

第八届劳动党大会召开在即，无疑确定了经济文化建设的任务和总结国家现阶段的国内形势，将成为这次大会的重中之重。如果说1975年至1980年间我国尚能“吃老本”的话，那么现在就需要考虑生存问题了，否则经济将会全面崩溃。因此1979年阿政府即着手制定1980年至1985年五年计划，并提交给将于1981年11月召开的劳动党大会。在工作过程中，政府和国家计划委员会时不时地向政治局提交一些数据资料，以便能制定出一份更为切实可行的计划。

对这一段时期我记忆深刻。当霍查第一次看到这些材料时，他是持非常保守的态度的。他认为制定这项新的五年计划的政府人员没有充分考虑到阿尔巴尼亚与中国关系破裂后的国内形势。为此他与我和胡斯尼·卡博进行了交谈。当时我与卡博已对这份材料有了一定的了解。霍查的想法是，由于与中国的关系破裂，阿尔巴尼亚经济已不可能按原来的速度发展，因此为了缓和国内形势，阿尔巴尼亚必须转向并充分利用好国内的现有资源。他认为尤其要增强经济的出口能力，以确保有足够的经济实力增加进口国内工厂正常运转所需的原材料和机械设备。这在阿尔巴尼亚当时的经济条件下是最为主要的，更不必说要满足人们对工业品和家电设备的需求了。霍查的另一个想法是，政府应在互利基础上，与东欧国家，如捷克斯洛伐克、匈牙利、民主德国和南斯拉夫重新建立经济关系，以确保阿尔巴尼亚有进口及出口基地。

“我们该怎么做？”霍查问我们，“我们是把我们的意见笼统地告诉制订计划的政府部门，还是我们政治局的人也一起努力，把具体意见告诉他们这样可以帮到政府？”

我们达成了一致意见，决定由拥有最优秀专家的中央委员会来把我们的意见具体化。我们设立了几个小组，成员由中央委员会工作人员和国家机构的一些经济学家组成。霍查亲自领导整个工作。在近一个月的时间里，除了我和卡博所做的工作之外，霍查也几乎每天都与不同的同事接触，探讨如何制定出最现实的计划。最终我们将有具体建议的调研成果提交给了部长议会，作为对最终制定的新的五年计划的建议和支持。这份材料总的来说获得了国家机构的认可，也有助于计划的最终形成。

在1981年11月召开的劳动党“八大”会议上，此项五年计划在得到我们的“全力支持”下获得通过。但需要强调的是，尽管这项计划已尽可能地切合实际，但事实上还是未能完全符合实际情况。很快地，阿国的工业出现了原材料短缺，因为国家缺少必要的外汇以便在资本市场上购买。气候异常，尤其是20世纪80年代到90年代的连年干旱，导致农业出口锐减，同时增加了对农产品进口的需求。各国商业银行在得知我国的困难后，纷纷停止了对我国进口所需物资的商业贷款，转而要求现金交易。

在友好国家如苏联、中国对阿尔巴尼亚的经济援助停止后，阿尔巴尼亚从别国得到贷款的机会也变得不可能了，因为1976年通过的阿国宪法禁止阿尔巴尼亚向外国获取贷款，其第二十八条规定“禁止向修正主义国家和资本主义国家借款，也禁止与这些国家成立合资企业”。在那时甚至是随后的一段时间里，只有个别经济学家偶尔小声地表达一下希望从国外借款的想法，但对于修改宪法中的这一条款，仍被视为是异端并会受到执政党的严惩。

应该承认的是，所有为了经济恢复运转和应对需求的努力都没能取得希望的结果，这主要是因为我们僵硬地坚持所谓的“自力更生”，甚至是“完全的自力更生”，导致与外国互利合作的可能性越来越小。在与中国关系冰冻后，阿国的自我封闭政策便再也无法保证国内正常持续的发展了。我国经济，尽管也在充分合理地利用国内资源，但仍无法满足工业、农业和文化发展的增长需要，特别是人民希望过上像其他国家一样更好的生活的愿望。

就这样，困难逐年加重，人民的日常消费品愈发不足。市场最基本的食物如牛奶、鸡蛋等也越来越频繁地出现供应短缺，肉制品开始实行配给制。国营商店门口排队的人群不减反增，百姓的不满情绪开始增多。阿尔巴尼亚经济，由萎缩逐渐过渡到了危机时刻。

胡斯尼·卡博之死

1979年，胡斯尼·卡博同志因病逝世，这是党内的重大损失。卡博是全国解放战争时期党内著名的领导人。他是发罗拉大区共产党组织的负责人，同时也是发罗拉地区第一批游击队的组织者和领导者。随后作为一名战士，他还担任第一军团政委，并在谢胡的带领下，参与了地拉那解放。解放战争时期他任中央委员会委员，解放后他继续担任劳动党中央委员会政治局委员，从1956年起担任中央书记一职。卡博曾在多个领域任职，如在农业领域曾任农业部部长，他还曾在霍查负责的外事领域出任过大使和副部长。

我个人与卡博联系甚密，我们曾在共产党中央委员会共事近22年。当我党开始发起反对苏联的修正主义斗争时，我们曾一起多次参加过在莫斯科召开的大会。我们还曾一起前往中国，并察觉到我国与中国关系开始出现最初的裂痕。卡博同志非常勤奋努力、不知疲倦，他坚决拥护党的方针政策，也忠诚地拥戴霍查。

我和卡博是亲密无间的战友。他很有礼貌，待人谦和。回忆起他时，我心里充满了爱和难过。当从巴黎得知他患病并已无法治愈时，霍查曾派我前往看望他并陪伴他度过人生的最后一刻。

卡博的逝世使我党失去了一个忠贞杰出的同志。20世纪90年代政体转变后，关于卡博的死无端生出各种谣言，如被毒死、他杀，等等。实属可耻！卡博患的是癌症，法国医生当着阿尔巴尼亚医生的面为其做手术时，发现癌细胞已转移至所有的内脏器官，他们无能为力，只得默默缝上了伤口。能证明这一切的还有一个有说服力的证人——萨利·贝里沙，医生们在巴黎会诊时，他就在现场，这也是我第一次见到他。

卡博逝世后，他生前在中央秘书处主管军队、内务部、国家安全部和司法部等的职权全部转给了谢胡。这样，谢胡实际上掌握了所有大权：无论是作为执行机构的政府，还是军队，也无论是总理及其属下的国防部，或者是中央书记及其属下的军内党组织，以及国家安全警察和司法部门等。事实上，这时谢胡已成为霍查的接班人并大权在握。我强调这一事实，是因为这说明了霍查，至少在当时即1979年底，并没有对谢胡产生任何怀疑和敌对态度，相反，对他是百分之百的信任。

科索沃事件

1980年，阿尔巴尼亚国内形势和往常一样没有什么新的情况。在克服经济领域各部门出现的困难所做的努力和抗争中，人们的生活继续艰难地前行着。政治方面，最大的事件莫过于科索沃地区的一些发展态势。正如我强调过多次的，在社会主义时期，阿尔巴尼亚领导人一直非常关注每一个与邻国的阿族同胞有关的事件。

20世纪70年代初，阿尔巴尼亚与科索沃之间曾开展过一些文化教育领域的互动。科索沃的知识分子组团赴阿尔巴尼亚参加在地拉那举办的阿尔巴尼亚学大会，同时地拉那大学和普里什蒂纳大学也曾签署过关于派阿国老师赴普里什蒂纳大学授课的协议。这些接触为双方创造出和谐的氛围。科索沃的教育工作者以及青年人尤其是大学生，对此合作表示很赞赏。但塞尔维亚方面则表示出不满和质疑。

1981年3月初，在普里什蒂纳和科索沃其他地区爆发了大规模青年人和大学生游行。阿政府对此很惊讶，因为不管是从国家安全机构还是从科索沃人方面，阿政府事先都没有得到任何相关信息。但对阿国领导人来说有一点是肯定的，他们认为科索沃青年和大学生，甚至是科索沃全体人民有足够的理由举行游行以反抗塞尔维亚政府、争取被剥夺的自由和权利。众所周知，在科索沃长期以来一直存在着建立“科索沃共和国”的呼声。因此，1981年3月的这场游行反映了青年人和科索沃人民长期以来追求民族权利和自由的夙愿。

阿尔巴尼亚领导层对科索沃青年人发起的这次示威活动给予了高度评价，对事件的发展和可能出现的后果做了谨慎且负责任的处理。阿尔巴尼亚政府以最严肃的态度认真分析了面临的形势，特别是该事件在科索沃的发展情况，因为这样的事件有可能演变为其他危险事件，塞尔维亚当局有可能发起针对科索沃人民的报复行动——一场针对阿尔巴尼亚族人的国家恐怖活动。而这样的恐怖行动也有可能升级为一场针对阿尔巴尼亚人民共和国的有组织的攻击活动。

阿尔巴尼亚政府对以上两种可能的形势发展都做了讨论，并采取了相应措施，阿尔巴尼亚武装部队也进行了调动准备。因为如果塞尔维亚政府在科索沃土地上制造这样的恐怖活动，我们的国家对此不会坐视不管。科索沃人将拿起武器自卫，而我们也将一如既往，坚决捍卫我国边境的不可侵犯性。

除以上准备外，阿尔巴尼亚共产党领导人决定向科索沃以及阿尔巴尼亚揭露塞尔维亚的企图，同时揭露大塞尔维亚主义是睦邻友好关系的真正的反对者和民族压迫政策的推动者。那段时期，我们连续撰写、发表了一系列文章，这些文章被翻译成其他语言并传播到了其他国家。我们认为让国际社会了解阿尔巴尼亚的立场，不偏信南斯拉夫的一面之词是很有必要的。

那几年为了组织、撰写这些文章，我们还在党中央书记处成立了一个宣传专门委员会，这个委员会由我负责。需要强调的是，很多时候，在文章发表前，霍查本人也会亲自审阅，甚至有时他还会给我们下达专门指示。

1981年后，科索沃的黑暗日子开始了。塞尔维亚当局加大了对阿尔巴尼亚族人的镇压和迫害，这样的情况在20世纪90年代末期达到了高潮——他们企图使用种族灭绝和国家恐怖主义手段用武力消灭在科索沃的阿族人。

劳动党“八大”会议

1981年11月，阿尔巴尼亚劳动党召开了“八大”会议。根据惯例，大会期间，恩维尔·霍查就国内外政治形势及未来的主要任务做了报告，而谢胡就未来五年计划草案也做了一份报告。

这次大会从政治、经济规划方面来说并无特殊新意。对外、对内政策都沿袭之前的方向，没有跨出特殊的新步，我们一如既往坚决拥护1976年的宪法，这部宪法明确禁止与资本主义国家和修正主义国家发生借贷关系或组建合资企业。不同的是，现在我们只能完全自力更生，因为我们已不可能再有来自“社会主义”盟友——例如中国——的援助了。

国内发展规划也没有新内容。在预测经济发展表现平平的同时，我们决定优先发展工业，主要目标是最终建成在中国援助下启动的科曼尼水电站。考虑到此前我们与中国有一项合同要执行，农业机械数量将会因此增加，我们预计农业将会得到新的发展。

尽管如此，第八届党大会的氛围还是有些凝重沉闷，这从与会代表的神情和态度中不难看出，这一氛围与“谢胡事件”有关。所有人都知道谢胡犯了一个大错，那就是他允许自己的儿子与一位来自在劳动党看来“政治立场可疑”家庭的姑娘订婚。与会代表都在思考是否在此次大会上讨论谢胡的这一“错误”，以及对他该采取何种处理措施。要知道谢胡并不是一个普通人，他可是阿尔巴尼亚的国家总理和霍查最亲密的同志!

相比大会提出的问题和任务，与会代表们考虑更多的还是谢胡问题。而谢胡本人在大会上的表现也加深了代表们的担忧。他很少微笑，鼓掌时显得倦怠。他自始至终身穿黑西服，表情严肃，若有所思。一位电影工作者忍不住在休会期间对谢胡的妻子说：“午餐后，总理要是能够换一套颜色稍微鲜亮些的西装就更好了，他现在这样的打扮在影片中会显得非常灰暗。”

尽管如此，在此次大会上，谢胡并没有遭遇任何事情。关于他对儿子订婚一事应负的责任，大会也从未提及。谢胡再次当选中央委员和政治局委员，并继续担任阿尔巴尼亚共和国部长会议主席一职。

谢胡事件

穆罕默德·谢胡曾是阿尔巴尼亚的主要领导人之一。他是杰出的反法西斯战士，曾作为志愿军在西班牙参加了旨在推翻佛朗哥法西斯政权的战斗。回到阿尔巴尼亚后，他积极投身于民族解放战争。期间，他被任命为民族解放军第一突击旅旅长，该突击旅参加了反抗外来侵略的解放民族战争中的众多主要战役，其中就包括解放地拉那的战役。大多数人一听到穆罕默德·谢胡的名字就肃然起敬，而占领军的走狗们一听到穆哈默德·谢胡的名字就闻风丧胆。

战后至1948年间，谢胡曾任人民军总参谋长，后来出任内务部长。1953年至1981年，他出任共和国总理。从劳动党"一大"开始，他就连续当选为政治局委员。他对工作执着，充满热情，讲原则，但同时也比较傲慢。确切地说，就是他在政府部门里连最亲密的同事也都惧其三分。

当我还在地拉那读高中时，每当提及西班牙战争和参战的阿尔巴尼亚志愿军时，我总会听到谢胡的大名。后来在解放战争期间，当我在贝拉特和斯科拉帕时，更是每天都能听到他的名字。马拉卡斯特战役在贝拉特地区的影响很大。第一突击旅组建后，谢胡就担任了旅长，他指挥过的战役充满了传奇色彩。尽管如此，在解放战争期间，我本人并没有机会与其相遇和相识。第一次与他的接触还是在解放战争之后。

1945年，我离开了第五旅并回到了阿尔巴尼亚。作为反法西斯青年联合会秘书处成员，我被任命为阿军青年组织的负责人。当时军队尚未成立政治处。为了能够在军队各部门间自由通行，我被任命为军队总参谋部观察员。当时在这个部门与我共事的还有民族解放战争时期杰出的指挥官谢夫切特·佩切。我与他的友谊在日后的风风雨雨中经受住了各种考验。

我刚到总参谋部就见到了谢胡。按照部队传统我说"报告将军，某某某前来报到……"谢胡与我握了握手，站着说："快从斯坎德培学院的工作开始吧，这项工作的顺利进行对我军至关重要。"就说了这么简短的一句话后，我们就分开了，再没有一句多余的话。

此后，可能直到20世纪60年代末，我与谢胡的关系还仅仅停留在工作层面，当然也彼此尊重。无论在我担任青年组织领导人时，还是后来我出任教育部部长，成为谢胡领导的政府内阁成员，我们见面都只谈工作。但我要强调的是，我们一直保持着正确的、相互尊重的关系。我欣赏谢胡的工作能力，同时也相信他对我的工作水平能够满意。在我转到中央委员会工作后，我与谢胡的接触开始增多。我想强调的是，谢胡一直努力同中央委员会保持正确关系。众所周知，我在党内还负责教育、文化和科学部门。每当部长会议要做出与这些部门相关的决定前，谢胡都会征询我的——也就是中央委员会的意见。

由于我们都是政治局委员，都在同一个党的领导机构内共事，随着时间的推移，我们的友情变得深厚，关系变得紧密。尽管如此，我们之间还是有一些不对付。毫无疑问，这是由于我们不同的性格和本性造成的。

现在我们知道谢胡很严厉，有时甚至很专横。他不止一次地与同事甚至包括文化、艺术工作者产生无谓的冲突。我和他之间也发生过多次争论，有时还很激烈，因为我坚持认为不应将党内的纪律和规定强加给作家和知识分子。而谢胡在对人方面常常像教主一样，在政治上也往往如此，他经常使事情走向极端。以下就是一个实例。

1976年，在劳动党“七大”召开前夕，谢胡通过党校校长——也就是他的夫人菲切丽·谢胡以及马列主义研究所所长恩得莱奇·普拉萨里提出，要在“七大”上提出“社会主义建设越发展，阶级斗争越猛烈”的论断！他从70年代发生的一些事件中得出了这样的结论。这些事件包括惩处党内在文化、军事和经济领域的“反党集团”（如惩处卢伯涅、巴卢库、克莱兹等）。

从一开始我就认为谢胡提出的这个论断是错误的，是不符合正常逻辑的，因为随着社会主义社会的发展进步，没有理由认为伴随而来的是敌人的增加，与此恰恰相反，不断增加的应该是社会主义的拥护者！因此在一次与菲切丽·谢胡和恩得莱奇·普拉萨里开会时，我和我的同事（弗托·查米和赛尔维特·普隆比）驳斥了这一极端论断。我们向霍查说明了“我们反对穆罕默德·谢胡提出的结论”后，霍查在“七大”报告中将谢胡的论断做了这样的修改：“阶级斗争随着国内、国际形势的变化时涨时落。”一个折中的修改办法，然而这样的表达显然更为准确。

我和谢胡之间的矛盾在1973年的四中全会后加剧了。在那次大会上党内的自由风气受到了批判，而卢伯涅和帕兹拉米也被严惩。在此情形下，谢胡还竭力想加罪于我，甚至指责这一自由风气的始作俑者是我。

尽管存在这些“摩擦”和“争议”，我和谢胡之间在党的政策问题上——不论是国内问题还是对外政策——从来都没有冲突或意见不合。我们经常一起探讨各种问题，有时也有不同意见，但最终我们还是能够达成一致的。

我认为谢胡的强硬做法有时也影响、强化了霍查的激进态度。以前我曾经写过，我们取缔集体合作社庭院及所饲养的畜牧太过仓促。我并不是将这个责任推卸给谢胡，因为此决定是由我们所有人，由恩维尔·霍查以及政治局和中央委员会全体做出的。但是每一次汇报农业合作社工作时，谢胡总是将合作社庭院的存在视为开拓农村工作的阻碍。谢胡带给霍查的影响是显而易见的，在霍查惩处一些犯错的同志时，谢胡常常也会夸大他们的错误。

当然，在谈论谢胡同志的缺点与不足时，我们决不能忘记他的另一面：他是一位不知疲倦的勤奋的人，是建设社会主义最高效的领导人之一。不论是理论问题，还是国际科学文化发展问题，他都是领导人中为数不多与书为友的人。所有人包括我们这些政治局委员都相信，他将毫无疑问地成为恩维尔·霍查的接班人。

但谢胡最后的结局很悲惨。他的悲剧，如我之前所提到的，在1981年9月当他同意他的儿子与杜尔迪家族的姑娘订婚时就埋下了祸根。按照当时党的政策，这个家族被认为政治立场可疑。事实上，这位姑娘的父亲是地拉那国立大学一位受人尊敬的教授，他各方面的立场也一直是正确的。她的两位叔伯和两位舅舅在解放战争期间曾追随巴里民族阵线，解放后有两位政治逃亡国外。根据当时党的阶级斗争政策，如果某人特别是领导人家庭有这种姻亲关系的，是要受到处理的。需要指出的是，谢胡本人在处理这种类似问题时，态度一向都是很严厉的。

但是这次在自己的问题上，谢胡却表现得“很软弱”，竟然同意了这门亲事，因而违反了党的准则。当人们获知此事后，立即引发了党内舆论的关注和惊讶。为此还召开了多次批判会议。这件事也最终导致了谢胡的自杀。

谢胡于1981年12月18日自杀。关于他的自杀，人们有许多怀疑。有人说他是被霍查杀死的，南斯拉夫的一家报纸说他是在政治局会议上被霍查的卫兵打死的，甚至还有一种猜测，说他是在家中被从后门秘密潜入室内的哈兹比乌杀死的。但是，所有这些无非都是揣测、想象。谢胡确实是自杀。

谢胡的亲笔遗言也能证明他确实是自杀。在任何情况下，谢胡都不是一个写什么内容能被别人左右的人，更何况刑侦机构和法医们在发现谢胡尸体当天所做的全面尸检报告，也科学地证实了其确实死于自杀。

当然，谢胡的自杀还是很突然的。因为这一切变化的导火线就是他儿子的订婚，但这事在三四个月之前就发生了。按照谢胡的性格，当他儿子的订婚受到大家的批评，当党内惩处他的错误并要求他解除婚约时，他采取自杀的举动也许并不令人意外。而事件发展的实际情况是：11月份，劳动党“八大”再次选举谢胡为政治局委员并保留了他的总理职位；12月17日政治局会议讨论时，尽管对谢胡的批评十分激烈，但谈到处理措施时，同志们也只是建议给他党内“记过”处分。所以他的自杀确实令人费解。

现在有报刊认为，政治局的批评决定对谢胡来说就等于一种“酷刑”，但这不是事实！在政治局会议上对谢胡有激烈的抨击是事实，但应该注意的是，在讨论前，谢胡已经在全体委员面前宣读了自我检讨书，而大家对他的批评也只是顺着他自我批评的发言而已。他的自我批评引发了更激烈、更广泛的讨论。尽管如此，在政治局会议上，没有一位委员表现出对他的不尊重，甚至也不失对谢胡的“敬畏”。所以尽管批评很“激烈”，但仍属“正常”范围，因为大家都知道，第二天他们还会与谢胡共事，他还是国家总理和政治局中具有重要影响力的委员！这一点谁都不会轻易忘记。

霍查本人也赞同政治局委员对谢胡的处理建议。这一点我再清楚不过，因为12月17日第一次会议结束后，我们一同徒步回家时，霍查对我说：“我同意你的意见，给谢胡‘记过’处分，这个在明天政治局会议最后讨论时，由我来宣布。”

但是第二天，谢胡就自杀了。我是在1981年12月18日早上8点得知这一消息的。

那天早上我接到谢胡办公室阿里·切诺的电话。电话中，他只说了短短的几个字："谢胡同志自杀了。"我问他是否告知了其他人，他回答："是的，我已通知了内务部部长。"我立刻赶往霍查家想告诉他这一情况。到他家时，只有他一人在工作室且正吃着早餐。我想着等他吃完后再告诉他，所以就坐了下来，仅说了句"早上好"。不过没过多久霍查就促使我开了口。

——"我觉得今天的会不用开很长。我们先听听谢胡的发言，然后我发个言，这个问题我们就此了结吧。"

——"已经不需要我们去了结这件事了，谢胡已经等不及，他自己做了了结，"我对霍查说，"我刚得到消息，谢胡自杀了。"

听到这一消息，霍查一下子惊呆了。沉默了一会儿后，他问我："为什么？他为什么要这么做？"

不久，卡德里·哈兹比乌也来到霍查家里，是费切·谢胡通知的内务部部长。霍查吩咐卡德里马上去谢胡家，看看他是否留下了能说明其自杀原因的信件。卡德里立即去了谢胡家，回来时带回了一个信封，上面写着："请恩维尔·霍查同志亲启。"信封内是一封现已公开的信。

在信中，谢胡写道，其自杀是因为"无力解释清楚现在的情形"，并请霍查照顾他的遗孀菲切丽和他的儿子们的家庭。此外，他还请霍查远离哈兹比乌，他称哈兹比乌为"亚科"。谢胡还建议霍查远离阿利雅，称阿利雅是"赫鲁晓夫"，一个劳动党路线的修正主义者。具体来说，关于我个人，谢胡是这样写的："为了党，我毫不犹豫地、冷静地结束自己的生命，因为我已没有别的方式可以保护我党。是谁迫使我这么做的呢？是狡猾的'亚科'和'赫鲁晓夫'，他们出于害党之心包围你，想方设法使您脱离您的同志们和胜利果实。这些人究竟是谁（或者说谁是阿尔巴尼亚的亚科和赫鲁晓夫）？这得由您去找出来。他们是您知道的、熟悉的人……我并不是被我杀死的，而是被阴谋家'亚科'杀死的。他是科奇·乔尔捷的走狗和学生，他用阴谋诡计与'赫鲁晓夫'——被您视为'真挚'的人——结成了叛徒联盟，他俩和他们的追随者，将最终葬送社会主义的阿尔巴尼亚。叛徒贝切尔·巴卢库和他的反党集团今天

没做到的，将会在日后由我党的‘赫鲁晓夫’做到。我亲耳听到过他们的言论，但却始终未能告知您，因为我有机会与您讨论几乎一切东西，但对于这两个人，狡猾的阴谋家和机会主义分子‘亚科’和新‘赫鲁晓夫’，却始终没机会与您讨论。当我们与莫斯科断绝关系时，我就亲耳听到新‘赫鲁晓夫’说：‘为什么只有我们坚持走马克思–列宁路线？’言下之意，他不同意我们与赫鲁晓夫修正主义决裂。您也许不相信我所说的这些，那是您的事情，我已没有办法找出这个‘亚科–赫鲁晓夫集团’。今天他们伪装成‘纯洁’的共产主义者，但明天当您不在时，‘赫鲁晓夫’就会重归赫鲁晓夫修正主义。1977年，在政治局会议上，他建议修改我们的教育体制，把我们的中学修改为十年制学校，从而与苏联学校一样，这难道是偶然的巧合吗？为什么他的建议没被采纳？1975年，在拉米兹·阿利雅的指示下，弗托·查米写了一篇关于保守主义危险性的文章……”

我不想过多评论这些“建议”，但考虑到后来的发展，尤其是发现哈兹比乌是谢胡的同伙后，谢胡最后的这些“建议”其实是企图“保护”哈兹比乌。至于对我个人，谢胡旧话新说，指责我是自由派，是四中全会上遭受惩戒的那个团体的领导者。除了抹黑我，他还指责弗托与我一样，是潜在的修正主义分子！这是谢胡的胡言乱语！但毫无疑问，这也是他最后的阴谋。谢胡的信由霍查在当天的政治局会议上做了宣读，然后就归档存封了起来。

谢胡的阴谋对霍查到底有没有影响呢？我和霍查没有详细讨论过此事。但这里我想提及两个时刻，也许能证明他并未受此“阴谋”的影响。谢胡自杀两三天后，霍查在一次与四五个政治局委员见面时说，应该从他们中推选一人当总理。他紧接着说道：“我想向政治局建议，由你卡德里来担任总理一职。”

卡德里对此完全没有思想准备，于是回答说这对他来说责任太大了，所以提议最好让阿迪尔·查尔查尼出任总理一职，“查尔查尼在领导政府方面经验丰富”。就这样，在向政治局推荐时，查尔查尼是总理一职的唯一人选。

关于此事，我从来没有和霍查讨论过，因此也无法准确了解他想让卡德里·哈兹比乌出任总理的用意。我不相信他这样做是为了刺激一下哈兹比乌，但我认为霍查是考虑到发罗拉地区的重要性才提议卡德里的。这一地区一直由谢胡和卡博两位领导人负责，而今两人都已不在。这也许也是在第八届大会后的地拉那会议上，霍查对哈兹比乌特意问好的原因。霍查很注意对不同地区的态度，尤其是那些战区。

另一次和霍查的会面，是1985年初在他的家中，在场的有我、查尔查尼和赫库兰·伊萨伊。霍查说：“你们三个人现在应肩负起所有的工作。你（他指向我），应该负责政治问题。你，阿迪尔，应领导好经济工作。你，赫库兰，应集中精力控制好国内局势！”

这些也是霍查最后的“遗言”！

《形势分析》

谢胡死后，尤其是在《形势分析》中，霍查将其定性为多重间谍，是为其他国家服务的、准备颠覆人民政权的人。自然，谢胡突然自杀使形势更加复杂化，也给人们留下了各种想象空间。

谢胡自杀后，我们努力探寻导致他这一极端行为的原因，这时霍查向我讲述了约30年前，即1953年发生的一个事件。那时，苏联以“敌人和外国间谍”的罪名逮捕并处决了前内务部部长兼克格勃负责人贝利亚。谢胡当时是内务部部长，此事令他惴惴不安，以至跑到苏联驻地拉那大使那儿抱怨说：“贝利亚被捕后，霍查也用异样的眼光看我。请帮我向他说清楚我的现状。”

苏联大使找到霍查，向他转达了谢胡的顾虑。在随后召开的一次政治局会议（也许是中央会议）上，霍查批评了谢胡，指出他所说的“霍查对我有怀疑”并非事实，而且这件事政治局内就可以解释清楚，谢胡居然去与一个外国大使通气。像以往一样，在霍查做出以上批评后，谢胡做了自我检讨，此事就此结束。

我告诉霍查，这件事情我还是第一次听说，因为1953年我还在莫斯科念书。霍查接着问道：“那1964年的一些有关谢胡的告密材料你有所耳闻吗？”

我说不知道。霍查于是说：

“我国驻维也纳使馆曾接到一个陌生人呈交的材料，上面显示谢胡在西班牙战争结束后曾受雇为英国情报局服务。我驻维也纳大使就把这个材料交给了中央书记卡博。

“我和卡博一起看了这份材料，我们分析认为，这是苏联人为分裂我党领导人而炮制的诬告信，因为当时我国与苏联在意识形态上已经产生了重要分歧，所以我们没有采取任何行动。我们没有告诉谢胡，怕他因此而担忧。我们也没有告诉政治局，因为我们坚信这是克格勃的一个把戏而已，但如今谢胡自杀了，他的那些材料需要换个角度再看一看了。”

说完这些，霍查起身走进旁边他的房间，里面有他自己的保险柜，也存放着两年前去世的卡博的保险箱（卡博的保险箱钥匙由霍查保管）。他从卡博的保险柜里取出了来自维也纳的信封并递给我看。

信是用英文写成的。我不讲英语，但多少能看懂些。毕竟我懂拉丁语言（意大利文和法文），所以不难看出这是一个情报机构写的，其中多次提及谢胡这个名字。霍查建议我找人翻译。

从信中可以看出，谢胡加入了英国情报机构并在位于法国的某个地方工作，而这个地方还有一些西班牙战争时期的前志愿军。信的内容我就不多说了，霍查对此在1983年初党的中央全会的《形势分析》中已详细说明。我想特别说的是，此后，在1987年或者1988年，我国驻阿根廷使馆再一次收到一封来信，信封上写着“致阿尔巴尼亚党和政府”。在这封由我国驻阿根廷大使转回地拉那的信中说“那封驻维也纳使馆收到的信中的内容属实”。仅仅出于告知目的，我在中央全会的一次例会上宣读了这封信，但没有做任何评论。这封信现在应该存放在国家档案局里。

难道是霍查和谢胡都忘记了这些插曲？还是双方都在暗中观察对方，以确定其忠诚度？

从以上霍查对我所说的，以及后来众所周知的事实来看，1953年事件后，霍查已将谢胡向苏联大使抱怨一事告一段落。事实上，同年，霍查还任命谢胡为总理，这一职位伴随谢胡直到去世。在党内， 他一直是政治局委员，所有的人都称他为毋庸置疑的霍查的接班人。即使在1964年发生维也纳来信事件，认为谢胡受雇于英国间谍机构之后，霍查对他的态度还是毫无保留。正如我写的那样，事实上在1974年巴卢库被严惩后，在霍查的建议下，除了总理一职，谢胡还担任国防部部长一职；在1979年卡博去世后，谢胡还担任了阿尔巴尼亚劳动党中央书记。

从以上我说的这些可以看出来，1953年维也纳来信事件及其相关信件并没有影响霍查对谢胡的态度，霍查并没有冷淡谢胡。谢胡走错的一步是他同意他儿子的那桩婚事，这在当时是与党规相悖的。但是即使在那时，霍查也并没有发怒，他与谢胡进行了面对面的谈话并批评了他。因此谢胡取消了儿子的订婚，这件事从未提交政治局会议讨论过。从订婚到退婚的9月起，一直到1981年12月份，虽然党内对此议论纷纷，但从没有正式表态过。甚至在1981年11月份的党大会上，就像我前面说过的，对此事也是只字未提。谢胡被选为中央委员会委员、中央政治局委员并再次当选为总理。

我认为，霍查一直尽力留给谢胡时间以让他深刻检讨他在儿子订婚这事上的错误，但同时，也反映出谢胡所犯错误也源于他自身性格中的众多弱点。他应该“自我清洁”，改过自新，不再重犯此类错误。但不管怎样，谢胡的这次错误不可能在政治局中不讨论就能通过。讨论在大会后就进行了，其实也是走走形式而已，因为谁都清楚他已被选为总理。在政治局会议上不可能对他再严厉处分，所以也只是一个无关紧要的形式而已。

我无法判定谢胡有过什么想法，他是否曾“梦想”甚至已着手开始篡权。从事态的发展和他个人的想法和态度看，我倾向于相信谢胡一直都伺机夺取一把手的位置。但对于他预谋策划颠覆和杀死霍查或者等待霍查自然死亡这件事上，我还不能百分之百确定。而霍查在“总纲领”中分析认为，谢胡在近几年受国外情报局唆使，一直希望尽早夺权，并策划谋杀霍查。

尽管没有具体事实可以佐证，但如果把一些特殊事件联系起来解读的话，也在相当程度上可以得出同样结论。不知以后可以揭示事件真相的一些事实或者各情报机构的资料能否被发现或公开。只要没有这些材料，对于谢胡的声音就会众说纷纭。有人认为，谢胡自杀是为了掩盖“某种东西”，人们有理由相信他是在对抗霍查并为外国服务。另外有人认为，谢胡自杀不是因为他是外国间谍，而是因为他的“骄傲和自尊心”，是因为他无法忍受公开的“惩罚”。

不管怎样，谢胡的自杀给我党带来了极大损失。不仅对于共产党员，在人民群众中也产生了不安。因为谢胡同志不仅是解放战争时期受人尊敬的名人（谁不知道他是第一旅的传奇指挥官！），还连续28年担任我国总理。他的足迹遍及阿尔巴尼亚的每一寸土地，他访问过每一处重要的工农业基地。无论何地举行节日庆典，都不会没有他的出席。

经济的日益困难使得局势更加严峻。牛奶鸡蛋等生活必需品都得排队购买，更别说买工业用品了。无疑这些困难对百姓的政治道德产生了负面影响，但内部争斗并未停止……

哈兹比乌事件

1982年春，在迪维亚克海岸摧毁了一个由著名的犯罪分子捷捷夫代特·穆斯坦法领导的特务团伙。这个团伙由三人组成，任务是刺杀恩维尔·霍查和其他领导人。阿尔巴尼亚国家安全部门早已从潜伏在逃犯中间的一个情报线人那儿获知了这个团伙及其任务。事实上这个团伙中的一个成员其实就是国家安全部门的情报线人。

根据以上情报，阿尔巴尼亚国家有关部门做了相应部署以“迎接”这个团伙。但由于一些意外原因，这伙人并没有按计划在他们所熟悉的卡瓦亚出现，而是选在迪维亚克露面。那个地点他们不太熟悉，但抓捕他们的安全部门也没有派人去那儿。因为对当地不熟悉，于是他们企图逃往罗戈希那附近，并在那儿搭火车前往都拉斯或地拉那。但是他们的计划失败了，因为最终这个团伙中的两人在与追捕人员的交战中被打死了，而第三人，也就是国家情报部门的线人被“活捉”了。

这件事没有造成什么特别影响，但却把哈兹比乌搅了进去。传言他得到团伙被捕的消息后，立即赶到了现场，目的是为了“与他们尽早接触联系”。当然，这种猜测并不准确。在抓捕这帮团伙的那天，哈兹比乌在爱尔巴桑出差。得知有关情况后，他就赶往现场以协助捉拿他们，但为何有版本流传说他企图要联系这个团伙呢？

这与谢胡自杀后发生的其他几个事件有关，如解除内务部部长F.谢胡的职务，并由赫库兰·伊萨伊继任，国安部内对于霍查在《形势分析》中提到的几次事件，如谢胡1960年乘轮船去纽约等，有关的一些情报局的领导发起调查等。对《形势分析》中提及的几个事件的相关人员的调查也指向了哈兹比乌。他被认为是有罪的人，是谢胡的同谋，是南斯拉夫的老牌特务，等等。最终，谢胡自杀后，这两位内务部部长——哈兹比乌和F.谢胡——被判处了死刑。同时被判死刑的还有前卫生部部长Ll·兹契什蒂和Ll·佩奇尼上校。

这次事件结束了党内的“阶级斗争”。从那时起直到1990年，民主多元化取代专政统治，这期间再也没有党员、党的领导人被当作党的敌人而受到惩处。

人民议会主席团主席选举

劳动党第八次代表大会之后的几年就这样顺利地过去了。1982年12月，在人民议会例会上，我被选举为议会主席团主席，并保留了党内的中央书记职务。对我来说当选政权最高领导是有点出乎意料的。尽管如此，我还是能够意识到霍查是在培养未来的接班人，这一点在其他国家要职任命上也能得到印证。谢胡死后，一直担任副总理的阿迪尔·查尔查尼立即被任命为总理。阿迪尔是战争时期和工作中的元老，勤奋谦和。同时，赫库兰·伊萨伊被任命为内务部部长。伊萨伊虽然年轻，但积极活跃，工作执着，对属下也不错。接替哈兹比乌担任国防部部长的是P.穆拉，他虽然对业务不是很熟悉，但领导经验极其丰富。

事实上，这次调整不论在党内还是对政府来说都算是最重大的变动。由于这些变动，特别是在与中国的关系破裂后，阿国生活最主要的缺点和不足不是领导层发生了变化，而是阿国政治、经济形势更加恶化。

对于这一段时期，我必须要提到1983年6月我以国家元首的身份对阿尔巴尼亚北部地区进行的访问。访问从布雷利开始，接着到了佩什科比和库克斯，最后一站是特

洛波耶。群众需要听到领导人的声音，尤其是在国内发生了那么多重大事件后，因此我更看重与群众的直接对话，而非事先准备好的发言稿。事实上，这种与群众的对话是非常有益的，因为这样使得我可以和他们交流思想，倾听并回答他们的问题。这样的对话对我和听众都是有益的。

我不一一列举所有的会见了，但我想提及在特洛波耶的尼卡伊–姆尔杜尔地区和群众的一次会面。那次是在一个漂亮的广场上，男女老少数百人，大家席地而坐。我和大家打过招呼后，就开始向他们讲述阿国的总体形势，然后我停下来，说：

——“现在由你们来讲，告诉我，你们在农村和在家中的生活情况，你们有什么困难，这样是不是更好些？”

当然，我的这一举措打破了陪同我的特洛波伊地区党的领导们的“规矩”模式。起初，人们只是问我一些事件，然后渐渐地有人向我诉说难处和不满。这时一个男子站了起来。

“拉米兹先生。”他在广场中间喊道。我马上注意到党委书记和其他一些领导人开始不安起来。看得出他们对这种类型的人并不陌生。他们在我耳边说，这人叫代德，是个“话痨子”。

“代德，请讲，有什么事？”我立刻回应他。大家都静静地等待着他要说的话。

“拉米兹先生，能不能给我们每家发一头猪，因为我们这儿太冷了，猪肉能让我们驱寒。”大家都听到了，有些人在等着我如何回应，有些则哈哈大笑起来，因为他们了解代德。党委书记和他的同事立即对我说：“喏，你看到了吧，这就是我说的代德，多嘴多舌。”但是我不觉得这是个玩笑话。很明显代德所提的要求，其实所有人都想过并渴望过的。但是我们，作为党的领导人，禁止在农村庭院里养牲畜是错误的，但这个错误应由政治局而非我个人来改正。因此为了打破这个尴尬局面，我给大家讲了一个“笑话”：

——“我理解你说的，代德，但我也有难处。明天我在伐尔波纳那边有个见面会，他们向我要的不会是猪，而会是熊。所有的领导都决定向我要这个，我能怎么办？”

自然，群众间发出笑声，这件事就这样过去了。我返回地拉那后碰到了霍查，跟他说了这件事，同时告诉他不让农村场院养牲畜只会产生不利影响。霍查问我：“是的，那为什么在山区我们也这么搞？”

我对他说我们确实这么做了，而且是在政治局会议讨论通过后采取的做法。霍查没有再说什么，显然他完全忘了曾做过这个决定。尽管他认为这样搞是错误的，并对集体审议通过这样的决定感到奇怪，但他仍然没有明确说明这个决定是否应该重新审议。

不管怎样，为了渡过经济和政治困境，我们还是做了巨大努力。无疑，最主要是做人的工作，特别是做工人和村民的工作，对他们进行思想武装成为完成我们在第八次党大会中提出的任务的关键因素。当然对外工作也很重要，我们必须在日益增长的进出口需求方面寻求外部支持。

与美国、英国的早期接触

与中国关系破裂后，寻求与外部世界建立联系的途径问题摆在了阿尔巴尼亚政府面前。起初我们与欧洲国家，如希腊、意大利和法国取得了一定进展，但始终没有建立起像反法西斯大同盟那样的关系。

需要指出的是，关于我们的这些新盟友，他们也从没有主动倡导与我国建立牢固的关系。直到1984年，西德、美国和英国对我国表现了一些积极姿态。作为我党领导人，霍查亲自做出积极回应并从那时起开始迈出与这些国家恢复正常关系的第一步。

阿尔巴尼亚自国家解放之日起，就没有和英美建立起外交联系。战争一结束，阿尔巴尼亚方面就希望与英美这些世界反法西斯的强大盟国重新确立外交关系。但由于当时不同的环境，这一关系在战争结束45年后才得以实现。

第二次世界大战期间，美国和英国曾支持过阿尔巴尼亚人民的民族解放战争。他们向阿军参谋部和大的总部及游击队机构派遣过军事特种部队，在武器装备方面也给予过支持，尽管数量有限。

阿国解放后，与英美在战争中建立的友谊本来可以使阿尔巴尼亚与英美建立外交关系，但由于军事目的和发生的其他一些事件，这样的建交联系又中断了。

阿尔巴尼亚与英美的关系再次恶化是在联合国成立之初。英美突然间不承认阿尔巴尼亚是世界反法西斯同盟成员，并阻止阿尔巴尼亚成为联合国成员。事实上，阿尔巴尼亚没有被邀请出席关于成立联合国的圣弗兰西斯科大会、没有被邀请出席关于意大利战争赔偿的伦敦会议、也没有被邀请出席关于德国战争赔偿的巴黎会议，甚至没被邀请出席与意大利关于签署和平协议的谈判！而我们曾经忍受了意大利五年的铁蹄蹂躏！1946年底，美国和英国的使团撤出阿尔巴尼亚，阿与英美的关系也进入“冷冻期”。

与战时盟友尤其是英国的关系进一步恶化，是在科孚岛海峡事件发生之后。1945年底，两艘英国军舰在科孚岛海峡由于遭遇水雷爆炸发生惨剧，造成约40名英国海员丧生。英国把责任推卸给阿尔巴尼亚方面。不过大家都知道，在战争时期德军出于防止反法西斯盟军在此地登陆而在爱奥尼亚海和亚德里亚海海域投放了大量水雷。大家也清楚，那个时候阿尔巴尼亚政府和军方既不拥有水雷，也没有专家了解和使用水雷。谁都可能是这些水雷的投放者，但绝对不会是阿尔巴尼亚。

英国政府认定阿尔巴尼亚是科孚岛事件的责任方并要求其赔偿损失。英政府如此坚持，以至于把事件闹到了海牙国际法庭。经过多次审判，海牙法庭没有认定是阿方放置了水雷，但由于此事件发生在阿尔巴尼亚所属海域，所以阿方仍要为此承担责任。因此，海牙法庭要求阿方进行一定的赔偿，而侵犯阿国领海的英国，竟然被宣布为无辜者！阿尔巴尼亚政府拒绝为没有做过的事情进行赔偿。战争时期，德国从阿尔巴尼亚银行掠夺了一批黄金，后这些黄金作为战利品被盟军缴获。作为报复，英国冻结了这批黄金。

黄金问题使得战后45年间，阿英两国一直没有建立外交关系。英方的建交前提是阿方按照海牙法庭做出的裁决赔偿英方，而阿方则要求英方先退还非法持有的阿国黄金。最终，海牙法庭找到了一个双方都能接受的折中解决办法。

“冷战”后形成的氛围使得阿尔巴尼亚和英美两国的关系完全中断。双方也没有努力试图修复破裂的关系。

1984年，英国和美国第一次提议与阿方进行谈判，商议冻结在英国银行的阿国黄金问题。人们普遍认为，这一问题的解决将开启阿国与英美建立外交关系的道路。

阿尔巴尼亚政府立即同意了英美的建议。事实上，谈判很快就开启了，但进展非常缓慢。英国人坚持扣减两百多万美元，称这是根据海牙法庭的判决，阿方应付给他们的补偿费。也就是说，英国人仍坚持认为阿方是科孚岛事件的肇事者。美国人则要求扣减150万美元，作为阿尔巴尼亚当局没收美国公民部分财产的补偿。我方在不承认是科孚岛事件中水雷投放者的同时，同意做出某种补偿，但不是赔偿费。但英方没有表现出灵活变通，因此双方建立外交关系又一次受阻。1992年，贝里沙政府承认我们是科孚岛水雷投放者后，英阿外交关系才得以建立，不过阿尔巴尼亚也因此而背上了一个莫须有的罪名。

近几年，英国档案文件证实，不仅阿方在科孚岛事件中是清白无辜的，而且还披露了英方闯入阿尔巴尼亚海域企图在萨兰达湾挑衅激怒阿方的事实。

至于阿美关系，双方同意开启建交关系直接对话，同时商议解决被没收财产的赔偿问题。谈判于1990年结束，但两国宣布建交是在1991年年初。

从那时起，在阿尔巴尼亚发生剧变后的环境下，阿美关系迅速升温，不仅体现在政治层面，也体现在经济、军事等各个层面。阿美关系不断取得新的发展，尤其是近几年，在科索沃事件中阿美两国在各领域进行了十分紧密的合作。

与联邦德国的关系

阿尔巴尼亚媒体，尤其是民主党的报刊，多次提到过1984年至1985年间，联邦德国曾对阿尔巴尼亚释放出一些善意，但阿尔巴尼亚政府与所谓的“机遇”失之交臂的事情。据说，当时德国人善意地向阿尔巴尼亚提供数十亿马克的贷款，但当时的阿国政府出于“意识形态的考虑”，拒绝了这笔贷款。真相究竟如何？真有开启两国建交大门的这样一笔援助吗？

1984年，巴伐利亚州州长施特劳斯突然提议访问我国，他要求以旅客的身份访问

阿尔巴尼亚。很显然“旅游”兼负政治色彩，因此他的要求立即得到了阿方的同意。对这件事，霍查本人也是同意的，甚至他还让我们与施特劳斯见面时应持何种立场下达了一些指示。

我们决定，由时任副总理的穆罕默德·穆弗迪乌负责接见这位德国友人。会见中，施特劳斯表示此次访问的目的就是为两国建立外交关系做准备。阿方表示同意，同时提出希望德方解决战争补偿问题。

需要强调的是，阿尔巴尼亚作为反法西斯大同盟中的一员，持续为反法西斯英勇作战并在人力物力上损失惨重，是唯一一个被纳粹侵占领土却没有获得任何赔偿的国家。

双方达成一致意见，立即启动两国专家会谈，商讨解决各种问题以便两国可以尽快建交。

专家对话于1985年、1986年和1987年分别在维也纳、罗马和波恩举行。我方以书面形式提出战争赔偿问题，但遭到了德国的拒绝，理由是1953年召开的伦敦会议不允许德国做出这样的赔偿。

此外，德方代表团宣称仅他们被授权讨论建交问题，而阿方的经济要求属其他部门的职权。他们可以承诺的是，只有在外交关系建立后，阿尔巴尼亚才有可能从双边合作中获利。在这种情形下，阿方为了打破谈判僵局，要求德方提供具体经济援助，即使开始数量少一点，但可以此打开未来的合作大门，以深入拓展双方关系。

于是，双方在1987年同意建立外交关系，并在建交后，签署一项财经协议。根据此协议，德方每年向阿尔巴尼亚提供1000万马克的无偿援助和1000万马克的优惠贷款。虽然这是笔很小的数目，但对于零来说，毕竟是前进了一步。阿尔巴尼亚将每年多出2000万马克用于发展经济，十年就是两亿德国马克。所以，尽管当时我国的宪法禁止接受西方国家的贷款，但我党领导人还是同意接受这种形式的资金，并将此定义为理应得到的战争赔偿，尽管数额少了点。阿尔巴尼亚政府的这种举动，不能说是“意识形态的僵化”，恰恰相反，体现了阿方与西德进一步开展合作的意愿。很明显，若是德国人真如某个人写的那样给我们数十亿马克，相信当时的阿尔巴尼亚领导人也不会因为“意识形态的僵化”而拒绝接受这笔钱!

在签署了两国建交文件后的第二天，德国外长根舍对阿尔巴尼亚进行了正式访问。我作为阿尔巴尼亚总统会见了根舍。在真切、友好的会谈中，根舍外长强调，在阿国被纳入欧洲安全合作进程（也就是欧安组织）后，阿国的发展将会更快更稳妥。我向根舍保证，阿方将立即朝这个方向努力。事实上，我们立即以观察员的身份加入了欧安组织。1991年，在根舍外长第二次访阿期间，我们讨论了合作的第二阶段，也就是阿尔巴尼亚成为欧安组织的正式成员。此事由德国发起，并在欧安组织成员国外长会议上讨论并通过。

根舍外长于1992年4月对阿尔巴尼亚进行了第三次访问。当时阿尔巴尼亚执政者是民主党的贝里沙。人民议会前主席彼得·阿尔伯诺里在问候过访问阿议会的根舍外长后表示，他前两次对阿尔巴尼亚的访问“没有成果，因为共产党领导人并不听他说的话”。

根舍外长对这个带有偏见的、不准确的说法进行了反驳，他在议会发言时表示，“我第一次访问阿尔巴尼亚时提出的建议，阿方都落实了，具体地说就是阿尔巴尼亚加入了赫尔辛基进程。我第二次访问阿尔巴尼亚后，阿尔巴尼亚已成为欧安组织的正式成员”。不管是直接的还是间接的，根舍外长都只字未提阿尔巴尼亚共产党领导人“错失的机会”，或者一些不屑与拒绝合作的态度。

My Roles as Leader of the Party and the Country

七　担任党和国家领导人

阿尔巴尼亚在20世纪80年代开始面临一系列困难。经济发展实际上从20世纪80年代初就停滞了。正在建设中的一些项目中止了，一些原本可以促进经济增长的新投资也不可能实施了，国家就这样干耗着能源。人们也不能像从前那样生活了，甚至开始“勒紧裤腰带”了。

阿尔巴尼亚国家就是这样束缚着双手进入了当今这个十年。1976年以来的阿国继承了之前的宪法，这部宪法关闭了任何向国外贷款或者吸收外资的渠道。我们渐渐明白：仅仅依靠“自力更生”，我们已无法继续前行。我们必须找到摆脱这种困境的出路。

恩维尔·霍查去世

就在阿国出现政治、经济危机迹象的时刻，1985年4月11日，霍查因突发心脏病去世了。当然这不是他第一次突发心脏病。

此时，世界正感受着变革的气息，这股气息促进了融合而不是与世隔绝，预示着紧张导火索的熄灭而不是增加冲突。阿尔巴尼亚需要这样的大气候，需要借机行动起来并走出当前的困境，但就在此时，霍查去世了。他的去世使得阿国愈加艰难，因为除了他拥有毋庸置疑的人格魅力之外，其他任何人都难以应对时下面临的困难和克服当时闭关锁国的障碍。

霍查的去世也给人民以极大的心理冲击。因为霍查受到人民群众的广泛爱戴，人们坚定不移地信任他。50年来，人们习惯了在各种场合或悲痛或快乐地看到或者聆听他的演讲，大家都说他是“永垂不朽”的。

霍查是新阿尔巴尼亚的领导人。我没想为他立传，但考虑到有些关于他的形象和作用不实的说法、影射和诽谤，我还是想强调几点。我们国家的敌人通过痛批霍查，来表达对新阿尔巴尼亚的仇恨；他们中的一些人无法接受阿尔巴尼亚不再是贝拉贝伊（译者注：奥斯曼帝国时期的一般统治长官）的乐园，而是属于人民的现状；另一些人不能忍受这个巴尔干小国竟然选择自由、独立的发展道路；甚至还有一些人，他们梦想着去征服、肢解这个新生的国家，或者想利用这个国家以达到他们自己的利益。

霍查是一位历史性人物。不管他的反对者们喜欢或不喜欢，这都是无可否认的事实。50多年来，他作为阿尔巴尼亚的主要领导人，得到了前游击队员、工人、农民，甚至知识分子的尊敬和爱戴。今天，反共浪潮占了上风，就有人说这种情形是当时被强迫的，人们假装爱戴他，实际上都是因为怕他。这根本不是实话！人们在应对外国侵略者的解放战争最困难的时候就认识了霍查，他们不是通过文章或者是传言了解他的，而是根据亲眼看到的事实了解的：在阿尔巴尼亚的群山里，霍查领导着游击队员，而人们向他敞开家里的大门，给他面包吃。

霍查奠定了新阿尔巴尼亚的基础，为了把国家从几个世纪的落后中解救出来，为了更美好的未来，他领导人民进行了一系列伟大的战役。假如霍查不批准的话，就不会有任何伟大的工程，也不会有政府在经济、文化以及社会发展领域的计划或者改革。从土地改革、农业发展、集体主义制度、沼泽地改造直到灌溉系统建设，从工厂建设、矿区公路、年轻人教育直到设立大学乃至科学院，霍查的兴趣从未停止过。

霍查知识面很广。他读书很快，又博览群书。他主要看历史、政治、世界名人回忆录、社会学类的书，但也看文学艺术作品。他记忆力惊人，日常工作和读书过程中遇到的每件他感兴趣的事情，或者之前见过的各种各样的人，他都能熟记于心。经常地，在随意聊天过程中回忆起游击队生活的各种场景的时候，他能记起曾经一起用餐的农民或者遇见过的干部们的名字。但他对日期和数字不太擅长，时常弄混，好像不愿费神去记这些。

霍查通过包括全国反法西斯解放战争和社会主义建设在内的一场广泛的革命成为阿尔巴尼亚的国家领导人。他是那个历史时代的产物，自然地，对于阿尔巴尼亚国家的发展他也起到了主要作用，包括积极的也包括不足的。一些宣传口号试图把他描述成阿尔巴尼亚民族最大的恶人，他不应被这些打倒。但我们也不能神化他，把他看作永不犯错的天使。

众所周知，历史上从没有过干净的革命。每场革命，在达到自身目标的过程中，都犯过这样或者那样的错误，或者有过极端的情况。另一方面，每个人的一生，因其不同的社会角色和地位，也都犯过或大或小的错误。如果不明白这些道理，就无法客观地分析霍查这个人物。

另一方面，需要考虑到霍查是随着解放后建立起来的阿尔巴尼亚体制一同成长的。这个体制，尽管有其个人的烙印，但并不是根据他的个人意愿建立起来的。从这个角度看，霍查并没有创造独特的“阿尔巴尼亚”现象。50多年来，半个欧洲都是由这样的领导人执政的。我不想对这种现象做什么特别的心理分析，我只想强调几个事实，特别是南斯拉夫人自贝拉特“幕后”向霍查“开战”，以及之后的苏联人（两方都寻求清算他）都给霍查留下了印迹，都对他的一些决定起到了决定性作用。

南斯拉夫的目标企图以及后来赫鲁晓夫的态度埋下了霍查怀疑的种子。事件的发展完全证实了霍查的想法，即南斯拉夫和赫鲁晓夫想要吞并阿尔巴尼亚或者帝国主义西方试图推翻人民政权。糟糕的是这种想法和怀疑常常殃及党内的一些领导干部，他们因为政治错误下台，但并不是体制的敌人。

众所周知，我在最后的20年里作为党中央委员会书记，与霍查有着非常紧密的联系。这些联系主要是围绕我在中央委员会领导的部门所遇到的难题，特别是国际问题以及我们同外部世界的关系。在我和霍查合作期间，我见到了他在国家不同时期以及其个人不同的健康状况期间的精神变化。他自从1946年开始受糖尿病的困扰，1973年第一次突发心脏病梗阻。

总之，霍查是一位政治家和具有罕见卓识的外交家。根据新阿尔巴尼亚的对外政策，他把维护国家主权作为原则，坚持阿尔巴尼亚要有她独立的声音，不用“监护人”，不用第三方，她直接维护自身利益。他从一开始并持续地领导外交斗争，确保新阿尔巴尼亚具有与世界反法西斯同盟国家同等的地位。

1990年解体开始的时候，相当多的年轻“政治家”声称，在一党制时期，那些表示存在阿尔巴尼亚外部敌人的宣言是“共产主义神经病”。他们中的一些人怀疑铁托是否有把阿尔巴尼亚变成南斯拉夫第七共和国的目标，把英美特务机构在1945年至1955年期间共同准备派遣破坏者的计划称为“童话”。当我们的书店已经有了前英国官员D.斯马伊利、Xh.艾梅里或者S.多立尔等人的书，在书中详细解释了行动细节以及准备派出推翻阿尔巴尼亚现政权的特务名单的情况下，那些仇视共产主义的人仍不相信。不过最近他们可能相信了，因为英国首相布莱尔最近声明，说在20世纪50年代“他们推翻阿尔巴尼亚政权的努力失败了”。

然而，仍有一些阿尔巴尼亚人，为了摧毁社会主义的阿尔巴尼亚而把灵魂出卖给了外国人，他们把特务的行为看作爱国主义，说他们是把阿尔巴尼亚从共产主义中解放出来的拯救者！

在这种“民主”气氛下，一些政治家热情地宣布，所有国家都一直并且现在还是我们国家亲爱的朋友。但是，当开始发生决定科索沃命运的事件的时候，以及后来的马其顿阿族人事件，人们才认识到并开始相信，我们国家确实有朋友但也有敌人，或者至少可以说，一些国家为了他们直接或者间接的利益而反对阿尔巴尼亚人。现在科索沃获得了梦想的独立，这些“朋友们”制定各种版本破坏科索沃以及我们民族利益的计划。

阿尔巴尼亚劳动党中央委员会第一书记选举

1985年4月12日，阿尔巴尼亚劳动党中央委员会举行第一次会议，我接替霍查当选为阿尔巴尼亚劳动党第一书记。三年前，1982年12月，我当选为人民议会主席团主席。我在当选为党首后仍保留着这个职位。

很多人问我，为什么我们在霍查还没有下葬的时候就急着选举他的继任者。我当时确实想稍后再进行的，因为那样我们还能深入地分析一下当时的发展状况和面临的任务，但是大部分同志坚持立即进行第一书记的选举，以免给外国宣传机构留下可能误导公众舆论而进行不实推测的机会。

对于我和朋友们来说，成为第一书记并不出乎意料。事实上，当我当选为人民议会主席团主席并保留中央委员会书记职位的时候，所有人都清楚，我将是霍查的接班人。所以我的当选在党内领导层以及圈外人士中都没有引起任何误解或者争议。

对我个人而言，这项任命赋予我的责任十分重大。从一开始直到现在，我都是这样认为的。首先，我远不如霍查，既不及他的个人魅力以及对人民群众的影响力，也比不上他的综合经验和知识。第二，在我被赋予党和国家领导人职责的时刻，国内和国际形势都十分特殊。

开始甚至是霍查活着的时候，不仅需要克服国家面临的困难，而且国际环境特别是随着戈尔巴乔夫执政后在东欧发生的剧变，也迫切希望我们重新审视或者改变先前的政策。我们需要做出一些改变，这种改变将不仅触及国内关系，当时一直执行的经济政策及优先重点，也将触及我们外交政策的根本方向问题。为了促进经济发展，必须纠正一些错误，特别是在农村生活以及农业方面。而在对外政策方面，我们应该朝着对东、西方均开放的方向发展。

我一直认为有必要充分利用社会各界的创新思维，尤其是现在在我们国家占有分量的知识分子的思想，以促进阿国的发展，并寻找一条更为有效的发展道路。

社会主义常常被指责为民主的埋葬者。毫无疑问，社会主义不允许反对立场、思想或者机构，但是在包括年轻人、工人、男人以及女人的群众组织体系内，存在着可以表达不仅是同意党的路线也包括批评或者建议的可能，这也是民主的表现。通过不同的组织或者通过媒体，关于不同党政机关的建议和批评并不罕见。然而相当多党的领导人，特别是地方机构的领导人“淹没了”这种言论自由的可能性，这种态度是应该被批评的。

1985年后，在与党的各级领导干部讨论时，我不止一次强调，没有建设性的辩论和自由的思想表达就不会有国家的进步。意识形态固执以及缺乏替代方案本来可以被自由讨论所指出，所以我试图把对于一些错误的批评与这些联系起来。我就党的领导问题在一次会议上讲过：回顾过去的路使我们明白，由于缺乏历史条件和经验，我们并不是总能达到目标或者选择了最有益的选项。因为受到加快步伐就能迈向未来的诱惑，我们没有充分执行不同的社会化政策，甚至轻视了私有和集体所有的好处。就这样，合作社社场数量减到了最少，曾经集体或者个体的手工业也被国有化了。

对于这两种情形，意识形态的考虑远比经济因素更多，但生活证明，这并不是成熟的行为......由于把生产工具和消费品之间的传统关系绝对化，我们在各个时期特别重视投资，尤其是对重工业进行大量投资。支持自力更生的原则经常被狭隘地理解，这也常常影响并限制了阿尔巴尼亚与世界的经济合作。

变革的需要

虽然我感觉到了变革的需要，但我想还是应该谨慎进行，主要是避免保守势力产生“党的路线要变化，我们要偏离霍查路线”的想法。虽然他们不是有组织的集团，但在党内一直存在。所以，悄悄地妥协的道路是有益的：每一个改变都在“连续性”以及过去经验的名义下推进。那个时候，领导干部、党的基层和人民群众都坚持走之前的路线。这些经常蜕变成走过场的形式，一些人甚至数我在公开场合演讲中提及霍查名字的次数以及以何名义提到霍查。

有好几次我被问到，假如霍查活着，他会采取这种实际上是在修改之前党的决议的措施吗？

做推测自然是困难的。但实际上在1972年霍查在马蒂，及之后1978年在吉诺卡斯特的两次演讲中均要求，要屏弃阻碍国家社会主义发展的官僚主义以及宗派主义。在这些演讲中，他表示有必要重新探讨党的作用，同时强调党员和干部必须接受人民的监督。他强烈批评在中央和基层机关里，一些关键岗位上的党员们把年轻人、有文化的积极分子排除在党外。霍查的这些思想是为了发展民主，是希望给予群众更多的空间，同时也顺应了时代的要求。

但是，这些思想并没有取得任何实际成果，形势还是和从前一样。特别是在1974年和1975年发生的党内事件使得这些思想“被遗忘”了。毫无疑问，霍查自己首先要负责任，他没有把自己提出的思想坚持到底，没有超越，或者是因为政府总理谢胡，或者是因为党内官僚或保守分子等人的沉默的反抗。

应该说，有关阿国民生的真实发展情况并没有被完整地通报给霍查，我这样说有两个原因。

首先，国家真实的经济情况没有全面地上报给地方党委、中央机关、部委或者其他机构。农业合作社上报给执行委员会和省级党政机关的情况，很多时候都不是已经实现的，而是根据计划应该达到的目标。他们特别把矫饰过的情况报给霍查。很多次他们就是这样报给霍查、总理谢胡或者中央委员会主管经济的书记，如H.卡博或者H.托斯卡的。

其次，霍查由于身体健康的原因脱离群众一些年，没有近距离地观察过工农生活。上文提到，我在1983年夏天去北部省份考察之后，和霍查谈了一次。当我告诉他一个农民在莱克比巴伊的会议上要求党向每户山民提供一头猪的时候，霍查惊讶地问我：“我们为什么决定从合作社家庭中减少一头羊或者猪呢？”看来他已然忘记了当时取消合作社社场及其牲畜的决定了。但一个明显的事实是，当我们决定取消养猪和羊的时候，在看到全国大区政府和党委报上来的粉饰过的报告时，他和其他人一样也是激动不已的。

20世纪80年代，阿尔巴尼亚变革的需要不仅仅来源于国内形势，很大程度上更是来源于国际形势的发展。众所周知，1988年到1989年，苏联和所有东欧前社会主义国家都经历了一场剧变，直接触及到了当时体制的核心。这也是世界资本主义长期努力摧毁社会主义的结果。

反对社会主义制度的战争自第一个社会主义国家诞生起就开始了，并一直持续进行着。因为走上社会主义道路的，还有其他一些欧洲和亚洲的国家。为此历史上出现过热战，即进行武装干涉，如十月革命后为反对俄国所进行的干预、20世纪50年代初的朝鲜战争、60年代的越南战争。“冷战”期间还使用过“离间计”，特别是在南斯拉夫脱离东方阵营和1960年中苏矛盾加深之后更甚。除此之外，还使用过宣传、施加各种压力和经济歧视等手段。

军备竞赛具有特别的影响力。苏联外长谢瓦尔德纳泽在他的《未来属于自由》一书中写道，为了从军事角度抗衡西方，苏联花费了7000亿卢布，而阿富汗战争就花费了600亿卢布。

“在这个方向的巨额支出，”谢瓦尔德纳泽继续写道，“资源能源的强制性消费，使得苏联经济整体上特别是消费品的生产滞后。这就造成了悖论，世界上原材料和资源最丰富的国家却过着贫穷的生活。苏联生活水平在世界排在第60位。”

同样的情况也出现在其他苏联阵营的国家身上。从这里可以清楚地看到社会主义制度的弱点，不能迎接和应对伴随时代条件所产生的挑战，无论是在经济领域还是政治、社会领域，这些都加速了社会主义在东欧的颠覆。

戈尔巴乔夫试图走出这些困境。通过他的“改革”和“开放政策”，他为国内政治和经济生活创造了一个新的概念，通过采取措施把体制和经济从失败中解放出来，在对外政策上也是如此，把通过对话解决对抗列为首要计划，放弃将意识形态作为优先考虑的做法。这种新思维的主要目标是要减少军备竞赛造成的过度开销和结束阿富汗战争——这场战争对苏联来说已经像越战之于美国那样，成为严重的伤口。东欧和其他友好国家主要靠苏联的援助支持，但苏联需要从这些负担中解脱出来。

通过和里根总统以及之后的布什达成的几项协议，戈尔巴乔夫以为他为推进内部“改革”计划，特别是经济计划开辟了道路，但结果是他打错了算盘。在把戈尔巴乔夫推到接二连三的放权的道路上之后，美国和西欧国家对他进行了全方位施压，尤其是施压东欧国家，以便推翻这些国家的现有制度。他们做到了这一点，尤其是柏林墙倒塌之后，民主德国消亡了，两德实现了统一。紧接着，波兰和所有东欧国家的社会主义都被推翻了。这个进程在1989年底以流血的方式在罗马尼亚最终结束。

现在，苏联也走上了东欧的发展道路。戈尔巴乔夫的改革结束了。苏联内部的情况持续恶化，外部压力也在每天增加，结果是民族矛盾的显现。共和国们从苏联分离的倾向加剧，最终他们宣布成为独立的国家。在这种形势下，1991年苏联发生政变，随着叶利钦的就职，戈尔巴乔夫宣告终结并退出了政治舞台。

新兴政治力量走上了舞台，戈尔巴乔夫被边缘化。政治和经济改革路线发生改变后，苏联解体，俄罗斯和其他共和国们一样，走上了自由市场经济的道路。这一过程在15年之后的今天仍在很多矛盾中发展着。

很显然，这些改变了整个欧洲面貌的垮台事件不可能不影响到阿尔巴尼亚的发展。我们也感受到了随着东欧形势发展而带来的宣传的影响力，以及政治、文化、经济等全方位的压力。阿尔巴尼亚是欧洲最后的社会主义国家。著名的“最后的多米诺”标语，不是我们阿尔巴尼亚人提出来的，而是外部世界提出来的，他们是在期待阿尔巴尼亚像其他“多米诺”一样倒下去的那一天。

可以理解，特别是1989年到1990年，这样的局势下不可能不催生变革的需要。自然，根据我们的观点，目标不是推翻社会主义，而是把它从面临的危险中拯救出来。至少基于这个信念和目标，我们采取了社会进一步民主化的措施。

国家民主化措施

阿尔巴尼亚民主改革经历了两个阶段。从1986年到1989年可以称为第一阶段。1989年东欧发生倒台事件之时，直到阿尔巴尼亚宣布实行多党制，即1990年底，可以称为第二阶段。

在第一阶段，主要任务是克服经济困难。为了实现这个目标，我们采取了两个方面的措施：首先，促进国内按需生产，并改正经济领域的一些错误；其次，从国外寻求经济援助，这只能通过放弃“闭关锁国”政策并扩大与外部世界联系才能达到。

那时候，我认为有必要与党的组织和工人们近距离接触。因此，我访问了一些大区和农村，就他们遇到的困难交换意见。我去了科尔察和科洛涅大区，去了发罗拉大区，甚至还记得在1985年5月5日去了库奇村，在那儿见到了爱国老妈妈莎浩·鲁琦。这个村子有着杰出的爱国主义传统，给我留下了十分美好的印象。

农业人口占主体，为促进农业领域的生产，并减轻供应农牧产品的压力，我们首先在农业领域采取措施，决定把多年前取缔的合作社社场和私人畜牧返还给合作社家庭。这件事情是逐步做的，一开始先把一部分牲畜和农场返给农民，两年后全部返还。为促进合作社人员提高生产力的积极性，之前对个人禁止的农村集贸市场也开放了。

在农村，我们还采取了一项措施，即缩小大的国营农场和农业联合合作社的规模，以便创造更好的条件并管理好这些机构、农民以及合作社员，使他们可以更好地在自家附近的土地上耕作。

现在很清楚，那种（大型的并且扩展到深山中的）合作社制度并不能发展农业，特别是不能改善农民的生活。我讲了合作社制度的一些弊端，但这个领域的著名专家，早期的社会主义农业发展活动家阿贝丁·迄奇，是如何看待这些弊端的呢？他在2005年7月8日的《日报》上写道：“合作社有它不好的一面，但也不应该忘记它有好的一面。我们从一场毁灭性的反抗占领者的战争中走出来，从索古时期或者是（奥斯曼）州长等统治下的悲惨生活中走出来，我们自愿拥抱了集体合作社和农庄制度。随着时间的推移，这些合作社必将有力地支持国家经济的发展。很多农村以联合合作社的名义整合在一起，这才带来它的弊端。把党政系统复制到合作社中也带来了官僚主义，特别是在落后的山区以及只有少量农业用地的地方，就像那句老话所说‘斧头把太长了’（意即真正有用的部分太少）。另一个缺点就是限制了畜牧业和小农场等的发展。尽管有党委书记和党宣，但还是出现了很多意见。农业最大的悲剧不是发生在多党制宣布取消合作社的时候，而是在生产工具被抢，建筑被烧，水渠、磨坊、牲畜等被破坏，也就是整个共产主义工作被全面摧毁的时候。”

为进一步推动国家提高生产力，我们决定通过工厂自负盈亏、工人享有分红等物质激励措施鼓励工人的积极性。这项改革成为新经济机制的一部分，激励个人和集体的主动性，让他们更富创造性。通过这个措施多少改正了之前的路线，那时候以社会平等的名义把它定为“小资产阶级平均主义”，从经济方面看不公平，主要还是基于意识形态的考虑。

在经济领域，特别是1989年底，对手工艺、贸易及服务业的私有化又迈出了新的步伐，高度集权经济和计划经济受到批评。我们在一些大区试点进行非集中式的计划经济，减少指定生产的产品名录。与此同时，出台了与以往不同的新的国家经济发展方向，将轻工业和食品加工业作为优先。这是有必要的，主要是为了更好地满足人民的消费需求。1990年以前的局势也对实施上述措施提出了要求。可以说，从某种意义上讲，正是这些带来了计划经济向市场经济的过渡。

1986年至1990年间，阿尔巴尼亚在政治领域也进行了改革，主要是在促进和发展自由思想方面。我当时坚信，阿尔巴尼亚社会最需要的就是多元化思维，也就是说要允许自由表达观点，甚至为了国家社会、经济和文化的发展而提出的更为理性的各种选择。我特别强调多元化思想和党的基层组织召开公开会议的重要性，因为这样无党派的工人，尤其是知识分子就可以参与基层党组织在工作场所、教育文化机构甚至是农村组织的讨论会。为此，党中央还通过了关于《党的基层组织召开公开会议》的特别决定。

应该说这项决定并没有在各地都得到有效执行。中央的这项决定没得到贯彻落实有很多原因，其中一个就是很多领导干部和基层组织已经习惯于“秘密地”开党会。有时候，还以维护党内团结的名义来阻止自由思想的传播或是无党派人士参会。大家没有理解，团结并不意味着在特定问题上也必须一致。人们可以有不同的想法，但为了国家的发展和进步，大家应该团结起来。事实上，他们也经常公开自己的想法，甚至对党的个别政策表达过批评意见，这说明他们也是希望维护并促进社会团结的。

很多党的干部不理解为什么需要思想多元化。问题的根源在于，一部分干部已成为教条主义的奴隶，他们认不清国内和国际形势。为了能更好地选出各类党政机关干部，我们通过了《差额选举领导干部的特别决定》。同时还决定对干部进行轮岗，以避免一个人在同一岗位上工作时间过长。

我认为把党性原则作为确定干部在不同国家机构和其他部门任职的首要标准，有损于他们的工作效率和质量。这种做法一方面把一些平庸或者专业水平一般的人放在了重要的位置上，另一方面把很多学者、有能力的干部以及专家排除在国家党政机构之外。解放初期，党政领导机关急需一批人投身于新社会的建设是可以理解的，毕竟那时候也没有多少受过教育的人。解放初期，主管干部政策的K.乔尔捷称呼那些上完基本教育（即八年级）的同志们为“知识分子”，而那些上完中学的人则被称为知识分子中的精英。对乔尔捷而言，这些人在阶级忠诚度方面是减分的。

糟糕的是，在后来的20世纪70年代，阶级标准或者说从工人阶级队伍中选拔干部成为一个矛盾的做法。一方面，国家有很多高校毕业人才，他们正投身于阿尔巴尼亚社会主义事业的发展和进步之中；另一方面，从工厂和车间工人中直接提拔负责人又被说成是必要的。

我一直尊重与我合作过的同事们，或者是因为他们的忠诚或者执着，或者是因为他们为建设新社会所做出的巨大贡献。我尤其是指像P.佩里斯特里或者R.马尔科这样的同志，他们对建设新阿尔巴尼亚有着毋庸置疑的功绩。他们两人从阿尔巴尼亚劳动党“一大”（1948年）直至“八大”和“九大”（1981年和1986年），都一直是政治局委员和中央委员。如果需要，我还可以再提几位于1975年进入党的最高领导层的年轻同事，他们后来被作为军方或经济领域的反党成员而被定罪，如被提拔到领导层并当选为政治局委员的H.伊萨伊、P.米斯卡、Q.米哈伊、Ll.盖格普里夫蒂，以及后来的M.阿斯拉尼和L.楚科。我和他们都曾合作过，知道他们希望进步，但在文化方面储备不足。20世纪80年代，当阿国困难增大并需要进行各种改革的时候，对迈出的这些改革步伐的后果，有的人明白些，也有些人还不太明白，但他们没有一人逃避工作。

我难忘的夫人塞米拉米斯去世

对我个人而言，20世纪80年代我度过了人生中最为困难的岁月。1986年3月12日，我永远地失去了塞米拉米斯。从1950年起，我的一生就和她连在了一起。她因为不治重症在58岁时去世了。

我在这本书的开头就写过我怎么和塞米拉米斯相识，以及怎么一起度过我们35年的生活，包括那些美好的日子和艰难的时刻，以及一起分担家忧和国愁。塞米拉米斯是个好女人、有爱心的母亲，同时也是一位杰出的社会活动家。她热爱人民，友善是她主要的特点。她是地拉那大学自然科学系的化学讲师，深受同学和同事们的喜爱和尊敬。塞米拉米斯在工作上一丝不苟。她阅读量极大，不断研究她所选择学科领域的最新发展，但这从没有耽误过她抚养和教育好我们的孩子们。

在每年塞米拉米斯的忌日，我都去给她的墓上奉上鲜花。2006年3月12日是她去世20周年的纪念日，我也这样做了。那天我回到家，思绪万千，我给孩子们写了封信，如下：

亲爱的扎娜、贝莎和阿尔本：

昨天，2006年3月12日，我们最爱的人，我的夫人和你们的妈妈塞米拉米斯离开我们已经20年了。我和扎娜去了她的墓，献上了鲜花（也以你们的名义每人送了一枝红丁香），我们再次缅怀了难忘的塞米拉米斯——我亲爱的夫人、你们完美的母亲、光荣和优秀的共产党员。

塞米拉米斯和我，在我们35年的生活中，相互扶持。很多因素把我们联结在了一起：让我们终生相守的爱、为了社会正义和自由的信念以及为了家庭和孩子们的不懈奋斗。我为你们感到骄傲，亲爱的扎娜、贝莎和阿尔本。你们工作努力，有荣誉感和文化，待人接物十分得体。这是你们的优点，这和你们的母亲——亲爱的塞米拉米斯所受的教育和发挥的作用有关，她把自己所有美好的一面都传递给了你们。

塞米拉米斯，你们珍贵的母亲的去世，对你们——她的孩子们来讲，既是巨大的悲痛，也是巨大的损失。对我而言，这更是难以承受之痛。因为她离开我生活的时候，恰恰是我前所未有地需要我最爱并且最亲近的人的帮助和支持的时候。

塞米拉米斯离开我们的时候还年轻。但至少，在她离开的时候，留在她身后的家庭和子孙们过着幸福的日子，没有赶上后来更糟糕的时期，没有经历我被顽固的贝里沙政权关进监狱的日子和遭受全面迫害的日子。凭塞米拉米斯的性格，假如她知道她所爱的人经历了这些种种，她该有多么的痛苦和煎熬。

我希望我和亲爱的你们——扎娜、贝莎和阿尔本，在回忆起塞米拉米斯时，她永远像我们大家每天都看到的那样，慈祥可敬、快乐微笑。

带着深爱，我亲吻你们，我亲爱的孩子们以及你们的孩子们，希望他们永远不要忘记，他们曾经有一个聪明睿智的好祖母，他们从她身上遗传了很多优点。

第九次党代会

1986年11月，劳动党“九大”召开了。会议讨论了关于党的政治、经济路线方面需要修正和完善的大部分想法，但是由于上文提到的原因，一些问题由于种种阻碍没有得到解决，或者是修正工作半途而废。党内以及政权机构内的官僚主义顽固地维护着其自身的立场。因此，大会提出的一些想法执行得很慢。但此时此刻，可以说已是时不我待，特别是我们的国家，已经到了迫切需要进行深刻变革的时候了。

大会为拓展与外部世界的关系开辟了道路，但应该说它并没有解决对外财经联系的问题，因为这种联系是过去宪法第二十八条所限制的。第二十八条规定禁止“从帝国主义和修正主义国家贷款或者与之建立合资企业”。当时，阿国经济已显示出危机迹象，根据“完全自力更生”的原则已经举步维艰，但是在“九大”上并没有提出需重新审议宪法。因为大家都很清楚，霍查一死就重新审议宪法，尤其是涉及所谓维护国家独立的原则性问题，会被大部分人视作是亵渎和冒犯。

尽管如此，“九大”还是将对外开放和与其他国家共处作为政治要求。在大会报告中，我明确表示：“阿尔巴尼亚已经做好了与那些希望友好相处的国家发展友好关系的准备，没有其他任何条件或者偏见。基于这种理念，我们还需要再跨出一步，以便打开与西方世界的关系。”

我在前面也谈过这个问题。开始的时候，我们努力恢复与东欧国家的关系，这给我国带来了巨大的好处，特别是在经济关系领域。同时，那些年我们与意大利、希腊和法国的关系也有所改善。20世纪80年代后期，不仅是在经济领域，更主要的是在文化和政治领域也进行了一些民主化改革。

我前面讲过一些与英国、美国和联邦德国关系正常化方面的细节。最终，我们在1987年与联邦德国，1990年与英国、美国甚至是苏联建立了友好外交关系。

1990年，政治、经济和社会改革步伐加速了，其中在社会民主化方面采取的措施是最激进的。当时，苏联和东欧的剧变事件把社会主义制度带上了覆灭的道路。众所周知，1989年底柏林墙倒塌，这次事件不可能不影响到阿尔巴尼亚。因此在这一时刻，我们不仅在经济方面，而且在所有的社会关系方面都到了转折的关口。

国家的经济形势也日益困难。1990年，几乎所有领域都出现了严重的物资短缺现象。政府由于缺乏工业原料而被迫叫停一些工厂，出口收入无法弥补进口国家急需的必要商品的资金缺口。一年前的干旱带来了大量的赤字，尤其是无法保障群众的粮食供应。地拉那、都拉斯、斯库台、爱尔巴桑以及发罗拉等大城市的失业率不断增加。

国家银行拥有的自由外汇已经用完。至于借贷，没有国家愿意借给阿尔巴尼亚。他们做出过承诺，但是都在落实的时候离得远远的。这种困难的经济形势也反映在国内政治生活以及外国人对我们国家的态度上。他们开始加大宣传力度，特别是广播和邻国的电视台，其目的就是要阿尔巴尼亚紧跟东欧社会主义国家的步伐。

柏林墙倒塌后的深化措施

柏林墙倒塌后，我个人很清楚阿国不能再像从前那样了，必须深入发展民主、自由思想以及自由言论，必须符合欧洲安全与合作组织的要求，根据国际标准尊重人权，必须在大多数社会单位里为私人参与创造可能；在对外政策以及同世界的经济关系方面，必须持开放态度并放弃我们曾经坚持的教条。尽管如此，在这个阶段，我个人认为，思想多元化还是应该在社会主义社会的框架内进行。

正是基于这些考虑，特别是在1990年，改革开始启动并扩展到了所有领域。为了扩大言论自由，我们取消了《刑法》第55条。根据该条规定，公开批评党或者党的领导人，试图组织游行或者是表达不满都被算作反政府宣传，将面临重刑。我们还取消了《刑法》中针对偷渡的条款，之前把偷渡视作叛国，将判刑十年以上，其家人也会受到惩罚。修改《刑法》之后，秘密偷渡只被看作违反行政规定。

除了上述措施，我们还通过了为全体公民发放护照的法律，以此赋予公民自由流动的权利。与此同时，曾因触犯我前面提到的法条而入狱的罪犯也被释放出狱了。

司法部和法律机构也在此时成立了（借此承认每个嫌疑人都有请辩护律师的权利）。这项权利在20世纪60年代后期“国家生活进一步革命化”的运动浪潮中，是被阿尔巴尼亚劳动党明令禁止的。劳动党的这项禁令，从1990年1月第九次全会起在党的连续四次中央全会上都得到了通过。

阿尔巴尼亚的媒体多次写道，阿国的民主化进程太慢，改革本来可以更激进一些的。确实本可以更快一些，那样的话也真的更好。但是这里存在一种误解，这些对于改革缓慢或者不够激进的批评，主要是因为直到1990年的改革并没有触及当时的社会体制，没有“埋葬”社会主义，也没有把阿尔巴尼亚劳动党排除在执政党之外。批评者们忘记了，在20世纪80年代末开始执行的改革初衷并不是要颠覆社会主义制度。在这个阶段，改革的主要目的在于纠正错误，为新的发展开辟道路，去除一些不符合时代要求的限制。

我相信我们的社会制度，原本是可以在社会主义框架内满足时代要求的，通过纠正错误并实行改革来发展社会，并不需要触及根本。这些信念毫无疑问地反映了我当时和现在对于社会主义理想的信念，这也是我毕生追求的理想。

佩雷斯·德奎利亚尔的访问

在我们为推进国家民主化改革而努力的时候，联合国秘书长佩雷斯·德奎利亚尔于1990年5月正式访问了我国。在同其会面期间，我向他详细介绍了我们为推进国家民主化所做的有关工作。

一开始，我介绍了我们的发展道路，强调在人民政权的几十年里在经济、文化以及社会领域取得了巨大变化，对人权和自由的关注也在增强，尤其是经济和文化的权利与自由。至于个人自由以及民主发展方面，我指出是停滞的。甚至可以讲，这也正是我们需要倾注最多关注的领域。

我告诉德奎利亚尔，为达到此目的，我们最近在各领域都采取了深化民主的措施，特别是在那些成为普世的自由和权利方面。我强调，我们深知，在这个领域的进步，与人民经济和文化水平的提高息息相关。在快介绍完时，我提出了我们的请求，“我们希望以适当的方式参与欧安会关于欧洲安全与合作的会议”。实际上，我们正向赫尔辛基会议迈进，而在过去，我们对此是坚决拒绝的。

佩雷斯·德奎利亚尔对我们的这些举措表示了欢迎，同时向我强调需要稳步推进。他说，其他东欧国家已经因为剧变而产生了大量的经济、政治以及社会问题，更别提在罗马尼亚发生的悲剧了。

我和佩雷斯·德奎利亚尔开诚布公地探讨了所有问题。不仅是在官方会见有其他官员在场的情况下，也包括“头碰头”的小范围会见，我们甚至谈到了西方强国当时施加压力要我们推进体制改革以及深层次政治变革的事情。

我积极评价佩雷斯·德奎利亚尔给我的关于改革稳步推进的想法和建议，这也成了阿国民主化道路的主旋律。

西方政界尤其是美国，与此恰恰相反。他们希望阿国加速变革，不喜欢阿国稳步推进的战略。他们在阿尔巴尼亚宣传，不管代价多大都要在我们国家尽快完成始于东欧的剧变进程。他们没有考虑阿尔巴尼亚的现实和阿尔巴尼亚的民族心理。他们急于改变当时的社会体制，即尽早清除每个共产主义的痕迹。这个趋势实际上在今天的阿尔巴尼亚还在不断出现。这从阿国机关、军队、警察体系中不断出现的“清洗”就能看出来，其目的就是要改写阿尔巴尼亚的历史，尤其是民族解放战争的历史。

让我们一起回顾这个时期的具体情况。在这一时期，无论是想要通过革命手段改变国家现状从而实现民主的努力，还是为了弥补过去的错误，尤其是经济决策上的错误，所做出的努力，都没能达到预期的效果。我认为失败的原因主要有以下两点。

其一，这一时期所进行的革命不够高效。在绝大多数情况下，保守派反对民主和改革思想，他们形成的反对力量阻碍了改革的进程。一些文化水平低下的干部思想僵化，他们一味反对任何超出“规范”范围以外的改变。政府机构被官僚之风笼罩，因此改革无时无刻不是阻力重重。可以这样理解，这一时期的革命是以缓慢的、漫不经心的方式默默进行着。

其二，革命并没有达到目的，因为这一时期的阿尔巴尼亚处在动荡的环境之中。对内，当时阿尔巴尼亚国内的情况不容乐观；对外，在革命初期，我们缺乏来自外界的必要援助。同时，东欧剧变使得社会主义政权先后倒台。此时此刻，全世界的目光都聚焦于阿尔巴尼亚，猜测这个东欧小国作为社会主义政权在东欧的最后一张“多米诺骨牌”将何时被推倒，而国内反社会主义的宣传也逐渐增强。

阿尔巴尼亚国内开始感受到了外界带来的压力。有两件事值得一提，这两件事也体现出阿尔巴尼亚当时政局的不稳定。第一件事与斯库台城有关。1990年初，一伙人举着反对恩维尔·霍查的横幅游行示威，甚至企图推倒霍查的半身像。这次事件被贝尔格莱德和希腊媒体以及其他宣传机构大肆渲染，后来在西方媒体引起强烈反响。人们众说纷纭，有报道定性此次事件为“大规模流血冲突”（事实上没有任何人被杀）、“警方逮捕多名嫌疑人”（事实上只逮捕了三人）。借这个机会，当时自称为“阿尔巴尼亚国王”的莱卡·佐古接受“美国之音”采访时，大肆鼓吹阿尔巴尼亚民众应当拿起武器推翻现政府的统治。

由于斯库台事件影响极大，来自各国的记者纷纷来到阿尔巴尼亚，希望能亲眼见到这场屠杀，然而事实就如易碎的肥皂泡一般不堪一击。于是，记者们这才相信斯库台并未发生血腥事件，并把真实情况上报给所属新闻机构总部。

毫无疑问，斯库台事件的幕后操纵者来自阿尔巴尼亚外部，目的就是怂恿阿尔巴尼亚人民反对共产党政权，正如这些幕后黑手在东欧其他国家的所作所为一样。嫌疑最大的当属塞尔维亚。没有谁比当时的塞尔维亚总统米洛舍维奇更希望阿尔巴尼亚政局混乱、内战不断了。这样一来塞尔维亚人就可以更轻易地拓宽领土，可以更嚣张地对生活在科索沃的阿尔巴尼亚人施压了。不要忘记正是在1989年年末到1990年年初的这段时间里，米洛舍维奇要求全面清算科索沃作为南斯拉夫联邦共和国自治区和组成部分所行使的权力。也就在这时，上百名科索沃市民和学生被逮捕，引发了斯塔里特古地区的静坐和种族清洗运动，并促使大批的科索沃年轻人移居外地。

第二件大事发生在1990年7月2日，被称为“移民潮”事件。发生这样的事并不是偶然的。这一时期科索沃人民正在争取在科察尼克重建科索沃议会。与此同时，出于制造不稳定局势的目的，贝尔格莱德尽一切可能阻止阿尔巴尼亚给科索沃提供援助。

1990年7月2日事件

1990年7月2日，阿尔巴尼亚爆发了“移民潮”事件，在国内外引起了巨大的反响。这天，上千名来自阿尔巴尼亚各地的年轻人和失业者纷纷闯入了外国驻地拉那的使馆和代表处。

发生闯馆事件时，正是阿尔巴尼亚民众意识到自己拥有持护照外出旅行和自由出入境的法定权利的时候。只不过在那个时候，离开阿尔巴尼亚到其他国家去，还是令人难以置信的。毕竟多年的封闭环境在阿尔巴尼亚人民的心里刻下了深深的烙印，大多数人对护照拥有权仍持怀疑态度。

在我看来，1990年7月2日发生的这场动乱，是阿尔巴尼亚年轻一代首次尝试与欧洲社会取得联系。动乱是戏剧性的，也是代价高昂的。闯馆被认为是走出国门最有效的方法，尤其是在柏林墙被推倒之后。关于闯馆事件，阿尔巴尼亚当地电视媒体进行了全面报道。

使馆被占始于晚9点晚饭后。起初，使馆前边的街道出现了大批游行队伍，但警方很快控制了局面。被压制的群众再次返回时，又遭到了警方的阻止。人们开始高喊自由和民主的口号，并打出了“反对霍查”的横幅。这种行为逐渐变成了惯例，在后来的历史阶段不断重演着。在1997年3月爆发的动乱中，军队、国家机构、政府机构和外资机构都未能幸免。

面对突然而至的集会和打出的政治标语，警方不得已向空中鸣枪以期驱散人群，但效果是暂时的。没多久，人群又再次聚拢，并开始强闯意大利、法国、德国等外国驻阿尔巴尼亚使馆。当时只有南斯拉夫使馆和古巴使馆没有被游行的人群占领，或者即使有那么一两个强行闯入的，也很快被弄了出来。

对这次强闯外国使馆的事件有很多传言。有消息称幕后黑手是阿尔巴尼亚警方，他们是为了受贿；但也有人特别是贝里沙的民主党人士则声称此次强闯事件是由政府操控的，以求获得外界的援助。这种猜测不可理喻，因为此次事件给阿尔巴尼亚政府带来的影响弊大于利。如果真是政府操纵的，那么它就在自食其果了。我们再分析一下警方。正如我刚才提到的，为了平息事态，警方动用了武力。然而随着人们越聚越多，警方预感到无法控制局势，便态度180度大转弯以容忍的姿态平息事态。毕竟再使用武力镇压，就可能爆发冲突，甚至擦枪走火，使局面变得更加复杂和难以控制。

这样来看，无论是对政府还是警方，发起这样的骚乱都是没有意义的。最大的可能性是外部力量操纵了这次事件，而嫌疑最大的就是塞尔维亚人。他们利用阿尔巴尼亚当时经济萧条的内部环境，激发民怨。而那时的阿尔巴尼亚孤立无援，是唯一一个还在坚持社会主义制度的东欧国家。群众占领外国使馆作为向社会主义国家施压的政治手段，也很好地证明了这一点。这一方式之前也被使用过，当初德国驻华沙、维也纳、布达佩斯的使馆也都被群众占领过。这一方法屡试不爽。

上文所提到的这一猜想还有另一有力证据可以证明，那就是阿尔巴尼亚外交部要求外国使馆提供一份已进入使馆人员的名单，以便给这些人办理护照，让他们合法地离开阿尔巴尼亚，但当时所有使馆均拒绝提供这样的名单。

甚至，在我作为当时阿尔巴尼亚的总统颁布特别总统令，承诺允许所有进入外国使馆的阿国人离开阿尔巴尼亚之后，这些外国使馆依然拒绝提供人员清单。1990年7

月7日的总统令写道："所有进入外国驻阿尔巴尼亚使领馆的阿国人，包括进入后又离开的阿国人，均不会因其上述行为而受到法律制裁。"此外，"如果他们需要，可以为他们办理相应护照以便离开阿尔巴尼亚"。

然而，德国和法国驻阿尔巴尼亚使馆不仅不采取措施配合阿尔巴尼亚政府推行该法令，反而要求阿尔巴尼亚政府通过空运为其提供雨伞、毯子、药品和粮食。由此看出，他们是想让这些难民们在使馆内多待一段时间的。为什么要这样做呢？显然，这还是出于政治目的。通过把大量涌入的阿尔巴尼亚人留在使馆的方式，他们的亲人一定会来到使馆以了解自己的兄弟姐妹或者家人在里面的生活状况。这样，地拉那就会被持续的不满情绪包围。由于不能第一时间采取有效的解决措施，政府也将难辞其咎。更有可能的是，事情发生在炎夏，使馆内空气污浊，疾病丛生，这更是激起了许多国际组织对阿尔巴尼亚的不满。总之，骚乱爆发的目的险恶，是精心策划的。

在这种情况下，我们只好求助于当时的联合国秘书长佩雷斯·德奎利亚尔。在他的安排下，来自联合国的特使第一时间与地拉那的阿尔巴尼亚当局和外国代表取得联系。各国驻阿尔巴尼亚使馆这才被迫同意给出名单，并发放合法签证使这些闯入使馆的阿尔巴尼亚群众离境。由于联合国代表们一致坚持，五艘轮船驶入都拉斯港，将这些拥有合法护照的阿尔巴尼亚人送到了意大利或其他地方。

这一解决方案避免了阿尔巴尼亚国内爆发大规模冲突，避免了与年轻人之间的摩擦，也避免了对外界造成刺激。由此可见，联合国控制局面所采取的对策是正确的。1990年7月2日事件的幕后操纵者，尤其是外国人，本想借用此法激起阿尔巴尼亚政府与年轻人之间的武力冲突，从而掌握阿尔巴尼亚政府的"犯罪事实"，以此宣称阿尔巴尼亚政府是凶手。不过1990年的阿尔巴尼亚并未落入圈套，没有采取武力方式镇压骚乱。由此，1990年7月2日的"移民潮"实际上以组织者的失败而告终。

此外，这一非常敏感的时刻能和平渡过也得益于另一个原因：当时面临着方方面面的巨大压力，无论是普通市民，还是高层领导，都希望把闯入使馆的年轻人强制性地弄出来并千方百计禁止其离开阿国，甚至不惜驱逐外交使团等。

7月2日是作为政治事件开始的，但事实上，人们进入使馆更主要的理由和动机还是经济方面的。大多数难民选择移民，是为了寻找一个更好的生活，因为在他们看来，西方世界遍地黄金。

7月2日，像任何一起暴力事件一样，充满着戏剧性，也饱含着痛苦，但是最大的痛苦——流血，却避免了。对抗确有发生，但这次阿国还是耐心地、有自尊地应对了挑战，其忍让甚至到了允许违背法律的程度。从这起事件中看出，我们其实比所想象的更加民主。

不管这起事件是如何解决的，它确实已给国家的政治道德留下了印记。事实上，阿尔巴尼亚国内的社会紧张气氛更浓了。

1990年8月，会见知识分子

同首都最具声望的知识分子们的会面，发生在社会紧张气氛剧增的时期。报刊上，辩论兴起。某些人，甚至抛出了重新审视过去的话题，还谈到了拆除斯大林雕像的问题，甚至公开表达了需要自由思想以及罗莎·卢森堡（德国马克思主义政治家、社会主义哲学家及革命家，德国共产党奠基人之一）所说的“异见权力”，即另外一种不同的想法。但这种辩论，更多的只是小声地偷偷议论。

与此同时，“美国之音”电台同一些知识分子建立了最初的联系。劳动党的机构、人民群众的机构，也从各个侧面努力获取这一发展进程中的情报。知识分子的想法，被当作道德晴雨表及一切所做的、所说的真实性的标准，同时也用以阐明一些事件的真相。

我要求召集地拉那的知识分子开会讨论时下热点事件、国家民主进程及总体形势。我非常希望听到他们最开放的想法。正因如此，会议并没有安排在劳动党中央委员会办公室举行，而是放在大会堂的一个厅内，没设桌子也没设主席台。而开会的过程也达到了预期目的，不准备任何文稿，也不做学术性发言。我试图创造一个更亲切的氛围，以便每个人都能毫无保留地、自由地表达自己的观点。在我看来，这一目的达到了。

这次会议内容被速记下来，印成册子分发给党的干部，因此会议内容也是公开透明的。

我个人认为，这次会见是在思想多元化更为迫切的时刻举行的，正因如此，我选择了与知识分子对话交流。如果换成另一个听众，也许他不会懂得这一点。我是带着某种倾向去参加会见的，目的就是想清楚地表明实行思想多元化的必要，但仅此而已。因为我深信，阿国和劳动党都还没有做好政党多元化的准备。我们缺乏必要的民主文化，即一个多党社会所必须具备的东西：容忍、耐心与尊重。

在进行开场发言时，我说到近期国内外形势出现了巨大变化。一年来社会主义在整个东欧都遭遇了真正的覆没。可以毫无疑问地说，在苏联及其他前社会主义阵营国家，社会主义已经让位于资本主义。

对社会主义这种社会制度的攻击，今日比以往更加野蛮。在二战后到现在的整个历史中，还从未有过比这更野蛮地反对社会主义价值的。资产阶级和反动派傲慢地强行推行他们的准则，认为他们开出的“药方”才是各国发展的唯一有效的出路。如今，他们要求阿尔巴尼亚也步东欧其他国家之后尘。

有一点很清楚，在此条件下，我们无论是在经济方面，还是政治和社会领域，都只能坚定向前，创造更好的条件。我们不能够视而不见，正如不能对当今国际发展形势置之不理一样。我们应该坚定地采取一些措施以推动国家的民主生活，尊重市民的权利，改正过去的错误，就像我们一直以来所做的那样，但迈向未来的步伐应该更加坚定。

我在开场白中没有提到政党多元化，而是强调需要思想自由。关于政党多元化，如果知识分子确有这个想法，就像在某个场合曾经提起过的，特别是在20世纪90年代剧变事件发生后曾提过的那样，如果他们不表达关于政党多元化的思想，其责任就是不可推卸的。

事实上，所有与会的知识分子既没在原则上，亦没在具体行动中提出需要政党多元化。是我自己在会见快结束时，以提问的形式开始了这个话题。这些知识分子们，即使在我直截了当地问起此事时，仍未对政党多元化表示支持。因为，如果他们确信有此需要，就应该为此冒险发问。没有一个反对党不是在激烈的辩论中，甚至是在险境中诞生的。如果那些参会人员发言只是为了做自我检查，那真的是难辞其咎。

伊斯马依尔·卡达莱（阿尔巴尼亚的著名作家）在报纸上说这次会议只邀请了"危险的知识分子"，并暗示此次会见是为了打压言论自由而故意安排的活动。这不是事实。当然我们确实没有邀请"异见人士"参加此次会见，因为并不存在这样的人。我们邀请的都是各个领域最杰出的知识分子，左派的，右派的，以及中立的，包括卡达莱、Y.波帕、L.奥马尔、萨利·贝里沙、L.莱希、G.帕什科和T.达伊亚等人。

会见知识分子的主导思想就是希望无障碍地推进民主化措施。知识分子们支持截至当时所采取的一切措施，但对各地并未按同一节奏推行民主感到担忧。他们举出很多例子，有时是真实的，有时是听来的，说这个区或那个区个别党的领导人仍然按照老思路办事。例如卡达莱就表示，他曾听到都拉斯市劳动党第一书记、中央政治局委员M.阿斯拉尼在会上表示过"阿利雅同志跟联合国秘书长佩雷斯·德奎利亚尔说了什么并不重要，因为我们都清楚党的路线，也知道如何开展工作。他愿意与谁见面就随他去吧"。

与会人员还说起了7月2日的闯馆事件。他们更多的是将其看作人们申请护照被拖延后的一种绝望姿态，而不是受外部影响的结果。大家对内部事务特别是国家安全机关的工作提出了许多批评。关于这一点，他们引述了一些警察的傲慢立场，特别是在闯馆事件期间警方的态度，以及国家安全机关对某个作家的无端怀疑，等等。我用心听取了大家提出的问题并对其做了详尽答复。在关于领导人所谓的"特权"问题上，我也给出了解释性回答。我还饶有兴致地听完了他们关于思想自由和多元化问题的想法。其实他们之间也有不同的见解，有些人对党的机构表示不满，谈到了Y.波帕和萨利·贝里沙在《人民之声报》上发表的批判性文章；提到如果这份报纸能作为整个党的，而不仅是中央委员会的机关报，那将会更加民主，等等。

关于政党多元化，正如我所说的，没有一个人主动触及这个话题。于是我直接发问："你们怎么看政党多元化？我们该怎么做？"

会场顿时沉寂了一小会儿，仿佛在等着某个人带头发言的样子。

L.奥马尔首先发了言。他解释了什么是民主，怎么实现它，什么是政党多元化，等等。结束时，他表示在现有体制和组织构架内推动意见表达自由化是更好的做法。

贝里沙也发了言，他强调了自由表达意见的重要性，说现在搞政党多元化还不是时候。为了佐证这一观点，他还强调说："我们的人民还没准备好迎接政党多元化，因为缺乏民主文化和经验。"

而同卡达莱关于政党多元化问题的争论尽管尖锐，但却是在一种幽默的气氛中进行的。卡达莱没有多讲，只是说："因为我从法律角度还不理解多元化问题和它的地位。"我笑着说："没人相信你不知道什么是多元化。你知道的，肯定知道！"在场的所有人都笑了。

在那次会议结束几年后的今天，我听到一种说法：当时知识界的代表们，特别是他们中的某一个人，在会上没敢公开表达想法，因为阿利雅总统对此持漠然和冷嘲热讽的态度！这可真是奇怪了！参会人员超过100人，所有人都能证明那次会议是多么自由和开放。当然，我也好，参会者也罢，并不是所说的每件事儿都能被接受、认同。有辩论、有打断、有反对，这是对于一个自由的、民主的讨论来说再寻常不过的了。冷嘲热讽，是万万没有的事儿！漠不关心，更无从谈起！如果说今天有人认为有些事在1990年8月时就应该说，只是后来才想起来，那这也怨不得别人，更不该因此指责会议的主持者。

我从那次会议中得出一个基本结论，应该加强同知识分子的工作与交流。党的领导人必须很好地懂得，民主化进程关乎国家未来，社会上的任何运动、进步目标，如果没有社会最先进力量的积极参与，如果知识分子和青年人不给予支持的话，是绝不可能成功实现的。

领导人的立场

一些记者甚至包括我的朋友常常问我，是不是得到了党内所有领导同志的支持？是否有人公开反对在我担任党主席期间为推进国家和党的生活民主化所采取的各种措施？

在整个社会主义时期，无论是在党内、党的领导层，还是在党外，保守分子都没形成政治气候，但确实存在一些保守现象，如不能很快地融进新事物，在接纳新事物方面比较迟钝，也不能很快地改变在既有模式中形成的思维。与此同时，从中央到基层还存在着一种阻挠型官僚主义。这些势力，尽管在党内和公众舆论中都不代表主流，但毫无疑问还是阻碍了1986年至1990年间为推进国内生活民主化所做的努力。

在此条件下，为了继续推进改革，就必须把各式各样的同志和干部团结在自己的周围。他们有的对需要变革深信不疑，有的则持怀疑或反对态度。这就需要一定的时间。对于任何一项变革或改革来说，都需要从领导成员起做大量的说服工作。只有在做完这些工作后，才能使得1986年起做出的各项改革及修正的决定得以实现，甚至包括中央政治局于1990年12月才一致通过并宣布实行的政党多元化。

在多元民主的岁月里，有人，甚至是当时的劳动党论坛成员宣称，反对我的所作所为。当然，每个人都有权评判怎样才是最合理的。但与此同时，我也有权强调，20世纪80年代为促进国家生活民主化而采取的改革和举动是正确的。而且我也有权强调，当时的劳动党论坛成员没有反对过做出的任何一项决定。

根据规定，任何将要采取的举措，都必须事先得到中央政治局的批准。没有一个人对变革需求有过反对意见。当然，在执行改革的工作力度上，因人而异。一部分党的领导同志，甚至不占少数，对改革持消极态度。他们认为仅凭一些经济举措就足以克服困难，因而无需在政治领域进行改革。还有一部分人，他们知道确实需要进行巨大的改变，但又心存疑惑，所以选择犹豫，等着其他人提出举措并找到解决方案。20世纪90年代末，党中央内部还出现了某些声音，他们只是一味批评党的过去（例如，D.阿戈里、P.嘎采等人），却对未来工作提不出任何具体的替代方案。

可以说，就连阿尔巴尼亚的知识分子们，在帮助国家发展民主方面也没显得足智多谋。确实，某些知识分子鼓起“勇气”，表达了需要深化民主的意见，但都是些零星的声音。其中一些知识分子还同“美国之音”建立了联系，开始从地球另一端向阿国人民说事，而不是在开放程度已大幅提高的阿尔巴尼亚自己的报纸上撰文。事实上，在党报上、社会组织和作家出版物上也曾发表过一些文章，支持党为推进国家生活民主化而做出的各项决定，甚至也表达过进一步深化此举的想法。但是没有一个人提出过政党多元化，或者是向自由市场经济过渡的想法。

我认为在那个时期，推进政治、经济和社会民主化的举措应该循序渐进地实施，不应操之过急或率性而为。这是因为生活告诉我们，渐进的、审慎的、事先考虑周全的变革往往更有效，更能保证从一种平衡向另一种平衡的和平过渡。而操之过急的举措，特别是在政治领域的和经济领域的，往往会带来许多隐患。尤其是在我国所处的经济形势下，每一项匆忙的变革，都将带来不希望看到的后果、混乱和无序。

这在1991年3月阿尔巴尼亚举行首次多党制选举之后就立刻显现了出来。那时候，国家已经到了饥饿线上。为什么会这样呢？之所以造成这种严峻的形势，是因为在1991年宣布实行多党制后涌现的那些新兴势力，特别是极端反共主义，出于政治和意识形态的利益，摧毁了农业合作社。混乱和无序笼罩着这个国家，公共秩序彻底丧失，因为国家机构、以前的法律法规全被废弃，突然间被新的一套取代了。这些现象，事实上，正是自由被滥用后的表现。

当然，在民主化进程中需要循序渐进，不仅仅只是出于这些考量，还有其他原因。还应考虑到消极抵抗，不排除有来自地方党委方面的，更有来自中央机构的官僚们的。这些人，因为需要改变工作方式，个人利益被触及，原有的安逸被打破了。起初以拖沓或藐视为表现形式的“白色”抵抗，就可能转变成以捍卫“原则”之名的积极抵抗！

关于奈吉米耶·霍查

在体制改变之后，也就是多党制代替一党制后，奈吉米耶·霍查的作用时常被提起。人们直接问我，她是否反对为促进国家民主化所采取的各项决定，是否反对宣布实行政党多元化。我一直说，现在也要强调，奈吉米耶从来没有反对过劳动党政治局或中央委员会做出的任何一项决定。

从1958年到1990年，我在劳动党中央委员会机关工作的那些年头里，曾和许多同事共事，而同奈吉米耶的合作一直贯穿始终。起先，她是文化教育局的负责人，后来担任马列研究所所长。

我还是在阿尔巴尼亚全国解放战争时期认识奈吉米耶的。1944年8月，在海尔默斯青年大会上，我俩都被选为阿尔巴尼亚反法西斯青年联盟书记处成员。后来，当我在共青团或者教育部工作的时候，我们一直保持着联系。我对奈吉米耶的评价永远都是积极的。我赞赏她对朋友所表现出的尊重，较高的学术能力和对工作的满腔热情。

我们的报纸曾报道说，霍查死后，劳动党政治局和中央委员会的所有工作都掌控在奈吉米耶的手中，没有她的印章什么事都办不了。当然，这不是真的。所有采取的政策措施，包括内外政策的各种改革以及宣布实行政治多元化，都是由当时的政治局和中央委员会策划决定的。对奈吉米耶的误解，也许是因为霍查死后我想尽力拉近她这样一个事实而引起的。而我这样做，既是因为她是我的老战友，也是因为我不想让她在恩维尔死后突然就感觉自己远离了党的主要领导层。

和我一样，奈吉米耶在贝里沙执政期间也受到了迫害并被关进了监狱。逮捕并判处前劳动党领导人，换句话说就是“城中人”，是民主党从一开始就计划好的。我还想补充一下，这样做其实也是外国下的“命令”，目的就是为了根除共产主义，为一个“干净”的民主开路。这在1991年看守政府时期就表现出来了。那时候掌权的民主党的部长们（帕什科和鲁利），抛出了共产党领导人拥有的“特权”问题，说要对他们进行法律审判。

1991年底，萨利·贝里沙通过“政变”推翻了看守政府，为1992年3月提前大选开辟了道路。贝里沙由此上台，并开始逮捕所谓的“城中人”。通过种种施压，他迫使总检察院授权逮捕奈吉米耶·霍查。与此同时，还逮捕了一些前政治局的同志，如H.伊萨伊和M.穆弗迪乌。

这种打击报复，使得奈吉米耶和其他一些同志对我很生气。按奈吉米耶所说，我可是共和国的总统，竟然允许贝里沙逮捕她。当然，奈吉米耶生这门子气是毫无根据的。首先，我确实是共和国的总统，但逮捕她的事儿是背着我做的。我前面也说了，这是贝里沙干的。根据当时（1991年年底）的宪法规定，总统没有任何制止司法机关行动的权力，而且这些司法机关也没有预先通知总统任何事的义务。事实上，逮捕奈吉米耶的行动是瞒着总统进行的。我还是从私人渠道，家里人那儿，得知她被捕的消息的。其次，逮捕奈吉米耶以及后续行动的实质就是这是一场“反动右派反对共产主义领导人的斗争”。事实上，逮捕奈吉米耶和其他一些同志但是没有逮捕我，是因为宪法禁止逮捕总统。但当我刚从总统之位离职，就像其他同志一样也被捕了，而且是接连被捕两次：第一次我被指控搞“特权”而获刑五年；第二次，在我刚刚服完刑六个月后，又因“大屠杀”而被捕。在被羁押13个月后，法院最终还我以清白。

1990年9月的联合国大会

从1990年9月初开始，出于阿尔巴尼亚改革国际化的需要，以及启动在美国的阿尔巴尼亚移民问题的需要，最重要的是科索沃问题国际化的需要，我决定以国家总统的身份出席在纽约举行的联合国例会。

联合国秘书长佩雷斯·德奎利亚尔热情地接待了我，我同他又继续始于5月在地拉那的对话。他十分友好，对政治对话也很热心。

借此机会，我也同许多重要人士进行了双边政治接触。重要的会见包括会见苏联外长谢瓦尔德纳泽，他给我留下了非常好的印象。他是一个直截了当的人，看起来是真诚地热爱阿尔巴尼亚的。他似乎觉得自己是30年前发生在我们两国之间的事的罪人，他甚至明确地表达了这一点，公开对我说：“中断同阿尔巴尼亚的外交关系，是当时苏联政府的耻辱。”

我同土耳其总统图尔古特·厄扎尔的会见非常友好，甚至可以说是兄弟般的。他是个小个子，但很结实，彬彬有礼并且乐善好施。不光是我与他的直接会谈，他还利用私人关系斡旋我与其他人会见。我们彼此间建立了深厚的友谊。一年后，也就是1991年10月，在我回访土耳其期间，我俩的友谊得到了进一步加深。

我还记得，在向厄扎尔总统介绍了阿尔巴尼亚的现状，特别是我们所处的发展阶段后，他立刻明白了我们之所需，并真心实意地考虑如何帮助我们。事实上没过多久，他就向阿尔巴尼亚派遣了一个部长和一个专家组，专门调研我们的需求。在此基础之上，土耳其先是向阿尔巴尼亚提供了3000万美元的贷款，后来在1992年5月土耳其总理德米雷尔访阿尔巴尼亚的时候，又给了另外5000万美元。

我还见到了中国外长、芬兰总理等政要，同他们进行了重要的会谈。我此行的目的不仅是向他们介绍我国的发展状况，还包括介绍科索沃局势，因为这也是我联合国之行的目的之一。

除了这些正式活动外，在会议或招待会休息间隙，我还就发展双边国家关系问题同意大利总理朱利奥·安德雷奥蒂、冰岛总理及英国首相撒切尔夫人等做了简短的工作交谈。

我还同罗马尼亚总统伊列埃斯库有过一次长谈。双方关注的焦点是两国的形势及巴尔干地区局势。他说了很多当时罗马尼面临的政治问题和经济问题。我注意到，即使罗马尼亚要经历那么多困难，他仍旧非常乐观，只是不大看好保加利亚和苏联的形势。

我很高兴能同美国西方石油公司的总裁亚蒙哈默先生交谈。他是苏联的老朋友，列宁及其他苏联领导人还有后来的戈尔巴乔夫都曾接见过他。他是一位老人，大概92岁，但是相当有活力，思维清晰。是他本人要求见我的，想谈谈海上石油的勘探事务，因为根据卫星数据，他知道阿尔巴尼亚石油资源丰富。他给我留下了深刻的印象。

我们一同意开始彼此间的合作，他就立即向阿尔巴尼亚派来了他的副手。1991年，我们同他的副手签署了勘探海洋石油的特别协议。亚蒙哈默先生没能像他向我承诺的那样亲自签署这份文件，因为他在我们见面后两个月就去世了。

1990年9月27日，我在联合国大会发表演讲，反响很不错。许多在美国的阿尔巴尼亚人专程来听演讲，他们表现得相当兴奋。演讲中，我谈到了阿尔巴尼亚的国家形势和为实现生活民主化所遵循的政策。我还特别谈到了科索沃问题，批评南斯拉夫对于我们在那边的兄弟所采取的歧视性和压迫性政策，强调应该承认在科索沃的阿族人决定自己命运和未来的权利。此外，我还以最严肃的形式，向联合国表示阿尔巴尼亚将致力于保障自由和人权，发展自由的、个人的、合作的倡议。以下是我引述的联大发言稿：

“……我们虽是一个小国，但阿尔巴尼亚人民却是欧洲大陆最早的居民之一。在它存在的数千年里，它从未攻击过其他国家，也从未挑起过侵略战争，从未威胁或危害过邻国安全……

“历史从来没有宠爱过阿尔巴尼亚人民，无论是在过去，还是在当下。但它教会了人民许多事情，如为了捍卫自由、独立、国家主权、民族根源和尊严，人民应该勇敢抗击和反对危害它的每一种企图。它也教会了阿国人民支持和力挺所有致力于加强全面和平与安全的国际倡议行动。

“我们过去和现在都赞同国际关系民主化，应倾听、考虑所有国家的声音。大国的确有维护及加强和平的特别责任，但这并不能赋予他们根据其党派利益、政治或意识形态标准发号施令或是强加和平的权力。国际关系的准则、国与国交往之礼仪、和平之保障，应是整个国际社会思考、体验、贡献的成果，是所有人民协商一致的产物。

“目前发生在中东欧国家的变化、这一地区形成的复杂的、仍未定性的局势以及产生的各种各样的新矛盾，它们会以何种形式出现，会产生何种后果尚无从得知。这就要求所有人在做判断和采取行动时必须认真、智慧地加以思考。民主和人权并不能成为解决这些国家重大问题或者紧急问题的魔法钥匙……

“当前巴尔干最尖锐、最令人担忧的问题之一，就是在南斯拉夫的阿尔巴尼亚人问题。塞尔维亚政府对其采取了公开的种族大屠杀政策，相当多的国际论坛都认可了这一点，而且早已为世界公众所知。

“在科索沃及南斯拉夫其他阿族人生活的地方正在发生着各种罪恶，即使在黑暗的中世纪，这些也将会被视作丑恶的罪行。最主要的问题，不是因为阿尔巴尼亚族人的基本人权不被承认。如今，众所周知，它们也确实遭到了最野蛮的践踏。但事情的本质就在于，阿尔巴尼亚族人的生存权、生活权被否认了。塞尔维亚非法解散科索沃议会，警察武力统治电台、电视台，禁止发行阿尔巴尼亚语的出版物，辞退数千名阿尔巴尼亚族人并让塞族人取而代之，这些都明确表明了塞尔维亚当局的目的就是要靠武力和恐怖，而不是靠对话解决阿族人问题。

“国际社会不能够也不应该对这样的情况置之不理。欧洲尤其不能袖手旁观，因为她是本世纪初巴尔干版图的制订者，她对于阿族人在南斯拉夫的殉难不光负有道德义务，更有一份历史责任。

“在南斯拉夫的阿族人，世世代代在他们自己的土地上，在紧张有限的土地上生活。他们要求的不过是拥有和塞族人、斯洛文尼亚人、克罗地亚人或是马其顿人一样的权利。但是他们塞族人不曾也不会同意阿族人拥有甚至比这更小的权利。阿族人其实只想和南斯拉夫其他组成国一样，成为一个平等的族群。

“阿尔巴尼亚族人渴望获得命运自决权。民族自治权，是人类文明最伟大的权利之一，这一权利也被写入了联合国宪章，目前已成为欧洲乃至世界正经历的民主进程中的基本原则之一……”

联大会议结束之后，1990年10月1日，我动身前往波士顿去与同在美国的阿国人见面。刚抵达机场，一大群阿国人就走过来把我团团围住。我见到了我的朋友安东尼·阿萨纳斯、阿尔杜尔·里奥林尼，还有许多其他人，有些是我在联大主席台演讲当天见过的。

在迎接我的朋友们的陪同下，我首先访问了范·诺利的墓葬，我觉得一开始就吊唁这位伟大的爱国主义者是必需的，因为他为阿尔巴尼亚和阿尔巴尼亚人民做出了巨大贡献。为了纪念诺利，我向他的墓碑进献了花圈。

我从范·诺利墓出发又去了圣乔治教堂，诺利在那儿当了整整20年的主教。那儿聚集了好多阿国人，他们欢迎我，像在阿尔巴尼亚一样，请我吃蜜汁鲜果和水。

教堂给我了留下了独特的印象。除了作为宗教机构，它更是国家文化的温床，一直鲜活地保存着阿尔巴尼亚人对祖国的热爱以及他们与阿国传统、历史的联系。教堂二楼的一个大厅已改作永久展览室，陈列着来自阿尔巴尼亚各地区的书籍和各式各样的纪念品。当然，最先映入眼帘的还是阿尔巴尼亚国旗和在美国的第一批阿尔巴尼亚活动家的相片，如范·诺利、范·科尼察等等。

晚上，我在安东尼·阿萨纳斯开的“安东尼4号码头”餐厅和我们在美国的同胞们一起共进晚餐。受邀请的大概有500人，他们来自美国各地。我度过了一个令人难以忘怀的夜晚，非常热烈，也非常快乐。我一桌一桌地会见、问候所有来宾。每个人都向我提起他在阿尔巴尼亚的家乡。他们动情地、满怀爱意地说起我们的祖国。

当然我在晚宴上也发了言。我觉得有必要告诉他们我们正在阿尔巴尼亚做些什么，如关于生活的进一步民主化、社会关系的改变、通过保护外国投资的法律、允许向外国融资、允许公民持有护照的法律，等等。发言中我指出：

“自我从阿尔巴尼亚出发伊始，我就迫不及待地想见到你们——侨居在美国的阿尔巴尼亚人。无论何时，你们都支持祖国，为它的自由、独立，为它的发展、进步而努力……

“在美国的阿尔巴尼亚人社区里，又加进了我们科索沃兄弟和来自黑山的、迪布拉等阿国其他地区的阿尔巴尼亚人。他们对于祖国的热爱，他们的爱国情怀，是那么强烈、持久、鲜活。他们与科索沃的兄弟们一起，为自由与公正、为平等与自治进行着不懈的斗争和努力。我们对此予以全力支持……

“今天，在20世纪的最后一个十年里，我们这一代人需要更多地工作，需要付出更大的努力以适应不断增长的需求。同时，阿尔巴尼亚也需要与时俱进。为此，近期我们在各领域采取了众多举措，有经济发展方面的，有全面解放社会、促进社会民主化方面的措施，等等……

“我们要求我们的经济从过于集权化的模式中解放出来……如果坚持这种集权化的模式，就意味着发展被遏制。因此，我们鼓励集体和个人发挥主观能动性……

“我们必须取得技术和科技进步。这就要求我们必须开展对外合作。保护外国投资法、允许外国融资法也正是基于这样的目的。

“这些变化必然会伴随社会与个人关系的改变，也就是说会带来社会关系的变化。为此我们在立法上做了一些改变，我们更加重视公民的权利、生活民主化等等。这其中也包括你们感兴趣的护照法……”

我以以下这段话结束了我的发言：

“我们的范·诺利先生曾说过：‘爱国主义永远不会衰老。’任凭岁月荏苒，请保留好你们对阿尔巴尼亚的爱。你们是阿尔巴尼亚的孩子，阿尔巴尼亚是你们的母亲。妈妈随时欢迎你们回来。”

我带着对兄弟们最美好的回忆离开了波士顿，而他们，也已经知道应保留一份对阿尔巴尼亚鲜活的、不容伤害的爱。

……

就在我出国期间，伊斯马伊尔·卡达莱选择抛弃了祖国。我是在联合国之行回来后得知他的这一举动的。当我出发赴纽约的时候，作为民主阵线副主席，也作为我个人的朋友，卡达莱把我送到了地拉那机场。他祝我旅途愉快、工作顺利。一个星期后，也就是10月的第一周，我回来了，而卡达莱却已经走了。巴黎方面传来的消息说卡达莱早已决定永远地离开阿尔巴尼亚，因为他说“有被逮捕的危险”，而民主进程进展缓慢，甚至“已经冻结了”。

得知卡达莱出走的消息，我自然感觉糟透了，更主要的是因为他没有任何理由以这种“小偷般的”方式离开。卡达莱没有受到任何威胁，他是完完全全受到我的保护的，而且公众都知道他的地位。那么，他为什么要出走呢？

我认为他是害怕了，不是因为有可能被捕，而是因为，在他看来，民主化进程可能导致冲突，像罗马尼亚一样，也许会出现流血事件。这种混乱和冲突，有可能会危及他的生命。也许，在这一点上，外国人也影响了他，并帮助他离开，敞开怀抱迎接他。

实际上看，他在巴黎并没有对阿尔巴尼亚的民主做出任何贡献。他和那些没有丁点儿学术名誉的人混到了一起，也因此自毁形象。事实上，从阿尔巴尼亚移民的同时，卡达莱也离开了自我。他近些年来的作品，也已经失去了往日的艺术魅力。

关于卡达莱的离开，我个人认为这本应是一个糟糕政治家的举动，却没想到这样一位名作家也出此下策，我一直是这么认为的。卡达莱清楚地知道我国将完成民主变革。但看起来，他渴望得到一个特别的角色，想让自己大放异彩。于是他选择了出走，去赢得一个“异见人士”的称号。事实上，卡达莱利用这种毫无代价的反叛去展示自己和其作品，开始标榜自己的著作都暗含着强烈的反对恩维尔·霍查同志的色彩，他顺从霍查只是为了避免遭到打击！毫无疑问，促使卡拉达抛弃祖国，披上异见人士的袍子的另一个原因，是他自己按捺不住地想赢得诺贝尔奖的夙愿。

作为他的文学作品的爱好者，也作为阿尔巴尼亚人，我一直衷心地希望他能获得诺贝尔奖，因为那是他应得的。要得到这样的评价，伊斯马伊尔的天赋，他的作品足矣。他没必要听从那些虚假“朋友”的建议，搞一些奇奇怪怪的密谋和策划。

学生运动

鉴于1990年末的国内形势以及人民议会即将举行大选，我认为这是把业已启动的改革进一步向前推动的良机。于是我们开始起草新的宪法，并把社会需进行根本性变革的理念写了进去。新宪法将承认私有财产，接受同外部世界发生经济联系，允许获取外国贷款，建立合资企业，允许宗教信仰自由，将根据欧安组织标准确立个人权利与自由，等等。

还没来得及等新宪法通过，现在又不得不在政治多元化方面迈出新的一步。起初，我是打算通过去除党对群众组织的监管并宣布群众组织的独立性来达到这一目标的。

我得承认，我对多元化问题的解决方案，即宣布群众组织脱离劳动党并作为可以参选的独立个体参加即将揭幕的议会选举，只是一种“权宜之计”。我以为用这种方式能循序渐进地最终实现政党多元化，同时能避免在这一过程中出现的自发性和过激行为。

对我来说，在国家生活民主化的各个阶段，无论是过渡到政治多元化，还是后来从一个体制向另一个体制的转型初期，最根本的就是要避免出现极端行为和尖锐的对抗，特别是自相残杀式的冲突。这是一种时代的要求，为此我也倾尽了全力。

但接下来发生的事情，说明应该采取更快的步伐，而且必须触及当时存在已久的社会制度。于是，在社会主义陷落的进程中，终于轮到了“多米洛骨牌的最后一张”——阿尔巴尼亚。

需要指出的是，发生在阿尔巴尼亚和东欧其他国家的剧变，主要是受到外部的干预和全面施压，也是因为国际形势发展所致。美国前国务卿伊格尔伯格在他1992年访问阿尔巴尼亚时，曾向地拉那大学的学生们说道："美国方面的帮助，当然也包括我们为瓦解苏联所做的一切，为摧毁你们这儿的共产主义创造了条件。"

也就在这个时候，1990年12月，学生运动出现在了阿尔巴尼亚的政治舞台上。学生运动的出现，使得阿尔巴尼亚自解放之后第一次遇到新的情况，即国家和党的政策受到人们的公开反对。

学生运动始于地拉那，正是我们处于上述进退两难境地的时候。学生游行开始于1990年12月9日晚上。起因是他们觉得宿舍在生活条件方面有一些不足，但这一行动的政治背景并不难理解。

大概凌晨一点左右，我接到通知说学生们要求见我。尽管已经过了午夜，我还是表示可以在大学主楼接见一位学生代表。一点半的时候，有人通知我说学生们已经准备好了，于是我前去见面。我的目的是要与学生们对话，避免形势进一步恶化。

我走进一间敞开着的教室。里面大约有30个学生。我马上问他们有什么要求。他们回答说只有一个要求：让我走到学生中去，同所有的青年群众谈话，因为他们不相信别人能解决他们关心的问题。我尽力想弄明白他们究竟关心什么，为什么不通过青年组织提要求并监督执行情况？但我没有得到确切答案。他们只是简单地、一再向我说宿舍的生活条件太差了，食堂和小卖部不好好工作，青年组织不回应他们的关切甚至听都不愿听，等等。这所有的一切，就是要等我发话说，明天我会亲自到学生中间直接听取他们的意见，同其交谈。

在安抚好他们后，我表示第二天下午会去学生俱乐部与所有的学生交谈，但条件是他们上午必须正常上课。他们同意了。我们就此告别。

当然，我确信学生们的游行肯定有政治目的，而经济因素也有利于增强对广大学生阶层的吸引力。后来我还听说，为了给宿舍起义造势，"某人"还切断了电缆，这样一来，游行组织者就更容易召集因为生活条件诉求的青年群众加入到示威活动队伍中。

第二天，学生们仍然在搞游行，并没有去上课。这一次他们走出宿舍，来到了城市广场。警察部门不允许他们这样做并用武力迫其返回，但这更加激怒了学生们。示威活动在宿舍里又持续了整整一天，这也就给了第二次同所有学生见面的机会。

第三天，形势进一步恶化。学生们的要求以签名请愿的形式提了出来，并且越来越具体化。现在有证据显示，他们的首要要求并不是关于生活条件方面的要求，最主要的实际为政治诉求，就是要求学生运动作为一种政治力量而合法化。很显然，这些学生们或者更确切地说是他们背后的那些人，并不是要求成立什么青年学生组织，而是要求成立另外一个政党。

此时，学生宿舍附近的广场上已经汇聚了越来越多的人（但不是学生），包括工人、知识分子等。一些外国大使馆的代表，特别是法国驻地拉那大使馆的代表也来到了广场。

12月10日下午晚些时候，当时的地拉那市劳动党书记XH.琼尼给我打电话通知说，他叫了几个大学教授去和学生们对话，安抚他们。在这些人当中，他向我提到了萨利·贝里沙博士的名字。

我同萨利·贝里沙不是很熟。我第一次同他接触，就像我之前说过的，还是在巴黎医院，当时他和卡博的治疗小组在一起。近期，我读到了一两篇他在《人民之声报》上发表的文章，也听到了他对于1990年8月我在地拉那知识分子座谈会上的一些想法。我知道那天深夜在大学教室里会面时，带头的学生中有三个是来自特洛波亚的，而贝里沙也恰好是特洛波亚人，所以我想他应该是能同学生进行对话，解决其关切的合适人选。基于这个原因，我让捷利力跟贝里沙说，在他去见学生之前，先来与我见个面。

大概下午六七点钟左右，贝里沙来到我家。我们直接切入正题。尽管他也了解了一些情况，我还是跟他讲了讲发生的事情、前一天晚上与学生们的会面，以及没能与同学生们进行第二次会面的原因（因为学生们违背了约定又进行了游行示威）。我要他从我的角度跟学生们说，“你们要求见我，却自己搞砸了，因为你们没有信守对我的承诺回去上课。尽管如此，我还是愿意与你们对话，不过这要以平静的方式进行”。

萨利对我说，尽管那儿并没有他（学医）的学生也不认识其他人，但他还是会到学生中去与他们对话。我对他说，当时见学生代表时，他们和我说游行组织者中有两三个学生是特洛波亚人。考虑到萨利也是来自特洛波亚的，因此也就有了沟通点。

和贝里沙同去对话的还有前教育部部长斯坎德尔·吉努什和阿尔巴尼亚劳动青年联盟前第一书记L.巴什库尔蒂。大概子夜时分，贝里沙又返回我家。他看起来十分忧虑（至少给我留下了这样的印象），也很疲惫。他对我说："我和学生领袖们谈了很长时间，但刚与一拨人沟通好，又出现了另一拨人，于是原来的合约被打破，这样一来每件事儿都得从头开始。"他跟我说，他不认识其中的任何一个特洛波亚人。"长话短说吧，"贝里沙结束时表示，"没可能与他们进行正常的讨论。有些要求特别是经济方面的，学生们是对的。但至于另外的一些要求，就连他们自己也不知道该怎么表述清楚。在我看来，他们并不清楚究竟要什么。"

我们就这样结束了会面。这也是我同贝里沙作为劳动党党员的最后一次见面。不久之后，仅仅过了两天，他就脱离劳动党，转而加入到了反对党的队伍，加入了12月10日成立的民主党。

又过了一天，形势更加恶化。学生们的要求以签名请愿的形式提了出来，并且更加具体化。显然，他们的首要要求并不是关于生活条件方面的，而是另有目的，具体说来是要求政党多元化。他们需要一个解决方案。

与此同时，很多地拉那人也加入到学生运动的队伍中，甚至还有一些周边地区的访客，如斯库台的和卡瓦亚的。学生们坚持要求我再次与他们对话。我同意于12月11日下午同广大学生代表见面对话。

决定政治多元化

在这种形势下，政党多元化及其宣布问题就显得十分迫切了，越快解决越好。我同政治局委员们进行了商谈。大家一致认为应该立即召开党中央会议，对此问题进行讨论并做出决定。

1990年12月11日中午，党中央举行会议。我向中央全会委员们说明了形势和学生们的要求，并说我还约了学生代表们于当晚见面，所以需要党中央给我答复他们的授权，本质就是“是否允许成立另外一个政党”。我尽量先不发表我的看法，而是去听其他人的意见，以便不影响他们。一些中央委员讨论时表示，在目前情形下，唯一的出路就是宣布政党多元化。

在将这个问题付诸投票之前，特别是考虑到一些同志可能对此仍持保留意见，我强调说，你们中的每一个人都必须意识到，这样的决定将会是一个根本性转折，所有方面都将因此而受到影响：劳动党将不再对任何事情都能制定法律，因为其他政党也拥有公开批评权和决定权，劳动党也不再拥有干部安置政策的单一垄断权，因为还有其他一些社会关系出现，等等。

1991年12月11日，中央全会经过公开投票，通过了宣布政党多元化的决定。投反对票的只有S.柯莱卡和R.马尔科，其他所有人都支持成立另外一个政党。现在，距离那天已经过去了很多年，我觉得我有必要说明，无论是S.柯莱卡同志，还是R.马尔科同志，在宣布政党多元化后，他们始终忠于劳动党中央做出的决定，并根据该决定精神开展工作，以实际行动践行了党的准则。

1990年12月11日阿尔巴尼亚劳动党中央做出的相关决定的第五条写道：“全会认为，根据现行法律成立独立的政治组织将有益于国家生活的进一步民主化和多元化。”

随着宣布政党多元化，阿尔巴尼亚发展国家民主开始步入新阶段。事实上，在我同学生们见面后的第二天，也就是1990年12月12日，民主党就诞生了，此后又陆续成立了其他政党。

我同学生们的第二次会面，是1990年12月11日晚在游击队宫进行的。这是一次长时间的对话，讨论了许多问题。同时，所有学生都收听了这次谈话，因为电台对此进行了直播。来的学生大概有30个，或许更多。我记不清他们所有人了，但仍记得坐在第一排的人中有A.哈依达尔和A.伊马米。

我首先向学生们介绍了党中央会议，对他们说道：

“中央委员会全体会议审议了当前形势并建议采取相关措施加以改善，就此做出如下决定：

“第一，1991年6月召开劳动党第十届代表大会。

“第二，1990年12月26日，也就是两周之后，在地拉那召开劳动党全国选举会议，以确定党的竞选纲领，并通过劳动党在人民议会中的议员候选人名单。

“第三，会议决定免除穆霍·阿斯兰尼、西蒙·斯泰凡尼、伦卡·丘科、福托·恰米和哈伊雷丁·切利库等同志的政治局委员职务；免除切利亚库·米哈伊和皮洛·康迪同志中央政治局候补委员的职务。

“第四，根据当前形势，建议部长会议主席向人民议会主席团提议对政府进行必要变革。

“第五，全会认为，根据现行法律成立独立的政治组织将有益于国家生活的进一步民主化和多元化。

“这就是中央委员会的决定。现在我想同你们说几句。我本人以及所有领导层都在关注着你们这些日子以来所采取的每一个行动。从一开始，我就主张同你们进行对话、交流和商讨，甚至在周六（12月9日），我也没有拒绝这样做，而是在午夜过后的一点半同你们的代表们进行会面。

“我希望大家都保持冷静，以便你们的正当关切和要求能通过正常讨论和民主途径得到解决。现在我同你们见面，还是这个想法。每一件事，我想强调是每一件事，都应冷静地解决，应相互谅解，既符合国家利益，也符合人民的利益。在任何情况下，都不应受到恶意或挑衅因素的干预，因为这些因素不希望人民好、青年好，不希望国家发展、祖国自由，不希望国家和人民实现真正的民主化。

“通往民主化的道路并不是一条康庄大道。我们应该考虑到所有人，包括成年人和年轻人。这就需要文化、需要忍让、需要规矩，也需要耐心。民主不接受先决条件、不接受强加条款、也不接受强迫，所以我并没有给你们设置前提条件、没有强加条款，也没有逼迫你们。民主要求对话，要求说理，要求符合全体利益的逻辑，要求尊重同志、尊重权利。民主要求良好的行为准则和道德规范。如果这样的游戏规则得不到尊重，那么就会导致无政府主义，这是十分危险的，将给所有人带来伤害。我们所有人都必须考虑到这一点，特别是在谈到多元化的时候，不管是思想多元化，还是组织多元化，都称为政党多元化。

“我们中的每一个人，我们国家每一位受人尊敬的公民，都应当把祖国的利益、人民的利益置于首位。你可能对过去、对现在有批评，你可能对一个或其他问题，对社会主义和党派有想法，但每件事都需要放在同祖国的命运、她的自由、独立的杠秤上做权衡。不要忘记，对于阿尔巴尼亚来说，自由和独立一直都存在着危险。你们知道也正关注着政治形势。别以为这是在开玩笑。我们需要联合、需要共同前进、需要相互并肩协作。我对我们所有的青年人，首先是青年学生有着坚定不移的信念和完完全全的信心，因为你们是最聪明的、最有文化的阶层，是我国人民的最大财富。我对工人阶级有信心，对我们所有人民有信心。对于为民主化而采取的斗争，我党将继续向前推动，绝不止步。

“民主化进程需要每一个人都做出贡献，大的、小的、工人的、农民的、学生的，但罗马不是一天建成的。而且，还得考虑到我们的传统。我们应该融入欧洲，但我们还应该带着自己的文化财产。不要忘了，我们要带着自己的传统、自己的根源去，而不是简单地复制别人。正因如此，我们应当全心工作，应当慎重、小心。同时在业已开启的符合祖国和人民利益的道路上不要有任何停留。这就是我想对你们说的，算是个开场白。现在我想听听你们的想法，你们有什么想说的。”

学生们非常欢迎党中央做出的决定。此后又围绕各种问题进行了对话，包括学生生活、对警察的抱怨等等。因为这些警察有一次动用了橡皮警棍。当然，对话时而安静，时而声调提高，但总体上还是符合对话规矩的。这次对话持续了将近四个小时。

学生们向我提了许多问题，从解决他们的问题到国家经济文化发展的问题等，同时也提了相当多的意见和批评。气氛是热烈的，甚至有个情绪激动的人，说是有必要谈谈我这个人，夸张地说：“我们国家有许多纪念碑，但还应该增加另外一座，而这一座应属于拉米兹·阿利雅，因为他是民主的一面旗帜。”当然了，我打断了这位“激动分子”，说我可不是为了谈自己来的，我过去和现在都不会是纪念碑的拥护者。

在这样的氛围下，学生们又有了进一步提议。有人向我呼吁：“来加入我们即将建立的组织吧！”我跟他们说我早就已经做出了政治选择，但只要他们需要我的支持，我随时都愿意提供帮助。这就是那天的气氛。

当然，作为年轻人，他们情绪高涨，认为随着阿尔巴尼亚的开放，我们所有的困难都很快会迎刃而解，他们想象着等待我们的将是一条布满鲜花的大道。正是这种"飘飘然"，让我用今天已为众人所知的话说就是"孩子们，慢慢来，你们并不是什么都懂！"随后发生的事印证了这句话。不光是我的谈话对象——大学生们，还有他们的领袖——后来夺取政权的人，都说明了"并不是什么都懂"！

事实证明我是对的。12月的口号是"我们想要阿尔巴尼亚和欧洲一样"，但欧洲很遥远，而且每年离我们更远。为什么呢？因为这些年轻的领导人手中虽掌握着国家领导权，但"并不是什么都懂"。他们不知道"休克疗法"和"零水平"的刺激是毁灭性的。他们还梦想着"空头支票"，希望有一剂麻痹整个社会能量的"安眠药"。他们不知道反共产主义带来了内部分裂和内耗，从而削弱了国家的活力。他们也不知道社会生活的任何领域都需要文化。

没有文化也就无法懂得什么是自由和民主。自由，如果没有文化素养和责任意识作为支撑，就会沦为无政府主义，会转变成混乱的源泉，而这往往是不可控的。所以这需要一个渐进的过程，需要人们从一个阶段、一些行为准则逐步过渡到其他层级。过渡得越正常越好，要避免引起大的震动，而不应演变成最无政府主义的政治斗争，就像发生在我们阿尔巴尼亚身上的那个样子。

无论如何，随着多元化的宣布，我们的国家开始进入一个新的阶段，这就是多元化民主时代。

就像我之前指出过的，大学生们对劳动党中央会议做出的决策是予以积极评价的。会见中，学生们对民主改革给予了支持，以便其能尽快实现。他们还呼吁实行政治多元化、公布欧安组织的文件、赞同采取有效措施克服经济困难等。

为了把一些年轻人担心的和困扰着整个国家的问题，如政治计划、国民经济发展问题、高等教育问题等说清楚，对话仍在继续着。

在回答学生们的问题时，我专门在如何正确理解自由和人权问题时做了停顿，这自然是在暗示其应当以正确的方式和文明的途径尊重法律。任何行为甚至包括游行，都应当在尊重法律的前提下进行。

谈话的最后，我请求在场的学生连同其他学生们一道，完整地听完在游击队宫记录下的谈话。

一年之后，在1991年12月8日，我给1990年12月的学生们发去了这样的信息：

“在1990年12月的历史性事件发生周年之际，我向你们致以问候。年轻的男女大学生们，是你们的爱国热情和真诚之心、你们的纯洁和良知，在阿尔巴尼亚建立民主方面发挥了决定性作用。正是你们——大学生们，懂得时代的需求，毫无保留地为此献身，使得建立政党多元化成为可能，为我们社会的根本性改革开辟了道路。

“前进之路已经启动。要实现完全的民主，还需要许多的努力、知识和文化。任何时候，我们都不应该畏惧民主发展过程中伴随而来的困难和阻碍，无论它有多大。在克服这些困难的过程中，青年人和知识分子的作用是不可替代的。

“因此，应该由你们去促进各个领域的进步和变革，并向人民阐释：民主意味着建设而不是毁灭；民主和无政府主义没有任何共同之处；民主意味着应当尽可能地尊重知识和文化的价值。我完全相信，下一个12月，你们将变得更负责任。除了年龄上的推动力，祖国期待着你们的真知灼见、清晰的思路和对未来清醒的认识。而这些，正是我国人民在目前艰难的历史时刻对你们所渴求的。”

Fall from Power

八 倒 台

1990年以后，我国开始了一个新的发展时期。正如在其他东欧国家发生的那样，我国的社会主义制度也被另一种社会制度——资本主义制度，或者通常所说的多元民主制——取代了。

在那些日子里，很重要的一点就是，先前体制的转变和向新体制过渡这一进程不能操之过急，而应顺应形势，逐步实现，尤其重要的是，要避免可能导致流血事件的过激行为和冲突。基于这些担忧，在阿尔巴尼亚劳动党中央宣布实行政党多元化的一天之后，即1990年12月12日，我就致信阿国人民，其中这样写道：

“大家都明白，我们正在进入一个国内政治关系的新时期，对此我们不仅缺乏经验，而且缺少必要的法律机制和对这种形势的概念及政治道德，还缺乏富有成效的、真正民主的对话实践。

“我们应该集中精力，为了找到一条更好的道路、为了创造更合适的条件、为了经济的进步、为了保护个人的权利和自由、为了保护集体的和社会各阶层的根本利益，最重要的，为了确保祖国的自由、独立和主权，而努力奋斗。

“我们所有人都是一心一意为民主。但是我有一个当务之急，为此需要同你们一起分担，并呼吁你们的政治觉悟和爱国精神，以避免犯错并由此给全国带来不良后果。对于某些人，在某种环境下，民主可能会被理解为从一切政治道德和法律准绳中得到解放。有些人可能会寻求将自己的思想和观点强加于他人，而不考虑整体利益。如果这样的态度和行为增多和扩散，那么国家就有失稳和陷入无政府状态的危险。在这种情况下，就可能发生大家并不希望发生的事情。

“阿尔巴尼亚和阿尔巴尼亚人民，需要的是一种现代的民主、一种可以维护我国人民崇高的新旧精神价值的民主、一种可以通过最佳机制和途径来解决问题的民主……

“民主并非像一些人所想的只包括自由和权利，民主也包含着责任。我们正在为了建立强大稳定的法治国家、为了每个公民的生活有保障、劳动得到尊重、意志不受压迫、创造力不被低估而努力奋斗。

“正因如此，法律应该超越个人，并且高于一切。如果我们为了寻求民主而践踏了法律，那么我们将永远无法实现民主。”

很遗憾，我必须说，逐步和平过渡的想法并没有得到大家的支持。不论是右翼的（主要指新的政党，尤其是刚刚成立的民主党），还是极左翼的，包括保守人士和劳动党中的一些极端分子都不支持。这类人，不管是中央的还是地方的，大多只是口头上表示赞成多元化，但实际并不理解为何需要变革。所以，他们也并不适应新的形势。对他们而言，多元化就意味着“向阶级敌人投降”，意味着“社会主义政权向反动派投降”。因此，他们中的一些人认为应该使用武力反对“反动”势力，甚至一些政府高层人士也有这样的想法。

在这个思想混乱的时刻，无论是在中央还是在基层，没有人去思考应该如何加强党的建设工作，以便在新的进程中不仅不被排除在外，而且能在转轨进程中发挥积极作用。1990年12月召开的劳动党代表大会曾为此做过努力，但并没有最终形成一个明确的工作规划以适应新的形势。在那次会上，讨论最多的是如何让“热血的人们”冷静下来，而不是制定新形势下的工作规划。为达此目标，主要的责任又毫无疑问地落在了我的肩上。除了努力避免当时可能出现的最坏的情况，也就是流血冲突，我并没有能够成功推动并领导劳动党制定适应新形势的新的工作计划。

考虑到新兴势力，即劳动党的反对派已经出现在政治舞台上这一事实，因此制定一条明确的路线就显得十分必要。1990年12月12日，民主党成立。这是一支由知识分子组成的队伍，主要力量是来自地拉那大学的教授和学生。后者中除了阿泽姆·哈伊达里外，其他人都逐渐离开了民主党的领导队伍。

民主党的主要领导，要么曾是前劳动党成员，要么就是一些来自与阿劳动党有联系的家庭的人。后来，一些阿尔巴尼亚巴里国民阵线的成员或者他们的子女们也加入了民主党，并在领导层中占据了一些关键位置。正是这个原因，以及贝里沙越来越独裁和自负的态度，使得1992年3月大选后民主党上台执政之初，党内的知识分子，如内里坦·采卡、格拉莫兹·巴什科、F.楚比和根茨·鲁利等人纷纷离开了民主党。

在我看来，其他政党特别是民主党，由于组建得较为仓促，使得它除了真正的反对者以外，还同社会上的落后势力搅和在了一起。这些势力迫使民主党采取了“街头战略”，这也正是宣布多元化后的一个月内民主党的活动特点。另一方面，为了鼓励民主党走激进路线，外国势力也发挥了影响，特别是一些阿国移民海外的政治异见分子和科索沃的团体，也不排除还有一些外国的政府代表。民主党一成立，这些人就立即同其领导者取得了联系。

他们的影响很快就显现了出来。事实上，宣布多元化后没过多久，确切地讲仅仅几天之后，暴力活动就像得到命令似的开始了。起初，这些活动仅限于反对共产主义的呼喊和口号。之后，各类集会和抗议活动开始愈演愈烈。公共安宁被打破，国有商店和仓库遭到破坏和抢劫，玻璃被打碎，甚至示威人群同安全部队发生对抗，用石头和重物袭击他们。

随着人民议会选举议员的日期——1991年3月31日的不断临近，紧张气氛也持续上升。我无需细讲关于当时发生的所有事件，我想说明的是，当时的一些事件是在几股势力的持续蛊惑参与下发生的，差点将阿国带到了混战和流血冲突的边缘。很显然，这方面的推手主要来自邻国，我确信这一点是因为阿尔巴尼亚民主对这样的一种发展、对流血和国家失稳并不感兴趣，感兴趣的主要是外国势力，特别是我们北方的邻国。

我不得不强调的是，在选择一条严酷的路线、一种“野蛮”的转变和无政府主义的政策上，就民主党方面而言，其主要领导人萨利·贝里沙负有特别的责任。毋庸置疑，是他给阿尔巴尼亚带来了最大的破坏。时至今日，对于阿尔巴尼亚的民主来说，他依然是最为负面且最为危险的人物。

萨利·贝里沙

萨利·贝里沙曾是阿尔巴尼亚劳动党党员，地拉那大学医学系及地拉那医院的党委书记。他甚至曾是十分狂热的共产主义信徒，无论走到哪里开口就是恩维尔·霍查语录。

直到1990年12月，贝里沙仍然是阿尔巴尼亚劳动党党员。一直以来都有传言说，是我拉米兹·阿利雅让贝里沙成了民主党领导人。这显然很荒谬，也只不过是一些天真的人们的一种臆想而已。贝里沙如同其他反对党领导人一样，都是由各自政党自己选择的。不管是贝里沙还是民主党的其他任何人，我从没有鼓励或建议他们以特定的政治方式去工作或是斗争。当然，在我担任共和国总统时，在尊重一切民主原则的同时，我以各种政治形式，同活跃于阿尔巴尼亚政坛的人物进行对话，包括法托斯·纳诺和萨利·贝里沙、萨布里·戈多和斯坎德尔·吉努什，包括生态党的纳米克·霍蒂或是农民党的M.乔莱卡。并且在这些会谈中，我努力尝试和确保我的对话者们关于社会发展的民主原则是正确的，确保过渡的第一步能尽可能的平静，让一切力量都集中起来帮助国家渡过困难。

众所周知，在多元民主初期，民主党自登上政治舞台起，其遵循的“街头政治”便极具攻击性。受一股野蛮的反共产主义思潮的影响，人们企图毁掉一党制时代所创造的一切。考虑到贝里沙是一个有教养的人，我觉得与民主党的其他领导人相比，他是个能够对话并了解国家所面临的重大问题的人。我相信他不会允许民主党始终走“街头政治”的发展之路，而会帮助阿国以尽可能小的痛苦渡过转轨时期。出于这个原因，我通过正常渠道努力与其保持不断的沟通，希望能影响他不滑向“街头政治”，但生活告诉我，我错了。

慢慢地，贝里沙向民主党内的黑暗势力屈服了，他变成了一个极为好斗的人。后来，尤其是在他掌权后，贝里沙消极、独断的特征表现得更为明显。他所展现的形象，不仅仅是反共产主义者，还是一个反民族者，一个野蛮的暴君。为了得到和维持政权，他毫不犹豫地破坏国家，杀害无辜。1997年的事件就证明了这一点。他为了守住自己共和国总统的宝座，鼓动人们自相残杀，造成2000多阿尔巴尼亚人死亡、上千人受伤。在他任总统的最后时期，阿尔巴尼亚可以说没有国家机构、没有警区，也没有军队。在金字塔诈骗事件中的损失超过15亿美元，1997年的国家财政赤字140亿列克。联合国筹集了600万美元帮助饥饿和受伤的阿尔巴尼亚人，并且派遣了一支来自12个国家、由6000名军人组成的维和军事代表团。

1991年2月，恩维尔·霍查雕像被推倒

在宣布多党制后，1990年年底到1991年年初，除了阿尔巴尼亚劳动党和民主党，其他政党如共和党、生态党和农民党也纷纷登上政治舞台。不久之后，社会民主党也成立了。自然，每个党都宣布了自己的政治倾向和目标，但是关于阿国应走怎样的道路，如何实现多元民主和自由市场经济，以及从一种体制向另一种体制过渡该怎么走，没有一个政党提出过具体的建议和选择。所以，在宣布多元制后，国家的政治生活并没有出现因向新的民主社会过渡而产生不同政治理想、平台与选择间的相互交锋的局面。相反，诬陷以前体制的抗议和游行占了主要地位，而这些游行往往以冲突和故意破坏收场。

反对党尤其是民主党，在各种活动中都极有攻击性。他们的口号也开始攻击阿尔巴尼亚劳动党和社会主义的过去，并将劳动党简单地评价为野蛮的独裁和极权等。在新闻界也开始了对恩维尔·霍查形象的攻击。1990年12月底到1991年1月，反对党尝试拆掉斯库台的霍查像，而斯大林像在大多数城市都已经被拆除。

1991年1月，在宣告多党制后出现的独立工会组织了一系列罢工。这些罢工主要

集中在矿区和市政交通领域，除了给脆弱的经济带来进一步破坏以外，也造成了一种危害国家的政治局面，因为原定于1991年2月10日的人民议会的议员选举日正在临近。与此相关的是民主党自1991年1月初起，就在各种会谈中提出推迟选举日期的要求，理由是还没为此做好准备。为了确定这件事，即是否推迟选举，1991年1月9日和10日两天，专门召开了阿尔巴尼亚劳动党政治局会议。

会议一开始，我就当时的形势和民主党推迟选举日期的要求谈了看法。我详细介绍了同民主党领导人贝里沙以及民主党整个领导集体进行的会谈内容。我还向大家说明，我已经从经济和政治角度向民主党领导人指明，现在的形势格外严峻，国家有可能因为我们任何一个错误的观点或举措而走向不稳定，甚至引发灾难性后果。在与民主党的会谈中，我始终坚持“选举应尽快举行，从而组建人民议会，通过宪法，并实现国内的政治稳定”。我对他们讲，“你们都说自己是为了国家的发展，那么就没有理由就这一问题持有异议了。”尽管如此，民主党的高层们还是坚持要推迟选举，让其在更有利、更民主的条件下进行。否则，他们就不参加选举，会弃权并抵制选举，还将以各种方式呼吁人民不要参加。

自然地，我告诉政治局的同志们说，这种形势引发了一些问题，需要我们交换看法。我们确实就选举事宜进行过一次讨论，本可以不用继续讨论下去了，但由于新问题的不断出现，对此进行进一步商议并预判一下今后的发展趋势也是件好事情。但不幸的是，尽管由于一些特定的法律原因，我们正经历着一场不断升级的严酷斗争，但我们并没做多少形势预判工作。如今，我们对这样的斗争已经不再陌生。东欧国家曾经有过这样的经历，但我们没有认真地去了解它，无论是其消极的一面，还是其反共产主义的具体手法。

在我之后，政治局委员们也做了发言。我想强调的是这次讨论气氛相当紧张。个别同志即使不说是思想保守或残酷，也至少是很顽固的。他们坚持要求逮捕某位前反对党领导人，因为其“辱骂了霍查”。对此我无法赞同，因为当时对这种事并没有相应的法律规定。尽管这种极端思想显然是受了当时形势和反对党所表现出来的攻击性的刺激，政治局还是决定推迟选举日期，以便反对党有必要的时间来为这件在新社会建设中起重要作用的事情做好准备。因此，选举日期由原定的1991年2月10日被推迟到了3月10日（之后又再次推迟到3月31日）。

上述决定本是缓和紧张局势的一种努力，但事实上，形势并没有太多改变。相反，攻击性行为仍在继续。从学生方面来看，起初是农学院，而后是地拉那大学的学生们开始罢课，并且提出了一些经济要求，而这些要求很快又转变为政治要求。他们主要是要求改变大学的名字，因为在那时叫“恩维尔・霍查国立大学”。

1991年2月7日，“美国之音”电台播放了一段贝里沙的采访，其中说到“存在着政变的可能”。那是一个很奇怪的声明，因为当时并没有这样的迹象。贝里沙的声明不仅表达了不安，而且听上去更像是一种托词，是搞“街头政治”战略的一个借口，而这一战略将会很快变得活跃。事实上，随后发生的事情也证明了这一点。

1991年2月9日，在都拉斯发生了“出逃潮”，出逃的人群被治安部队逼退了回来，但这一事件产生了非常严重的后果：35名警察因被石头和其他硬物击中而受伤，42人被逮捕，一些国营商店和书店被烧毁，商店的橱窗玻璃被砸碎，等等。科尔察、斯库台、卡瓦亚和爱尔巴桑等地也发生了类似事件。

2月18日，地拉那的大学生们开始绝食抗议，引起了不仅是来自首都，也包括来自全国公众的关注。2月20日，学生城变成了“朝觐圣地”。地拉那市的工人、学生、妇女，以及从卡瓦亚和都拉斯来的工人们都汇聚在学生城，支持绝食抗议的大学生们。很明显，他们是有备而来的，所以必须采取措施，以免发生无法挽救的事情。为此，我下令通知身在地拉那的劳动党中央委员紧急开会，一起分析形势并采取相应对策。

与此同时，学生城聚集的人群开始有组织地向地拉那市区进发。他们经过爱尔巴桑路，走向广播电视大楼和部长会议大楼。看来，他们是想要走到城市大道，走到劳动党党中央大楼前。当一部分游行示威者靠近广播电视大楼时，在那里封锁道路的警察们向空中开了枪。示威者们向后转，并朝爱尔巴桑路走去。他们看上去是要去斯坎德培广场。事实确实就是这样。

劳动党中央会议于12点在党中央总部召开。当示威者进入斯坎德培广场中央时，

我接到通知说内务部部长赫库兰·伊萨伊有紧急电话找我。他没有参加这次中央会议，因为需要密切跟踪形势发展。此前，当学生们到达爱尔巴桑路时，我曾告诉赫库兰，让警察们不要对年轻人使用警棒，而且绝对不能使用任何武器。他们照做了。但是现在，游行人群有可能要推倒恩维尔·霍查的纪念像。

“我们该怎么做？”部长问我。广场上已经聚集了万余人，因而任何介入都是危险的，都可能会造成流血冲突。

我对他说：“我们不要流血冲突。所以你们尽量用其他方式避免不幸发生。”

这便是对话的全部内容。随后，我来到会议室，同志们正在那等我。中央会议就是否同意将恩维尔·霍查的名字从大学名称上去掉进行了讨论。在同赫库兰通话结束几分钟后，我收到一张纸条，上面通知我说恩维尔·霍查的纪念像被推倒了。我把这件事通告了与会同志。大家深感震惊，讨论也就此中断了，奈吉米耶·霍查哭着跑出了会议室。然而，并没有人就为何没有通过武力甚至使用武器保护霍查像而提出意见或批评。

这些事件过后许久，一篇对赫库兰·伊萨伊的采访竟然说，我曾下令开枪保护霍查像，而赫库兰没有执行命令！这种说法实在是不怀好意！首先，倘若我真的下令开枪，而某人（指赫库兰）没有执行我这个武警部队总司令的命令的话，我首先会做的，就是立即报告党中央，赫库兰·伊萨伊违背军令、破坏原则，并且会要求惩罚他。而这并未发生。

其次，倘若我真的下令开枪，那么当我得知霍查雕像被推倒后，自然会问及到底有多少人因为警察依据我的“命令”开枪而死！

然而，我既没有要求惩罚赫库兰·伊萨伊，也没有向任何人打听有多少人死于斯坎德培广场，因为我相信，在我向内务部部长下达命令后，没有人会开枪。

我再回到事件的发生时刻讲一下。在当时新的情况下，与会同志同意将恩维尔·霍查的名字从地拉那大学的名称中去掉，并且根据之前我们同学生领袖达成的共识，完成了对大学名称的调整，即将恩维尔·霍查的名字用于新的社会科学大学。但是后来在3月31日选举后，这一方案也被否决了。

会议预判恩维尔·霍查像倒塌后形势会进一步恶化，于是委托我召集国内各政党领袖开会，以避免类似事件扩大到其他地区。同时，如果事态沿着恶化的方向发展，同志们坚持要求宣布紧急状态。

劳动党中央会议结束后，我召集举行了人民议会主席团会议，就当前形势进行讨论。与会所有同志（有四到五名不在地拉那居住的人缺席）都同意宣布紧急状态，正如劳动党中央委员们希望的那样。于是事情就此定了下来，甚至大家还起草了相应的总统令，当天就递交给我，让我签字。

我请求人民议会主席团的同志让我来决定该项法令何时生效。尽管他们最初的想法是立刻宣布生效，但他们最终还是同意了我的提议。我没有签署该法令，而是将其一拖再拖，直至最后无须宣布为止。

那时候，我能理解同志们的感受。但我也相信，任何时候我们都不可因为感情因素而仓促行动，我们需要找到方法以避免更大的不幸。因此，尽管党中央和政府的有些人急着想要宣布紧急状态，但我仍旧尝试让事态不要发展到那个阶段。在同反对党代表进行了多次会谈后，我们找到了一个解决方法，让双方恢复了冷静，并在相对平静的状态下，为定于三月进行的第一次多党选举创造必要条件。

我为什么对宣布紧急状态一事犹豫不决呢？因为我必须要考虑到，当时国家正处于广泛的民主化进程之中，而重中之重就是选举。正如我前面所提到的，除了劳动党，还成立了两三个政党。宣布紧急状态也就暗示着要确立一个强硬政权，禁止举行公开大会和游行，要实现宵禁，也意味着要控制城市间的人员流动等。

这样一来，国家会倒退一大步，并且会从两方面产生严重后果：国外会对阿尔巴尼亚为民主化所做的努力产生怀疑；国内情绪会更为激动，事件会朝着对社会和公民不利的方向发展。基于我在国家民主化工作中的信条，这件事必须用一切手段避免。

恩维尔·霍查雕像的倒塌使得形势更加紧张。大部分人特别是很多曾经的游击队员和共产党员，把这次事件看作不仅是对恩维尔·霍查的个人形象、对阿国历史和民族解放战争，也是对经历了二战的阿尔巴尼亚来说一个巨大的耻辱。当学生们要求把恩维尔·霍查的名字从大学名称中去掉时，几乎国内各地都有会议和集会反对这一提

议。而雕像倒塌之后，这些示威游行便变得越来越具威胁性。

1991年2月底的几天，是我一生政治生涯里最为沉重的日子。一方面，我终生为之奋斗的社会主义社会和我们的领袖恩维尔·霍查，被国外的宣传和国内的反对势力所抨击，其中“街头政治”起了主要作用。另一方面，任何不慎重的举动，或者是出于尽一切手段保护从前体制或是恩维尔·霍查雕像这种想法的行为，也就是动用武力，那就会造成流血和自相残杀。我的态度很坚定，这样的事情绝对不能发生，因为这对阿尔巴尼亚人民和民族而言都是巨大的灾难。

恩维尔·霍查像被推倒的时候，右翼势力和国外势力曾尝试通过武装力量进行挑衅，借口是为了“维护社会主义”。他们的目的就是要制造流血，以此指责阿尔巴尼亚劳动党是反人民、反民主发展和政治多元化的势力，而且以此在米洛舍维奇对科索沃拔剑相向的时候，破坏阿尔巴尼亚的稳定。对军队的挑衅怀有同样的目的。具体而言，就是1991年2月21日晚在联合军校发生的事件。从事后分析来看，当时同时有两股势力：学校外有一群人，大多曾是犯人和流氓，他们在民主党的支持下，想要推倒联合军校院内的恩维尔·霍查像；而学校内聚集了大部分官员和学生，他们不仅坚定地想要保护校内的雕像，还想把恩维尔·霍查像重新竖立在市中心。

在此条件下，只需要一丁点火花，就可引燃一场熊熊大火。事情的确如此，也许是因为警察为了阻断双方而介入其中，也许是因为外面的建筑内有人朝校内开枪挑衅，或者是相反，校内向外面开枪。总之，枪声响了，有一人死亡，一些人受伤。所幸，学校的司令官和学生们能自我克制，避免了一场军人与挑衅者间的武装冲突。

2月22日，赫库兰·伊萨伊通知我，党的干部聚集在内务部开会，希望我也能参加。考虑到这个请求无疑反映了国家情报局职员和警察人员对前一天发生事件的不满，我决定去参加这个会议。而与此同时，斯坎德培广场上又重新聚集起了大量人员，但尚不知他们要做什么。

刚一到会议室，我就请他们说明让我来做什么。他们问了我一连串的问题。事实上，一名军官已经提前汇集、整理了这些问题。核心就是，他们认为部长动摇了，因为采取的行动没有奏效，警察避免同游行示威者发生冲突；恩维尔·霍查像应该被坚定地保护，哪怕是采用武力的方式。事实上，最后一点才是问题的中心。

我向他们解释了当时的形势，告诉他们，根据我得到的报告，警察在当时的情况下总体上表现得很好。而关于雕像，我告诉他们形势是怎样的、我和赫库兰谈了什么，以及在那样的情况下，为什么不能为保护雕像而执行他们正在讨论的使用武器的法令。

正在这时，从斯坎德培广场出发的人群，正好路过达伊特旅馆并继续向前方进发。看上去，人群的目标是恩维尔·霍查纪念馆和劳动党中央的总理府大楼。会谈因此中断，因为内务部的同志们需要执勤了。

人群走到了拉纳桥，但是并没有过桥，因为在那里他们遭遇到了来阻止他们的警察和共和国卫队。这样一来，人们掉头又重回斯坎德培广场，但是形势已经非常混乱。有人听说我去了内务部，立刻便有传言说“总统被枪击”，生死未卜。后来又有了新的说法“拉米兹·阿利雅在内务部被逮捕”，因此邀请人们去请求释放他！真是天大的谣言！事实上，我刚结束在内务部的谈话回到办公室，就邀请了两名“示威游行者”代表来党中央办公室找我，“看看我，以确信什么都没发生”。

当然，事件并没有就此结束。地拉那恩维尔·霍查像的倒塌和游行示威活动激起了许多共产党员和曾献身于社会主义建设的人们的反抗。抗议活动随处可见。在迪布尔、马拉卡斯特、波尔梅特、特洛波耶、吉诺卡斯特、斯克拉帕尔，几乎在全国各地，老兵、共产党员和各行业员工都召开集会，要求重置恩维尔·霍查雕像并谴责毁像行为，批评内务机构没有执行保护雕像的法令，批评政府、劳动党中央以及我个人的让步和机会主义作风等。

在此背景下，诞生了“恩维尔志愿者”运动组织。在收集了大量签名后，该组织开始号召抗议，要求恢复国家对恩维尔·霍查的“尊重”。他们认为以我拉米兹·阿利雅为首的党中央已经背叛了霍查！在恩维尔的故乡，人们组织了一次“恩维尔志愿者”全国代表大会，与会者来自吉诺卡斯特、波尔梅特、台佩莱纳、斯克拉帕尔、发罗拉和马拉卡斯特。

这些反抗者是共产党员、民族解放战争的老兵、军校的学生和军官，还有阿尔巴尼亚各地大量的群众，这很正常。不过没有任何一个人在任何时候做出报复右翼的过分举动，也没有人试图抢夺武器或是呼吁军队打击右翼。

那些日子，我认为从两方面做工作是合理的：一方面，同反对党派合作，这对保持国内稳定和结束街头暴力行为是非常必要的；另一方面，说服极左翼的“恩维尔志愿者”运动，让其相信用抗议和对抗是无法解决问题的，只能在民主化进程中加以合理解决。

应该说，这么做并不容易，因为双方都不支持我，而只是我的反对者！甚至，不仅是右翼，还有极左翼也已经把进攻的中心瞄准了我个人。在同不同地区的代表和“恩维尔志愿者”见面时，他们对我也使用了最具污辱性的词语，如“叛徒”“被反对党收买”等等。然而，在我对大家关心的问题进行了耐心解释后，“恩维尔志愿者”的大部分代表和其他与会人员还是平静了下来。他们同意，所有人都应该想方设法避免流血和自相残杀。

我召集了当时所有政党的代表开会，包括民主党的萨利·贝里沙、共和党的萨布里·戈多、生态党的纳米克·霍蒂、农民党的乔莱卡和劳动党的乔尼等，大家一起讨论形势。毫无疑问，会谈漫长而艰难，充满了不断加剧的紧张气氛。不过最终，大家还是达成了妥协。

反对党（民主党、共和党和生态党）保证，他们会参与缓解国内紧张局势的工作。为此，他们同意停止公开的抗议和示威游行，直至新的大选。而我们这方则接受了反对党提出的推迟人民议会选举的要求，从原定的3月10日改为3月31日。我们同意这一要求是为了让新政党获得更多的时间组织竞选活动。

为了缓解政治紧张，我们还采取了另外两项措施：为共和国总统创建一个总统委员会，由科学文化领域的年轻知名人士组成，主要是无党派人士。3月初，法托斯·纳诺政府取代查尔查尼政府，任命的成员主要是年轻学者和专家。

为了平息局势，我还决定同全国各地的代表见面，就形势发展与他们进行讨论，让他们能够理解我，或者至少，让他们相信，最明智的选择是在优先考虑国家利益的前提下进行冷静的判断。在2月最后的两三天里，一个来自全国各地的、由15到20名人数不等的代表组成的团体来到了地拉那，他们代表着阿国各阶层的人民，从最温和的到最激进的都有。“恩维尔志愿者”运动的支持者自然也到场了。这些会谈非常艰难，令人疲惫不堪。总体来说，与会者可以畅所欲言，而且也不预贴标签。

他们所提要求的核心是“为什么不执行保护雕像的法令”“面对想要毁像的人们，为什么党中央的军队没有站在雕像前誓死捍卫”“为什么向反对党做出让步”，甚至还问到“拉米兹·阿利雅的真正立场到底是什么”“他究竟站在哪一方”，等等。这样的情况就需要特别的耐心来创造平静的对话，以便加强沟通并达成共识。

尽管如此，我仍旧尝试尽可能平静地解释形势，让大家相信解决问题的途径并非是使用武力，而是讲道理和进行政治对话。我强调，示威游行者毁坏恩维尔像的行为是应该受到惩罚的，是错误且野蛮的；但更具危险性和破坏性的就是动武，因为那样为保护雕像就可能发生流血事件。

上述理由说服了一部分人，但剩下的一些人并不愿了解这些。因此，我只能用更为具体的道理来说服他们。我转向一组人，问他们有没有子女在上大学。他们中的两三个给出了肯定的答复。其中一人的女儿在读大二，另外两个人的儿子分别在国立大学读大一和大三。于是我对他们说：“如果警察像你们要求的那样用武力保护雕像，以致死者中有你们的儿女，今天你们又会对我说什么？”他们一下语塞，但很快又找到了新的说辞。其中一人说道：“我们没说向人群开枪，而只是向组织者采取措施，就像法令上说的那样。”

我又不得不重新从最开始解释。我对他们讲，广场上的人群近万，他们站在雕像前方，只瞄准组织者是不可能的。如果警察得到命令，用武力保护雕像的话，那么任何接近雕像的人都会被击中，根本无从得知究竟有多少或哪个示威游行的参与者会被杀。这样一来，紧张的气氛得到了缓解，他们的激动情绪也渐渐平复。人们平和地离开了地拉那，而原来看似不可避免的自相残杀因此得以阻止。

不得不提的是，在1991年2月那些艰难的日子里，我几乎完全没有得到党的主要领导者的有效帮助。我之前也提到过，他们中没有人反对所采取的措施，也没有人反对过渡到多元化社会。除了极个别人，几乎所有人都站在一旁，一如旁观者那样，看我在当时的情形下怎么做。

最后，我坚信，在那些困难的日子里，我们走了应该走的正确道路。我知道，有一部分人，特别是左翼，并不认可我，也不同意我所选的路线，但是我的良心很清楚我做的是对的。在恩维尔·霍查像倒塌这件事上，尽管我自始至终都不认同“街头政治”的野蛮行径和反对党对恩维尔·霍查的态度，并对这些进行了谴责，我仍坚持认为我所做的是对的。如果为了保护恩维尔像而哪怕是流一滴血，也会让这件事成为我们历史上的一个污点。

1991年3月31日，第一次多党选举

在这种政治气候下，1991年3月31日，第一次多党选举工作开始了。竞选活动开展得十分激烈。过去在阿尔巴尼亚，人们习惯了节日般的选举和安静的集会与示威游行，而这一次，尽管事先已达成协议要尽可能避免使用暴力，但冲突仍然很严重。毫无疑问，恩维尔·霍查像的倒塌，以及当时发生的几次严重事件，如成千上万人离阿难民潮、民主党和劳动党接连召开的集会和反集会等，对人民大众产生了影响。

反对党，或者更好地讲就是构成了反对派主要力量的民主党，在选举活动期间动用了全部力量以争取胜利。他们聚集了一支攻击性队伍，由暴徒、犯人和无业游民组成。这些人到处参加集会，反对党领导人走到哪儿，他们就跟到哪儿，并弄出很大动静，制造出民主党在全国各地都得到群众广泛支持的印象。

反对党的宣传主要基于两点：第一，攻击过去，攻击社会主义制度，把世界上一切不好的东西都说成是社会主义制度造成的，而攻击的靶心就是恩维尔·霍查和其他曾经的领导人；第二，民主党的宣传者做了夸张的承诺。按他们的话说，市场经济能拯救人民，市场经济与私有化相结合，能够保证阿国的繁荣。他们用夸夸其谈误导人民。他们说，只要民主党执政，阿国就会很快“进入欧洲”，就会为全体人民带来福利。这得通过“休克疗法”实现，即需要铲除一切由共产党人和“空白支票”建立起来的事物。只要民主党一当政，美国和欧洲就会慷慨援助阿尔巴尼亚任何想要的东

西：工厂和金钱。

在那个疯狂的时代，一个基本趋势就是，即使荒谬的东西也有人相信。在这方面，也同民主党和其他反对党在竞选活动期间得到了境外势力，尤其是“美国之音”电台及其他美国和西欧的右翼机构、团体的积极支持有关。

3月份，也就是大选前夕，阿国发生了难民潮。起初是在发罗拉港，而后包括都拉斯和申津港。人们抢夺停在港口的阿尔巴尼亚的和国外的船只，并乘船逃往意大利。港口的安全部队和警察根本无力阻止这种前所未有的人流。大约25000人自愿踏上了移民的道路，去往意大利和世界各地。这一事件十分严重，造成了阿国内的痛苦、失望和恐慌。

反对党企图从两方面利用这次难民潮：一方面，以此来败坏现政府的名声，指责安全部队在保护港口和国界时的无能，说现政府毫无未来可言；另一方面，指责劳动党和政府是这次事件的组织者和怂恿者，让选民们大量离开，放弃其反对劳动党的投票。当然，这些纯粹是病态的猜测，只是出于宣传的目的，但是却对普通人和主要的城市造成了影响。

劳动党按照过去的模式，以集会、开会和贴海报等方式组织了竞选活动。议员和发起人进行安静的会谈，发表老套的演讲，既不符合时代要求，也不符合国内实行的多元化现状，也不对能够引导宣传和活动方向的意见做调查。很快，竞选所需要的“紧张神经”也没了。这种“平静”，与其说是自信，不如说更是一种对极富攻击性的“街头政治”有关的混乱局面的沮丧。那时候，令人毛骨悚然的甚至威胁到曾经参加过民族解放战争的游击队员的口号首次被传唱：“把老兵送上绞刑架，把共产党人送上断头台！”

竞选活动在组织上的不足在投票那天显现了出来。1991年3月31日的选举结果，从某些方面来讲，是劳动党没有料想到的。一方面，没有想到反对党的影响这么巨大。在国内的主要城市包括首都地拉那，反对党都赢得了大部分选票。虽然民主党并没有在全国范围内获得人民议会三分之一的议员席位，但在大城市却取得了辉煌胜利。劳动党在地拉那、斯库台和都拉斯三个主要城市，只各获得了两个议员席位。这样一种弱势结果也出现在了科尔察、发罗拉、费里和爱尔巴桑等地。在第一届多元化选举中，劳动党赢得了人民议会三分之二的席位，这主要归功于来自农村的选票。

另一方面，反对党成功击败了劳动党的主要候选人。在地拉那，在城市中，反对党几乎击败了劳动党所有人，这其中也包括我，只有法托斯·纳诺在二轮选举中获胜。当我决定在地拉那的某个选区注册为候选人时，我被告知，民主党正采取一切手段，甚至包括威胁和金钱收买以阻止我获胜。他们建议我换一个选区，以便我的选举更有保障。

在这件事上，共和党领导人萨布里·戈多的表现和态度给我留下了特别的印象。他独自来到我在劳动党中央的办公室，试图劝说我改变竞选选区，因为他知道民主党欲阻止我参选获胜。萨布里·戈多为此感到不安，在选举前一天，他甚至到阿尔巴尼亚广播电视台呼吁选民，包括共和党成员及其同情者，投票支持我拉米兹·阿利雅。当时，他这样解释自己的立场（他曾亲自对我讲过），因为他坚信“没有任何其他人有能力维持过渡时期的政治平衡”。

我并没有听从朋友和萨布里·戈多的建议而改变我的选区。拒绝这些建议同个人声誉无关，主要是因为，离开我的选区将会成为在竞选活动最后阶段对反对派的一种鼓励。这有可能给劳动党的竞选造成事与愿违的后果。

右翼力量始终贬低左翼在3月31日选举中取得的胜利。他们的出版物总是说劳动党汇聚了“无知群众”的选票，并暗示这些人就是农民。在大选后的最初几天，也发生了一系列针对农民的事件，如出现针对农贸市场的攻击、故意毁坏合作社社员准备出售的产品。在劳动党几乎赢得全部选票的米洛特和斯库台的米叶达，发生了阻拦向东北部地区提供食物供给的运输工具的行为。这样一来，体现社会各阶层政治平等的民主和选举基础便被否决了。

民主党的领导人对这一选举结果很不满意，因为他们本以为依靠“街头政治”行动，依靠境外势力的强力支持，特别是“美国之音”和赴阿尔巴尼亚观察团的支持，以及对很多选区的暗箱操纵等，他们至少可以赢得多数选票。

1991年4月2日

4月2日在斯库台发生的事件，其起因便与这次心理预期及受骗感有关。

4月1日晚，在宣布了选举结果后，尽管民主党赢得了斯库台的全部议员席位，当地的民主党组织仍旧组织了反对社会党的示威抗议活动，声称选举不合规范。当日晚上，当地警方并没有对此采取行动。

游行示威在第二天再次重演。但这一次人们径直向劳动党的地方总部大楼走去，并用石头砸碎了玻璃，一批示威者试图强行闯入劳动党大楼。在此情形下，警察进行了严厉反击，包括开枪。在这场混乱中，四个年轻人失去了生命。但他们，尤其是其中一个民主党著名的激进分子的被杀，始终是个谜团。

贝里沙和民主党因这起罪行批判阿尔巴尼亚政府和共和国总统，也就是我，好像这场悲剧是我们蓄意组织的一样。这当然是诽谤，只是那时在阿尔巴尼亚出现的反共浪潮活动中的一个而已。

这种诽谤没有丝毫真实的地方。如果警察部队逾越了法律赋予他们的权力，那么该对此负责的是他们，而不应该是劳动党，劳动党对这样的挑衅从不感兴趣。因为首先，劳动党已经赢得了议会三分之二的席位；其次，劳动党在选举前后的表现也都证明了，它最关心的就是安宁和稳定。

我是在什么时候，又如何得知4月2日的事件的呢？

4月2日晚9点，也就是投票结束两天后，我刚结束人民议会主席团和总统委员会的联席会议。这次会议主要是听取中央选举委员会主席雷杰普·迈达尼教授的报告，以及内务部部长所做的关于大选前后阿国国内局势的报告。雷杰普·迈达尼第一个发言，他汇报了投票结果和各选区的情况，那些数字和事实或多或少都已经为大家所清楚。而后他又补充了一些技术性细节，如某个选举点不合规定，等等。与会者就此展开了一些讨论。

这件事结束后，从11点30分到12点左右，内务部部长格拉莫兹·鲁奇开始做国内形势报告。他的报告刚开始不久，有人走进会议室说内务部打电话来紧急找部长。他出去接了电话，回来时显得非常不安。他说斯库台发生了一件大事，劳动党斯库台市委大楼前发生了游行示威，考虑到这是一起非法示威活动，警察出面驱散了示威游行的人。格拉莫兹·鲁奇告诉我们说，那里有人开了枪，并有两人被打死，而斯库台的劳动党委员会大楼也被焚烧了。

这消息无疑令我们所有人都十分不安，为此我们匆匆结束了会议，并下令内务部部长和检察机构彻底调查这一沉痛事件。所有关于这次会议的讨论，就像其他会议一样，被记录并保存在总统府的档案里。

会议尚未结束时，我的秘书通知我说，萨利·贝里沙和普莱切·左加伊已到总统府想见我。我立刻上了楼（总统会议在一层召开），来到我的办公室，接见这两位民主党代表。

萨利·贝里沙首先开口，他说从斯库台得到消息，“劳动党委员会大楼前（甚至是从大楼办公室开的枪）一个学生被杀，他是民主党的重要成员阿尔本·布罗奇，另外还有三人被杀”。他开始很紧张地指责内务机构和斯库台党委会的人。按照他的说法，“是他们预谋策划了这起罪行”。

我告诉他们，我刚开完总统联席会议，期间内务部部长报告说在斯库台发生了未经批准的游行示威，并且使用了枪支。根据部长的报告，我强调说，有两人被杀，劳动党委员会的大楼被烧。我是第一次听说死者的名字，而且被杀的有四人。消息来的时候，部长正在开会，对这些也并不清楚。

我向贝里沙和左加伊保证，会立刻命令相关机构彻查此事和事件发生的经过，并找到肇事凶手。

斯库台事件是一场悲剧，是令人痛心的，也是极其危险的。在当时以及民主进程来看，这件事是被民主党过分政治化了。人们开始反对斯库台的治安力量、反对内务部、反对总理法托斯·纳诺，甚至反对共和国的总统。民主党将所有这些人都称作罪人，因为在民主党看来，斯库台发生的一切，“是一件有预谋、有幕后指挥的事件，是有组织的屠杀，这一定是国家最高领导人下达了命令”。

由于事件的严重性，人民议会组建了由议会两党议员组成的特别调查委员会。委员会赴斯库台进行调查，询问了各类人、政党代表和警局等国家机构。在此基础上，委员会向议会做了报告，说明了事件的发展经过：从4月1日的示威游行，到4月2日早警察发出呼吁，后来驱散人群，一直到警察使用武器和四名年轻人被杀。委员会并未发现任何能归罪于国家机构，特别是政府的证据。议会民主党议员团对委员会的报告并不满意，他们甚至指责特别调查委员会的民主党成员是“妥协分子”。民主党议员团希望想尽一切办法证明，向人群开枪的命令来自内务部部长，而他是应总统和总理的要求才下此命令的。

后来，贝里沙及其政党在当权后组织了一次审判。在没有明确事实的情况下，斯库台负责公共治安的一些主要负责人，以及内务部副部长H.许蒂和前劳动党斯库台市委书记Xh.迪米利亚被判了刑。复仇情绪在对无辜者的惩罚中表现了出来。我认为，迪米利亚没有任何过错和责任，他只是在履行劳动党斯库台市第一书记的职责而已。对于他下令使用武器对抗示威者一事，从未得到过任何证实。同样，前内务部副部长许蒂当时也毫无过错。对他们的判罚只是一种政治性惩罚，其实是为了针对当时的劳动党和当时的政府。依靠这样一场审判，民主党和贝里沙向人们表明，他们是在复仇，而且在涉及他们仇恨的人的事情上，他们不会止步。

我坚定地认为，以北方和南方邻国为代表的境外势力一直对破坏阿尔巴尼亚的稳定很感兴趣。在对一些震惊全国的事件，如1990年7月2日的难民潮以及宣布政党多元化期间有人企图制造流血冲突等的审慎分析都已证明，外部势力，主要是塞尔维亚和希腊势力，他们的介入对这些事件起到了直接的推波助澜的作用。

同样，对于1991年4月2日的悲剧性事件，想制造国家不稳定局势的也不是阿尔巴尼亚的政治力量。相反，这样的发展只会令阿尔巴尼亚的敌人感兴趣。恩维尔·霍查像的倒塌所引起的紧张局势已经缓解，3月31日的选举朝着正常而平和的方向发展，符合法律规范。由此，阿尔巴尼亚从一种制度正常转变到另一种制度的图景逐渐展开。正是这一点，是南斯拉夫人尤其不愿意看到的。南斯拉夫联邦国家正在瓦解，而科索沃也在寻求独立。

在2004年4月2日的《阿尔巴尼亚》报上，律师N.贝加尼谈到了这一问题。众所周

知，他作为4月2日事件受害人的辩护律师，参加了上面提到的那场审判。贝加尼在《阿尔巴尼亚》报上写道："我相信，在斯库台事件里，还有境外势力的介入。这一点很清楚。4月1日，民主党组织了一次和平抗议，但事实上形势失控了，因为那里出现了'斯库台共和国''斯库台从阿尔巴尼亚独立'等标语。这些标语是别人，是阿尔巴尼亚的敌人们打出来的。正是南斯拉夫秘密警察找准机会在斯库台开展了广泛的活动，他们想让斯库台脱离阿国。"

贝加尼律师提出了自己的论据，还强调说阿尔本·布罗奇被杀是因为他"去要求不要开展示威游行。当他要求人们不要游行、呼吁大家散开时，他被射杀了，手中还拿着扩音器"。之后，贝加尼写道，事件的调查受到了歪曲引导，跟随着民主党和贝里沙的"意志"，"要求得出是斯库台的劳动党委员会杀了人这一结论"。他说调查并未按规矩完成。而后他总结道："如果进行调查实验（以证明布罗奇究竟被哪一方所射杀），我们就有机会找到罪人，知道阿尔本·布罗奇被谁杀害的。因为我坚持做这个实验，所以我的生命也被人威胁。只要看一下子弹来的方向，就能找到凶手。而如果追随子弹来的方向，就会指向别处（指源头），而不是民主党所希望指向的地方。"

尊敬的贝加尼律师已不在人世，他讲得十分清楚。不幸的是，他说出这真相稍晚了一些！然而无论怎样，贝加尼律师的声明还是体现了他的正直。

就我个人而言，斯库台事件令我十分痛苦，不仅仅是因为这事发生在我的故乡，更因为这件事给那里正直、有教养的人民留下了一笔罪行和一段耻辱。事件令我震惊，因为它造成了国内的困难局面，制造了外界相当敏感的问题。我所做的一切努力都是为了让过渡阶段不出现流血事件及产生悲剧性结果的冲突，而斯库台事件却成了唯一的一个沉重而血腥的时刻。恩维尔像在地拉那倒塌时都没事，为什么在斯库台却出现了流血事件？这让我怀疑，有国内外的利益团体插手这一罪行，而阿尔巴尼亚也有自己的蒂米什瓦拉！

那些想从斯库台事件中获取政治利益的人，在媒体上对我展开了猛烈的攻击。起初，考虑到形势已经非常严峻，而且感情所起的作用已经超越了理智，我便不想做出回应。我发表了一则简短的声明，驳斥了对我的控诉，并且宣布我已经任命主管机构尽快展开相关调查。

无论如何，在没有向斯库台的家乡人民澄清之前，我始终难以平静。因此，几个月后，我决定亲自去趟斯库台，仅仅是为了拜访和安慰四位死者的家属。我这次去并未惊动他人，也没有安全措施，只是作为国家领导人，在国家陷入艰难的时候进行一次必要而又平常的拜访。除了我忠诚的司机莱玛作陪同之外，我只带了两名军官，希南·霍查和于里·切米拉米。我这样做，并非是为了表明自己有多么勇敢，而是为了告诉我家乡的人们，我到他们那里去，正如去我爱也爱我的人那里，面对政治对手对我的控告，他们相信我的清白。斯库台的人民很欢迎我。我逐一造访了4月2日的四位死者的家庭，向他们的父母和亲人表达我的慰问。我相信他们理解并且信任我。

很多人，有朋友也有陌生人，问我为什么没有在事件发生后立刻来斯库台。4月2日的死者家属中也有人在我拜访他们时问了这个问题。

“总统先生，为什么您在库克斯就斯库台事件进行发言，却没有来我们的城市澄清事实呢？”有人这样问道。

房间里大约有30个人，房屋的主人站了起来，毫不犹豫地严厉说道：“谁说的？出去，立刻出去！我要求我家的朋友得到尊重！”

我请求房子的主人，看在我的面子上放过那个男孩，因为我会解释为什么我此前在库克斯发表讲话，而这么晚才来斯库台。由于我的坚持，主人照做了。“我在事件发生几个月后的今天来到斯库台，”我说，“仅仅因为一个很简单的问题，这就惹恼了房子的主人。因为依照习俗，他冒犯了客人，也就等同于冒犯了主人，出于这个原因，主人要求提问的人从这里离开。而我也同样觉得不好受，因为那个问题从某种角度上说也质疑了我的正直。倘若我几个月之前来到斯库台，会发生什么呢？那在这个房间里的，可能就不是一个人，而是十个人。大家不明真相，又受到片面宣传的影响，他们可能也会问这样的问题，甚至会对我说些比今天更过分的话。那时，不仅是房主，连我也会和他一道处于一种极尴尬的境地。我们将很难找到共同语言让你们相信，在这场令人痛心的事件里，四个年轻人失去生命，同总统——也就是我本人，或是同政府并无关系。也正是因为这一点，我决定暂且搁置一段时间，让人们有时间来平静地回想、思考和判断。”

多元制共和国总统

斯库台事件并非没有造成严重后果，它破坏了国家的稳定。民主党的议员们联合抵制了3月31日大选后诞生的新一届议会的首次例会，他们把找出4月2日枪杀事件的凶手作为回到议会的前提条件。我是在民主党议员内里坦·采卡在议会大厅里宣读了一份声明后，才知道此事的。采卡在宣读完声明后就立刻离开了议会大厅。

这样，其他的紧张状况也就时不时地出现了。在选举人民议会议长时，针对候选人卡斯特里奥特·伊斯拉米的声讨又开始了。他在担任教育部部长期间“曾关闭过一所大学”，由此而被指责做了一件“蒙昧的”“中世纪的”蠢事，等等。但事实上，关闭几天大学并非出于政治或是文化原因，而仅仅是由于教室和宿舍内的技术与物质的大量匮乏所致。

在讨论人民议会的议事条例草案以及后来的宪法草案时，各种争论又出现了。这些争论有的是合理的，但更多的是不合理的。国家的运转需要我们尽快通过一部宪法，即使是部分宪法也行，因为这将为选举政府以及共和国总统开辟道路。没有对这些机构的任命，国家活动便将陷入瘫痪，向市场经济过渡的重大任务也就无从谈起，就会陷入无政府主义和混乱之中。经过一番探讨和争论后，最终达成了共识，通过了临时宪法要则。

1991年4月30日，人民议会在超过三分之二赞成票的情况下，选举我为共和国总统。民主党的议员们投了反对票，他们利用这次机会抨击即将担任国家总统的人，把近半个世纪以来在阿尔巴尼亚发生的所有不好的事情都归罪于我。民主党中只有三名新生代的议员同大部分民主党议员持不同态度。A.哈伊达尔声明“我个人不希望拉米兹·阿利雅担任总统，但我无法左右人民的意愿”。左加伊说：“拉米兹·阿利雅是阿尔巴尼亚民主在全世界的护照。”而B.穆斯塔法伊则表示“目前还没有其他合适的总统候选人”。

对于反对党议员的观点和批评的内容，我不想做任何评论，因为这些想法并非出自建设性的目的。我相信，当时在会议上发言的大多数人，倘若今天再听一下自己当时的发言，一定会脸红的！而对于三位民主党议员的积极评论，可以说他们在自己的选民面前体现了自己的正确性和责任性。

在正式宣布了对我的任命之后，作为多元制议会选举出的第一任总统，我去议会进行宣誓。人民议会议长卡斯特里奥特·伊斯拉米迎接了我，将我带到议会大厅。那里除了议员们，还有来自各党派邀请的外交使团以及国内政界和科学界的重要人物。议长致欢迎辞，随后，伊斯拉米请我依照人民议会通过的方案进行宣誓：“我庄严宣誓：我将维护我的名誉、忠诚于我的祖国和人民、忠诚于民主和进步理想、维护阿尔巴尼亚的独立和领土不受侵犯。我将尊重我国的宪法和法律，维护和发展民主、自由及人权，忠实履行作为阿尔巴尼亚共和国总统的一切义务。我宣誓！”

宣誓之后，我进行了简短的发言，强调我会严格遵守共和国宪法、法律和责任，成为国家团结的象征。以下就是我的发言：

“人民议会这一立法机构的首次会议，反映了3月31日选举后国内多元民主的新气象。会议为国家的未来奠定了基石，同时也将解决我们国家和政府最重要的大事。

“人民有权利希望，这届议会所通过的议会法令能有助于建立秩序、有助于让文明的政治生活运转和发挥作用、有助于减轻困难、有助于唤起对未来的乐观精神、有助于经济的深刻调整、有助于国内外国家事务的全面改革。同样，我也十分希望人民议会能像这几天的实际行动所证明的那样，成为政治多元化、可以自由发表意见、民主的、宽容的、文明的模范讲坛……

“国家需要我们大家的思想、努力和贡献。让我们将有利于国家的价值团结在一起、为了国家的美好而进行自由的辩论、做出符合人民意愿的决定，让我们竭尽全力，为人民创造更加美好的生活。

“我们前面的路还很漫长。在这条路上，人民的期盼、把阿尔巴尼亚建设成一个经济和文化发达、民主和法治同步的国家的愿望，将我们联结在一起。让我们以富有建设性的精神一起共同努力，尊重他人的思想和相互独立性，别让人们对所走的道路产生受骗的感觉。我们需要健康意志、理解精神和团结一致来解决前方的困难。没有任何政治力量或是国家机构可以独自解决这些问题。

“谈到我们所期待的未来，我们不应对正在经历的艰难时刻有丝毫的幻想，不管是经济上还是政治上的，对此我们大家都很清楚，但是我们有机会也有义务不让这种形势持续下去。

“只要我们的政治观点和意识形态共同服从于人民的利益，我们就能够回归正常的生活，也能够进入到一个更为深入的转轨阶段。在这个阶段，阿尔巴尼亚将成为一个福利好、物质和道德水平高的国家。

“阿尔巴尼亚一直在寻求，也将在未来继续寻求同世界的紧密合作。阿尔巴尼亚将制定更加开放的对外政策。任何真诚地希望我国人民好、任何希望与我们合作的国家，我们已经准备好接受来自这类国家的友谊。阿尔巴尼亚的对外政策不存偏见，也不会出现不符合国际关系民主化趋势的立场。

“在这一庄严的时刻，我想向阿尔巴尼亚全体人民，工人、农民、知识分子、妇女、年轻人和老兵，表达我深深的感谢。你们的信任、支持和持续的热情一直给予我力量，驱使我为祖国的独立、自由和全面发展而不懈地奋斗。”

很多人特别是外国记者问我，当国家的发展道路与我曾经为之奋斗的道路完全不同时，为什么我还会接受担任共和国总统这一职务。我说提这个问题很正常，因为我在当时也曾左右为难过。

1990年底，在确立了政治多元化，阿尔巴尼亚走上了同其他东欧国家一样的道路之后，我便面临了一个问题：应该把意识形态信仰置于对国家和人民的政治义务之上呢，还是应该反过来？我应该放弃对国家的领导，让过渡时期的艰难改革完全陷入自发状态而不问其将走向何方吗？考虑到当时社会形势已相当严峻，稍不留神就可能引发国家内战并造成灾难性后果，自然就产生了这些问题，同样这个问题也摆在了劳动党高层领导的面前。

事实上，我当时是劳动党领导人，劳动党决定由我继续担任自己的职务，即国家主席（我曾任人民议会主席团主席）。这就意味着在宣布实行多元制后，我将成为共和国总统的候选人。我接受了大家提议的这项任务，因为我的良知也是这样告诉我的。无论是对劳动党来说，还是对于我个人来说，当时最重要的是，我要尽可能施加影响，以便让阿国的政治、经济转轨在没有冲突并且尊重法律法规的前提下得以实现。

当选共和国总统后，在1991年5月4日举行的劳动党中央全会特别会议上，我正式辞去了在劳动党领导机构的职务。根据宪法中“共和国总统不得担任其他任何政党职务”的规定，我还辞去了劳动党内的一切职务。我认为这种限制是有道理的。在一个多元社会里，国家元首是人民团结的象征，因而，他自然不应该担任政党领袖或是政党领导成员。

在这次全会上，我对大家讲：

“这次的党中央会议不同于往常。根据议会通过的宪法条款，我被选为共和国总统后，不得担任其他与此不协调的职务。因此，我必须请求党中央解除我的劳动党中央委员、政治局委员和中央第一书记职务。我提出这一请求，也是出于对党中央提议我竞选共和国总统这一意愿的尊重。

“我们党需要克服当前的困难形势。我们应该清楚，我们会有痛苦和失败，但重要的是，我们要尽可能轻松地过渡，要适应即将出现的新形势，我们的目的是要让党的地位、对大众的影响以及在国家发展和进步中所扮演的角色一天比一天更加稳固。关于这件事我不再赘述，因为党的‘十大’将会分析目前的工作，并且确定未来的任务。

“目前，国家社会生活的重心集中在国家机构身上。过去只有劳动党一党领导国家时，每件事都集中在党的领导人和第一书记身上。在现今的条件下，劳动党的代表成为国家元首对劳动党是有益的，也是对国家现在和未来发展的一种保障。同样，这也将劳动党置于舆论监督之下……

“劳动党急需加强人民对党的信任，要让人民相信劳动党有活力、有能力适应新的条件，有选择竞争的权利，并能在政治主动权的竞争中获胜。

“正是因为这一点，我们急需重申关于领导干部问题的思想和理念。我认为，劳动党‘十大’应该选举年轻人进入领导层和党的各级组织。任何地方都需要有能力、有文化的年轻人。基于这个观点，如果党中央同意，在我卸任劳动党第一书记的时候，我建议这次会议不要立刻选出这一职位的替代人选，而是经过深思熟虑之后，留待‘十大’做决定……”

在向多元社会和市场经济过渡刚迈出第一步的时刻，我开始了共和国总统的工作。这是一个异常艰难的时刻，阿国处于经济危机之中，许多工厂不再生产，失业率很高。各地都在游行示威，高喊着要摧毁合作社并抢夺国营食品店和服装仓库。与此同时，阿国也陷入了政治混乱之中。

而我们的政党并没有为了渡过这一时期而努力，反而以他们的所作所为进一步增加了困难。劳动党内受保守思想禁锢的一批人，既不理解形势变化的特点，也不理解需要同别人进行对话与合作。然而新生力量，特别是民主党，为了夺取政权，打着“向共产主义开战”的口号，盲目地反对一切。一些不当政的政客，为了夺取政权，故意挑起混乱、践踏法律，引发社会的不安和困惑，并称此为和平夺取政权的一种战略。萨利·贝里沙就走了这条道路，并用这种思想领导着民主党。

这种形势增加了我履行共和国总统职务的难度。连同其他一些理解历史时刻并真心为阿国好的国家和政党的重要人士，我们一起直面国家所面临的问题，无论是国内发展的大政方针，还是涉外国际关系发展的政策，等等。

在任共和国总统期间，我最关心的还是社会和平。为此，我始终同国内的各政治力量保持沟通交流，定期组织圆桌会议。我将此看作是我国实现民主所必需的一项准则。政党圆桌会议让所有政治力量，无论大小，也无论其在议会中是否有代表，都有机会表达观点，提出建议，甚至提出批评。这对国家的发展进步都是有益的。

从近些年的经验看，当执政党和反对党如同处于两个战壕时，可以说，没有国内所有政治力量工作上的协调，是不可能有合作和理解的，而只会产生罔顾议会和政府权力的党派官僚和专制。

除了关注社会和平，与之紧密相关的是，在我的总统任期内，我还努力对政治力量施加影响，以使从一种制度到另一种制度的过渡能够渐进地、一步接一步地实现。只有这样的过渡才能够避免国家财富被破坏，才能使国家走上发展道路。不幸的是，我的努力遭到了深受“休克疗法”，或者叫作“从零起步”思想影响的右翼势力的反对。而“休克疗法”这一政策的实行导致阿尔巴尼亚经济陷入瘫痪并遭到巨大打击。阿国至今仍在为此付出代价。

组建政府

毫无疑问，向新的多元民主制度过渡必将是一个相对漫长的过程，现在每个人都已经意识到了这点。实现这一过渡的困难在于，我们需要对政治机构进行转变、需要全面改革阿国经济、需要确立新的生产关系，还要建立起适应这些变化所必需的新的法律框架。从之前的社会主义制度向私有制和自由市场经济的资本主义制度转轨，我们还缺乏必要的经验。

那时在阿尔巴尼亚，糟糕的是没有人从一开始就清楚该做什么，或是明白亟待解决的问题的重要性和复杂性，缺少对转轨新角色做好准备的人，尤其缺少了解市场经济的专家和能起草新形势下急需的法律文件的法律专家，这也是自发性破坏行为取代有组织的谨慎行为的原因之一。这种做法带来了严重的后果。3月31日选举后，反对派势力——宣告多元制后诞生的民主党和独立工会——便立刻举着“消灭共产主义”的旗帜，对在他们看来“代表着”共产主义的阿国经济和行政机关发起了进攻，目的就是要它们瘫痪！

这一原始概念，在反对党加快夺取政权的道路上起到了推波助澜的作用。从一开始民主党挑战3月31日的选举就清楚地表明，对我们而言，只有当反对党赢得多数席位时，议会选举才被称为是民主的。这种做法在其他前社会主义国家，如波兰和保加利亚都曾发生过。在那些国家，提前大选进行了一次又一次，直到议会多数席位被右翼势力获得为止。

在民主党看来，同样的事情也应该发生在阿尔巴尼亚。从反对法托斯·纳诺政府，导致纳诺政府尚未开始运转就遭解散、而纳诺本人被迫辞职这一事例就可以清楚地看出反对党挑衅新一届选举的倾向。

以纳诺为首的第一届政府于1991年2月底，亦即在自由选举之前成立。它代替了阿迪尔·查尔查尼传统的一党内阁，多少缓解了国内的紧张局势。这届政府筹备并组织了1991年3月31日的多元制选举，即使在人民议会新一届立法机构召开首次会议之时，这届政府仍运转着。

新的宪法通过后即替代了国家之前的宪法。总统选举之后，正常情况下应该轮到新政府的组建。根据既有程序，纳诺提交了所领导政府的辞呈。而我作为总统，根据既有程序，展开了针对新内阁结构和组成的讨论。我从一开始便认为，应该组建一个至少由议会两个主要政党组成的政府。

这一提议不仅是我个人的意见，也是劳动党领导层其他同志的想法。法托斯·纳诺也在讨论后同意了这一想法，但是反对党并不接受。

“只有当政府的行动符合我们的观点时，我们才会支持它。而民主党作为反对党，应发挥这样的作用。”萨利·贝里沙如此说道。在与当时的反对党领导人事先沟通时，内里坦·采卡也持相同的观点。

这个依照反对党的逻辑提出的理由看似是对的。然而事实上，民主党选择这种态度并非是为了尊重多数人和少数人的权利。相反，后来的事件证明，它只是为了尽一切手段推翻政府，从而引发合法政府的危机。

以多元制为基础的政府方案被否决后，唯一的选择是由议会的多数，其中包括劳动党议员，组建政府。因此，法托斯·纳诺作为总理的新内阁形成了，被大家称为“纳诺二政府”。

法托斯·纳诺

很多次，甚至至今仍有人问我，我在哪里“找到”法托斯·纳诺的，当然我不是在路上“找到”他的。法托斯·纳诺是一个有名有姓的干部，他曾在马列主义研究所工作，是当时以文化水平超群而出名的经济学家。

最初的几年，反对党批判他是因为他来自宣传劳动党和恩维尔·霍查思想的机构——马列主义研究所。但是，批评他的人忘记了关键的一点：倘若他在研究所的工作，包括支持社会主义政权或是宣传社会主义思想和恩维尔·霍查的作品，被视为一种罪过，那么在这些方面，法托斯·纳诺的罪过甚至大不过萨利·贝里沙、萨布里·戈多和斯坎德尔·吉努什等人的。

法托斯·纳诺是一位年轻的干部。我曾高度评价他，并留他在身边，还很信任地把很多任务交给他。自1988年起，距今已经很远了，当时我起用了一批经济领域的年轻专家研究准备方案措施，以便将经济带离困境，我在法托斯·纳诺身上看到了一位有能力、有准备的干部的影子。出于这个原因，我将他留在了身边。后来，我还“推荐”他在政府高层任职，直至日后担任国家总理。在任政府领导人的短暂时期里，他将自己奉献给了民主改革。正如之前所说，我始终支持法托斯，特别是在国家经历困难的时刻。

我看见过法托斯的缺点吗？当然，他就像每个活人一样，也有自己的缺点。最大的一个缺点是，如果他的同事中有人没有追随他，没有支持他的观点或做法，他便有可能和那人发生争吵。毫无疑问，这样的态度也展现了法托斯最严重的问题——野心，而最近一段时间则更为明显。

第一次政府危机

纳诺政府在议会获得了多数派（主要是劳动党）议员的信任票。而民主党在议会和媒体上不断攻击新的政府，它所用的最有效的武器就是“街头政策”，即反政府游行示威、新成立的工会对政府施压，以及罢工和请愿。

纳诺政府于1991年5月13日宣誓就职，而5月16日就出现了大罢工。独立工会除了提出经济要求外，还在此次罢工时提出了“消灭共产主义”的口号。形势进一步恶化，特别是在5月26日。地拉那附近的瓦里亚斯工人罢工后，又演变成绝食抗议。煤矿工人的罢工吸引了全国公众关注的目光。由于反社会主义的破坏性行为广泛扩散，对话变得愈加困难。

5月29日，也就是在瓦里亚斯集会上发出呼吁的两天后，斯坎德培广场上出现了一场示威游行。这次示威并未按法律要求的那样经主管部门同意，最终在同治安警察的冲突中结束。文化大楼的玻璃被打碎了，钟楼酒吧和内务部俱乐部被烧毁了。正是警察的冷静和容忍，特别是公安部部长许蒂出于严格的敬业精神和对形势的正确判断而表现出的正确态度，避免了某些势力希望看到的，像斯库台事件那样严重的事情出现。

抗议的政治性从一个事实就可以看出端倪。针对斯库台事件，反对党要求“20天内找到并审判肇事凶手”。与此同时，尽管纳诺政府从开始工作连一周的时间都不到，反对党还是要求纳诺政府下台。很显然，纳诺政府被发难并非是由于其无能、举措失当或有过失，而仅仅是因为它是3月31日的选举，即左翼力量取胜的产物。

民主党及其他反对党的领袖从未同使形势不断恶化的民粹运动保持过距离，相反还对其予以支持鼓励。他们口头讲的是争取“街头民主”，而事实上做的却是“街头暴力”。

必须指出的是，总体而言，政府和执政党对这样的形势并未做好准备。有关罢工、示威游行和抗议的相关法律要么没有，即使后来通过了这些法律，但本应保证这些新法律被贯彻实施的治安力量却并没有受到相应的训练。甚至治安力量的人数也很少。因为过去没有罢工、示威游行和抗议时，他们的主要任务只是保卫一些重要设施和打击犯罪。

当铁路和其他运输工人加入罢工队伍时，形势就进一步恶化了。经济领域产生的困难也使得政治气候更为严峻。示威游行者，不管队伍大小，开始在总理府、总统府和议会大楼前抗议。

在此情形下，执政问题就成了关键问题。纳诺政府是应该继续执政，还是应该辞职？就这一问题我同大家讨论了很多次，特别是与法托斯·纳诺、人民议会议长卡斯特里奥特·伊斯拉米、劳动党的主要同志以及在议会中的劳动党议员团领导人I.莱什都讨论过。

最初，总理纳诺和他的政府对是否辞职犹豫不定。

“罢工者是一支相对较小的队伍，”法托斯说，“而支持政府的人却是大多数。”

他说的是对的。

“因此，”他表达了自己的不安，“大众能理解政府的辞职吗？他们会不会把这个行为称作一种退缩呢？这样的一步可能会导致人们的行为不受控制，引发争端……”

从某一方面来看，这个推理非常正确。但是，罢工、请愿、不满情绪和反政府抗议活动每天都在赢得更多的支持，这种支持在广场和街头都能公开看到。而大多数人对政府的支持更多的只是道义上的，根本不起多少作用，既无法阻止罢工，也不能保证秩序和平静。这样的支持显得很被动，缺少组织性，而且也仅限于在一些呈给总统的请愿书和电报中希望总统“不要接受纳诺政府的辞职”。自然，这样的举动是远远不够的，根本无力应对不断发展的街头挑衅活动和罢工。很显然，反对党和它的外国“伙伴”早已做了精心准备以推翻纳诺政府。

纳诺向议会寻求支持。在听证会上，反对党断然拒绝给予支持。听证会也差点变成了反对党对政府的审判。反对党以这种态度，继续激化街上人们的不满情绪。这样一来，纳诺政府别无选择，只得在1991年6月4日提出辞职。

当然，还存在着避免政府辞职的另一种可能性，那就是使用暴力，并宣布罢工是非法的，用治安力量驱散罢工的工人，但这样做无助于国家的稳定。倘若使用暴力，那么毫无疑问，将会发生不寻常的事件，而这正是那些阴暗势力最希望看到的，他们会用一切手段将国家推向内战的道路。

武力镇压罢工还会引发另一个重要问题：我们将倒退几步，回到过去用暴力禁止罢工的时代，这对国家发展有好处吗？这样做也为国内外的反对者提供了“证据”，就是说即便进行了自由选举，其实一切都没有改变。一场外部世界对阿尔巴尼亚的抹黑运动将由此爆发。大家也知道，那时候，我们的政府并没有得到国际支持。而且，外部世界也并不支持左翼政府。

也正是因为这些原因，法托斯·纳诺和其他人得出结论：政府应该辞职，以便缓和形势并找到其他解决方法。这个决定是由大家共同认真做出的，没有任何人被强迫。纳诺政府是最后一届完全由劳动党代表担任部长的政府，换句话说，是最后一届“共产党政府”。

常有这样的写法和说法“阿尔巴尼亚共产主义离开了历史舞台，并给经济造成了前所未有的巨大破坏”。然而，任何对过渡时期头两年，及对1992年春天所发生的无法计算的对物质地焚烧和毁坏有所了解的人都知道，那并不是共产党人和当时的执政党的所想和所为，而完全是别人干的。

并非共产党员、劳动党的成员在要求和迫使还没坐稳的纳诺政府辞职，并非共产党希望国家政治不稳、经济瘫痪，也并非这个政党想要群众与治安力量起冲突，或是通过鼓动非法抗议游行加剧国内的政治紧张。

相反，通过辞职，纳诺政府和执政的劳动党就是为了表明，是想避免冲突和使用武力、想确立秩序和恢复宁静、想要国家政治经济保持稳定，也是希望通过对话和宽容的方式来寻求解决分歧。

同意纳诺政府辞职这一政治态度，也证明了议会的多数党将国家利益置于党派利益之上。相反，当时的反对势力所感兴趣的，却是通过民粹运动激化混乱和不安，挑起仇恨和分裂。

在阿尔巴尼亚，对于一些新政党，特别是其中复仇的一派，认为社会过渡的进程应被理解为每件事都从头开始。这一路线毫无限制地被遵循，特别是1992年3月22日民主党上台执政后更是如此。民主党开始复仇并反攻倒算。也就是说，并不是“阿尔巴尼亚共产主义下台并且搞了破坏”，而是反对党，或者说其最激进的一派带着恶毒的愤怒，在毁灭“共产主义的每一个印记”，以及过去50年间阿尔巴尼亚人民通过劳动和努力在经济和文化领域取得的每个胜利。

反对党为了政治、经济和社会改革而遵循的路线，同东欧的前社会主义国家所走的路线不大相同。那些国家在转轨过程中，尊重法律和社会和谐，着眼于未来而非过去。捷克斯洛伐克、匈牙利或是波兰，走的是“软着陆”路线，甚至在捷克斯洛伐克，这一转轨被称为“天鹅绒革命”。

那些国家都在行政和经济领域进行变革，进行私有化，对权力机构和军队实施改革。然而，那些地方并未发生为了从“零水平”开始而进行破坏的变化，也没有因实行“休克疗法”而让集体和国家财富遭抢夺。他们从现有基础出发，采取合适的措施，没有任何一个政党违反法律；那里的前政要依法被禁止几年内担任主要国家机构的领导职位，但行政职员、教授等，并未因政治原因而被停职；那里并不否定反法西斯战争，也没有恢复纳粹共犯和侵略者的名誉，等等。这些行为同他们对民主及其发展道路的理解有关，也同我国的民主党和自称纯粹的民主人士的领导者当权后所遵循的路线和执行的政策完全不同。

时至今日，在纳诺政府辞职的17年后，我依旧认为他做的是对的。问题的关键在于，当时制度上出现的压力和事先准备好的计划可能会把国家带向可预知的混乱及冲突之中，而政府必须以尽可能少的损失和正确的民主态度去面对这些困难。

社会党成立

正是在纳诺政府倒台的日子里，劳动党“十大”召开了，这也标志着社会党成立了。

在当时的形势下，在宣布实行多元制以及国家已走上资本主义市场经济道路后，无论是在纲领计划上，还是在组织上，对劳动党进行重组都是一件紧迫且必要的事情。在社会主义垮台后的新形势下，劳动党要么解散退出政治舞台，要么就得从性质上改变自身的宗旨、纲领和党章。重组劳动党并非是某一个个人为了延长劳动党生命的主观要求。重新确定一个适应新形势的新的战略战术，实际上是左翼的客观要求。守旧必会贻害无穷。

劳动党建立之初，主要作为国家的执政党，在马克思主义的指导下建设社会主义，不承认生产工具私有制，不承认人的主观能动性，也不承认市场经济。因此，劳动党在不改变其纲领的前提下，无法适应时代的挑战。

在多元制问题尚未出现时，重组劳动党就已经是必须要做的一件大事了。劳动党机构和组织的许多党员，已经逐渐丧失了他们最初在战争期间，或是在国家社会主义建设头十年里所拥有的党性了。一部分党员已经失去了人们的尊敬，他们不再被视为奉献在前、享受在后的理想典范，也不再体现那些在民族解放战争中浴血奋战，以及在阿尔巴尼亚全国各地开垦沼泽、修建铁路和水电站、驻守边疆、开设学校和卫生所等人所拥有的形象。当然，劳动党党内也有不少立场坚定、富有斗志的人，同时仍有一些年轻、正直又富有理想的年轻人不断加入劳动党。然而也存在着一个事实，即在最近十年间，对有些人来说，入党逐渐成了走向仕途、获取个人利益的一种手段。

更糟糕的是，这种倾向在很多党员干部身上也有体现。他们更在意自己，而非普通民众的疾苦，他们不再有斗志，也不再有苦先吃。相反，他们中的一部分人变得官僚主义，对人和对己有着双重道德要求标准，而这种做法不可能不伴随出现裙带关系、特权和偏见等现象。

毫无疑问，在大众的眼中，这类干部已经失去了被视为平等、人道主义和社会公正等理想传播者的权力。在宣布实行多元制后，这群人中有一部分人急匆匆地加入了新成立的政党。

对于党的改组，党内存在着不同的观点。有一派人认为应解散劳动党，建立一个全新的政党，从而同劳动党及其历史完全脱离关系。他们说，这个党应该有自己的具备社会民主特征的纲领，并在司法部重新注册。持这种建立新党想法的主要是党内的年轻干部，特别是那些后来成为社会党高层的人。

建立新的政党并宣布同劳动党及其传统和历史脱离，在当时，这一行为的发起者们有被孤立或被称作“叛徒队伍”的危险。同样也可能出现反对“分裂者-叛徒”的行为，也就是劳动党高层的保守分子全面反对党的改革。因而，有出现党内重大分歧和混乱的可能。

另一种观点是，劳动党改组就得制定一个新的章程以适应新的形势，同时还要在其组织和入党等方面进行深刻变革以适应新的党章。这样，劳动党就能展现出新的面貌，既能保护劳动党和阿尔巴尼亚革命运动的历史传统，又能维持先前的影响力，同时吸纳新的党员。

1991年6月召开的“十大”，一开始走的是建设第二条道路的方向，也就是劳动党进行改组以适应新形势，同时不割断同过去的历史联系。然而在最后时刻，“十大”认为应该终止劳动党的存在，同时建立阿尔巴尼亚社会党并作为新的政党取代劳动党。如果原劳动党党员愿意接受社会党的党纲，那也可以接收其成为社会党党员。很多前劳动党成员都毫无反抗地接受了“十大”的决议，并同新的社会政治阶级联合起来。

在质变时期，也就是从一党制到多元民主的过渡阶段，必然会出现政治力量的再分配。事实上，很多前劳动党成员，甚至党内非常积极和激进的人，成了民主党的创建者，或者很快加入了民主党，并且成为其领导团体的一部分。其他人离开劳动党，为了加入别的新党，比如社会民主党、农民党或是共和党，他们都算是民主人士了！

劳动党的“十大”是为了在民主多元主义的条件下，肯定社会中左翼的替代选择，但是必须讲的是，当时这一替代的计划在年轻的社会主义政客的思想中，并没有处理好，而大会的发展方式也证明了这一点。在“十大”进程的充满热情的背景下，一些代表表现出了动摇，他们一会儿支持一方，一会儿又赞成另一方。晚上的讨论开始之前，出现了对一部分已经被开除出党的政治局成员的批判，这件事也确定了大会议程发展的下一步路线。因此，在第二天，一派人带着传统的热情，要求党对过去的路线忠诚，并始终遵循它；另一派则表达了需要在大纲和法规上实现质变，但要求保护劳动党继续存在；第三组人，人数并不少，坚持一切都要从头开始，不仅仅是大纲和法规，还有成员资格等。每个方向的分组和观点或是得到支持者的掌声，或是遭到反对者的口哨声。在他们之间，德里特洛·阿戈里在掌声和谩骂相混杂的完全的混乱之中，鼓足勇气发言反对恩维尔·霍查。大会上的人都站了起来，准备好对他进行批判，但是在他之后，另一个人发言了，更为温和中立，这样一个接着一个，讨论者不断轮换，直到大家都感到满意。

大会在最后很成功，从大量讨论得出的结果中，找到了这些派别和观点共存的方式。这件事表现出了民主的宽容，也是之后在社会党所有的政治活动中占主导地位

的。以民主党为首的右翼所期待的巨大分歧，也是由于上述原因，没有出现。

在大会的准备和发展过程中，确定对恩维尔·霍查形象和角色的态度成了一个特殊而且重要的问题。众所周知，他曾任阿尔巴尼亚共产党自创立之日起的领袖，是民族解放战争以及近50年来国内政治、经济和社会转变的领导者。对于这一切，成功与过错，恩维尔·霍查有着主要的功绩和责任。

反对党的全部力量和来自境外的反共产主义宣传，都将进攻的重心对准了劳动党及恩维尔·霍查个人。他们否认每件事、每次成功，把这个世界上一切坏的事情都归咎于党和恩维尔，让二者为做过的和没做过的事情负责。这使得大会必须要确定一个对待霍查的明确立场。这对社会党及其未来是好的，可以脱离过去，也能对恩维尔做出正确评价。

当然，确立对像恩维尔·霍查这样的人物的态度并非易事。主要是因为这个人曾在将近半个世纪的时间里，在阿尔巴尼亚历史中起过重要作用。另一方面，每个人都或多或少同那个时代的事件有关联，无论是好的还是坏的，都有主观的可能。

一部分党的干部和成员认为，恩维尔·霍查始终只起了积极作用。如果有错误，他们说，那这些错误也同恩维尔·霍查无关，而是从苏联照搬的无产阶级专政的体制，在理论和实践上所产生的弊端。

其他一些人的观点同这个完全相反，他们认为恩维尔·霍查做错了很多事情，他是一个独裁者，为了确保自己当权，他消灭了自己的同志。

很显然，这两种观点，都不是而且都不可能是正确的，它们是非黑即白的判断。因此，最正确的道路是尽量客观地，以辩证的方法，分析恩维尔·霍查的作为和角色，包含着好与坏、过与功。恩维尔·霍查有着特殊的历史功绩，但是在他的行为里，也有着错误和缺陷，他对此负有责任。

这是在向大会提交的报告中或多或少强调的立场。此外，应该说，分析较为全面，有些地方做到了兼容并蓄，特别是在谈及消极面或是错误的时候。无疑，恩维尔·霍查是无产阶级专政的产物，他的全部行动，都依照了制度的逻辑。苏联、中国、东欧，及所有建设社会主义的地方，都是按照这个逻辑行动的。但除此之外，个人的角色还应该结合自身国家的现实来看。在我们这里是如何执行阶级斗争原则的呢？经济政策上呢（对重工业的侧重；完全的社会化，甚至包括手工艺领域；农民小的所有权的消失，不仅在平原地区，也包括山区等等）？“孤立”和“完全依靠自身力量的支持”呢？那么，“个人崇拜”呢，在哪里有过呢？我在这本书里谈及这些事情，并且强调了恩维尔·霍查在上述方面以及其他地方起到了决定性作用，并且负有主要责任，但除他以外，还有劳动党的全体领导者。

在这种气候中，社会党诞生了。“十大”在开始时为劳动党做了结算工作，而结束时成了社会党的建立大会。大会末尾，选举了社会党的领导团体，其领导者多是年轻的同志。法托斯·纳诺当选了社会党的主席。

选择主要领导者并不是一项简单的工作！我在大会礼堂的旁听席关注了大会议程的发展。因为根据宪法，我已经向党递交了辞呈。尽管如此，直到最后，我并非毫无立场。当大会的选举委员会开始商讨选举主席和其他领导人时，指导委员会的几位同志向我走来，希望我帮助他们说服法托斯来接受党主席的职务。

那些天，稳定的政府也正在建立。由于法托斯个人的要求，我决定依照相关法令，任命他为对外经济关系部部长。由于法托斯被推举为社会党主席，我们必须再次同他进行讨论。我们会见了纳诺，他最终接受了党主席的职务，前提是领导团体里要有莱什、S.帕隆比和S.戴代，这件事得到了同意。

社会党在“十大”结束时，特别是在会议的主要档案公布后，被认为是一个新的政党。尽管如此，它并没有也不可能幸免于身份认同的危机。虽然社会党的大纲、意识形态观点和内部组织都同劳动党没有丝毫的共同点，但是社会党的宣传和领导者仍旧尽最大努力证明自己同过去、同劳动党没有关系。这样一来，社会党的宣传便慢慢地开始向右翼倾斜，并且落入了民主党的圈套，使得前者全面否认了过去。

让·若雷斯，20世纪初法国最伟大的社会主义者之一，他曾说道：“从过往中，要获取的不是灰烬，而是火焰！”这成了一次教训，不仅是对社会主义者，而是对所有人。人们从来都不应该否定历史的过去，无论在此期间，存在着怎样的灰烬，和那些痛苦甚至是错误的时刻，还是应该保留过去的火焰。并且，火焰是有的，甚至有很

多，如在阿尔巴尼亚共产党员的行动中，从伟大的反法西斯战争，将国家从法西斯主义侵略者手中解放的胜利开始，到战后的阿尔巴尼亚建设期间。

从一开始我便认为，社会党应该尽量利用好自身较于反对党的优势，也就是左翼带给我们的组织经验和传统。新建立的可供选择的政党，将会更难获得胜利，特别是考虑到它们开展了民粹运动，却没有有经验的领导团体，比如民主党；又或是有临时的领导团，却没有成员，比如共和党和其他之后成立的政党。

在召开“十大”和建立社会党时，我并没有加入这一政党。这是因为依据当时的宪法条款，共和国总统代表着国家团结，不被允许加入任何一个政党。后来，在我辞去总统一职后，我认为没有必要加入这个党。并非是因为我对它的作为有特殊的保留态度，而是因为我认为，这样做对社会党更好，考虑到我当时被反对党当作靶子，并且在我辞职后，萨利·贝里沙当选总统，将我监禁。

我没有社会党的党员证这一事实，并没有改变我的信仰。我说过，我过去和现在都属于左翼，信仰社会主义理想。无论发生怎样的政治上的转变，在信念中，我都未曾改变。我支持社会主义，支持正义的社会和社会的正义，支持个人的权利和自由被尊重以及反对人与人之间的相互利用。

那么社会党领导人对我的态度呢，他们有所保留吗？对此，我确实不清楚。因为从未有人对我说起过什么，不管是直接地还是间接地。不过事实是，从社会党的领导那里，我没有得到任何友好的信号，没有邀请，没有祝贺，也没有会面，包括在社会党的大会上，我也从未被邀请过，不是指讲话，而只是说到场而已。显然这种事并不让人高兴，尤其是当大会邀请了外国的外交使节，还有社会党公开的对手——反对党的代表。

稳定政府

在纳诺政府宣布辞职后，在那些时刻，特别重要的是从它的垮台中，获取对国家发展有利的东西。为此，人们试图建立一个多党政府，在广泛的政治基础上，让它在社会和平和财团的保证下运转。在那些情况下，通过建立稳定的政府所达成和实现的结果是一次积极的解决，在一段时间内为社会的“社会–政治”平衡而服务。

这次的政治解决历经艰难才得以实现。一次又一次的会谈，双边和多边的，同议员和党的领导的，为了达成一个各方都接受的结果，从国内观点到国外观点。讨论得到延长，不仅是为了与政府规划相关的各类问题，也包括政府的名字。有的人认为应叫“拯救民族的政府”，有人觉得是“指导型政府”“技术政府”“多元主义政府”等等。大家同意了“稳定的政府”这个名称。

在过渡的最初阶段，经济是根本难题。我的想法是，为了从当时的灾难性困境中走出来，也为了给市场经济基础的建立创造必要条件，一项唯一的被所有政党支持的政策是必不可少的。而这件事在政治多元主义，也被称为共同执政中的实现，将会在西方世界面前证明，阿尔巴尼亚的民主进程正在进步，而这将为外国资本的进入打开大门。对此，阿尔巴尼亚的经济很需要，特别是在当时。

令世界感兴趣的是阿尔巴尼亚民主进程向前发展，国内政治、经济和社会稳定。在离开了社会主义道路后，世界对于哪个政党代表多数、哪个代表少数并不感兴趣。来到阿尔巴尼亚的外国资本和投资者希望得到收益及对此的保证。因此，在投入资本之前，他们要求国家稳定，受法律法规统治，但是没有全体政治力量的严肃保证和责任，这些是无法确定下来的。

共同政府的建立暗示了不同政党间达成的协议，其中不免有妥协和让步。

这些妥协是什么？为此当时的政党间，特别是劳动党（社会党正在组建中）和民主党代表之间进行了讨论。第一，两个主要政党——政府的参与者，公开承诺将会为经济改革开路。在这一方向上，总体而言，他们的计划是一致的，因而很快找到了共同语言。第二，两个主要政党要求国际认可新的阿尔巴尼亚，并且同“国货基组织”（国际货币基金组织）及其他机构建立联系，这也是纳诺政府遵循的政策。同样，在这一方针上，两党也找到了很多合作的可能。第三，双方及其他政治力量希望阿尔巴尼亚能被欧洲安全与合作会议接受，同欧盟等建立联系。这一点上，可称作“对外政策的当务之急”，与两党的利益并不矛盾。

民主党一方对政权有着强烈的野心，并为此公开努力。“我们只需要两个月”，贝里沙向“不满意的”选民宣告，因为在1991年3月31日他们没能得到政权。正是因为这个原因，在第一次选举尚且余音未落时，民主党就提出进行提前选举的事情。这个要求在就共同政府进行讨论时也被提起过。进行提前选举的必要被解释成因为“3月31日的结果并没有对选民负责”。必须说，多数社会党人没有表示同意民主党的要求，但是将其记录下来。也就是说，同意日后在共同执政的活动发展中对此进行讨论，这是会谈中做出的妥协和让步。尽管如此，社会党还是强调了“新的选举不能在1992年的上半年进行”。

劳动党以及创建后的社会党所感兴趣的，是形势的正常化和紧张势头的消失，为了政治稳定，为了让国家脱离其所处的瘫痪状态。民主党也要求对重回平静和为工作创造必要条件进行公开承诺，反对混乱的战略。组成政府的两个政党应该共同实现同财团的合作，包括那些独立财团。这是民主党的让步，如果能这么讲的话，众所周知，民主党一直受到“街头战略”和破坏政策的鼓动。

我想强调的内容，在其他场合也讲过，就是对于一个有广泛基础的政府，会谈从一开始就是在没有国家领导人在场，即没有我的参与下进行的，这是历史的真相。劳动党方面，参加的是乔尼和莱什，毫无疑问，还有前总理法托斯·纳诺；民主党的代表是萨利·贝里沙；共和党的代表是萨布里·戈多；社会民主党的代表是吉努什，以及农民党的代表是乔莱卡。这些政党代表就政府的规划、职位分工和具体构成交换了看法。

毋庸置疑的是，对这些问题的讨论并不容易，因为每个人都想得到最多，想要关键职务。当各党代表已经解决了一大部分问题时，讨论继续，并且共和国总统也到场了。我的参加是必要的，特别是在确定政府组成的时候。劳动党代表以及民主党的代表乔尼和萨利·贝里沙进一步同我商议。在多次讨论后，最终达成了对政府构成的协议。主要职位这样分工：总理、内务部部长和外交部部长来自劳动党，副总理和国防部部长则由民主党推选。

于里·布菲被任命为部长会议主席，他同全体部长一同为尽可能好地执行向人民议会提交的程序而努力。在国内发展计划中，政府创造条件，即使无法实现稳定，至少也要减少社会紧张、消灭冲突和混乱。在经济计划中，政府要立刻从执行改革开始，为其准备法律框架，并向人民议会提交一些主要法令，比如针对土地、企业和劳动合同等。政府保证给人民有定价的、正常的食物供给，并在这方面同国际机构，特别是同意大利合作。

目前，在准备关于所有权法的新方案时，出现了针对稳定政府通过的土地法的批评。当然，批评是有道理的，因为法令并不能恰当地解决一切复杂的所有权问题。在稳定政府时期，土地的分配是非常必要而且急迫的，因为没有这项措施，就无法谈及市场经济和经济领域中三分之二的自由企业，这样的事是非常艰难的。农业合作社也同样被提前破坏了，这也刺激了农村资产使用的不恰当和其他的不规则行为。大家都知道，确立土地边界在任何时候都无法完全在和平中进行。即使时至今日，在土地分配的18年后，仍旧不光是出现争端，还包括谋杀，有时甚至是兄弟间的。

农业合作社是生产单位，曾帮助发展阿尔巴尼亚农业，它们当然也有缺陷，特别是在收入分配及其他社会关系和所有权问题上。20世纪80年代末，尤其是国家走上市场经济道路以后，它们需要在新的基础上重新组织，也可能由于将农业基础归于自由农民后而被毁坏。但是，农村的组织没有在这个方向上安静、明智地开展，取而代之的是任其自发进行，并且创造条件，让“最强的”“最有能力的”“最灵活的”人去窃取能在集体财富清单上找到的一切，如牲畜、粮食、土地，甚至是马厩和办公室里的物品。

可以说，对合作社急切地进行破坏，并且没有尊重所有权的任何一项规范，这既不是农民的希望，也不是他们的要求。这一破坏首先是受到了政治意图的鼓动。合作社是有组织的单位，不仅是经济上，也包括政治上。在那里，劳动党的影响力很强大，这也在1991年3月31日的大选上得到证明。民主党清楚，农村生活的集体组织有利于社会主义者。因此，它才能尽早地加快破坏合作社，在农村为民主党创造机会，来同农民联系，吸引过去拥有土地权的中农和富农。

社会党很关注合作社的破坏，以及在执行土地法期间，针对土地改革之前所有权的恢复，系统性地提出赔偿。这一点也在1992年3月22日的选举结果中得到证明，很

大一部分农村地区的选民投票给了民主党。经济上，这次选举很关注农民阶层，因为土地分配是在完全混乱的方式下完成的，甚而在谈到对土地的所有权时，很难提出规则。我并没有在讲对于灌溉和排水系统以及汽车和拖拉机站的破坏。

稳定政府在对外政策上也取得了成功。它同世界货币基金组织建立联系并扩大交往，其外交活动让世界银行和帮助东欧国家的欧洲复兴开发银行接受了阿尔巴尼亚。稳定政府将作为阿尔巴尼亚被欧安会接受期间的政府，同中国台湾和欧盟建立了紧密联系，同各类企业有来往，并与这些企业最终签署了有利于国家经济的合同。

对稳定政府的暗中破坏

据说民主党在进入共同执政后，就失去了它的形象和声望。在我看来，反着说反而更对。在进入稳定政府以后，民主党在公众视线中赢得了国内外的声誉，它创造了一个形象，即纵然是新的政党也有机会为国家的领导而奋斗。

但是民主党的领导人，特别是萨利·贝里沙，后悔签署了1991年6月的协议，并不是因为民主党“失去认同”或者“民众支持”，而是出于其他一些原因。重点是，民主党参与政府时，有义务接受社会和平和改变工作方式，要放弃“街头运动”，使用更为安静的方法。如果之前民主党的活动得到嘈杂的集会的支持，并通常以毁坏和混乱收场；如果之前街头政策在心理上得到“游街人群”的支持，那么进入共同执政后，民主党正常情况下，应该停止这种策略，选择另一种有规则的活动、得到法律支持的策略。然而民主党的领导者对此不感兴趣，因为他们习惯了集会和混战，也只靠此取得成功。事实上，这种“街头政策”受到民主党大会代表团的维护，战胜了另一方支持的“对话政策”。

民主党后来对稳定政府的批评，同后者工作的结果并无关联，而是同政治偏见有关。这些相反的观点一直以来都在这个党内存在，只是没有被公开表达。一派要求规则，而另一派想要混乱。正是这些党内的矛盾和危机，促使贝里沙要暗中破坏稳定政府，从而消灭它。

事实上，民主党早已经决定要将政府带入危机，好将自己从瓦解中救出，与此同时，放弃共同执政。这件事在1991年12月已经表现得十分明显，在稳定政府建立半年后，当民主党提出几个最终要求，作为其不离开共同执政的条件。这些条件是以这样一种方式形成的，不可能不将政府带入衰落。民主党通过萨利·贝里沙想要什么？

1.1992年2月20日，在恩维尔·霍查像倒塌一周年时，进行提前的紧急选举；

2.立刻逮捕“共产党领导人”，特别是奈吉米耶·霍查；

3.解雇阿尔巴尼亚广播电视台的领导。

此外，还有一些指令口气弱一些的要求。在这个反对稳定政府的活动中，最积极的人是民主党内非政府人员的领导者，特别是萨利·贝里沙、A.哈伊达尔和A.伊马米等举着破坏者的“旗帜”。

稳定政府被强加了一个本不应有的危机。事实上，正如后来的事件所证明的那样，随着民主党抛弃联合执政，民主党暂时掩盖和推迟了其分裂成两个对立派别的事实：一边是贝里沙和复仇政策的代表者，支持“街头政治”和“新巴里民族阵线”；另一边则是“温和派”和“运动派”的代表，后来他们从民主党分离了出去，并创建了新的政党，即民主联盟党，党首是内里坦·采卡。

需要强调的是，政府内代表民主党的部长们并没有立刻接受离开联合执政的想法。在广播电视台向公众直播的政府会议上，民主党的观点遭到了代表该党的年轻政府官员合理的反对，他们甚至勇敢地反对党首贝里沙。

对于民主党，或者更准确地说，对于贝里沙提出的最终通牒的条件，在部长会议开会时，参与政府的各党领导人进行了讨论。在包括民主党的部长们如艾民·穆斯里乌和普莱切·左加伊等都全力反对的情况下，贝里沙依然坚持他的要求。此后，总理和参与政府的五个政党领导人进行了政治协商。最终，在12月2日晚上，在我的呼吁下，各党代表、总理布菲以及人民议会主席伊斯拉米来到了总统府。

大家又一次讨论了之前在其他层面讨论过的问题。各党党首向我通报了他们之间的共识和分歧。由此我得知，议会信息委员会近期就阿尔巴尼亚广播电视局应做哪些改变提交了具体建议；同意组建一个专门委员会并起草相关的法案；各方关于提前大

选的观点并不一致：民主党要求在1992年2月20日至23日进行，社会民主党提议3月15日，社会党认为应在3月末或更晚举行，而政府则坚持在1992年5月至6月间举行大选。

我表示同意政府的提议，即选举可以提前，但不能早于5月至6月，这个时间也是在成立稳定政府协议中提到的。但不管怎样，考虑到政治危机，我强调指出，各政党和议会可以加快工作进度，具体来说，根据法律条款，他们应该在12月20日前向总统递交具体的书面建议。

关于“前共产党领导人”问题，我的态度很坚决。我重申，“我不讨论这个问题，因为它是应由司法机构讨论的问题。任何人都无权命令或是决定这些司法机构该做什么；任何人都无权下令谁该或谁不该被逮捕、谁该负或不用负刑事责任。这件事应该建立在具体的事实基础之上，而非基于假设或偏见。这件事应由司法机构决定，而不是任何其他人。”我继续说道，“根据人民议会通过的宪法规定，我无权干预司法机构的工作。任何这样的干预也都是违法和违宪的。”

关于有人坚持要求逮捕奈吉米耶·霍查一事，我表示：“对她的处理和对任何其他人一样，是司法机构的事。”但我强调，“如果逮捕奈吉米耶·霍查，那将是一件极其不公正的事，会成为阿尔巴尼亚民主国家的耻辱。奈吉米耶·霍查曾是游击队员和反法西斯战士。她已年逾70，她没有任何责任，也从未滥用过任何职权。显然，她是反共复仇的受害者。她受此虐待，仅仅因为她是恩维尔·霍查的遗孀。”

12月2日的会议直到深夜才结束。当我正要离开时，内里坦·采卡和根茨·鲁利找到我，希望进行一次简短机密的会谈，“单独进行，如果可能的话”，我同意了。我们在总统府下层的一间办公室内继续交谈，而其他人则离开了。

采卡和鲁利十分警觉地对我说：“一定要尽全力在明天之前找到所讨论问题的出路和解决办法，否则就会出现一个非常困难的局面，事情将会出现倒退，而后果将无法挽回。”他们并没有向我说明这种暗示究竟是什么意思，但除此之外，他们又表示：

“为什么要坚持留住广播电视台台长F.库姆巴隆，好像找不到其他人一样？另外，调查委员会要求逮捕奈吉米耶·霍查，而总检察长并不同意。为什么要因为他的坚持而让这一切都泡汤呢？没有得到命令，总检察长是不会改变立场的。”

对于上述问题，我是这样回答的："关于这些问题我已经说了我能说的。你们也在刚刚结束的会议上听到了我的想法，但是如果你们愿意听，我可以重复一遍。满足民主党的要求并不取决于我。这些事情都有相应的主管部门——议会、司法机构和你们这些政党代表，由你们决定这一切。关于你们警告可能会出现的困难局面，你们，也只能由你们对此负责。民主党也要对此负责，因为是民主党提出了最后通牒，并在国内制造了不稳定形势。因此，你们在我这里解决不了什么问题，这些问题只能由相关职能机构去解决，不过你们可以看看是不是你们内部也出现了什么问题。我再重申一次，对于可能出现的任何局面，你们都要对其负责。"我最后又强调了一遍。

第二天，12月3日，满足民主党所提要求的最后期限尽管还没有到，萨利・贝里沙还是组织了一场大型的记者招待会。显然，民主党和贝里沙已经下定决心要破坏稳定政府了。尽管议会和各党派已在12月3日早晨，就民主党提出的关于阿尔巴尼亚广播电视台台长和提前大选日期等的各项要求达成了协议，但贝里沙还是宣布民主党的部长们将退出政府。而据我所知，民主党及其成员已经说服调查人员和总检察长逮捕了奈吉米耶・霍查。就我个人而言，我是在奈吉米耶・霍查被捕后才通过私人渠道得知这件事的。无论是司法机构，还是政府或人民议会，没有任何人告诉我这件事。

稳定政府在民主党的部长们辞职后也就寿终正寝了。贝里沙的新闻发布会一结束，这些部长们就立刻给作为共和国总统的我发了一封信告知他们的辞职，并强调这是"民主党的决定"。在这件标志着政府垮台的事件之后，总理布菲正式递交了政府辞呈。

导致稳定政府垮台的"活动"，即使不能说是完全由贝里沙领导的，但至少可以说主要是由他领导的，这个事实引起了我的关注。政府成员没有一个人支持他，民主党领导层的主要知识分子也不支持他。我从这一事实明白了萨利・贝里沙只不过是别人手中的工具，他是在为外国人效力。这些外国人无法忍受，刚从劳动党脱胎走向政坛的社会党人在稳定政府中发挥主要作用并使阿尔巴尼亚的形势得到了缓和。他们想将反共主义进行到底，并让右翼势力夺取政权。这一点此前在的里雅斯特或华盛顿已经"决定"好了！贝里沙只不过是在执行某项任务而已！

我同稳定政府的关系一直很正确，没有偏见，更好地理解就是对双方都是有利的。我这样评述我与稳定政府的关系，是考虑到了宪法赋予总统的权力。根据宪法，总统不能命令政府做什么或是如何做。不过，同这个限制无关，我同总理布菲及副总理格拉姆茨·巴什科和Z.佩帕定期交换看法和经验。同样，我也单独或集体召见部长交谈，不仅是民主党的部长，还有其他党派的，如P.左加伊、根茨·鲁利、A.梅洛和F.比蒂恩茨卡等。我最担心的是经济问题，同国外、国际货币基金组织和世界银行的关系进展情况，以及加速国家向民主过渡的改革措施等。

总体来说，我同政府成员进行讨论并尊重他们的个人人格，因为我注意到他们不仅有工作意愿，也有完成所肩负责任的能力。当然，他们缺乏经验，但绝不缺乏战胜众多困难的决心。

在稳定政府执政期间，工会总的来说遵守了为保持社会和平而签署的协议。尽管如此，还是时不时地出现罢工、请愿和表达不满等。最后的几个月，特别是1991年9月到10月间，这些活动出现得更加频繁和坚决。要求提高工资、改善运输条件的罢工和请愿活动又开始了。在大多数情况下，这些要求也是有道理的，但却宣告了社会和平的结束，而这从另一方面也表明，一些反对布菲政府的事情正在谋划中。

奇怪的是民主党和贝里沙对待与共和国总统会谈的部长们的态度。这种态度中充满着批评和恶意。当然，这也反映了民主党对稳定政府的态度，始终是冷漠和不信任的。按照一些民主党领导人的看法，民主党的部长虽然在总统面前进行过宣誓，但如陪同总统出席公开活动、相互交谈，甚至提供帮助却是不正常的。毫无疑问，委婉一些说，这样的一种观念着实太过“幼稚”。这没有丝毫的民主，而且完全缺少多元主义基本的道德和宽容！不幸的是，这种“幼稚”的观念直到今天仍然存在于阿国两个主要政党领导人的关系中。

技术政府

稳定政府倒台后，依照程序，我立刻展开了同所有政党和工会领导人的商议，以寻找解决危机的方法。我的目的是要找到新的合作模式，找到具有广泛基础和相对长期的政治解决办法。但是我发现，每个模式都遭到了贝里沙的激烈反对，他的身后还有盲目跟从的共和党，而社会民主党的吉努什和农民党的代表虽然想要寻找合作的可能性，但始终没有取得积极的成果。

在此情况下，除了创建一个由议会多数党即社会党组成的政府外，别无他法。但是，社会党拒绝了由自己单独组建政府的可能性，它害怕过去的阴影，害怕一党制。社会党希望建立一个技术政府，由无党派的知识分子和独立的专家构成。在新的大选之前，由他们决定国家的行政方向。各党已经同意，新的大选在1992年3月进行。

我从没有遇到过像构建技术政府时遇到的那么大的困难。大家进行了一次又一次的会面和讨论，才从知识分子和专家队伍中找到人选同意加入技术政府。就连总理威尔森·阿赫梅蒂本人，也是直到最后一刻才明确同意担任总理一职。那时候，每个人都害怕进入政府，都没有勇气去承担领导政府的责任。尽管如此，政府最终还是成立了。以阿赫梅蒂为首脑的政府一开始就面临着三项基本任务：确保人民的供应，特别是刚开始的冬季的供应；维护公共秩序和安全；准备新的选举。

在结束关于技术政府这一章前，我不得不说一件大事，这件事就发生在商议组建技术政府的阶段。

为了讨论和决定政府的组成，我邀请各政党的代表分别来我的办公室——总统府商议。民主党的代表萨利·贝里沙和内里坦·采卡，被邀请在1991年12月10日上午10点来会见。采卡比约定时间提前了两三分钟就来了，他是议会民主党议员团主席。房间里有一名我的顾问和国家广播电视台的一名摄影记者。我们相互问候了对方。我问他贝里沙是否会来。他给出了肯定的答复，但他又补充说："我来得早一点，是因为我想谈谈我对稳定政府垮台的看法，我认为那对民主是一次灾难性的打击，将会带来非常消极的后果。"

我回答他："不管是什么后果，那都是由你和你的同事们要求和挑起的。因此，最终的责任也将由民主党的领导来承担。"

"民主党，"采卡继续说，"它的内部有一些不讲诚信的人。"

这时，萨利·贝里沙走进了房间。我问候了这个博士，但并没有太多的寒暄。我对贝里沙和采卡二人说，我找他们来，是想就由无党派的知识分子和专家构成的技术政府未来的人员构成一事，听听他们作为民主党代表的意见。

采卡立即接话说，在表达对政府及其组成的观点之前，他要先发表一项声明。这对我来说是一个极大的意外，但是就后来所看，其实这对于贝里沙来说也同样是个意外。采卡从口袋里掏出一封信并开始读了起来。不过，当他刚读了声明的第一行时，贝里沙就不耐烦地打断了他："等一下，等一下！"他边说边转向我，"我现在要出去一下，等他读完了声明我再回来商议事情。"

贝里沙走了，而采卡则继续读着他的声明，甚至邀请广播电视台的人在他读声明时摄录下来。他批评了贝里沙破坏稳定政府的行为，指责他的独裁，并且声明，民主党需要彻底的变革，等等。我没有打断他，但在他读完声明后，我对他说："你在我的办公室宣布这份声明是错误的。我叫你们来并不是想要弄清你们之间的问题，而是想听一听你们民主党对于新政府的看法。你们党内的问题是你们自己的事情，这些事情可以在别的地方解决，但不是在总统府。"

此时，贝里沙已经离开总统府很远了。因此我打电话给他，提议另行安排一次会谈。但贝里沙立刻进行了攻击，他把采卡出现在我办公室称作是由我准备的"一个陷阱"。我当然否定了这一污蔑。

"在我办公室所发生的一切，"我对贝里沙说，"是完全出乎意料的。我并不知道采卡会做什么声明，而我允许他朗读声明也并没有什么不妥。在我组织的会谈中，我不应阻止别人发表声明，或是自由发表意见。所以，这并不是谁设的陷阱。"

"很明显，刚才的事件说明你们党内有分歧，需要你们去合理解决，但这并不是我的事。"

由于缺少来自议会的和议会外的政治力量的支持，阿赫梅蒂政府有很大的劣势。事实上，从一开始，它就处在工会和新闻媒体的压力与打击之下。在尚未开始工作之前，政府就面临着在拉奇和富舍阿勒兹发生的数起破坏性事件。在后者发生的事尤其惨痛。在一次进攻中，为了打开并哄抢存放工业品的国家储备仓库，发生了火灾，造成40人死亡。对国家仓库的破坏和进攻还发生在卡瓦亚、卢什涅、佩琴和波格拉德茨等地。

尽管面临这些困难，技术政府，包括之前的稳定政府，还是做到了保证人民的粮食供应。这些粮食是来自意大利、土耳其及其他国家的人道主义救援物资，甚至关于有些基本物资，当时签署的协议一直执行到了1993年年初。

正是在这种条件下，慢慢迎来了议会大选。民主党方面在吵吵闹闹和集会中展开了竞选活动，其中“街头政治”发挥了主要作用。而社会党方面的竞选活动则是在封闭的会议室中开着安静的会议，没有多少激情。民主党集会打出的标语是：“我们执政，世界帮助我们。”它向人民许诺一切好的东西，因为如果民主党上台，世界就会提供无数的援助和贷款。似乎为了证明这一点，同贝里沙一起参与集会并问候大家的，还有美国驻地拉那的大使拉耶尔森。这是史无前例的！

民主党在1992年3月22日的选举中赢得了超过三分之二的选票，这样的结果表明民主党此前的策略很有成效。选民投给民主党的选票占到了约60%，但这并不说明民主党的威望在增加，而是反映了人民的疲惫。他们投票给民主党，是希望民主党也许能做些好事。“我们试它一次！”这是普通人相互间常说的一句话，也是大选前随处可见的口号。选择民主党但并不表明民主党地位上升这一事实，也从地方政权的选举结果中得到了证明。在1992年3月举行的议会大选中，选民将超过60%的选票投给了民主党，而给社会党的仅为27%。但仅仅四个月之后，在1992年7月26日举行的地方选举中，民主党得票41%，而社会党得票42%，社会党人得票更多。与此同时，相当多的选民选择了弃权。

出现这个变化是因为选民很快对民主党失望了，因为后者没有兑现其所做的大量承诺。另外，3月22日大选后，民主党及其政府做了一些事情，在人民心目中留下了极坏的印象。这些事情都带有复仇和新独裁的特征，如未经检察官允许，在民主党的反对者和战争老兵的住所安插警察，实施监控；对前游击队员作为战争纪念的战利品武器予以没收；裙带之风，对一些没有能力但同民主党或是其亲属有关的个人委以重任等。如此种种，都在选民中产生了消极影响。而另一危害民主党的是，臭名昭著

的巴里民族战线和合法党的代表们在民主党执政后再次登上政坛并表现活跃。除此之外，贝里沙及其政府在1992年5月做出决定，将恩维尔·霍查和其他几名战争领导者的遗骸挖掘出来并迁出民族烈士陵园。无论从哪个角度来说，这事都给人民留下了极坏的印象。

没过多久，期待“好事”的人们终于明白，民主党及其政权给阿尔巴尼亚带来了很多恶果。这个政权不仅没有确立民主，反而以民主之名，开始了独断的道路；这个政权也没有确立法治国家，反而鼓动混乱和犯罪。在贝里沙和民主党统治时期，一些现象，如有组织犯罪、腐败、非法贩卖毒品和人口、走私和其他坏事越来越普遍。直到今天，这些事情仍然阻碍着国家的进步。

从前政治阶级的命运

民主进程的加速发展导致过去的政治阶级和劳动党领导集体的分裂，政治转轨客观上也要求这样做。但是过去党和国家的领导人，尤其是政治局成员，则以不同的方式经历着民主的发展进程。

从政治角度来看，劳动党的领导人，可能有个别的尚未意识到正在发生什么，甚至有人可能还有所保留，但绝大多数还是对国内正在发展的民主进程持赞同态度的。

在社会党的成立大会上，几乎所有劳动党的领导人都被排除在党外。在一次持续到凌晨3点的闭门会议上，社会党对劳动党领导人发起了第一次审判——道德审判。那次大会上选出的社会党领导人拒绝和劳动党领导人共存，而一部分社会党代表甚至将此视为大会工作继续的前提条件。

社会党成立大会结束不久，人们对过去的政治阶级又进行了刑事审判。以萨利·贝里沙为首的民主党，在民主党和其他右翼势力的推动下，将这些人——几乎所有的前政治局委员——送进了监狱，这其中也包括我个人。指控非常可笑：同所谓的“特权”相关的“滥用职权”。说可笑是出于两个原因：

第一，对我和其他同志的逮捕是出于政治目的。民主党及其盟友想要进行一次政治审判，从而抹黑前政权。但是在实在找不出其他“罪名”后，只得捏造了一个普通的指控。

第二，这一指控没有任何法律基础，它是人为编造的。实际上，所谓的“特权”，正如在审判过程中所记载的那样，最终证明也并没有被滥用。每件事，甚至小到喝咖啡的支出，都是有法律依据的，是受到政府通过的决议支持的。

尽管如此，所有的前“共产党人”——前劳动党领导人都被称为共产党人——在疯狂的反共浪潮中，得到了时间长短不一的监禁。我也被判处五年监禁，并在地拉那的监狱中度过。贝里沙及新“民主”分子中最反动的一部分人，通过对左翼的这种羞辱实现了对共产党人的复仇。但后者不仅没有做任何维护真相的事情，反而或主动或被动地与迫害者勾结在了一起。

End of My Mission

九 结束使命

辞 职

民主党在1992年3月大选中的胜利对左翼来说是一个沉重打击，可以毫不夸张地说，社会党甚至整个左翼政党，一下子都彻底迷失了方向。作为一个对过去社会主义发展不应承担任何责任的新的政党，社会党尚未来得及塑造新政党的形象，就在刚成立之际陷入了认同危机。

然而，反对派却表现得越来越咄咄逼人。反共游行集会日渐高涨，在城市间不断蔓延。游行队伍还多次从总统府前经过，并公开要求我辞职。

反对派在1992年3月的大选中获胜后，作为国家元首的我，处境非比寻常。从法律上讲，我的共和国总统任期于1996年4月结束，因此我可以继续留在总统位置上，但是形势却发生了根本性的变化。

民主党已实际把持了议会，因为它已拥有人民议会三分之二的议席。因此，它可以随心所欲地批准任何法案和通过任何决议。众所周知，当年我当选总统时，民主党议员就曾以抗议示威的方式反对我当选总统。

另一方面，在1992年3月22日的大选竞选期间，民主党就曾扬言，如果胜选，他们将既不会走合作的道路，也不会走与在野党协商一致的道路。

毫无疑问，这种不容忍使得作为国家元首的一方与由民主党把持的议会和政府作为另一方的关系变得更加紧张困难。根据当时的宪法规定，总统有权要求将自己有异议的法案退回人民议会重新审议。但是，如果议会再次通过该项法案，总统就必须批准并签署该法案。此外，根据当时的权限，政府通过决议，既不需要事先征求总统的意见，事后也不需要得到总统的批准。因此，总统必须批准所有政府决定和议会多数派通过的法案。

显而易见，在这种形势下，我与人民议会和政府之间的关系将随时因危机而告终。这个危机可能在任何时候、因任何事件而引爆，因为议会或政府随时可能通过某项法案或决议，而出于各种原因，作为总统的我有可能会有不同意见。

事实很快证明，这一推断并非只是一个假想而已。1992年5月3日，就在民主党掌权后没几天，政府就通过了一项将前战士、民族解放战争领导人（其中包括霍查、佩扎、卡博等人）的遗体秘密挖掘并连夜将其从民族烈士公墓迁至普通公墓的决议。那时我已辞去总统职务，当然，如果我还在行使总统一职的话，我是绝对不会批准这项决议的。它对反法西斯战士来说不仅残忍，更是一种侮辱。

同样，我也不会批准民主党推动的，不承认1944年11月29日为反法西斯解放日，而只将11月28日作为阿尔巴尼亚国庆节的反国家决议。这两件事一定会引发我与议会和政府之间的冲突。

后来，根据一项政党色彩浓厚的法律规定，以推行行政改革的名义，国家行政机构的公职人员、军队军官和各行各业的专家们在工作岗位上被开除了。我从未参与、也不赞成这种为了政党利益而影响国家正常运转的阶级清洗。看，这是另一个可能引发冲突的事例。类似可能引发分歧的事件还可能在外交政策以及农业政策等方面出现。

这样，当然就会影响到国家和国家主要机构的正常工作。将多数选票投给民主党的人们，不会明白我为捍卫法治国家、促进各方合作和反对分裂所做的努力。他们任何时候都归罪于我。鉴于上述缘由，辞职已不可避免。因此，就在新的人民议会开始工作的第一天，即1992年4月4日，我递交了辞去共和国总统职务的辞呈。

我的逻辑是：国家正常运转是第一要务。基于此，我决定辞职。那时，我浑然不知在我和我的国家背后，在国外某地，有人正为将我阿利雅总统拉下马而“下赌注”“定计划”！我是后来很晚才听到这件事的。关于此事的报道现在已经随处可见。说的是1992年初，在一个叫作M.乔库的前法西斯同情者、外国利益输送“中间人”，以及圣埃迪奥组织代表帕格里亚先生在场的情况下，纳诺与贝里沙在特里埃斯特达成了一项协议。正如塞尔维特·帕隆比在其近期出版的一本书中所描写的那样，这两个阿尔巴尼亚人——贝里沙和纳诺，得悉在1992年3月的议会大选中，民主党已有可能得到多达三分之二的选票，因此可以“在总统五年任期结束前，将阿利雅拉下台”。不仅如此，这两个“阿尔巴尼亚人”还商定，由贝里沙当总统，纳诺当总理。这样，就组建了稳定政府二。众所周知，民主党果然“赢得”了选举，“计划”的第一部分已经兑现，而拉总统下马的计划也无须费心，出于上述理由，我提出了辞职。但特里埃斯特协议的另一部分并未落实：贝里沙成了总统，而纳诺非但没当成总理，反而成了阶下囚！

我辞去共和国总统职务不可能不在阿国的政治生活中留下些许印迹。现在，执政者的主要政策都掌握在反对派手里。这也正是许多人对我辞职持保留意见的原因，甚至还有一些荒谬的想法认为，是我阿利雅“自愿将所有权力拱手相让给了反对派”。

我理解这些人的担忧，特别是他们领教过执政的民主党与大多数人的利益相悖的诸多举动之后的担忧，但是在当时的条件下，民主党缺少民主文化和包容性，我无法履行国家元首之职。想要像在其他国家那样，实现在总统与由在野党把持的议会和政府之间的共处和妥协，简直是一种臆想。

但与此同时，就在我刚刚宣布辞职之后，许多亲朋好友给我打电话，向我表达了支持和赞同。当时在美国波士顿的一位著名的爱国人士安东尼·阿萨纳斯的一封来信让我尤感欣慰。他写道：

“在您面对上周大选之后的困难时刻，给您送上这番友好的话语。我坚信您对历史是负责的。当代世界许多领袖也有过与您相同的经历并泰然处之。历史会铭记并尊重他们的功绩。

“我坚信，在几个月的艰难时刻之后，阿尔巴尼亚人民终将认识到您开启改革的历史作用，正是您的改革拉开了孤立已久的民族序幕。

“自我1989年访问祖国见到您的那一刻起，我就对您为全体阿尔巴尼亚人谋福祉的执着深感敬佩。作为一个勇敢的政治家，您大力倡导变革，而这种变革，正是建立人权、保证自由选举、确保人们可以表达真实意愿所必需的。

“在您的领导下，在没有内乱的情况下，一些东欧国家实现的目标在阿国也都达到了。您坚决和平执政、坚决与世界民族大家庭在一起，对此阿尔巴尼亚和整个世界都深表感谢。”

在担任共和国总统的短暂时期里，我尽可能屏弃政党偏见并发挥宪法赋予我的应有作用。当中止这一使命时我是高兴的，因为我认为我的主要目的已经达到：一个政治转轨周期已经完成，并避免了期间可能发生的、导致流血的危险冲突。

同样令我高兴的是，在担任总统期间我荣幸地签署了《赫尔辛基最后文件》和《巴黎宪章》，并借此使阿尔巴尼亚完全融入了欧洲和国际组织。然而遗憾的是，尽管不是我的过错，但我未能使阿尔巴尼亚的经济进入正常运行状态，也未能保证阿国政治和社会治安的完全稳定。很不幸，这些领域至今仍是阿尔巴尼亚社会发展中最为薄弱的环节。

鉴于国际关系持续嬗变，我对对外政策给予了特别关注。阿尔巴尼亚与外界的联系不再复杂。在屏弃闭关锁国的对外政策后，阿尔巴尼亚已做好准备，愿与那些与阿尔巴尼亚有合作愿意的国家建立友好关系。

正是这一原因，在任总统期间，我曾与来阿尔巴尼亚访问的各国代表团和政界人士有过不少交往和会谈，我还访问了许多国家并与其主要领导人进行过交流。不论何时何地，我都能从对方那儿感觉到他们对阿尔巴尼亚发展和进步的关心，以及帮助阿尔巴尼亚解决难题的实际行动。我说一下，这里指的并不仅仅是欧安组织、国际货币基金组织、欧盟的代表以及英国、法国、德国和美国的议会代表团，而特别要说的是，我在地拉那会见的世界各国的政治高层人士，如美国国务卿贝克、德国外长根舍、希腊总理米佐塔基斯、意大利外长德米凯利斯和法国外长杜马等。我还想提一提，我与匈牙利领导人在布达佩斯的会晤、与芬兰总统科伊维斯托的会晤、与密特朗总统在巴黎的会晤、与土耳其总统厄扎尔的会晤、与科西加总统和安德雷奥蒂总理在罗马的会晤，等等。

每一次的会晤与会谈都各有特色，这也是很好理解的，因为不仅他们的个人性格、行为方式、交流方法各不相同，而且这些国家对阿尔巴尼亚的兴趣也不一样。从这个角度来说，把与一些朋友的会谈情况与大家分享一下也是很有意思的。

与希腊总理米佐塔基斯会晤

1991年的1月13日至14日，希腊总理康斯坦丁·米佐塔基斯正式访问阿尔巴尼亚。他的随行人员有外长A.萨马拉斯、内阁成员D.巴科亚尼斯、不管部部长以及希腊大作曲家米基斯·提奥多拉基斯（我多年前就认识的老朋友）。这是如此高级别的希腊代表团首次访问阿尔巴尼亚，因此，受到了阿方的特别重视。

阿希关系随着欧洲特别是巴尔干半岛的政治氛围时好时坏，然而必须强调的是，自古以来比邻而居的希腊和阿尔巴尼亚两国人民之间从未爆发过战争。尽管外部势力为一己私利希望其相互敌视，但他们始终做到了和平相处。

“您的到访具有特别重要的意义。”我先对米佐塔基斯先生说，“此时正是我国民主进程突飞猛进的时刻。我们已经确立了政治多元化，很快还将举行首次多党选举。另一方面，您的到来也正值冷战硝烟正在消散，而各国间正洋溢着友好与和平的气氛。”

米佐塔基斯先生和我的想法一样。他补充说，他此次访阿尔巴尼亚标志着未来我们两国的关系迈出了新的重要一步。他对我国当前的民主化进程给予支持。

他说：“我很高兴目睹阿尔巴尼亚民主进程的发展。很清楚，这一进程不可能一蹴而就，但重要的是不能走回头路。”

我们谈论的话题十分广泛。由于两国关系的具体问题特别是经济关系，主要由双方政府代表团进行磋商，所以我和米佐塔基斯先生主要就几个政治问题进行了深入探讨。

希腊方面很自然地提及在阿尔巴尼亚的希腊少数民族问题。希方关心他们的生活状况，并表示相信阿方会根据国际法为其创造一切条件。

“我们对希腊少数民族的政策决非主观随意的，”我对米佐塔基斯先生说，“这些少数民族曾与阿族并肩同法西斯作战，现在他们与阿族共同生活、共同劳动，不仅是阿国的普通公民，与阿族更是亲如兄弟。阿族人拥有的一切权利，希腊族人也同样会拥有，一点不会少，一点也不会多。”

我们也谈到了当时迁移到希腊的阿尔巴尼亚移民问题。“越过边境的那些人们，”我对希腊总理说，“他们此举是出于经济原因，而不是政治缘由。我们感谢希腊人民表现出的慷慨大度，同时也恳请希腊政府尽可能地为阿族移民创造就业和合法居留的条件。”

关于几位记者向我提出的有关恰默里和恰默里人的问题，我重点从人道主义的角度谈论了这一问题，表示希望希方能创造条件，方便恰默里人返乡省亲访友、解决其在希腊的财产问题。米佐塔基斯先生未就此问题做明确表态。看得出，他对处理该问题尚无意愿。

相反，他对阿尔巴尼亚的东正教特别关注。他说阿国缺少教会组织，因此希腊主教应作为君士坦丁堡东教区的特派主教，被派往阿国主持阿尔巴尼亚的教会。他列举了很多理由，甚至还给我解释了如何“转交”一个神父、如何“任免”一个主教的全部流程。

我对米佐塔基斯先生说，当我们谈论东正教问题时，我们面临的一个现实是：阿尔巴尼亚的教会在20世纪20年代的时候就已经是自主教会了。

我说：“所以，教区或其他国家的教会，当然也包括希腊教会，可以在物质和对神职人员的培训方面帮助阿尔巴尼亚的东正教会。但阿尔巴尼亚的东正教会，包括希腊族的东正教会在内，仍将继续保持其独立自主，仍将由阿国的主教和神职人员进行管理。”

就这一问题我们谈论了相当长的时间，以至对于巴尔干地区问题，特别是南斯拉

夫问题，我们只能简短地交换了意见。我们一致认为，无论南斯拉夫发生什么，也无论阿尔巴尼亚、保加利亚和罗马尼亚发生什么变化，都不应该成为业已启动的巴尔干地区合作的障碍。

在米佐塔基斯先生结束访问时，我们共同签署了一份联合公报。其中声明两国政府将致力于推动双边经济、政治和文化关系向前发展，希腊将向阿尔巴尼亚提供一笔2000万美元的贷款。在启程回国的路上，米佐塔基斯总理及其随行人员途经希腊族聚居区。德尔维奇安村还借此机会专门组织了一场见面会。

意大利外长德米凯利斯到访

1991年6月13日，意大利外长德米凯利斯来阿尔巴尼亚访问。他是主张发展阿意政治经济关系的主要人物之一。我与他有过一次有益的谈话，但双方也时不时地有些情绪。无疑，德米凯利斯是一个八面玲珑的外交家，一副驾轻就熟的样子（尽管效仿美国式强人时显得有点夸张）。从第一次和之后的见面中，他给我留下了一个有点目空一切的印象。

在与包括总理布菲、副总理帕什科在内的刚组建不久的稳定政府不同级别的官员会谈后，德米凯利斯与我进行了会晤。他来时心情很好，因为访问成果确实令人满意。他说了一堆恭维之辞。当然，我也祝他工作顺利并对他表示感谢。意大利一直帮助阿尔巴尼亚发展经济，也是当时对阿尔巴尼亚提供紧急人道主义援助最早的西方国家。

这一援助源于我国那时非常严峻的形势。转型期伴随着一系列困难，过去体制的改变滋生出诸多混乱现象：农村合作社几近瘫痪，因为那时还不清楚它究竟何去何从；工厂和其他工作区域由于各种示威、游行而停工；粮食储备几近枯竭；相当多的企业因原材料短缺而停产。这就导致失业人数不断攀升。出于各种动机，农村合作社和国有企业的财产损失和破坏越来越严重。这一切使得阿尔巴尼亚的形势越来越不稳定。

前不久，一批数千人的难民逃到了亚得里亚海对岸，这给意大利政府出了个意想不到的难题。向阿尔巴尼亚提供援助就是为了缓解阿国的总体形势，避免逃亡事件再次发生。

在与德米凯利斯先生交谈时，我从一开始就提到了难民潮事件，并强调阿尔巴尼亚无意将年轻人、正在读书的儿女们赶出国门，而是由于经济原因，为了寻找比国内更好的生活，这些人才走上了移民之路。我发现这一解释让部长一下子无法掩饰地警觉了起来。

“您认为还会出现难民潮吗？”他直截了当地问我。

“我不能保证，”我说，“欧洲，特别是意大利，应该认真思考一下如何让这些孩子、这些年轻人在本国就业。只有这样，他们才不需要让别人操心，但这需要他们能在阿尔巴尼亚找到工作。但愿明天能更好点。”

“您或许已经得到报告，意大利政府已经决定帮助阿尔巴尼亚渡过难关。关于这些，我们已与政府官员进行了探讨。一回到意大利，我们就会看看我们还能做点什么。”部长急忙向我表态。

我们会谈的另一个重要议题就是讨论加强双边政治、文化关系，以及关于我们共同的邻国——南斯拉夫的形势。

“我们应当追回失去的时间。”我说。

意大利外长同意我的看法，并向我提出了一系列建议，这些建议他已同阿尔巴尼亚政府的相关人员交换过意见。关于南斯拉夫问题，他表达了意方的担忧，特别是对邻国斯洛文尼亚和克罗地亚形势的忧虑。关于科索沃问题，他只是笼统地谈了谈。

我上面说过，我和德米凯利斯先生还有过一次会面。这一次会见让我更清楚地了解到他的傲慢与偏见相互交织的政治人物的形象和个性，这种傲慢与偏见阻碍了对话的深入，但总体来说，他还算是亲阿的一个人。

德国外长根舍在阿尔巴尼亚

1991年6月15日，德国外长根舍来到地拉那，这是他第二次来阿尔巴尼亚。他第一次来是在1987年，次日阿德两国就建立了外交关系。从那时起，根舍就给我留下了特殊的印象，这不仅仅是因为他是一个阅历丰富的政治家，还因为他是一个有修养、平和并体恤他人的人。我听到并读过不少有关这位德国著名领导人的事迹。在20年里，他不仅是德国外交政策的设计师，也是世界政坛上的大师级人物。因此，在与他首次会见时，我不免有些紧张，但根舍先生简单明了的谈话方式让我觉得一切都好极了。

像第一次访问阿尔巴尼亚一样，根舍先生于1991年6月作为我国和我国人民的老朋友来阿尔巴尼亚会谈。1987年的时候，根舍就很正直、真诚和友好地对我说，当步入欧洲进程后，阿尔巴尼亚的发展将会更快更稳。

当时我向根舍保证，我们目前在加紧筹备，并将开始向这个方向努力。我们对德国给予的援助和支持给予了高度赞赏。我们同意阿尔巴尼亚将开始与赫尔辛基委员会的合作，并将参加由它组织召开的、我们能够参加的各种会议。

在1991年6月的访问中，根舍和我们谈到了德国代表团提议的阿尔巴尼亚正式全面加入欧安组织的第二阶段问题。他对我们说，该事将在1991年6月19日的欧安组织柏林外长会议上获准。我对根舍先生给予阿尔巴尼亚的一贯支持表示感谢，并对阿尔巴尼亚能在由阿尔巴尼亚的朋友根舍先生主持的柏林会议上加入欧安组织表示高兴。

我还与根舍部长就其他一些问题，如阿德关系、南斯拉夫局势等交换了看法。应该说，在科索沃问题、承认科索沃人权以及谴责塞族反阿族问题上，德国总体上在不断向我们的立场趋近。在1991年6月与根舍的会谈中，他表示同意我们的立场：不解决生活在南斯拉夫领土上的阿族人的权利问题，南斯拉夫问题就不可能公正解决。

双方对在所有谈论问题上的精诚合作表示非常满意。

但是右翼在野党却不这么想。1992年4月，当民主党停止执政，时任人民议会议长的彼得·阿尔伯诺里对第三次访问阿尔巴尼亚的根舍先生说，他前几次访问不算成功，因为没人看到什么成果。根舍从他的角度表示："我首次访问阿尔巴尼亚，向阿方提出的有关阿尔巴尼亚与赫尔辛基进程合作的那些要求，我发现已完全得到满足。第二次访问后，阿尔巴尼亚已被正式接纳为欧安组织成员。"根舍先生没有对阿方的冷漠和拒绝态度直接或间接地说过任何话，一点也未提及当时反共宣传臆想出来的所谓"失去的机遇"。

会晤美国国务卿贝克

1991年6月25日，美国国务卿詹姆士·贝克对地拉那的访问具有特别重要的意义。这样级别的美国高官正式访问阿尔巴尼亚，在阿美关系史上尚属首次。

阿美关系在经历了一段长期的冰冻之后，还有过几度起伏。在美国，有一个很大的阿尔巴尼亚人群体。第二次世界大战之前，大批经济移民来到美国。第二次世界大战后，这个人群再次壮大，主要是增加了原巴里国民阵线的流亡者。在美国还有相当多的来自科索沃、马其顿和黑山的阿族人。1990年9月底参加联合国大会期间，我曾专程前往波士顿看望阿族同胞。当时移民构成已经以前南阿族人为主，这给我留下了特别深刻的印象。

贝克是在阿尔巴尼亚稳定政府刚成立不久时访阿的，对我国的民主进程是一个巨大的支持。为此，贝克国务卿受到了超规格的接待，打破了所有的礼宾规定，许多做法给国内外都留下了特别的印象。

贝克是布什总统身边说话较有分量的人之一，他为打倒苏维埃帝国，推翻共产主义做出了巨大努力。看得出，他是一个精力充沛、善于与人沟通交流的人。无疑他也是一个耐心、平和、观点鲜明、判断准确的政治家。

我们的会见不超过40分钟，因为他在阿尔巴尼亚逗留的四五个小时的日程被安排得满满的。

我极其简短地介绍了一下我国民主进程的发展情况。

“我们深知还有很多事情要做，”我说，“特别是在人权领域和向市场经济过渡方面。但是，尽管困难重重，我们将坚定地在这条路上走下去，因为它符合国家发展的利益。我强调，我们将始终努力，使得这一进程审慎发展，并避免出现过激行为。”

国务卿这时插话说：“当你向冰水里跳时，一下子跳下去比慢慢跳下去要好。寒冷会过去得更容易些，因为只感觉一次，然后一切都正常了。”

毋庸置疑，这样的“冲澡”对一个健康人来说也许不会有任何影响，但对一个心脏病人来说可能就是致命的，而阿尔巴尼亚当时正患有严重的“心脏病”。在我的印象里，我们反对派主张的“休克疗法”应该已经向贝克先生汇报过。我没有向贝克先生谈及这点，而是继续我的介绍。

“我们现在和将来遇到和将遇到的困难，都是自然的，因为我们必须要从一个社会发展制度向另一个与以往完全不同的制度过渡。”

最后我表示相信，在美国和所有国际社会的支持下，我们将会顺利完成这一进程。

国务卿贝克说：“我赞同你的话，并对阿尔巴尼亚民主发展和加入欧安组织表示欢迎。我理解从一个制度向另一个制度过渡的困难，但我想步子还可以更快一些。”

“我们愿意帮助你们在这条困难的路上继续走下去，帮助你们清除挡在面前的障碍。我坚信你们不会中止改革。美国将向阿尔巴尼亚提供直接援助，同时还将通过国际货币基金组织和世界银行等国际组织向阿尔巴尼亚提供援助。在这些组织中，美国的贡献是最大的。”

会谈中，我们还特别谈到了南斯拉夫问题。1991年那会儿，斯洛文尼亚和克罗地亚刚刚开始争取独立，而波黑战火已经点燃。在世界外交界，正努力寻找一种可以将南斯拉夫作为统一国家得以保全的方式。

贝克先生饶有兴趣地聆听我们对该问题的看法。

自然地，无论是对南斯拉夫问题，还是对科索沃问题，我都谈了我的看法。科索沃问题是我们双方都感兴趣的主要问题。我的观点是，如果南斯拉夫的其他共和国得以独立，那么科索沃也应该成为完全独立的共和国。

关于南斯拉夫问题，国务卿贝克只是笼统地谈了一下，而关于科索沃和整个阿族人的问题，贝克强调应保障他们的人权。

我强调指出，南斯拉夫危机相当复杂（有政治的、经济的，特别是还有民族的问题），孤立地采取一些行动并不能解决这一难题。我以波黑为例，我认为无论从民族方面还是宗教或经济方面，它都像一个“小南斯拉夫”。我强调，解决南斯拉夫问题最直接的道路就是确立人民自治原则，这一原则也符合美国和欧洲社会、欧安组织和所有国际组织当前所倡导的自由和民主的精神。在此框架下，我们才可以解决科索沃的民族权利问题，这一问题同时包括民族问题和人权问题。

贝克先生很认真地倾听了我的陈述。

在地拉那停留期间，美国国务卿贝克在人民议会还做了演讲。他说："我想向议会议员们传达一个简短的信息，你们现在正面临着重建国家的艰巨挑战。我想说的信息就是：在自由之路上，我们应当始终向前看。"

然后他又接着说："我希望我们还应明白的一点是：正如建设新阿尔巴尼亚没有回头路一样，建设这条路的过程中也不应使用威胁和武力。"

贝克访阿是阿美关系的良好开端，它在政治、经济和文化各个领域都取得了巨大进展。美国和阿国的代表团和各种组织的代表开始频繁交往，特别是旅美的阿国企业家，他们开始一批批地回国探亲。

在匈牙利度过的一个周日

作为共和国总统，我的首次国外之旅是1991年9月的匈牙利之行。

在前往芬兰以阿尔巴尼亚的名义签署《赫尔辛基最后文件》之前，我希望在布达佩斯停留一下，与匈方进行政治会晤并举行高层会谈。我们一行中除了卡普拉尼部长外，还有社会党和民主党的议员团团长莱希和采卡。

匈方立即表示接待工作一切准备就绪。我与匈牙利总统根茨、总理安道尔、外长叶森斯基以及一些议员进行了内容广泛的探讨。

匈牙利，特别是布达佩斯对我来说并不陌生。多年前我曾去过几次，那个地方总是让人流连忘返。

与安道尔总理的会谈饶有兴趣。那时安道尔还是个中年男子，很健壮、内敛、富有智慧。安道尔是按照西方体制进行政治、经济转轨的改革者，著名的反共分子。他的政治主张我先前就已熟知，相信他对我的政治见地也应略有所闻。由此，我们的会谈不带有一丝一毫的偏见。他对我国的现状多少有些了解，并相信历史进程无法倒退。他没有直接而是委婉地表示，阿尔巴尼亚现在的变化，相对于早已着手改革的匈牙利来说还是起步较晚的。

“我们的经验告诉我们，”匈牙利总理说，“私有化不能操之过急。”当得知匈牙利的私有化程度仅占经济的十分之一时，我们有些难以置信。另一个没有想到的是，他说匈牙利的改革目标是在未来几年里，到1995年，实现40%的社会资产私有化。

当时，我们正力推“休克疗法”，就是说社会急速变革，特别是在经济领域。

“那您如何处理另一半我们称之为集体、国有或者公共资产呢？1995年以后，这些也不私有化吗？”我们代表团中的一人问安道尔总理。

“我知道你们的忧虑，”他回答，“经济未私有化的部分将以集体形式存在，但并不是以社会主义的形式。它要根据自由市场逻辑遵守其他法规，它要参与竞争、价格浮动，等等。简单地说，这就是全球实行的国家资本主义经济。”

另一场会见是与阿尔帕特·根茨总统的见面。

根茨在社会主义时期曾遭受过迫害，他看上去像一位慈父，深受国人爱戴。他曾经搞过文学创作，主要是写一些戏剧，但并不出名，不过他却是一位出色的文学翻译家。他对我们很友好，他说他很热爱阿尔巴尼亚，很早以前在广播和电视上就听过阿尔巴尼亚语，认为这是一门令人自豪的语言。

他在欢迎我们到来之后，就让我们先发言。我们向根茨总统通报了阿尔巴尼亚的形势。他说，朋友们能谈谈对本国发展的看法是件好事情。在我与安道尔的会晤中，最先发言的是匈牙利总理。

“听说你们那儿又出现了难民潮。您怎么看？有政治因素吗？有对组织难民潮感兴趣的政治势力吗？”总统问道。

回答提问时，我首先强调了这一民族痛心事件的经济因素，并指出由于缺少西方国家的援助，阿国人民对未来正失去希望，心理遭受打击，贫穷正在不断蔓延。目前，西方对阿国的援助仅限于食品，对经济发展的援助几乎为零。

“我们需要食品，但更需要财政援助，不论是以借债形式还是以贷款形式都行。我们需要以此购买原材料以激活经济。”我说。

之后，为了解释难民潮，我还提及了一些历史因素，如长期的闭关锁国政策、年轻人急于看看外面的世界等。

我和根茨总统会谈的大部分内容是政治问题，特别是前南斯拉夫爆发内战后的巴尔干地区形势。我们指出了巴尔干地区局部战争可能让固执、专制的米洛舍维奇不承认民族自决的危险性。我强调阿尔巴尼亚的国家方针一直是：如果南斯拉夫继续以联邦或联盟存在，生活在边界线那边的（也就是在科索沃的）阿族人应当享有南斯拉夫联邦其他组成民族所享有的一切权利，一点也不用多，但一点也不能少。如果南斯拉夫解体，那也没有理由要求阿族人与塞尔维亚、克罗地亚或者与其他与之不论是渊源和历史还是语言和文化，都没有联系的民族捆绑在一起，应当由他们自己决定自己的命运。

根茨总统表示理解我方立场。他说，他们在南斯拉夫也存在匈牙利人问题。我们还特别探讨了在克罗地亚刚刚开始的冲突的危险性，认为这样的冲突有可能引发人们不愿看到的军事挑衅行为。

傍晚，我们游览了布达佩斯。这是一座艺术品随处可见的城市，但我们却没有发现一点被破坏和损毁的痕迹。在该市的主要景点圣·马迦什教堂附近，我们看到了纪念红军战士、象征反法西斯胜利的巨型纪念碑。碑上用俄语和匈牙利语写着：献给红军战士。

“这个纪念碑是怎么躲过民主革命浪潮的洗劫的呢？”我问叶森斯基。我感到吃惊，因为我了解匈牙利人的反苏心理。

“这不是件容易的事，”部长回答道，“为此我们在媒体上展开了广泛的讨论。我们认为现在已经结束了。的确，功劳并不是政治家的而是知识分子的。他们认为，作为历史的见证，纪念碑应当被保留下来，但碑文要做修改。我记得大概是‘献给解放者’。”

“那么它将作为一种象征而存在？”我继续问道。

“不，它是纪念那些战胜法西斯的斗士的。他们是谁呢？知识分子们提议的碑文让你可以根据自己的理解来决定：他们是苏联战士、匈牙利抵抗战士或者也可以是您说的一个总体象征。

“如果这个纪念碑是在阿尔巴尼亚，那它一定会被推倒的。”我笑着说，脑中浮现出一些伤心的记忆。在发罗拉，以反共产主义的名义，1920年的战士雕像被破坏了，许多地方的纪念民族解放战争的碑文被涂抹掉了，一些地方甚至连革命烈士的坟墓也被破坏了。这一切我只是在脑子里像过电影一样回忆一下，我没有告诉叶森斯基。

晚上，叶森斯基部长与我们共进晚餐。席间，他祝我前往芬兰一路顺利，并对阿尔巴尼亚加入欧安组织表示高兴。此外，他还说匈方上下对会谈均感到满意。

叶森斯基给我留下的印象是他对阿尔巴尼亚非常友善。能感觉到他深受西文教育的影响，但还是能看到东方人的特质。他措辞严谨，避免误会。他在我脑海里留下了一个很有个性的政治形象，他在匈牙利外交政策中的作用不能忽视。

通过根茨总统、安道尔总理和叶森斯基部长，我认识了当代的匈牙利。

1991年9月16日，在赫尔辛基加入欧安组织

或许是当天就要代表阿尔巴尼亚共和国在赫尔辛基与欧安组织签署第一份基础性文件——《赫尔辛基最后文件》的缘故，在前往赫尔辛基的路上，我脑海里不时浮现出1990年12月大学生游行示威时的场景，他们高喊着“我们要欧洲式的阿尔巴尼亚”！

赫尔辛基文件于1975年由35个欧洲国家及美国、加拿大共同签署。当时我们国家不仅没有参与这一倡议，还对其大加指责，说它是对各国人民自由的一种威胁，是一个由两个超级大国“操纵”的组织。显然，这一立场反映了当时独裁主义对“冷战”和国际关系的僵化评判。正是由于这种立场，我们的政治孤立路线和对外国人的不信任也显露无遗。

时过境迁，现在的阿尔巴尼亚已经连续两年以观察员的身份参加了欧安组织的各种活动。因此，尽管起步较晚，但我们即将签署《赫尔辛基最后文件》。我相信，我们现在所做的是一件令我们的国民引以为荣的有益事情。因此，我感到异常欣慰，如释重负。

赫尔辛基方面给予了我们热情而平等的接待。芬兰总统科伊维斯托举行仪式欢迎来宾。参加仪式的除了主办国的高官，还有所有派驻赫尔辛基的使团、政治人物、议员及嘉宾。记者们则被安排在一个专门的区域。

仪式就在该倡议于1975年诞生的那个大厅里举行。科伊维斯托总统在倡议发起者曾发表讲话的那个讲坛致辞。我也在那个讲坛上讲了话。在举行仪式的“芬兰大厦”外面以及我讲话的讲坛右侧，在各国国旗中还增加了阿尔巴尼亚的国旗。按照国名字母排序，我国国旗排在了第一位。

科伊维斯托发表了热情洋溢的讲话。然后，他让我发言。下面是我在签署《赫尔辛基最后文件》之前的部分讲话内容：

“不论从何种角度看，《赫尔辛基最后文件》的签署意味着阿尔巴尼亚可以将自己视为欧洲大家庭中一名平等的新成员。这是我国具有重要意义的历史事件。《赫尔辛基最后文件》的签署再次明确了阿尔巴尼亚共和国在推进民主转型、尊重人权、民主多元化和建立市场经济的改革道路上所肩负的责任。

“现在，阿尔巴尼亚拥有自由、民主选举产生的多元议会，拥有由五个主要党派组成的‘稳定政府’。我们在民主化道路上的责任是坚定而不可逆转的。

“请允许我借签署《赫尔辛基最后文件》之机，代表阿尔巴尼亚人民向支持阿尔巴尼亚全面加入欧安组织的总统先生、芬兰共和国、所有欧洲国家、美国和加拿大，表示衷心感谢。你们的支持同时也是对阿尔巴尼亚民主化进程向更快更深发展的一种支持和推动。”

几十台照相机和闪光灯见证了《赫尔辛基最后文件》签署这一历史时刻。此后，该文件将与有其他成员国签字的原件合订成册。

《赫尔辛基最后文件》签署之后，仪式的主办方在邻近的一个大厅举办了酒会。科伊维斯托总统一直陪伴着我，向我逐一介绍来宾。从赴任最早并担任使团团长的瑞典驻赫尔辛基大使，到赴任最晚的立陶宛大使，从本国嘉宾到其他国际友人。在招待会上还有专程来欢迎我的旅居北欧的阿尔巴尼亚侨民。

在赫尔辛基逗留期间，芬兰方面专门为我们代表团制定了活动日程。根据该日程，下午安排我与科伊维斯托总统会晤。会晤期间，科伊维斯托总统简要地谈了谈芬兰的国内形势，然后由我讲话。

交谈中，我深入介绍了我国民主的发展进程，同时也强调了转型中我们所遇到的困难。其中，我提到了我国的痛处——难民潮问题。科伊维斯托插话说，芬兰历史上也曾出现过少量居民外逃的现象，数千名年轻人外逃到瑞典等国，他们现在已经开始陆续返乡。他强调，经济发展的低水平不可避免地会引发劳动力大规模的迁移现象。

科伊维斯托总统的话让我不得不再次强调，我们国家还缺少克服困难、发展经济的外部支持，缺少搞活国内经济的外部援助。科伊维斯托再次插话说："20年前，也没有谁帮助我们恢复国内经济，但我们利用私人而非国家投资解决了这一问题。我们从私人投资者和外国公司那儿得到了贷款和投资。"

南斯拉夫的阿族人问题，特别是南斯拉夫作为联邦正走向分裂时期的科索沃局势，成为我们交谈的重要话题。根据总统要求，我向他介绍了南斯拉夫阿族人的现状、人口数量、他们的人权和自由遭受压制等情况。然后，我表明了我们对南联邦问题的现实立场，其中包括阿族人应与联邦其他民族一样享有自由、独立的权力。

我们与科伊维斯托总统就此分手告别，其余话题留待在科伊维斯托总统为我们代表团设的正式晚宴上再做讨论。因为当时我们要赶往一个旅游宾馆会见记者。

记者招待会上充斥着记者们的偏见、怀疑与不信任。从记者提出的第一个问题即可看出，这将是一次困难的见面。一个美国记者问我，在地拉那的一次游行示威中，曾有人要求我辞职，对此做何评论。我简短地回答说："我认为这是自由民主思想在阿尔巴尼亚兴起的表现。"他们还向我们的外长卡普拉尼先生提了问题。

尽管招待会的整体气氛对我并不特别有利，我还是借机再次阐明了阿尔巴尼亚在科索沃问题上的立场。我强调，阿尔巴尼亚不会侵犯任何一方，但对于它的兄弟，会予以保护。我提出应有第三方介入巴尔干，并表示希望欧洲和美国要为科索沃人民做些事情。

记者招待会后，我们会见了一个由芬兰外事委员会主席率领的芬兰议员小组。会见中，我让代表团里的两名议会议员团主席莱希和采卡主谈。

我们与科伊维斯托总统及其几个同僚共进了晚餐。

“他们说新闻发布会上有点麻烦？”芬兰外长问我。

“总的来说，招待会并不轻松。”我回答他。

“对我来说，只有充满困难挑战的才是货真价实的招待会。”科伊维斯托补充道。

晚宴的大部分时间里我们谈的是有关阿尔巴尼亚近50年的命运。科伊维斯托熟谙恩维尔·霍查所著的《中国札记》一书，书中描写了严厉的中国政治。这让他非常吃惊，阿尔巴尼亚选择的最亲密的朋友竟然是中国。

在我的记忆里，科伊维斯托是一个非常有修养，举止优雅，思想成熟，出类拔萃的政治家，他坚信阿尔巴尼亚定将走出困境。我印象中，他提建议时，从不做出一副说教的姿态，而总是能结合芬兰的历史经验，娓娓道来。科伊维斯托是对“北欧之寒”论调的一个有力驳斥。正如我所知，他是一个普通的人，曾做过码头工人，工会会员，是一个左翼社会民主主义者。

第二天，参观市容后，我们与赫尔辛基市的陪同人员道别，径赴机场奔赴巴黎。

签署《巴黎宪章》

大概一年前，时值法国资产阶级大革命200周年之际，欧安组织成员国高层会晤在巴黎举行。会上通过了人们熟知的《巴黎人权宪章》。我国派外长雷兹·马利列率团出席了这次会议。

法国之行，确切地说，从布达佩斯到赫尔辛基再到巴黎，每站的重要性都在逐步增强。法方在我们从地拉那启程前往赫尔辛基的前三天才向我们确认了访法事宜，我们也仅仅知道安排了一次与法国总统密特朗在爱丽舍宫的会见。但是当我们抵达赫尔辛基后，我们被告知将在“凯道赛”大楼——法国外交部大楼签署《巴黎宪章》，其他一概不知。

1991年9月18日下午5时，法国外长罗兰·杜马在“凯道赛”会见我们。我们仅谈了半小时，因为下午5点30分，将在隔壁大厅举行《巴黎宪章》的签字仪式。我和杜

马外长谈到了阿尔巴尼亚的发展情况，谈到了当时欧洲的热点问题——南斯拉夫事件的前景。最后，杜马部长陪同我来到了将要举行签字仪式的大厅。

罗兰·杜马首先发言。他对阿尔巴尼亚现行政策表示赞赏，并称在代表团中有两名议会党团主席也是民主的一种体现。然后他说：

"昨天，总统先生，您签署了《赫尔辛基最后文件》。而今天，您将签署《巴黎宪章》。这样，标志着阿尔巴尼亚加入欧安组织的又一正式文件即将完成。

"今天在'凯道赛'举行的仪式，对未来具有重要意义，然而，它也具有深远的历史渊源。事实上，自1972年赫尔辛基进程启动以来，我们就将目光投向了你们的国家。我们希望有一天，它会与我们大家融为一体，因为我们还缺少这个亚得里亚海岸的迷人小国，无论是从历史还是从地理来说，它都应获得其应有的地位。

"这使在我们欧洲发生的令人鼓舞的事件（译者注：指东欧剧变事件）得以延续成为可能；这也使得在阿尔巴尼亚出现变化成为可能。而对此，你们既是编导又是主演。祝愿阿尔巴尼亚民主革命进程不断向前推进，早日实现你们期待的融入欧洲的愿望。"

接着我们用五种文字签署了文件，文件的大概内容是：作为阿尔巴尼亚共和国总统，我代表阿尔巴尼亚承诺，将遵守并捍卫《赫尔辛基最后文件》和《巴黎宪章》所确立的欧安组织的倡议精神和宗旨。签字后，我即席发表了简短讲话。其中我说道：

"昨天签署《赫尔辛基最后文件》后，今天我特别高兴代表阿尔巴尼亚共和国签署了另一份历史性文件——《巴黎宪章》。对于欧洲安全与合作进程，对于文件中包含的人类价值和民主价值，阿尔巴尼亚人民深感重任在肩。文件提到的当今欧洲政策趋势，必将推动我们欧洲大陆的一体化。

"阿尔巴尼亚加入欧安组织与阿国内发生的一系列变化紧密相连。阿尔巴尼亚人民已步入并正在坚定不移地踏上民主之路。阿尔巴尼亚人民相信，这是他们未来的唯一出路。现在在阿尔巴尼亚要做的不是简单地改造一个旧制度，而是希望并努力构建一个基于个人自由、政治多元和市场经济的新体制……

"不过，民主化进程也遇到了诸多障碍，主要是经济领域发生了深刻的危机。我国人民现在深切地感受到了政治自由与经济落后和生活困难之间存在的巨大落差。由此我们的社会发展也伴随着各种社会的和政治的压力。无疑，我们的‘稳定政府’正竭力消除这些障碍。但是很显然，如果没有国际社会、欧洲各国和美国的援助，我们无法走出经济困境……

“最近，巴尔干特别是南斯拉夫的形势发展不容乐观，它有可能演变成对本地区及整个欧洲构成极大威胁的战争策源地。阿尔巴尼亚支持欧洲社会和欧安组织主张的通过对话寻求公正解决南斯拉夫问题的努力。阿尔巴尼亚相信，在此框架内也应该听一听生活在南斯拉夫的阿族人的声音，相信会找到解决他们的人权和民族问题的方法。”

讲话结束后，我与出席签字仪式的外交使团、政界人士见面并接受他们的祝贺。

离开“凯道赛”，我们与杜马部长一同前往法国总统的官邸爱丽舍宫。爱丽舍宫的庭院里整齐地站立着身着古典风格制服的卫兵。穿过卫兵队列，我们见到了在门口迎接我们的密特朗总统。见面非常亲切友好，我们握了好几次手，还摆姿势让摄影记者照相。后来我们进了一个谈判间。会谈没有带译员，只有双方的外长列席。

与密特朗总统的会谈坦诚而热情。他出人意料地表示准备援助阿尔巴尼亚，为此，还指示杜马外长在联合国大会之后赴阿尔巴尼亚考察并具体落实法国援阿的相关项目。随后，他又当即指示向阿尔巴尼亚提供一批小麦（五万吨）和其他食品。此外，他还指示增加阿尔巴尼亚留学生获得奖学金的名额。

我们的会谈原定为半小时，但实际延长了不少。我在介绍完我国形势后，重点介绍了南斯拉夫的情况，并试图在某种程度上影响法国以支持科索沃和阿境外阿族人的权利。我知道这并非易事，因为法南历史上有着良好的传统关系。不过，考虑到杜马先生的建议，我决定还是坦诚地说说我的意见。在来爱丽舍宫的路上，杜马曾对我说：“密特朗总统想了解你们对南斯拉夫事件的看法。”因此，在谈完阿尔巴尼亚的发展和现状后，我的话题转向了科索沃问题。

“南斯拉夫危机，是南斯拉夫各组成民族和人民的共存危机。今天发生在克罗地亚的局部冲突，可能会不断向南方蔓延。如果战火蔓延到波黑——这是完全可能的

事——局势将急剧恶化。”我对密特朗说。

罗兰·杜马插话说，今天听到一个可喜的消息，塞尔维亚和克罗地亚达成了停火协议。我当即表示：“我不相信塞尔维亚会遵守这个协议，因为他们已经预料到南斯拉夫将要分裂，而为了保证将所有塞尔维亚人统一在一个“大塞尔维亚”之下，只有通过武力才能实现。”

密特朗总统表示，对南斯拉夫形势恶化并可能演变成一场典型的内战的危险性，与我有相同的看法。此外，他还说不能对克林东勋爵及其有关塞克和谈的建议寄予厚望。接着他又直接问我：“那您觉得用什么方式才能化解这场危机？”

“我认为唯一的方式是由南斯拉夫各组成民族进行民族自决。”我回答道，“如果他们决定分裂——这种苗头已经显现——每个组成民族都有决定自己命运的自由。”

“我担心民族自决可能会使南斯拉夫倒退到非洲部落的状态，到时还会出现一些国中之国。”密特朗表达了他的保留意见。

“这种情况很有可能出现，特别是在波黑，那是一个‘小南斯拉夫’，就是说，这个国家的所有民族并存，但没有一方居主导地位，”我回答，“不过，欧洲外交也应该能够在此事上找到一个合适的解决方式。但是，如果害怕成立多个国家，那将会导致更可怕的后果，曾经存在的民族不公将再度发生。这里，我特别指的是阿族人。”

密特朗总统明确表示将考虑阿族人的民族权利，这一点他在媒体上也做了明确表态。

密特朗一直送我到爱丽舍宫门外。

像前两站（布达佩斯和赫尔辛基）一样，我也是带着神圣庄严感离开巴黎的。

可是当我回到里纳斯机场时，竟连个正式的迎接仪式都没有！我很痛心，因为全国上下似乎都忘了我今天回国，象征国家荣誉的一切东西都没有：没有国旗、没有仪仗队也没有国歌，甚至连一束可以在机场花园直接采摘以献给总统的鲜花都没有！

与土耳其总统图尔古特·厄扎尔的会晤

在1990年9月联合国大会期间与厄扎尔总统第一次接触后，我脑海里就萌生了访问土耳其的念头。

此后，我们互发了邀请函。关于成行时间，我们都选择了在“适当的时候”。

1991年秋天，是巴尔干的多事之秋。南斯拉夫陷入了兄弟相残的战火之中。土耳其和保加利亚之间的争吵依然没有停止。希腊、保加利亚、塞尔维亚和罗马尼亚的领导人在各国首都间穿梭奔走。总之，阿尔巴尼亚之外各国间联系的不断增强，令我们深感不安。

图尔古特·厄扎尔总统亲自到伊斯坦布尔机场欢迎我。应该说，在伊斯坦布尔停留的两天时间里，厄扎尔总统打破常规礼宾，全程亲自陪同我。

与厄扎尔会晤的前半部分只有两国外长参加。我们探讨了有关南斯拉夫局势的发展问题，特别是如果战火蔓延到波黑和科索沃后的危险性，以及我国与希腊的关系问题。

会晤的后半部分，双方代表团全体成员均出席。厄扎尔总统解释说，土耳其总理缺席的原因是因为当时土耳其正在举行选举活动，但他告诉我，第二天总理一定会来见我。

交谈中我特别指出，土耳其是第一个支持并给予阿援助的国家，特别是食品援助。表达谢意后我又强调，为了发展阿国民族经济，当前阿尔巴尼亚亟须财政援助以便各大小工厂能投入正常运转。

厄扎尔说：“我们将在三个主要方面援助阿尔巴尼亚。第一，在通讯和电信领域，我们在这方面取得了明显进步。第二，另一援助领域是扶持城市小业主。我们不把发展工业的重点定位在大型企业上，而是在作坊式的小企业身上。我想这一经验，对于没有强大资金基础的阿尔巴尼亚来说，是大有裨益的。为此，我会召集伊斯坦布尔的商业精英，因为他们在这方面很有传统，争取让他们亲自去趟阿尔巴尼亚。第三，我们可以在手工加工业振兴方面向你们提供帮助。”

我对厄扎尔先生的建议表示感谢。我强调说，那些正是当今阿尔巴尼亚发展所最需要的东西。然后，我谈到了地区形势，重点是科索沃问题及其前景。

厄扎尔也非常关注巴尔干局势，他对科索沃阿族人的诉求表态积极，也强调了在波斯尼亚、桑贾克和马其顿的穆斯林的各项权利。我表示，在解决南斯拉夫危机问题上，我们的想法完全一致。

次日，为了落实他的关于扶持小企业的想法，我们与厄扎尔一起去了一个主要加工鞋类的塑料加工作坊。那的确是个小作坊，但很有效率，机器很简单，生产各种消费品，一些已是半成品。从那我们去了一个现代商店，那里出售种类齐全的日常用品。

自然，借访问伊斯坦布尔之机，我们顺便参观了该市著名的博物馆。我们参观了蓝色清真寺、苏丹王宫、托普卡普宫。那里藏品的艺术和历史价值之高令人瞠目。

第二天早上，我在宾馆见到了耶尔马兹总理。我认识耶尔马兹，因为以前曾见过面，那时他还是外长。我们边吃早餐边聊了起来。

“您到这里来，耽误您的竞选活动了，”我起了个话头说，“得让厄扎尔总统允许我组织一场与伊斯坦布尔阿尔巴尼亚族人的见面会，作为补偿，我让他们投你的票。”

耶尔马兹笑了。

梅苏特·耶尔马兹对我说，厄扎尔总统昨晚已将有关会谈内容告知了他，他的政府将落实总统的承诺。他还讲述了他对阿尔巴尼亚经济改革的看法。耶尔马兹文质彬彬，颇具欧洲气质，言语不多，但富有思想。大概半小时后我们相互告别，我预祝他胜选。

午饭我们是在托普卡普吃的，是厄扎尔总统设的私人午餐而非官方午宴。所有食品都是典型的土耳其风味。最后，还上了一个蛋糕，给我的生日蛋糕。那天是10月18日，厄扎尔举杯用兄弟般热情洋溢的话语向我祝贺生日。

下午，在动身返回地拉那之前，我与部分旅居伊斯坦布尔的阿尔巴尼亚侨民见了面。我发现，他们对祖国的发展感到担忧，也充满了焦急和疑惑。我则竭力让他们放心，虽然当前阿尔巴尼亚遇到了一些困难，但一切都会过去的，未来的阿尔巴尼亚一定会走向繁荣昌盛。

与厄扎尔总统告别后，我们再未谋面。两年后，他来到阿尔巴尼亚，但我已被贝里沙关进了监狱。再后来，他去世了。

在邻国意大利

不论政治层面，还是经济和文化层面，我们与意大利的双边关系都具有举足轻重的地位。阿尔巴尼亚与意大利密切的政治联系始于1989年和1990年两国议会间的交往。交往中，我有幸结识了意大利两位杰出的政治家，他们是解决意国内棘手政治问题的高手、反法西斯力量的斗士，也是受人尊敬的议员，这两人就是埃米利奥·塔维阿尼和弗拉米尼奥·皮科利。他俩都非常了解阿尔巴尼亚的现状，也清楚我们面临的困难。

塔维阿尼和皮科利分别是副议长和议会外交政策委员会主席。我特别看重的是，他们没有偏见、政治对话时严肃认真、与我互通信件保持联系并交换意见。特别是皮科利，在我被贝里沙集团关押的时候，我还收到了他的慰问支持信息，我对其尤为珍视。

1991年8月13日，意大利共和国总统弗朗西斯科·科西加突然造访阿尔巴尼亚。毫无疑问，我们热烈欢迎他的到来，因为这证明我国的政治制度得到了民主国家的承认和尊重。但没有想到的是，他临行前几个小时才通知我们，给我的印象似乎这是单方面决定的访问，此行的目的也并非是为了体现对一个自由民主国家的尊重 ，而更多的则像是为了应对全世界对意大利的批评。由于他本人对阿尔巴尼亚难民的态度。当时，阿尔巴尼亚的难民被意大利警方关进了一座体育场，这使人想起了智利的皮诺切特事件。

尽管如此，我仍把科西加的到访看作是对我们的一种友好示意。我们一起谈了不少严肃的事情，一周前发生的难民潮问题自然成为我们的谈论重点。我们还谈到了合作，特别是经济方面，以避免今后此类事件的再次发生。

科西加当日即离阿返意。他此行未给两国关系留下些许印记，因为此行既没有计划，也没有发表官方公报。

1991年9月和10月初，国内和地区局势渐趋复杂：南斯拉夫和希腊出现了一些反对阿尔巴尼亚的言论，同时还伴有在希腊的塞族人的示威挑衅。在此背景下，我提出正式访问罗马。

1991年10月20日，我启程前往罗马会见科西加总统和安德雷奥蒂总理。我方代表团成员中，除了副外长伊利尔·波奇卡外，还有贸易部部长阿基姆·梅洛。

在罗马，意方按礼宾规格接待了我。政府和总统府的代表出席了在机场举行的正式欢迎仪式。卫兵列队一字排开，按照传统，还有骑兵、总统卫队、升国旗和奏国歌等。

与科西加的会谈是真诚的。正如预计的那样，安德雷奥蒂总理也出席了会见。我发现，安德雷奥蒂一下子就成了意大利官员们的关注焦点。看得出，科西加对他的二把手也感到很满意。

首先，我向主人阐述了我国的国内局势。然后，我将话题转到了其他两件事上：两国经济关系，以及在南斯拉夫的阿尔巴尼亚人的地位及南斯拉夫冲突的性质。

谈到两国关系时，我特别提到意大利向阿尔巴尼亚提供的援助，并强调希望这些援助最好能够经常化。梅洛部长对此进行了详尽的解释。我看到意总理有些局促不安，他向我们承诺一切都会安排好的。我向他表示感谢。

在与科西加和安德雷奥蒂的会谈中，南斯拉夫问题一直是重点内容。我强调了阿族人问题，以及如果战争一直向克罗地亚和波斯尼亚南部蔓延的危险性。此外，我借机对希腊提出的几项声明，特别是对近期希腊外长公开对阿南部提出领土要求表达了不安。

意大利方面表达了他们对上述问题的观点，并强调理解我方的关切。

访问在科西加设的午宴中结束。除了安德雷奥蒂，还有其他几位意大利官员出席了宴会。席间，科西加宣读了对阿尔巴尼亚和阿领导人非常友好的欢迎词，我也以同样的口吻答谢。意大利电视台在晚间新闻节目中报道了我们的访问活动。

尽管没有官方公报，但热情一直伴随着我们。

Sent to Prison by Berisha and Days in Prison

十　在贝里沙的监狱里

复　仇

民主党刚上台执政，贝里沙便开始了他的打击报复行动：逮捕和关押前阿尔巴尼亚劳动党领导人，我也与他们一起被捕入狱。

20世纪80年代末的形势发展，导致以前的政治阶级出现了分化，阿尔巴尼亚劳动党领导人的警卫队伍也遭到解散。起初，年纪较大的渐渐退休。与此同时，在反对过去的一切的旗帜下，反对派开始诽谤攻击前领导人。在阿尔巴尼亚很多人群里，特别是一些伪知识分子和平庸的记者队伍中盛行着一种反共精神病。他们以此作为新式大字报，并视其为真正的民主见证。

在这种氛围下，民主党大肆攻击所有前政治局委员和奈吉米耶·霍查，并开始起诉他们。辞去共和国总统的职务后，我也被起诉了。他们对我们全体的指控是，前阿尔巴尼亚劳动党领导人的经济开支有问题。司法机关称之为非法开支，因为开支决定并不是由国家机关制订的，而是由劳动党中央制订的。领导人享受特殊的经济待遇是在世界各国普遍存在的做法，如今的阿国领导人也在享受这种待遇。唯一不同的是，现在这件事由国家机关、政府或议会通过相关决定来落实。而我们那个时代，这一决定是由政治局做出的，是一个执政党的领导机关做出的。但是，指控我们的人“忘记了”劳动党在当时的政治制度中的作用和地位是共和国宪法所赋予的。宪法的表述是“劳动党是阿尔巴尼亚国家和社会的领导力量”。劳动党和政治局曾做出过非常重要的决定，如国家电气化、减少或退回合作社、建立多元政治等等。所以，它的决定，包括关于国家和党的领导人的经济待遇的决定，都是完全合法的。

另一方面，该决定的合法性可以从下面的事实得到验证。领导人的所有财务支出都是根据部长会议，即国家最高行政机关的正式决定进行计划、落实和审计的。但是，指控者和被他们唆使的法官们却对此视而不见，充耳不闻。于是，所有前领导人都被关了几年监狱。

很明显，对我和其他阿尔巴尼亚劳动党领导人的拘捕和审判纯粹是出于政治需要。一件看似普通的诉讼案背后，其实暗藏着政治打击和报复，其目的就是通过指责他们如小偷流氓一样道德沦丧，来丑化前国家领导人，并以此诋毁他们深恶痛绝的社会主义制度。

为了揭穿这一阴谋，我在最后一次庭审辩护中说：

“这次审判的组织者想在人民面前羞辱老一辈政治家，并给他们贴上小偷的标签。但这必将遭到失败，因为事实很快就将证明，他们只不过是臆造了一个莫须有的罪名（在最好的情况下），而这完全不符合事实。

“让组织者羞愧的是，老一辈政治家从未往自己的口袋里私藏过一分钱！这一点是绝对的。他们这一代人，也包括我，从民族解放战争中走来，身上留着战争的伤痕，将青春奉献给了祖国的重建事业；他们这一代人，怀有崇高的使命感，以阿尔巴尼亚的崇高名义，义无反顾地选择了牺牲和奉献，不应该被玷污和抹黑；他们这一代人，具有熠熠生辉的爱国理想，为了阿尔巴尼亚的自由不惜流血牺牲，为了它的繁荣昌盛而勇敢地面对一切困难。他们是我们这个国家孕育的最为纯洁的一代人！”

我被逮捕

我第一次被捕是在1992年8月，也就是辞去共和国总统职务的四个月之后。我被软禁在家中几个月，没有出门权，也没有接受探访的权利。后来，从1993年年中开始，我被关进了地拉那313监狱。除了查尔查尼被软禁在家外，其他同志也都被关押在那里。我刚一被软禁，对我的调查就开始了，后来转入313监狱后，调查依然继续。我的辩护律师是著名的法学专家科奇，一个能力卓著的律师，但在那个装模作样的法庭上，任何才能、名誉和正义都变得无济于事。

1994年6月，由于前面提到的有关经济待遇的决定，我被指控滥用职权，最后被判处五年徒刑。

围绕对我的处罚，作家德里特洛·阿戈里当即发表了一篇文章。该文不仅控诉了庭审的组织者——民主党及其政权，还批评了对法庭裁决保持缄默的社会党。其中，德里特洛写道："拉米兹·阿利雅是宣传受益方的牺牲品。为了赢得反共宣传战、为了讨好右派分子和无知流氓，民主党让阿利雅成了替罪羊。为了取悦极左分子和极权主义者，社会党也让阿利雅成了替罪羊。这只替罪羔羊正是在宰牲节这一天被献了出来。由此，宗教徒们欢欣鼓舞，因为拉米兹·阿利雅在极权体制时代曾下令关闭教堂和清真寺。反共分子和无知者欢欣鼓舞，极端的共产主义者和社会主义者也欢欣鼓舞。阿利雅这只替罪羊被端上了餐桌，放在中间，而民主党和社会党则围着餐桌载歌载舞！这是一种政治惩罚，黑暗的政治不会知道邪恶究竟来自何处！"

1995年7月，我刑满获释（因反法西斯解放50周年大赦，我获两年减刑）。我的自由只持续到1996年2月，我再陷囹圄。这次对我的指控是"反人类罪"，其依据是由贝里沙提议、人民议会旋即通过的《反种族灭绝法》。这是一部捕风捉影的法案，因为在阿尔巴尼亚从未发生过与联合国对"种族灭绝"这一法律术语定义相符的事件。但是，贝里沙的打击报复就是"王法"。在没有调查、没有审判的情况下，我又被关进了监狱，并一直待到1997年3月。

由于1997年3月人民起义，监狱被打开，我因此得以出狱。出狱后，我暂别阿尔巴尼亚，来到定居瑞典的女儿家。1997年9月，地拉那法院开始审理我和其他几人的“反人类罪”案件。由于我未能到庭，我的律师代理出席了审判。当年10月，地拉那一级法院根据裁决宣布我无罪。几天后，我重返祖国。

再啰唆几句，那些给所有劳动党前领导人治罪的审判，特别是第一次审判，是一种无耻的行径，它无视法律与公正，指鹿为马，唯命是从。那些对民主党头目言听计从的法官们，连庭审提问都要别人口授。而检察官们从未介入过审理，其实即使不发言、即使仅仅是出庭也是好的啊！这样至少不会任由他们随意乱写，而完全不顾在审判时说了什么。

在监狱40号牢房

从开始对我进行调查到对我宣判的整个过程中，我成了313监狱40号牢房的“住户”，宣判后我转到了39号牢房。然而，就我的健康状况和年龄而言，那段日子并不好过。为了打发时间，我不断写作。为了保持体形，我每天在牢房里或在一个比牢房稍大的供我“放风”的房间里不停地走两个小时。

入狱期间，我住的是单人间，没有一个狱友，对我实施严厉的隔离。不允许我同任何一个狱友进行任何接触。我住在法托斯·纳诺的隔壁，同一个走廊，但一次也没见过面。只有在向狱警提问或者提出要求时，我们才能听到对方的声音。

更糟糕的是监狱不让读书看报，也不让听广播。对我来说，最痛苦的是不能阅读，因为政治和文化新闻已是我生活中不可或缺的“精神食粮”。我唯一与外界的交往，也是唯一了解国内外大事的机会，就是与律师见面和每月两次女儿、女婿十分钟的探监。无疑，我总是迫不及待地等待着探视，因为通过扎娜我可以了解到我的孩子贝萨和贝尼的情况，了解家人的近况。

一个严酷的制度无疑是为了压制弱势群体，对其施加心理压力，磨灭其意志，与大众生活隔离，将其生活圈子限定在三四件单调的事情上：吃饭、睡觉、拉撒（连这些也在严格监控之下）。这种生活方式的确能够让人从肉体上和精神上萎靡和沉沦下去。但是，常言道，天无绝人之路，就是在那样的环境下，我还是找到了保持体力和智力的方法，一切事在人为。

监狱里唯一允许阅读的书籍是《圣经》和《古兰经》。显然，“管教”想通过这种对犯人进行心理塑造的管理方法，让人们远离政治，回到上帝的路上。然而，这些书创造了一个锻炼思维的机会。我手头有两本《圣经》。一本是“管教”给我的，另一本是一个荷兰圣经传道士送我的礼物。这个人是我当总统时认识的。不久前，他来监狱看我，但未获批准。因此，他让监狱长转给我一本带题词的《圣经》。他建议我读某一页上的几句箴言，那页写道：“上帝说，所有信奉耶稣及耶稣行为的人皆无罪。”

但是两天后，即1994年7月2日，我得到了一份通知。这份通知不是“神”的召唤，而是“地狱”的判决。地拉那法院宣布我“有罪”，并剥夺我九年的自由！（最高法院后来改判五年。）

需要指出的是，在整个服刑期间，我的身体一直很好，这一点在监狱里尤为重要。像我这把年纪，唯有一个好身体才能应对牢狱之苦，这可不是一件容易的事。幸运的是，我的健康反过来也增进了我的幽默感。

入狱第一天，我的一个朋友送给我一句话：“监狱属于真正的男子汉。”确实如此，尤其是在今天，反对派为了保全政权，绞尽脑汁地压制他们的政敌，迫使他们屈服、顺从。这样，摆在他们面前的只有两条路：一条是因胆怯畏惧而卑躬屈膝，另一条路是不畏强暴，做顶天立地的男子汉，当然这可能会遭到执政者违反民主的凶残折磨。前者是胆小鬼选择的蒙羞之路，后者是男子汉选择的自豪之路。

事实上，正如我所言，对前政治局委员（阿利雅、查尔查尼、穆弗迪乌、马尔科、米斯卡、伊萨伊、阿斯兰尼、查米、斯泰凡尼、米哈伊和其他同志）的审判是充满政治色彩的，审判员拿不出任何令人信服的证据。尽管法官们宣布判处我们60年徒刑，但是我们却在“道义”法庭上大获全胜。这场“化装舞会”的组织者竭力恶意中伤我们，把我们描述成杀人犯、盗窃犯和社会危险分子。但是，他们彻彻底底失败了。他们竭力想将此伪装成是对普通案件的审理，但是这样的审判却明显带有浓重的

政治意味，这就撕开了当权者和民主党的伪装。不论是在对往事，还是对现政府的态度上，所有被指控人员的立场都未曾出现过分歧。

我早已预见到我会被人指控，尽管这些指控站不住脚，甚至荒诞可笑。从我被捕那天起，调查机关连续两年使出浑身解数拼凑能够指控我的有分量的证据，哪怕是些轶闻趣事。他们在国家情报局和公安部之间穿梭往来，查找档案、翻阅近50年的文书和决议文件，但对有关我违法行为的证据，他们一无所获。

至于在庭审时应当持何种立场，我在第一次出庭时就已决定了。我早就非常清楚，此次的审判是带有政治色彩的行为，是打击报复的行径。因此，我决定公开上诉，捍卫我所追寻的道路，捍卫我曾为之斗争的事业，那就是祖国的解放和进步。我之所以这样做，并非仅仅是出于怀旧与保守的立场，而是为了揭露审判的组织者和执政者的阴谋诡计。对我而言，法庭是我唯一可以公开对同志和人民倾诉的讲台。因此，我会充分利用这个机会。

审判过程明显反映出我国的民主发展出现了危险的倒退。丑陋邪恶与主观臆断当道，司法机关屈从政党和权力，这一切在审判过程中随处可见。审判长、法官和检察长全都是傀儡，特别是检察长，几乎就是旁观者，极少出席庭审，即使露面也只是简单地让证人进行指证，更多的时候，他好像在干一件苦差事。审判长起初还想展示一下“青春”活力，但一看被告和律师属于被打击的对象，他也就退缩下去了。从个人角度来看，他已尽职尽责，只要按照规定维持一下法庭秩序就已经够了。

证人出庭指证场面最能说明问题。所有证人都是控方传唤的，他们当然会提供对控方有利的证词来攻击被告，但就是这些人也做出了令审判组织者始料不及的事情，很多证人的证词与控方指控的具体事件或人简直是风马牛不相及。当律师抗议不要浪费时间来听与案件无关的故事时，审判长只得说“我愿意听”。

一次庭审时，托迪·卢伯涅也来了。他刚一进门便成了主角，检察官和审判团仿佛人间蒸发了。托迪来这好像是为法庭打扰他而讨个说法，他像个司令官一样指挥审判团：“你们快一点，我可没多少时间待在这儿！”审判长确实着急了，忙说：“嗯，我们这就结束。”

他们是以证人身份将托迪传唤到法庭的，他们对托迪寄予厚望，因为托迪曾是我的老朋友，但遭到了劳动党的打击迫害，可能会说出些法官感兴趣或对我进行攻击诋毁的东西。但托迪仍与往常一样，一副堂堂汉子的样子。他刚一进审判大厅，便扯着大嗓门向我问候：“你怎么样，我的朋友阿利雅？”这句话已经说明了一切！

事实上，托迪来了之后，审判天平开始倾斜。他们试图传唤其他证人，以扭转托迪和那些证人造成的不利局面，但他们却未能如愿以偿。之前说要听取150个证人的证词，但在43个证人出庭后，检察官被迫停止了这场游戏。

根据安排，最后阶段是检察机关宣读起诉词，之后由法官宣布判决。我称其为“安排”，是因为它不能反映真正的审判过程，反映的只是那些已经由最高政治机关事先做出的决定，以至于在检察官宣读完控词后，审判长问律师需要多长时间准备辩词时，一个律师开玩笑地回答法官：“你还是把条子拿出来吧，我们今天就结案！”

说得再清楚不过了，但审判长装作没有听到。

关于审判过程我就不再多说了，它就像一部“荒诞剧”：法官和检察官按场外指示不停地更改指控；场外安排的证人在法庭上词不达意，或者干脆不到庭。整个审判表明，在贝里沙的统治下，司法机关缺乏独立性，他们不以事实为据，不对证据进行评估，没有公正与客观。

或许更应该以我在1994年6月最后一次出庭时的自辩词来结束有关庭审这一话题。在审判团宣读判决书，或者更确切地说，是在宣读执政者拼凑的判决书之前，我说：真相终将大白于天下！

“……这次审判极具政治色彩，它真正的组织者就是那些摇身变成蓝色民主党人的新巴里民族阵线分子和共产党人，他们要和我清算新仇旧恨。控方代表们的起诉书充分证明了这一点。当政者想用消灭我们这些政治对手的方式来满足自己及其追随者。为达此目的，他们决定将指控披上普通的外衣，以掩人耳目，特别是国际舆论。但是，现在谁也不会相信这个假把戏！

“对我进行指控并宣布我有罪，以及检察官先生要求对我的处罚，对我和任何有良知的人来说，都是无法想象的。事实上不仅是我，任何人都无法理解，一个前国家元首竟然要‘窃取’房租和药费？更糟糕的是，他还践踏公民的平等权、歧视少数民族……‘利用特权从中谋利’！而这，正是检察官先生对我的定论！

“众所周知，我在工作和各项活动中从未指望谋取个人利益，也从未为国家某一集团、族群或社会阶层创造特权。我的工作自始至终都是以国家和民族利益、人民的福祉为出发点，是为了人民的生活、为了国家的自由与独立而工作。

“指控者反对我们，先是指责我们‘侵吞’国家财产，后来又说我们‘利用特权，以权谋私’，但他们完全指错了方向。是的，今天有相当多的人，甚至是高层人士，完全可以起诉他们腐败甚至侵吞公共财产。这并非危言耸听，因为我所指的这些人有这个野心，也正在谋取私人财产。

“另一方面，当前市场经济条件下的社会体制，常常促使人们——那些想赢回‘逝去的光阴’的人们，出卖自己的尊严和良知。制度成了一些人谋取利益的工具。他们除了领取国家几十万列克的工资外，还可以在私营企业或社团担任兼职顾问，赚取额外的数千美元。

“现今的当权者，很少将时间与精力花费在国家工作上。一会儿这个人，一会儿那个人，甚至是位高权重的官员，不时陷入这样那样的丑闻中。现在这已不是什么秘密。为了让人们尽快忘掉这些事情，他们还象征性地逮捕过一些‘小鱼’，而真正的‘大鱼’却被保护起来。为了让人们淡忘这些丑闻，他们还中断调查或者无限期地拖延调查，等等。

“人们会对时代、原则和人格进行比较、评判，并不断向真相接近。谎言不能永远掩盖真相。”

我的遭遇源于政权危机

我在发言中进一步强调：

“……如果我因为自己的政治信仰和观点，因为我的过去和目前的立场而招致被囚禁和被判刑，从我和广大群众的角度来说都是可以理解的，这也完全符合当前的阿尔巴尼亚的气候，他们有足够的理由对我发起这样的指控。

“如今的政权，一些人的行为和想法的主旋律是反共的。为了维持政权，他们选择警察暴力和司法审判作为自己的统治武器。他们中的一部分人，也就是新巴里民族阵线分子，希望为父辈们失去的一切报仇。另一部分人，也就是无原则的变节分子和假知识分子，他们竭力洗白自己，并以此争取他人的信任，特别是争取外国人的信任，使其相信他们确已转变。

“正是这两股势力希望对我进行指控。事实上，我和其他同志被起诉入狱，正是因为这是反对前阿尔巴尼亚劳动党领导人的政治舆论所需要的，因为新的政治阶级需要抹黑过去的一切，因为国内外的某些人认为他们这些叛国者报仇雪恨的机会到了。

“我们因过去50年的历史而被判刑！我已不止一次谈到今天讲的这些事情。关于这些，我在1992年9月12日刊登的一篇文章里已经写到了。正是那天，根据人民议会多数党几个议员的要求，我遭到了逮捕并启动了对我的调查程序。

“顺便提一下，每当反共领导人需要‘定规矩’，每当反共力量处境困难时，他们就会加紧对我的迫害。某一党派中的几个议员提出该项要求后，会对其内部的反对人士施加压力，甚至威胁称他们是‘阿利雅的工具，为逮捕行动制造障碍’。在我被软禁时，适逢民主党内部第一次分裂、民主联盟党另立门户之际。而成立民主联盟党则被称为是‘阿利雅的杰作’。民主党领导层要求将我从家中软禁转为入狱囚禁并完全隔离，是在该党第二次分裂之时。卡拉库拉和巴莱塔被宣布是‘阿利雅的人’！真是让人哭笑不得！

“民主党的所作所为，加上他们在政治上的无知、弥漫在党内的怀疑一切的原始思维，以及本能的复仇和恐惧，组成了新的人间炼狱。

“我入狱后，当政者还想治罪于我。法官先生，你们可能会满足他们的这个要求，但乌云是遮不住太阳的。这将再次证明：阿尔巴尼亚的现行制度，其实只不过是用民主的面具遮掩其专制统治和反人民的真实面目而已。”

这是对一个时代的审判

延续着审判开始的想法，我指出：

“这场审判的组织者试图让人们相信，这个社会主义国家的领导人曾是个杀人犯和骗子。当然这需要他们动用宣传‘炸弹’来使人们相信‘在阿尔巴尼亚的确曾有过最野蛮的专政’‘共产主义让阿国走向了毁灭’。这一切似乎印证了他们竭力展示的证据，即从民族解放战争起的过往岁月都和地狱一般，而现在的反共产主义者及其叛逆者正在拯救阿尔巴尼亚，并将它引向光明，将它变成人间天堂！

“审判团的各位先生，我并不是在这里搞宣传，我向你们保证我很清楚这一点。我在这里是为了维护我的人格，为了捍卫我的尊严，而这些无端的指控正是为了破坏和抹黑我的形象。

“即使不说是唯一的，我也是为数不多的亲身经历了我们国家当代发展三个阶段的领导人之一。

“我参加过民族解放战争，在游击队的大熔炉里接受过考验，同时在阿尔巴尼亚反法西斯青年联盟秘书处任职。

“作为青年团第一书记、阿尔巴尼亚劳动党政治局委员等政治人物，在重建和建设新阿尔巴尼亚时，我的足迹遍布阿尔巴尼亚的各个角落。

“作为国家元首和劳动党主要领导人，以及后来由多党人民议会选举的首任总统，我曾领导阿国的民主化进程，引领国家的多元民主建设。

“一些人妄想抹杀这段历史。抹黑我个人以及打击过去的领导人，也正是出于此目的。审判团的各位先生，我今天站在这里，正是为了捍卫我的荣誉，因为它正遭受着别人的诬蔑。同时，我也是为了捍卫我的那些已经牺牲或仍健在的同志和战友们的荣誉。为了人民，他们贡献了自己的一切：生命与青春，毅力与才智。我要捍卫他们在战争中的英勇奋战，捍卫我国人民的奉献精神。而所有这一切，某些集团正开动宣传机器竭力予以否定和抹杀。

“我提一个问题：在欧洲，阿尔巴尼亚即使不是唯一的，也至少可以说是屈指可数的，以自己的力量、鲜血、牺牲和儿女们的英勇斗争而击退法西斯侵略的国家，这段令人引以为豪的民族解放战争史到底触犯了谁？难道是曾经积极投身世界反法西斯大联盟，并为共同的事业牺牲了2.8万条生命（占当时人口总数约3%）的阿尔巴尼亚人自己不再引以为荣，反而感到羞愧难当？这样的立场，只有那些心中并不热爱阿尔巴尼亚的投降分子才会有，只有那些曾站在战壕的对立面、认为现在已到了为其及其父辈们的失败复仇的时刻的人才会有！

“有人冠冕堂皇地说解放战争‘光荣’，但是当解放战争的指挥者被宣布为‘反国家’和‘犯罪集团司令部’的时候，那这场战争实际上又算什么呢？ 当阿尔巴尼亚议会多数党投票决定取消反法西斯解放日时，解放战争又意味着什么？当1月11日——宣布成立共和国并标志着共和国获得最终胜利的日子——被否定时，解放战争又意味着什么？当议会以多数票通过法案，追认反游击队的巴里民族阵线的死亡士兵为烈士时，解放战争又意味着什么？这是对人民战争的最大侮辱，是对所有烈士、所有牺牲和健在的游击队员的羞辱。捍卫为国捐躯的勇士们的荣誉，是现在每个有良知的阿尔巴尼亚人的神圣职责。

“法官先生，你们可以对年迈的前领导人判刑，这是问题的一个方面，也是很容易做到的。另一方面，此次审判的策划者可以随意诽谤，可以大做美梦。但不管怎样，不管他们的希望、梦想如何，也不管当今的政治现实如何，任何人、任何时候都不容随意蹂躏人民的民族解放战争以及阿尔巴尼亚游击队员的英雄主义！反法西斯是建立在真正的民主基础之上的。

“有人可能会问，为什么法庭上会有这种事情？我说还会有更多类似的事情发生。因为为了达到他们的政治目的，今天他们以莫须有的罪名大肆对我们这些社会主义国家领导人进行武断的、非法的指控。按此逻辑，我可以预言，不久之后，或许是明天，老游击队员们也会被传唤到审判团面前，要对他们抗击法西斯及其追随者进行清算。执政党最活跃的一部分人，希望在50年后的今天，对民族解放战争的胜利方启动审判程序以进行反攻倒算，他们还想将为了祖国的自由而牺牲的民族烈士们拖上被告席。在民主党政府的领导下，阿尔巴尼亚的一些事情正朝着这个方向发展……”

否定成果是对人民的侮辱

我继续说：

“审判的组织者妄图否定人民建设新阿尔巴尼亚的劳动，否定过去45年的一切成就。在这项计划中，当政者没有遮遮掩掩，他们直言不讳地说：过去的阿尔巴尼亚一无所成；过去的时代是暗无天日的‘共产主义碉堡’时代；阿尔巴尼亚属于‘第三世界’。一场真正的较量在共产主义的叛徒们（直到昨天，他们还在‘为了理想’而信誓旦旦，在谈到学习劳动党和恩维尔·霍查的教诲时，他们还显得无比虔诚）和右翼极端分子、前巴里民族阵线分子、原主人及其继承者之间展开了。在这场较量中，正如谚语说的那样：叛徒毒于猛蛇。

“如果否定过去半个世纪的历史、如果竭力抹杀用巨大的付出和牺牲换来的成就和胜利，对阿尔巴尼亚而言将有百害而无一利。如此下去，只会抹杀人民的历史，否定他们在社会发展各个阶段所展现出的智慧、毅力和顽强的生命力。

“你可以说那时所取得的成就还不够多，或者说应该能取得更大的成就，但否定阿尔巴尼亚两三代人的努力、牺牲和创造是对他们莫大的侮辱。如果现在说，过去50年一事无成，甚至说只是做尽了坏事，那绝对是无耻的谎言。

“大塞尔维亚主义者弗拉丹·乔尔杰维奇曾断言，阿尔巴尼亚人只配摇尾乞怜，因为阿尔巴尼亚没有自我管理的能力，不能成为一个独立自主的国家。今天，当探讨我们的民族、科索沃及所有阿族人的未来地位的问题时，肆无忌惮宣扬阿尔巴尼亚式‘民主’的虚无主义者恰恰给了反阿论断以有力的支撑。

“阿尔巴尼亚和阿尔巴尼亚人是不容贬低的，更不用说妄自菲薄。现在的当政者非常幼稚，他们以为诅咒自己的祖国，向世界表明这里曾是暗无天日的地狱，就会赢得外国人的青睐和信任，甚至资助。他们忘记了，外国并不欢迎1992年的阿尔巴尼亚‘民主’。外国在阿尔巴尼亚有派驻的大使，还派遣过各类代表团和专家组，收集了各种情报，完全可以了解阿尔巴尼亚的真实情况。当政者幼稚地忘记了一些颠扑不破的真理：不热爱自己祖国和人民的人，也不可能热爱美国和美国人民；不尊重自己祖国的人，也不会得到别国的尊重……

“阿尔巴尼亚和阿尔巴尼亚人现在比以往任何时候都更需要民族自豪感。因为它与阿国的历史之路、与人民的卓越才能、与创造的文化艺术、与兴修水利、与他们的创造力和才能的结晶息息相关。民族自豪感与天才的工程师和工人、历史学家和作家、音乐家、歌唱家、舞台艺术家、农业专家、进步农民、医生、教授、老师、军事指挥官、掌握超音速飞机驾驶和复杂武器使用的军人的名字紧密相连。与所有用双手劳动让自己、阿尔巴尼亚和世界引以为荣的人的名字紧密相连。

“我没有责任对阿尔巴尼亚的现代史进行点评，也从未想过干类似的事情，这主要是我们所处的环境使然。但既然审判的组织者的主要目的就是通过指控旧体制时期的前领导人，来诋毁他们以及那些将毕生精力献给祖国的人们所做的一切，那么我就有义务说出我的一些想法。

“每每追忆往昔，不论是积极的一面还是消极的一面，都不能脱离二战结束后阿尔巴尼亚所处的境地。1945年时，阿尔巴尼亚80%的人口是文盲，全国各行各业仅有350名高级专家。疟疾、肺结核、梅毒和类似的疾病夺去了无数新生婴儿的生命。然而，正是这些因素，同时也由于经济和文化的总体水平较低，阿尔巴尼亚人的寿命还不到40岁。这就是现实情况，这就是我们的起点。

“我只提了两至三个数字，因为每个有头脑的人，只要多多少少听说过一些经济和文化情况，从它们对国家全面发展的作用与联系中就可以轻而易举地推断出阿尔巴尼亚当时的水平是多么可怜。工业基本不存在，农牧业处于中世纪时期的水平。财政为零，公共财产也全部被破坏了。”

在“冷战”与“热战”中建立的阿尔巴尼亚

我强调指出：

“……阿尔巴尼亚的发展，无论是成就还是失败，都受到了内部的或外部的、主观的或客观的各种不同因素的影响。如果说经济文化的严重落后是国内计划的一大难题的话，那么，非常不利的外部政治形势则是另一个根本性难题。

“阿尔巴尼亚的重建和新阿尔巴尼亚的建设并非一帆风顺。‘冷战’对阿尔巴尼亚的负面影响比对其他任何一个国家都要大。很多时候，‘冷战’也会演变为‘热战’。在1948年至1955年间，阿尔巴尼亚就曾多次经历过‘热战’。那时候，铁托领导的南斯拉夫在我国北部边境制造紧张气氛并进行挑衅；希腊皇家军队进攻我国南方，根据所谓的‘战争法’对阿尔巴尼亚始终举着‘达摩克利斯之剑’，在马耳他和德国慕尼黑附近受训的分裂分子，一批批地从空中和海上潜入我国进行破坏，妄图扼杀阿尔巴尼亚人民的合法政府。

“有人称赞这些人‘有勇气’，是‘反共产主义英雄’，而事实上，他们也毫无疑问确实是反共产主义者。但是，他们参与的由外国间谍机构指挥的战争，最根本的却是反对阿尔巴尼亚国家、反对自由和独立的战争。这些‘勇士们’杀害的是阿尔巴尼亚米勒迪塔地区的姑娘们，因为她们志愿站出来修建第一条青年铁路和扫除文盲。这场罪恶的战争是如此反阿尔巴尼亚，堪比铁托时的南斯拉夫、保皇派时期的希腊和后来的华沙条约。难道就因为‘反共’，这些人也应该得到褒奖和授勋吗？按此逻辑，世人皆知的反共嗜血成性的希特勒也应该被大加追捧了？

“在内外环境非常不利的形势下，阿尔巴尼亚首先应当捍卫的是国家的自由和独立。阿尔巴尼亚懂得要用勇气和决心来捍卫它们，要保护好它以防邻国的觊觎，防止莫斯科梦想将阿国变成其向南欧和北非扩张计划中的基地。

“尽管有这样的困难条件，我们还是实现了一些能决定国家经济、文化和社会发展的根本性转变。就像对阶级斗争政策或实行完全的自力更生的封闭政策有争议一样，人们对阿国的发展重点或是发展速度也有争议甚至是批评意见。但是，一个不可否认的事实是，在过去的体制下，我们建立起了国家工业、恢复了农业、为三倍于战前的人口提供了必需的食品，我们还实现了全国通电，这样的成就只有少数国家才能做到。

“过去在政治、经济、文化和社会领域所取得成就的历史价值和意义，绝不会因曾经的缺点和错误而降低。

“我们实现了全民教育、兴建了大学和高校并培养了约十万名高级专家，这岂能否定？我们成立科学院和一大批科研院所、文化艺术机构，这岂容蔑视？没有经济和文化的全面发展，没有整个社会的解放，特别是妇女的解放，没有生活条件和生活方式的改善，没有普及全国的医疗服务，我国人民的平均寿命不可能从40岁提高到71岁。这些成就不能像用橡皮擦字一样被抹杀。

“从1991年起，阿尔巴尼亚开始启动市场经济改革，以资本主义道路取代社会主义体制。尽管有人夸夸其谈说阿尔巴尼亚经济取得了巨大的成就，但事实是：国内生产低于20世纪80年代的平均水平；国有医疗机构和妇幼保健水平明显下降；地方政权不是忙于民生大事而只是忙于政治选举，等等。这样的情形仅过了两三年，一些几年前已经根除了的负面现象就又再次出现在百姓的生活之中。事实上，阿尔巴尼亚正在形成一个数以万计的辍学儿童文盲大军，正在形成一个近50万人的失业大军，等等。仅仅列举这些事实，看看这些数字在两三年内如此快速地下降，就充分证明了过去的生活水平并非仅靠‘美好的意愿’就能实现的。”

打击进步人士的序幕

“以多元民主取代一党治国，被人们理解为就是以反共产主义取代共产主义，这使得否定过去的一切成为一种潮流。

“不论是过去还是现在，这一战略的目的始终是攻击社会主义理想并激起人们对社会主义的仇恨。反共的战略家们一边揣测着无产阶级国家的命运和体制变迁，一边企图贬低社会主义理想，这一世界人民的愿望。

“谁也不会想到，今天的审判只针对过去，审判拉米兹·阿利雅及其他同志只是为了终结一段过去的历史。这真是大错特错！今天对我的逮捕、审判和惩罚，其实是对阿尔巴尼亚社会中进步的、民主的和社会主义力量新一轮攻击的序幕。

“反共分子制订了不惜一切手段维持其统治的计划，甚至不惜抛弃民主原则和准则。这一点每天都能在广场上看到：警察不断施压，暴力现象日益频繁。这一点在里博夫舍乡和其他一些地方最近进行的选举中都能清楚地表现出来。

“为了竭力维护统治，民主党现任领导人试图让人们不再提及，甚至忘却阿尔巴尼亚曾宣布实行多党制以及转型初期至1992年3月22日期间的民主化进程。新巴里民族阵线分子及其追随者试图否定我当时作为国家元首，对国家实行民主化的领导和个人作用。

“为了应对20世纪80年代末期社会制度转轨而形成的局势，阿国采取了包括政治的、经济的、强化法治国家和鼓励自由表达思想在内的促进国家民主化的各种措施。

“任何人都不能否认一个事实：如果当时执政的劳动党不走在市场经济和多元政治进程的前列、不努力推动旧体制向市场经济体制的和平转轨并实行政治多元化、不以负责任的态度避免可能出现的民族灾难，那么市场经济和多元政治体制都将无法实现。无论谁回忆起那个时刻，都会想起曾经的险象环生甚至差点导致流血的场景。这不是一个抽象的假设，而是一个可能的事实。

“我可以自豪地说，无论是领导集体还是每个成员，当时大家都一致同意，任何情况下都不能使用武力，要不惜代价避免流血事件。政治局的所有成员都严格地执行了这一决议，与示威群众、与要求出境或抢夺船只移民海外的人们直接接触的警察、边防部队的全体干警也都非常克制、冷静地执行了这一决议。

“为了将人民从自相残杀中拯救出来，为了避免出现无法挽回的局面，我倾尽了我的个人力量和决心，为了民主我也不遗余力。即便是今天，我也并不后悔。令我特别欣慰的是，我不仅推动了国家生活的民主化，而且在转轨初期还得到了党内的理解和支持。

“民主党在其成立初期也曾认同我在国家职能中发挥的作用。在其基础纲领、民主党的首份法律文件中说：‘……为了在阿尔巴尼亚构建民主社会做出具体贡献，……为了继续深化人民议会主席团主席阿利雅倡导的民主改革，我们申请成立独立的政治组织——民主党。’

“现在一切都变了。不仅不再提及那个时代，就连1991年3月31日举行的选举，由其选举产生的首个多党议会，由议会选举出的首个共和国总统也不再提及了。我担任国家总统时的那些使阿尔巴尼亚民主发展稳步前进的重要事件，也无人提及并逐渐被淡忘。此类大事，如我以国家总统名义签署《赫尔辛基最后文件》和《巴黎宪章》，打开加入其他国际政治组织如欧安会、亚太经济合作组织和国际货币基金组织等的通道，在相当短的时间内启动与国际组织的合作，人民议会批准一系列法律为阿民主发展提供空间，等等。

"相反，这次庭审的组织者试图制造假象，称阿尔巴尼亚民主发展始于1992年3月22日。但是要想确定这个日期，就得审判拉米兹·阿利雅。

"如果对阿利雅判刑，就能很容易将1991年3月31日举行的首次多党选举从人民的记忆中抹去，这样现代历史的篡改者就可以称那次选举为'共产主义的复辟'！如果对阿利雅判刑，当然也就更好说首位多党制选举的总统是萨利·贝里沙！

"审判团的各位先生，看看你们担负着何等的重任：你们要做的不仅是在审判一宗普通的法律案件，更是在完成一项艰巨的政治任务。对我的指控毫无事实根据。我再次强调，从法律角度讲，我没有任何污点，绝对没有，我以我的良知保证。

"这次庭审以及前两次庭审表明，他们的复仇行为已经登峰造极，今天动用武力和打击报复是资本主义复辟的产物。众所周知，人民群众从教训中汲取经验，这个本质消极的庭审就是教训，它让人们睁开双眼，看清现实，认识到在阿尔巴尼亚进行的不是民主，而预示着新的专政。如此下去，国家将不会出现哗众取宠的政府官员所描绘的未来前景，阿尔巴尼亚的价值也将会越来越低。当然，在'充满承诺的季节'，人们终将被注射上一针麻醉剂。"

当今政治并不服务于人民和国家利益

"审判团的各位先生，我想说几件与过去有关的事，这并不是因为我怀旧，也不是因为我保守，而是因为过去也是国家历史的一部分，因此，不能把它像抹布一样随意丢弃，尽管有的政党或者有些人就是这样做的。我说这些还因为建设未来需要有所思索，而不能仅靠虚对虚的夸夸其谈。

“现在大家都清楚了，无政府主义的‘从零开始’和‘铲除共产主义’的方针对国家造成了多大的损失，这样的方针其实就是要破坏过去体制中的一切。在这样的口号下，工厂被砸毁了、矿山被关闭了、灌溉系统被破坏了、合作社资产被抢夺了，被破坏的还有农牧场、种植园，甚至还有学校和卫生站。其后果是国家长期蒙受巨大损失，发展大大倒退。

“当整个东欧和阿尔巴尼亚的外部条件和环境已经具备，向市场经济过渡迫在眉睫时，我还是认为，这一过渡应当慎之又慎，应尽一切可能避免造成经济和社会创伤。我坚信，实现这个目标的唯一途径，就是建立基于宽容、文明对话和尊重彼此的政治信仰和观点基础之上的多元民主，而绝不是违背他人意愿、倒退到专制制度的强迫式的民主。我对当前形势发展的观点也正是源于这一理念。

“前面曾经说过，我，甚至是任何一个正直的人，都能够接受，我的信仰和我对现行政策进行的谴责，已经构成了对我指控的充分理由。因为他们代表了反对共产主义的复仇逻辑和借机改旗易帜的思想，但他们至少应该表现得坦诚些！如果他们能够公开处罚我的真实政治原因，我也就不会感到遗憾了。从某种意义上说，生活就是一场战斗。我的政治观点众所周知，我也不会遮遮掩掩，我已经将其写下并公开发表。

“每个读过我作品的人都不会不知道，我对当今的外交政策持保留意见。我认为，它使我国的自由、独立和主权处于危险境地。这是一个游移不定的政策，在追随美国、伊斯兰世界甚至是亚洲之间摇摆着，是一个哪里能找到投资便转向哪里的、没有主心骨的政策，是一个没有确定国家眼前利益和长远利益优先重点的政策，也是一个对当今世界政治发展尤其是我们所在地区的政治发展缺乏认真分析的政策。

“如此一个没有核心没有重点的政策既不利于民族事业，也不利于科索沃以及其他地区的事务。解决前南阿族人的命运问题，更多的是从外国人的视角和外国人的利益出发，而不是从崇高的阿尔巴尼亚民族利益出发。

“我不认可现行的经济政策，也不认可向市场经济过渡的方式。现在所发生的正是向战前经济模式的倒退，也就是正在走向原始资本主义。这种倒退的代价将由农民、工人、退休者和底层的公务员埋单。它还将形成大规模失业、各种税赋、物价不断上涨，民众生活负担不断加重。

“这样的经济政策，通过杂乱无章的经济私有化，实际上变成了对财产真正的主人——人民的掠夺。过去，人民大众用自己的汗水才换来了工厂、矿山、农场、建筑和基础设施等。政府的决定（动辄几亿、几十亿列克的私有化文件，只需保存一年！）清楚表明了私有化政策不可告人的目的。谁需要这样掩盖真相？总检察院能容忍这种犯罪吗？

“现行经济政策在歧视国内商业和产品的同时，却向国外敞开了大门。它也成了如今司空见惯的腐败和掠夺的根源，而卷入其中的也不乏一些政府高级官员。

“当今统治者未曾料到他们的失败会来得如此之快，因此他们竭力希望人们转移对所面临的难题、困境和国家全面危机的关注，因为这些问题正将阿国引导向死胡同。他们甚至将阿尔巴尼亚包装成走向民主新路最成功的国家，还将自己作为榜样向其他国家宣传成功经验。但是，现在的阿尔巴尼亚舆论已经很难被这种拙劣的宣传所欺骗了。在未识破真相时，人们曾对美丽的承诺信以为真，但现在不可能再相信那些谎言了，因为人们已经认清了那些骗子！

“我反对现在的教育和文化政策，因为它阻碍了学校、艺术和科学的发展。受过良好教育的人遭受着迫害，而有才华的人纷纷走上了欧洲之路。在这些方面，外国文化也深刻地影响了阿国所有美好和有价值的东西：歌曲和舞蹈、生活方式和习惯。这个政策的受害者首先是阿尔巴尼亚的青年，他们失去了自己的未来希望。

“任何人都不应赞同民主党及其政权正在执行的清洗和迫害政策，这样的政策对阿国的现在和未来来说，是一种危险。它发动的阶级斗争，正以行政改革为借口，将那些政治信仰不同的干部和专家调离工作岗位。人们对此极为关心和担忧，但对由裙带关系和本位主义支撑的改革却无能为力。这种裙带关系和本位主义正使国家陷于停滞和分裂的局面，而不是促进了我们的手足情谊和民族团结。事实上，我们今天比以往任何时候都更需要这样的手足情谊和民族团结。

“现在是民主党执政，以后大选有可能是其他党派掌权。理论上说，每四年就有一次轮流坐庄、执掌政权的民主机会。这回是这个政党执政，下回可能是另一个政

党。但不论是世界民主实践，还是为了我们祖国的利益，都不应产生一种观念并形成‘规则’：政权更迭就意味着对中央和地方国家机关、广电总局、外交部、国家情报局、公安系统、军事单位和部队、司法和教育等部门的人员和专家‘大换血’。很不幸，我们国家目前恰恰就这么做了。这些机构本不应该政党化，不论哪个政党在位，都应依法执行国家政策，但这样的非政党化原则还是被蔑视和抛弃了。

“这样一来，每四年都得从零开始，一些有益的经验也无法汲取，这对阿国来说是极具破坏性的。这样的国家无法取得进步，这样的发展也不会持续长久！因此说，如今民主党执行的政策是相当有害的。

“政府和民主党尽管口头上时不时地提及民主，但实际上，甚至在法律上，正快步走向新的独裁。人权、言论自由、新闻自由成了空洞的口号。它们歪曲事实，蛊惑人心，制造阿尔巴尼亚民主的表象，全世界现在都不再相信它了。数数那些被关进监狱的记者们，他们正是追求言论自由才遭此厄运的。一个法治国家已让位于一个警察国家，他们用威胁和恐怖手段来禁锢广大的黎民百姓。

“不论是作为一个概念还是作为一种实践，民主本不是某个政党的专利。但是，很不幸，即使是在实行基于不同观点和信仰共存、自由竞争的多元化的阿尔巴尼亚，各自政党的理念还是主宰了一切。民主党上台后，顽固地宣称，只有它才是民主的代表。大权在握的民主党不能容忍反对派，也不能接受不同观点。它所认可的民主主义者，仅是那些与其为伍的人，或是他们的附庸。”

追求良知和真理

“审判团的各位先生，你们可以因我所讲的这一切而对我判刑。这样，不论从哪方面讲，你我都可以心安了。但是，如果你们依据检察官罗列的罪状判决我的话，那么你们将会给本已脆弱的阿尔巴尼亚司法以无可挽回的打击。

“正如他们所指控的那样，操纵和歪曲事实造就了执法不公和独断专横。如果你们真的这样做事，那我告诉你们：你们就是在与他们一起玩一场埋葬司法机关独立公正性的游戏。他们将案子交给只经历过三个月培训班的法官们审理。这些培训班的法官们，他们有理由认为从事调查，或者检察，或者司法的职业是很轻松的事：凡事只要服从上级机关的命令、执行政党的决定、在刑法典上找到一条与指控能够吻合的法律条款，于是像玩魔术一样，一切问题就都解决了。

“审判团的各位先生，这场审判的组织者想让你们承担这些不义行为的历史责任，你们将成为这场游戏的牺牲品。而司法领域的公职人员，也将遭到最后的打击，因为欧洲官方一致认为，他们已经声名狼藉。

“审判团的各位先生，我知道你们的处境很艰难。整个社会舆论也都知道这一点。我想，今天对我的审判，其实也是对你们的司法审判。如果你们不能秉公执法，根据你们的宣判我会平静地走向当局为我预留的地方，但责任感将无时无刻地不在折磨你们，我的辩护将无时无刻地不在围绕着你们。我希望你们能遵从真相和你们的良知，遵从你们心中的圣殿，而不必考虑我的得失！”

刑满获释

尽管如此，1994年6月，贝里沙的法庭最终还是判了我五年徒刑，其他同志则被判了五至八年不等。就在大家的刑期尚未服满之际，民主党和贝里沙已经开始谋划要让我们坐穿牢底。因此，他们根据1995年由民主党主导的议会通过的“反种族灭绝法”，对我们提出了“反人类罪”的新指控。这部法律不仅是要让阿尔巴尼亚劳动党前领导人再次身陷囹圄，同时还企图为反对派——社会党的一些领导人的政治活动设置障碍。事实上，在阿尔巴尼亚，不论是在民族解放战争期间还是在此之后，未曾有过种族屠杀或者反人类犯罪。

上述这部法律，也受到了国际组织的批评。赫尔辛基人权观察组织曾致信贝里沙说：“该法基于类似于共产党领导机关的集体参与，而不是基于特定的个人行为而定罪。对此我们深感不安。”“该法批准的时刻让我们相信，它的运用不是为了树立正义，而是为了限制政治上的反对派。”

根据该法，所有前领导人，包括那些和我一样已经坐过一次牢的人，又再次被关进了监狱。我前面曾经提到过，1996年2月的一天，也就是我服完第一次刑的几个月之后，一队警察将我从女儿家带走，并将我再次送进了地拉那监狱第40号牢房。法官们有个习惯，在审判包括我在内的领导人时，总会先宣判两批其他同志。

这样，一些政治局委员，如M.阿斯兰尼和F.查米被一级法院各判了15年以上徒刑。前最高法院院长A.切拉、前检察长R.米诺和前内务部副部长Z.拉米兹等三人被判处死刑，后来上诉法院改判为25年徒刑。

但对我有关“种族屠杀”的指控，无论是调查还是法庭庭审，都没能如其心愿，因为1997年3月所有监狱都被打开了。

这里还有一段故事。1997年3月13日凌晨，监狱走廊里传来一阵非同寻常的嘈杂声。而外面，守卫们开始暴雨般地向外射击。后来监狱走廊里的警察和守卫人员对我们这些犯人什么也没说就都不见了。又过了一会儿，我所在的走廊里一下子来了许多从其他走廊过来的犯人。这条走廊除了我之外，还关押着法托斯·纳诺。他是三四天前从台佩莱那监狱刚转过来的。犯人们砸开了我们的牢门，这样我和法托斯也都“自由”了。此时，大多数犯人又砸开了外面的大门，跑到了监狱的院子里，并从那里冲到了大街上。我和法托斯商量后决定不逃跑，而是等待监狱方送我们回家，因为我们不是主犯，连过失犯都不是！我们就这样等着。当监狱负责人后来来到我们的牢房，看到我们时，不禁大吃一惊。“所有犯人都跑了，你们在这儿做什么？”我们对他说：“我们不是砸坏监狱的犯罪分子，我们是被当局强行、不公正地带到这里的。因此，将我们带到这里的人，应该把我们安全地送回家去。”后来，我和法托斯被守卫人员用警车送回了各自的家。

于是，1997年3月13日，也就是在失去近五年的人身自由之后，我又开始了自由公民的生活。最初几天，我住在女儿家中，不久我被迫离开了阿尔巴尼亚，因为贝里沙及其追随者，尽管大势已去，却并没有放弃对我们的复仇计划。

这样的立场，可以在1997年4月上旬清楚地反映出来。当时人民议会正在审议对逃离监狱的全体人员实行大赦的一项法律草案。草案中有一条，规定对60岁以上的被关押者也同样实行大赦。国家电视台对这次审议进行了全程直播。在议会审议该议案时，一位民主党议员问道："阿利雅也能按此条规定获得赦免吗？"时任司法部部长的恩杰拉·斯巴达克是赞同议案的，他解释说，"法律不是针对某一个人，而是针对整个群体的"。尽管如此，由于民主党的反对，议会还是将这一条从大赦法中彻底删除了。很明显，贝里沙及其追随者，已经铁了心要将我投入大牢（尽管对我的"种族灭绝"指控还未进行庭审），并将复仇进行到底。

在此情形下，如果我再次身陷囹圄，那将是一次冒险，也是一种疯狂。我曾两次被关进贝里沙的监狱，但这两次都是不公正的，只是对我的政治报复而已。当时，许多亲朋好友建议我离开阿尔巴尼亚，但我两次都没有接受。因为我不想给我的对手留下口实，说我的逃离就是一种证据，是因为害怕面对法律。我坚信，我的两次被捕充满了政治色彩，我选择走进监狱，就是为了在法庭上继续进行斗争。一方面是为了揭露贝里沙及其追随者，另一方面表明我没有犯罪。阿尔巴尼亚议会对此事的态度却截然不同，它公然宣称其目的就是将我逮捕当作人质。鉴此，我决定选择不坐牢，并暂时离开阿尔巴尼亚。

1997年4月12日，在索科利和希纳尼的陪伴下，我离开了地拉那。在苔佩莱纳朋友的帮助下，我在卢扎特村的沙班·沙特拉菲尔家住了20天。在那里我找到了宾至如归的感觉，期间我还与儿子耶特诺尔取得了联系。5月1日，我到了希腊。在雅典，我寄居在几个朋友和我的拥护者家中。5月26日，我离开雅典前往旅居瑞典的女儿贝萨的家。直到1997年12月21日，我才从那儿返回阿尔巴尼亚。

就这样我极不情愿地尝试了一段移民生活。正所谓在家千日好，出门一日难。在外漂泊的人常会感到孤独无助。尽管朋友和女儿贝萨对我关心备至，但我仍感抑郁，或许是脱离了朋友圈所致吧。周围的氛围让我感到我仍是一个异乡人。尽管他们为我创造了一切便利条件，可以收听阿语广播、收看阿国电视，可以实时关注时事动态，可还是缺少人与人之间、人与故乡之间的沟通与交流，这是一个巨大的缺憾，也是我最为愁苦的。直到1997年12月21日，我回到地拉那，这些问题才自然解决。，

1997年6月，地拉那开始重新对我审判。其实它在3月份已经书面通知过要开庭，

但由于种种原因，一次正式的庭审也没进行过。就这样日复一日地拖延了下来。最后，在1997年10月20日，地拉那法院决定对我的案件结案，并专门做出决定，宣布对我的“种族灭绝”指控无效，同时驳回对我“反人类罪”的指控，理由是当时法律并没有相关规定。很多通讯社和电视台播发了这条新闻。除了阿尔巴尼亚电视台，我还从意大利和瑞典的电视节目中收看到了该消息，而当时我还正在“海外移民”。

应该指出，1997年3月的事件后，发生了不少变化。高等法院不再畏惧贝里沙，他们认为对我 “种族屠杀”的指控没有事实依据。前面提到的一些同志也曾被指控该项罪名，甚至有三人还被判了死刑。至此，当时的法庭不得不为所有被指控者翻案。这一事件也清楚地表明，将前领导人逮捕入狱的不是法律，而是政治需要和贝里沙的打击报复。

健康问题

长年被关押在贝里沙的监狱里，不可能不对我的健康产生影响。1998年初，更准确地说是在我结束短暂流亡回国两周后，这些问题开始显露出来。1月初，我得了心肌梗死。

我随即前往地拉那医院就诊，心脏科医生对我进行急救。我称之为急救是因为1997年事件后，医院条件每况愈下，大部分设备都已无法使用，更别谈做外科手术了。我在医院急救部住了近两周，得到了那儿医生和护士的悉心照顾。我感谢大家的精心救治，但不能不说还是有点遗憾，因为两周后，急诊病房的主治医生就准备停止治疗了。一天，他们正式对我说：“阿利雅先生，能做的我们都已经做了，因此，您可以出院了。”对于一个别无选择的普通人来说，这就相当于说“去等死吧，我们已经无能为力了！”我用批评的口吻也对他们表达了这样的意见。

但是，我得到了命运的青睐。

当时，萨洛尼卡医院的医生小组正在地拉那医院访问。这个小组的组长是希腊著名的外科医生P.斯皮鲁博士。他医德高尚，并因向在萨洛尼卡医院就医的阿尔巴尼亚患者提供无私帮助而声名远播。

斯皮鲁医生在访问期间得知了阿尔巴尼亚前总统阿利雅因心梗而住院的消息，就在我们的医生决定停止对我治疗的那一天，意外地出现在我的病床前。他看了一下我的病历卡，然后就直接对我说："总统先生，您不必待在这里了。从现在起，由我来给您治疗吧，您必须马上实施外科手术。我明天回萨洛尼卡，而您得在后天赶到那儿。所有费用由我们来负责。"与斯皮鲁医生一起来的还有他的一个叫达希捷尼斯的商人朋友。

说做就做。两天后，我及两名陪护人员（我的侄子弗拉迪米尔·什布扎和医生巴尔）的签证和机票就都准备就绪了。

我想强调的是，希腊官员给我留下了特别深刻的印象。希腊外交部一名官员在雅典机场迎接我，他对我的到来表示欢迎。萨洛尼卡的政府官员和我要接受手术的医院代表也来迎接了我。

而这与阿尔巴尼亚政府官员漠不关心的态度简直是天壤之别！对我这位阿尔巴尼亚多党制后的首位总统，无论是左翼还是右翼的官员，都显得漠不关心、毫无敬意！

抵达萨洛尼卡两天后，我做了必要的检查，然后做了心脏手术。斯皮鲁教授和他带领的医疗小组医术高超，也特别人性化。手术（四个导管）非常成功，整个治疗过程是一气呵成的。

我还清楚地记得被送进萨洛尼卡医院的情形。几百名从萨洛尼卡、雅典和希腊其他地方赶来的阿尔巴尼亚人，在得知我做手术的消息后（希腊新闻也报道了此事），马上赶来医院探望我。他们有的是移民，有的不是。其中，还有我的儿子阿尔本和他的妻子。病房门口摆满了几百束鲜花。此时，希腊当局又再次关照医院提供最好的服务，还在我的病房门口设置了安全岗哨。

一年后的1999年5月，新的疾病让我不得不再次接受手术。这回，萨洛尼卡、地拉那和雅典的医生均诊断出我患上了前列腺癌。因此，他们建议我及早将其切除。手术在雅典的海吉尔（HYGEIA）医院进行，主治医生是P.杰哈亚伊教授——斯皮鲁医生亲自向我推荐的。他医术高明，为人和善。

这次外科手术也非常顺利。这样，我想我的健康磨难应该结束了。尽管经历了两次复杂手术，但总的来说，我的身体还是不错的。因此，我仍延续往常的生活习惯，运动、饮食、学习和阅读，关注国家的政治文化动态。

在第二次手术期间，很多阿国人看望我并祝我早日康复。这一切让我感到由衷的高兴，因为它给了我了解阿国侨民生活状况的机会。他们虽然背井离乡，却依然怀揣着对祖国和故土的眷恋。

在我的诸多朋友之中，波里塞伊达·尼娜给了我特别的帮助。她在雅典大学攻读国际政治与国际关系学博士。我在希腊就医期间，她和她的父母始终陪伴着我。

在攻读博士学位的同时，由于精通希腊语，波里塞伊达还将我的两本著作《狱中日记》和《话说阿尔巴尼亚》翻译成希腊语。两部著作的阿文和希腊文版都在雅典出版了。

“人民起义”

让我们回头看看1997年之后的阿国发展。民主党和贝里沙已经不再当权。他们的下台是民主党政权政治和道德退化的必然结果，而其没落则始于1994年在宪法全民公决中的失败。在此之后，还出现了更多的事实，证明民主党政权不仅无能和不团结，而且还反人民和反民主。

欺骗和暴力是贝里沙集团惯用的手段，这在1996年5月26日的大选中可以看得相当清楚。当时，广大民众用手中的选票“惩罚”了民主党。贝里沙本应根据投票结果做出相应的宣布，但他满脑子里却是维护自己的私利和保住总统的宝座，于是操纵选举，进行闹剧式的造假。对于这样的做法，连外国观察员也给予了谴责。此外，贝里沙对5月28日的示威者进行了暴力镇压，目的就是要反对者们闭上嘴巴，并接受他宣布的选举结果。民主党和贝里沙的顽固不化恰恰反映了他们的渺小和恐惧。

而此时，民众的仇恨和忍耐已经到达极限。一点点的星星之火就足以点燃吞噬民主党政权的民众之火，这颗火星就是众所周知的“金字塔集资案”。一些高利贷公司声称能让人们不劳而获、一夜暴富。民主党政府支持这些公司，一方面是因为执政者个人，甚至政府高级官员也参与了这场对人民的欺骗和掠夺，另一方面他们觉得可以把高利贷游戏利用好，成为自己的救命稻草。他们盘算着，可以利用高利贷致富的诱惑，来缓解民众对民主党政权的不满情绪。在此背景下，当时的政府官员不失时机地为高利贷集资摇旗呐喊，称之为“阿尔巴尼亚人民资本主义”，甚至是“阿尔巴尼亚奇迹”！

为此，民主党政府不仅不提醒高利集资行为存在的风险，反而公开保护金字塔公司，甚至还通过国家电视台为其做广告。这样，被蒙蔽的人们将多年的积蓄或者他们儿女在国外挣得的外汇全部投入了高利贷公司。很多人变卖了全部家当以期拿到公司承诺的高额利息，有的农民甚至将作为生活主要来源的几头牲畜也卖掉了。

当得知高利贷公司破产时，人们自然就揭竿而起了。对于这场灾难，首先应该负责的是民主党政府，它摧毁了阿尔巴尼亚，将国家推到了万丈深渊的边缘，而且民主党政府还不保护公民的利益免受投机者的侵害。在这种情况下，爆发了完全意义上的人民起义，它要从连续五年篡夺权位、给国家带来无数灾难的团伙手中拯救国家。

爆发人民起义的原因与国家经济全面下滑，与贝里沙政权的腐败和残暴专制，与整个社会特别是失去工作希望和美好生活可能性的年轻人的道德沦丧密不可分。

1997年的“二月事件”导致国内发生了流血事件。而在1991年，即使是推翻社会主义制度，我们通过付出巨大努力和代价，仍然避免了此类事件的发生。1997年，阿国宣布进入紧急状态，动用军队镇压人民，还下令轰炸“民族救亡阵线”的居住点和桥梁。而贝里沙控制的国家情报局则对对手实施了非人的暴行。贝里沙独裁政权与人民革命的冲突导致2200多人死亡。

“金字塔集资公司”的倒闭使部分民众的经济状况陷入了绝境，他们已经走投无路。如果不了解当时阿国的总体经济形势，也就无法知道当时人民起义有多暴力。1990年年底，在“消灭共产主义”的口号声中，国家经济基础被洗劫一空，几近崩溃：大小工厂、灌溉渠道、仓库温室、葡萄园和其他各种种植园，都被烧毁、破坏殆尽。那时，阿尔巴尼亚60%的食品依靠国外进口。更糟糕的是，在贝里沙统治时期，阿尔巴尼亚曾被世界公认的生产和出口量居世界第二的铜、铬工业，也陷入了瘫痪，产量下滑到历史最低水平。尽管我们的水利资源相当丰富，但阿尔巴尼亚国内的电力生产仍旧不能满足需求。

“金字塔式集资事件”只是贝里沙集团不负责任的、灾难性政策的冰山一角。它的主要功能是洗黑钱、走私产品、骗取巨额钱财，完成资本原始积累。“金字塔式集资”破产也是因黑钱的某个主要来源被切断的结果。随着《代顿协议》的签署和南斯拉夫武装冲突的结束，战争期间的走私特别是与原油、武器和毒品相关的走私收入锐减，这就加速了“金字塔”的倒塌。人们所说的阿尔巴尼亚“经济发展”和“富足”只不过是一场黑帮式的商业骗局。

反贝里沙集团的人民起义，就其规模和性质而言，是东欧国家旧制度被颠覆后的一场史无前例的运动。它是反对现政权的一场政治运动，也是一次民众不满的大爆发。

阿尔巴尼亚的人民起义及其在全国各地的蔓延震惊了欧洲，这不仅是因为它可能被别人所效仿，还因为在巴尔干南部，除了波斯尼亚外，可能引发新的火种，从而给欧洲带来种种不安。这促使国际社会进入阿尔巴尼亚平息事态。他们促使起义民众放弃使用武力，而是通过政治途径来解决与反人民政府间的矛盾。

欧安组织任命奥地利前首相弗拉尼茨基为协调员，并在阿尔巴尼亚部署了一支由意大利人指挥的约5000人的多国部队，执行“阿尔巴”军事任务。外国人的干预表明，将阿尔巴尼亚危机仅仅定性为单纯的国内危机是完全错误的。在化解震惊巴尔干的矛盾和冲突陷入困境时，阿尔巴尼亚被迫接受欧美的政治性决议，有时甚至是有矛盾的决议，以便确保他们的控制权和维持在本地区的平衡。我们国家的每个人都很清楚，当时所有重要的决定都来自于国外政治势力的“命令”或“授权”。于是，这些操纵的结果就是，尽管发生了全国人民起义，但贝里沙依然青山不倒，仍是右翼的主要政治人物，而这些外国势力则成了2005年送给阿尔巴尼亚的一份“礼物”。

外国介入、干预阿国的内部事务，充分说明了两件事。

第一，阿尔巴尼亚的反对派——亦即作为那时成立的民主论坛主要力量的社会党、民主联盟党和社会民主党——相当软弱。以社会党为主的反对派在支持人民起义的问题上没有一个成熟的意见，在推翻贝里沙政权的问题上也没有明确的行动纲领。社会党远离了人民起义。当贝里沙将起义定性为“叛乱”时，这些反对派害怕了，他们显得小心翼翼，生怕被认为是与“叛乱”妥协。

第二，这次爆发的人民起义是一个没有组织、没有实际指挥部的自发运动。从不同地区走出来的起义带头人，是优秀而坚定的爱国者，但他们未能成为整个运动的真正领袖。虽然他们也曾试图组建一个中央指挥部，但最终还是无疾而终。

在此情况下，弗拉尼茨基和国外势力就轻松地进入了阿尔巴尼亚。即使不说是在他们的主导下，至少也是在他们的帮助下，各政党达成协议，成立了“民族和解政府”。和解政府的主要目标是筹备在未来三个月内举行选举。该政府是与贝里沙等各方谈判的产物。该政府信任社会党，而后者则推举巴什基姆·菲诺为总理候选人。

这是起义者想要的那个选举吗？进步力量有可能得到更多吗？当1997年3月9日决定成立民族和解政府这种形式时，这些问题就被提了出来。这些问题现在也一直存在，甚至还借此表达了人们对社会党政府人员的不满。

人们普遍认为，社会党和其他反对力量没有好好利用人民起义后的有利形势。他们将本应是谈判桌上的中坚力量——撼动阿尔巴尼亚的力量，亦即人民起义的代表——排除在谈判桌外，单独坐下来与贝里沙谈判。而这样做，就等于是反对派向民主党发出了准备让步的信号。这就使得社会党和当时的反对派又犯下了另一个错误：他们不仅没有要求贝里沙立即辞去总统职务（这也是人民的主要要求），相反，他们仍同意贝里沙担任国家元首，并让其掌握当时国家的唯一武装力量——警察和国家情报局。这样，在菲诺政府里，社会党只是得到了没有军队的国防部部长的职位，而民主党则拥有控制警察和情报局的公安部部长之职。

这一“解决方案”是对贝里沙的极大纵容，也多次给国家带来麻烦。事实上，通过国家情报局和警察局的主要干部，当时的公安部部长和副部长向民主党支持者分发武器，组织了武装团伙。这些团伙（其残余分子至今仍在活动）长期活动在国家南北各地，在国道或各城市恐吓民众。据媒体报道的资料显示，在人民起义最高涨的日子里，全国的死亡总人数也不超过30人，而菲诺政府成立后，这一数据超过了2200人。民主党支持的这些团伙这样做的目的，不仅仅是制造恐慌、恫吓百姓，更重要的是诋毁起义委员会，诬其为这些杀戮和掠夺百姓行为的组织者。

而1997年6月29日选举产生的纳诺政府，在制止贝里沙及其团伙破坏稳定生活、医治其统治给国家造成的重大创伤方面，则显得十分笨拙。

有人说，纳诺政府的行动，受制于由欧盟和美国决定并要求的民族和解和尊重在野党的方案。第一，设定所谓的民族和解条件的不是也不应该是外国人。最关心阿尔巴尼亚的国家和谐、国家进步和发展的，首先是阿尔巴尼亚人，因为他们比外国人更清楚，谁是真正的爱国者，谁是人民利益的践踏者。

第二，尊重反对派与放纵反对派损害国家利益，两者之间是有根本区别的。民主党呼吁民众不要交出武器、不要服从警察、甚至不要遵守国家法律（因为如果重掌政权，他们就要废弃这些法律）！这是公然违法，我们不允许任何人这样做。贝里沙呼吁外国人在民主党政府上台前不要向阿尔巴尼亚投资，这是赤裸裸的反国家行为。对此持消极立场、听任他们在首都中心广场进行如此宣传，甚至在国家电视台转播这些内容，这不能不被称为是对反对派的容忍和尊重。恰恰相反，这是在对人民施暴，是在损害人民的利益，是对倒在贝里沙匪帮子弹下的数百条生命的漠视，是对满怀希望、一致投社会党选票的选民的背信弃义。

纳诺政府（我指的是它执政的前期，也就是1998年以前），尽管也取得了一些积极进展，但仍存在严重问题。不论是竞选期间，还是组成联合政府之后，它在落实未来规划措施时总是优柔寡断、行动缓慢，这是毫无道理的。纳诺政府应为没有做坚决斗争而承担责任。他们本应拿起法律武器严格执法，以确保国家的安定和秩序，确保国民的生命和财产安全。但事实上，在全国大部分地区，在一些城市和国道上，犯罪团伙仍很猖獗，他们抢劫、杀害平民。人们对此忧心忡忡。人们批评政府在打击对社会构成严重危害的有组织犯罪、走私和腐败等现象时反应迟缓；批评政府在解决就业问题、医治社会创伤方面没有尽职尽力。这些创伤至今仍困扰着阿国社会。这些批评来自各个方面，其中也包括社会党的选民。大家都期待着自己的生活能早日好转。

贝里沙——政变策划者

但是，作为国家浩劫的鼓吹者和推动者，同时也是其自己掘墓人的贝里沙，却依然活跃在阿尔巴尼亚的舞台上。

1998年9月14日，贝里沙在地拉那组织、领导了一场武装叛乱，企图以武力破坏宪法秩序和国家合法机构。几个小时后，武装分子就控制了总理府、人民议会和国家电视台。

贝里沙领导这次政变并不令人惊讶。众所周知，民主党在1997年6月29日的选举中惨败，但贝里沙从未接受过这一结果，也从未放弃过以一切手段重返权力巅峰的野心。民主党及其党首不遗余力地使国家陷入动荡之中。为达到此目的，民主党议员抵制议会和制宪委员会，几乎每天在地拉那和其他城市举行游行示威，无端指责、诽谤政府。贝里沙的气焰甚至嚣张到了给纳诺及其政府下了最后通牒，并且设定了下台期限。最终，1998年9月13日，贝里沙公然呼吁武装夺权，他宣称“从现在起，不再有逻辑、不再有容忍、不再有任何约束。要么让共产主义从理想和物质上消失，要么让我们同归于尽。从现在起……所有正义、民主的阿尔巴尼亚人都应与纳诺和共产主义进行血战……阿尔巴尼亚人要明白：这是决一死战，如果不是共产党的末日，那就是我们的末日”。

由此可见，这个叛国集团就是为了夺取政权。起初他们还走街头示威和抵制的“和平”道路，但后来就走上了“暴力”之路，企图以武力推翻人民自由选出的合法政府。

贝里沙的武装暴动在9月14日一天内就流产了。因为除了公安力量进行反击外，它没有得到国内和国外的任何支持。地拉那人民和其他城市、地区的人民一样，对贝里沙及其政变全然不理。而国际舆论、欧盟和美国以及邻国政府和官员都一致谴责政变分子暴力推翻国家政权的行径，支持国家总统迈达尼和阿尔巴尼亚政府采取果断措施恢复国家的秩序和稳定。

1998年9月14日的武装叛乱标志着，或理应标志着贝里沙的政治末日。他鼓吹暴力和制造混乱，破坏和分裂阿国人民和国家，并以此理念登上阿国的政治舞台。在担任国家元首的五年时间里，贝里沙实行的是典型的原始暴君的统治，其政治体制是建立在裙带关系、欺骗和对政治对手进行残酷迫害基础之上的。他仅能从“街头政治”、一些不幸事件或者毫无理想、无所事事的人那儿得到一些支持。但他给国家经济和文化进步、发展真正的民主、阿尔巴尼亚在世界上的名声，以及阿尔巴尼亚的民族事业所带来的灾难和破坏却是无法估量的。

我相信，所有阿尔巴尼亚人尤其是国内的政治力量，应该能从这次政变中汲取教训。但不幸的是，此后的事件，特别是2005年的选举，使得民主党和贝里沙又再次统治了阿国，表明错误再次上演，阿尔巴尼亚的利益再次受损。贝里沙及其团伙在未遂政变中未能达到的目的，通过利用现政府在国家管理中的失误达到了。而现在的情况也如出一辙，他们从纳诺政府的宽容政策中获得了喘息。这些宽容政策主要体现在对1997年3月9日事件的妥协，也体现在以“民族和解”或者“全体参与”政策之名，对反对派一次又一次地退让。这样的宽容政策和态度，如果用于一个正常的环境或者对于诚信的反对派，那是正确的，但如用于一个奉行破坏政策、不断践踏国家法律和民主基本原则、不断呼吁破坏国家稳定的反对派，那就是不现实和不正确的。

Conclusion

结束语

在本书收尾之际，我想强调指出，我们国家的发展过程包括我个人经历的种种磨难，毫不影响我对我国人民及其精神力量、勇敢面对各种困难的坚定意志的热爱和信任。

在我的整个政治生涯中，我从人民和人民对我的热爱中总能获得履行重任的支持和力量。而今天，正如我一贯强调的那样，在为人民事业而奋斗的一生中，我始终忠于人民的崇高利益。而从我的信仰上讲，我说过并愿再次肯定地说，我深信左翼的马克思社会主义理想。我的这种信仰是在民族解放战争时期和此后的几十年时间里形成的。政治的风云变幻，从未动摇过我的社会主义理想——建立一个公平、公正的社会，尊重个人的权利和自由，反对人剥削人。

从社会主义体制向多元民主制度过渡已有20年的历史。这20个年头被人们称为转型期。这是一个相当漫长的转型期，它给我国人民带来了太多的痛楚。阿尔巴尼亚仍然远远落后于其他国家，仍然是“班上的差等生”，因为她仍然没有满足欧盟开出的条件。无疑，这并不符合“12月事件”时学生们的信念和要求。他们的心中渴望着一个“欧洲式的阿尔巴尼亚”。这是阿尔巴尼亚政府的过错，不论这个政府是民主党的还是社会党的，都一样。因为在这20年里，他们都未能为阿尔巴尼亚的发展和快速进

步打开道路，以便我国能够更快地发展和进步。

我深信，我国人民一定能够很快实现国家更快发展和进步的目标，因为不论过去的历史、智力和体力，还是对美好未来的憧憬，没有什么能够阻挡阿尔巴尼亚人民像全世界的自由人民一样前进的步伐。

我国人民以其顽强的生命力和进取精神，必将渡过阿尔巴尼亚正在经历的政治、经济和社会的劫难，也必将找到一条为国家打开新视野、为阿尔巴尼亚的发展和进步创造更大机遇的道路。

附录

拉米兹·阿利雅生平简介

1925年10月18日，出生于阿尔巴尼亚斯库台市。

1932年，全家迁往地拉那市。

1936~1943年，在地拉那上中学。

1941年，加入阿尔巴尼亚共产主义青年团。

1943年，加入阿尔巴尼亚共产党。

1945年，当选阿尔巴尼亚反法西斯青年联盟总书记。

1946年，任阿尔巴尼亚共青团总书记。

1948年，当选阿尔巴尼亚劳动党中央委员。

1955~1958年，任阿尔巴尼亚文化教育部部长。

1956年，当选阿尔巴尼亚劳动党政治局候补委员。

1961年，当选阿尔巴尼亚劳动党政治局委员、中央书记。

1982年，当选阿尔巴尼亚人民议会主席团主席。

1950~1990年，在历届人民议会任议员。

1991年4月30日~1992年4月30日，当选实行多党议会制后的阿尔巴尼亚共和国首任总统。

1993~1997年，与前劳动党领导人一起被捕入狱。

2011年10月7日，在地拉那去世。